◆ 绍兴市重点创新团队（绍兴传统产业转型升级研究创新团队）研究成果
◆ 浙江省社科规划课题研究成果
◆ 浙江省软科学重点课题研究成果
◆ 绍兴市社科重大招标课题研究成果

杨宏翔　于斌斌◎等著

创新驱动
转型发展

以浙江绍兴为对象的调查分析

ZHEJIANG UNIVERSITY PRESS
浙江大学出版社

序

　　一个国家或地区的经济发展,大致要经历要素驱动、投资驱动、创新驱动等阶段。在要素驱动阶段,经济发展的驱动力主要来源于廉价的土地、矿产、劳动力等要素资源。在投资驱动阶段,经济发展则主要依靠大规模投资来带动;然而,随着投入量的增加,投资收益将呈边际递减趋势。要破解这一难题,唯一的途径是推动经济发展进入更高层次的创新驱动阶段。为实现我国经济持续较快发展,党的十八大明确提出要实施创新驱动发展战略,强调科技创新是提升社会生产力和综合国力的战略支撑,必须摆在国家发展全局的核心位置。为此,浙江省委十三届三次全会通过了《中共浙江省委关于全面实施创新驱动发展战略、加快建设创新型省份的决定》,就贯彻落实创新驱动发展战略、提升区域创新能力、推动创新型省份建设作出具体部署。加快创新驱动对于提升企业竞争力、提升区域经济增长的质量和效益,无疑具有重大的理论和现实意义。因此,政商界和学术界都在积极探索实践如何走好创新驱动之路。在上述背景和趋势下,《创新驱动　转型发展——以浙江绍兴为对象的调查分析》一书的问世,相信会给关心创新驱动和经济转型问题的专家、学者、企业家、管理者带来一定的启迪。

　　改革开放 30 多年来,浙江经济发展所走的主要是民间推动的内生型成长道路,它充分调动了广大人民群众自主创业的积极性,有效发挥了市场在资源配置中的决定性作用,形成了举世瞩目的"浙江模式"。然而近年来,传统的发展模式也逐步显露出自身所存在的一些矛盾和问题。例如,由于资源和市场"两头在外"、"大进大出",许多企业精于中间加工环节,产能大而又缺乏相应的核心竞争力,应对上游原材料价格变动和下游自建营销网络的能力较弱,发展方式仍以要素驱动、投资驱动为主,表现为以规模和空间扩展为特征的外延式增长方式和较低层次的劳动密集型产业仍占重要地位。这就使我们日益清晰地感受到:随着劳动力、资源、环境成本的不断上升,面对国内外风云变幻的复杂宏观形势和日趋激烈的市场竞争,我们必须正确认识浙江经济发展的阶段性特征,适应进入以增速换挡、结构调整、改革攻坚为主要特征的"新常态"发展阶段的新形势、新任务、新要求,浙江区域经济发展必须围绕中央提出的稳增长、调结构、惠民生、防风险的要求,主动作为,勇闯难关,大力提升和发挥浙江的内生创新动力,坚定不移地走创新驱动、转型发展之路。为此,必须从全球产业链、价值链、供应链、资本链整合提升的高度,着力打造科技进步贡献率高、研发投入占比高、创新人才集聚度高、高新技术产业比重高、新产品产值率高、对内对外开放度高的"浙江经济升级版",为"两美"浙江建设注入强劲动力。

绍兴市作为全省唯一的工业经济转型升级综合配套改革试点,是"浙江模式"转型提升的一个缩影。《创新驱动　转型发展——以浙江绍兴为对象的调查分析》一书以绍兴市为主要样本,研究范围从绍兴扩展到浙江,再从浙江扩展到全国。该书立足当下、着眼长远,从产业转移与经济现代化、新兴产业融合与科技创新、企业资金担保与金融风险规制、企业家核心能力与市场势力、新型城镇化与发展方式转变等方面,全面系统地分析了区域经济转型发展与创新驱动的一系列深层次问题;深刻揭示了全球经济发展所呈现出的产业融合化、经济低碳化、增长知识化、内外市场平衡化、发达国家再工业化等趋势。在研究方法上,该书强调采用实证研究与理论研究相结合的方法,以绍兴市为样本,通过文献调查、实地访谈、问卷调查等途径搜集第一手数据资料,运用 STATA、Eviews、SPSS 等统计软件对数据进行加工分析,从而准确把握了当前绍兴乃至浙江区域经济转型发展中的新挑战、新难题、新任务、新要求,并依据翔实的调查数据,分析了产业转型与区域创新的绩效,找到了进一步深化发展改革的空间,提出了可行的对策建议。

目前,浙江的经济发展正处于重要的战略机遇期和转型阵痛期。这迫切要求经济界和理论界既要理性、客观认识经济增速的放缓,也要全面、辩证看待发展中遇到的难题,迈好创新驱动、转型发展这个"坎"。在工业经济创新发展和转型升级的征程中,承担试点重任的绍兴走在了全省前列,对全省起到了示范、引领作用。我相信,这本著作的出版,一定能通过对绍兴市实践经验的总结提炼,为更多区域的企业、产业和经济的转型发展,发挥一定的借鉴、参考和推动作用。我也希望杨宏翔教授带领的学术团队能以此为基础,进一步提高对现实经济问题研究的系统性、科学性和预见性,取得具有更高学术水平和应用价值的新成果!

陆立军

2014 年 9 月

前　言

在经历了高速增长后,我国经济从高速增长转为中高速增长阶段,在增速放缓的同时,经济结构和增长动力正在发生转折性变化:消费比重超过投资比重,服务业比重超过第二产业比重,外贸增速降低后内需比重相应上升,劳动力总量减少,资源环境压力持续加大,经济增长将更多地依靠生产率提升和创新驱动,增强创新驱动发展新动力是形成新的经济发展方式的重要路径,发达地区显得尤为迫切。

绍兴是中国民营经济最发达的地区之一,经济社会发展走在全国地级市前列。2013 年,全市实现生产总值 3967 亿元,人均生产总值突破 10 万元,市区实现生产总值 2361 亿元,居浙江省第 3 位,全国同类城市第 13 位,三产比为 4.9:53.0:42.1。绍兴经济以产业集群、专业市场著称,至 2013 年年底,有产值上亿元的产业集群 44 个,年销售超百亿元的产业集群 15 个,绍兴纺织印染、嵊州纺织(真丝)、新昌装备制造为国家新型工业化产业示范基地,柯桥纺织、诸暨大唐袜业、嵊州领带和新昌轴承 4 个产业集群为省级现代产业集群转型升级示范区。2013 年,有成交额超亿元市场 62 个,超十亿元市场 28 个,超百亿元市场 8 个,中国轻纺城和钱清原料市场成交额 1105 亿元,前者连续 20 年居全国专业市场第 2 位,同行业第 1 位,每天全球 1/4 的面料在此交易。绍兴纺织产业集群是全球最大的纺织产业集群,有规模以上企业 1842 家,占全市规模以上企业的 45%,从业人员 60 多万,占企业从业人数的 50%,规模以上纺织企业销售收入占全市规模以上企业销售收入的 37.4%、税收的 34%。在绍兴,纺织产业不仅是主导产业、支柱产业,而且是民生产业。但是,目前绍兴纺织产业高档产品比重较低,企业的研发投入不足,以低价竞争为主,嵌入国际市场的层次不高,经营户和企业在境外市场的投资占全部资产总量的比重低,受中间产品制约,品牌知名度不高；化纤行业总量很大，但是差别化率较低；印染行业在生产总量上占全省、全国的比重较高，但产品附加值较低；服饰行业以中低档产品为主。以纺织产业为主，包括纺织、机械、化工、轻工食品等，绍兴传统产业整体发展方式比较粗放。2013 年，全市战略性新兴产业总产值 2563.30 亿元，占规模以上工业产值比重为 27.7%，纺织、机械、化工及轻工食品等四大传统产业实现产值 5675.56 亿元，占规模以上工业产值比重为 61.2%，与绍兴经济社会转型升级的要求还有较大距离。因此，以创新驱动发展方式转变，优化经济结构，提升传统产业，就成为绍兴经济可持续发展的关键内容。

加快形成新的发展方式要求：着力激发各类市场主体发展新活力，着力增强创新驱动发展新动力，着力构建现代产业发展新体系，着力培育开放型经济新优势，使经济发展更多依靠内需特别是消费需求拉动，更多依靠现代服务业和战略性新兴产业带动，更多依靠科技进步、劳动者素质提高、管理创新驱动，更多依靠节约资源和循环经济推动，更多依靠城乡区域发展协调互动，不断增强长期发展后劲。研究发达地区发展方式转变对全国具有范本价值，本书根据党的十八大精神和绍兴区域经济特征，从区域产业结构优化、民营企业新活力激发、开放型经济新优势构建、新型城镇化推进等四个层面研究绍兴如何通过创新驱动促进转型发展。

本书是五项课题的研究成果：浙江省软科学重点项目"传统产业转移与承接的协调机制研究——基于工业转型升级综合改革试点绍兴的分析"（项目编号：2012C25062）、浙江省哲学社会科学规划重点课题"专业市场模式重构与浙江经济转型升级"（项目编号：11YD02Z）、浙江省哲学社会科学规划课题"浙江传统优势产业与战略型新兴产业融合发展研究——基于浙江绍兴纺织产业转型升级的调查"（项目编号：12YD11YBM）、国家自然科学基金项目"基于专业化中间商理论的市场采购型国际贸易生发机制与影响因素"（项目编号：71303221）、浙江省社科联研究课题"浙江如何消解城市化滞后于工业化对经济社会发展的约束——结合绍兴典型个案分析"（项目编号：2012XSN073）。虽然是五个课题，但相互衔接呼应，围绕区域经济发展的主要问题保持了一种内在的统一。

全书共六章。第一章"传统产业转移与区域经济现代化"。首先，对纺织产业进行定位，认为纺织产业是一个传统而又时尚，充满创意且与提升人民生活品质息息相关的产业，不仅是国民经济中的基础产业，而且是"永恒产业"；其次，研究了绍兴等产业集群发达地区出现的集群"抱团"转移的新现象;再次,从浙江省 11 个地级市比较的角度测度了绍兴的现代化实现程度;最后,从新型要素系统视角探讨产业集群现代化路径。

第二章"新兴产业融合与技术创新"。首先,提出了构建传统产业与战略性新兴产业之间的创新链接关系,是推动传统产业升级和战略性新兴产业培育双向发展的路径;其次,分析了传统产业与战略性新兴产业融合演化发展的阶段、机理及政府行为;再次,系统分析了区域创新平台对产业集群转型升级的特殊意义、着力点及实施模式;最后,剖析了由浙江省人民政府和清华大学共同组建的浙江清华长三角研究院,形成的政(政府)、产(产业)、学(大学)、研(科研机构)、金(金融机构)、介(中介机构)、用(企业等市场用户)等创新要素七位一体、有效集聚的"北斗七星"模式。

第三章"企业资金担保与金融风险规制"。首先,分析了 2008 年金融危机以来,绍兴等地发生的企业资金担保链的风险传染机制;其次,探讨了企业资金担保链的风险传染机制的形成;最后,分析了企业资金担保链危机出现后,政府对龙头企业的救助行为。

第四章"企业家能力拓展与国际市场势力提升"。首先,提出和分析了在国际市场竞争中,中国企业长期被"低端锁定"的根本原因是企业市场势力的缺失;其次,构建了家族企业接班人的胜任评价模型和企业继承绩效之间的联系,为家族企业接班人的选拔、培养和考核提供依据;再次,分析了中国制造业国际市场势力"虚化"现象及其成因;最后,实证分析了中国纺织工业国际市场势力及其提升路径。

第五章"专业市场重构与转型升级"。首先,提出大力推动专业市场与电子商务、现代物流、会展经济等有机互动,实现多业态联动融合发展,促进产业转型升级;其次,研究了专业市场交易方式演化变迁的机制和阶段;最后,研究电子商务时代中国专业市场的战略地位与模式重构。

第六章"新型城镇化与发展方式转变"。首先,分析产业集群与城市化动态演化的机制与过程;其次,以绍兴为例,分析浙江城市化滞后于工业化对经济社会发展的约束及消解;再次,以绍兴为例,从需求结构优化视角实证分析城市化与发展方式转变的关系;最后,研究人才集聚与开发区的转型升级在区域城镇化发展和发展方式转变中的重要作用。

杨宏翔　于斌斌

2014 年 9 月

目　录

第一章

传统产业转移与区域经济现代化

第一节　中国纺织产业的重新定位与转型升级

由于国内外经济形势的变化,有的媒体不负责任地将纺织产业称为"夕阳产业"、"风险产业"、"过剩产业"、"减顺差产业"等,有些地方政府部门出台的一些政策意见、发展规划,以及金融机构放贷等都对纺织产业作出了一定的限制,加之原材料价格上涨、低碳环保等出口壁垒增多、部分纺织企业主决策失误等因素,尤其是由美国次贷危机引发的全球金融危机的冲击及后续影响,我国纺织产业的发展一度陷入了困境。就在纺织产业发展饱受争议之时,2009年2月4日,国务院常务会议审议并原则通过的《纺织工业调整振兴规划》指出:"纺织工业是我国国民经济传统支柱产业和重要的民生产业,也是国际竞争优势明显的产业,在繁荣市场、扩大出口、吸纳就业、增加农民收入、促进城镇化发展等方面发挥着重要作用。"这一新的定位充分表明,纺织产业在我国经济社会发展中的地位并非可有可无,而是保增长、保民生、保稳定的重要支撑。展望未来,我国纺织产业还将阔步发展,逐渐成长为传统优势支柱产业、具有战略性内涵和意义的朝阳产业。

一、纺织产业发展的重新定位

(一)纺织产业是基础性产业

纺织产业是一个传统而又时尚,充满创意且与提升人民生活品质息息相关的产业,中国妇孺皆知的"衣食住行"一词,就表明了从古到今人类对这一产业重要性的认识。从需求方面看,纺织服装产品存在"永恒需求",并将持续快速增长,呈多元化结构。我国是人口大国,随着城市化的继续推进和居民消费水平的不断提高,服装、家纺等纺织品的消费量逐年上升。尤其是人民群众对更高生活品质的追求,带来了服装、家纺等产品在总量、结构、形态和技术等方面的"连锁性"、"递进性"升级,消费者对品牌、质量、安全、时尚等的要求越来越高,呈现出高端化、品牌化、个性化、时尚化的消费需求。① 从供给方面看,以纺织纤维为例,全球纺织纤维的加工量已经由1980年的3200万吨增至2011年年底的7500万吨左右。纺织产业链从纺织原料、化纤、织布、印染、家纺、服装、产业用纺织品、纺机到创意设计、网上市场、纺织商贸、楼宇经济等,不断拓展、创新和重构,衍生出很多新兴行业,而且带动了文化艺术、研发设计、信息服务、物流配送、会展平台、教育培训、法律咨询等相关产业的发展,逐渐形成以纺织、服装为主,其他相关产业为辅的差异化、系统化、网络化的纺织产业结构。

综合纺织品的需求和供给情况,我们可以判断纺织产业不仅是国民经济中的基础性产业,而且可以说是"永恒产业"。

(二)纺织产业是民生性产业

随着科技的进步和产业结构的调整,我国纺织产业取得了长足的发展,但是整体上还是属于劳动密集型产业,中小企业占纺织企业总数的95%以上,在解决就业和"三农"问题等多方面发挥着重要作用。以浙江省绍兴市为例,截至2011年年底,共有大小纺织企业6万余家,其中规模以上企业2032家,从业人员42.9万人,其中各类专业技术人员5.78万人,产业产值2653.5亿元,占全市工业总产值的37.5%②。据中国纺织工业协会统计,全国共有规模以上纺织企业4.64万家,规模以下纺织企业40多万家,纺织职工2000多万人,70%(1400多万人)是农民工。按照人均年收入2万元计算,纺织产业给农民带来近3000亿元的直接经济收入,至少可以改善1000多个家庭的生活水平。而且,纺织产业的完整产业链,关乎从事种桑、种棉、养蚕、养羊、养牛等的1亿农户的生计问题。同时,据中国纺织工

① 陆立军:《浙江建设"纺织强省"的态势与对策——基于SWOT分析和问卷调查结果》,《财经论丛》2010年第1期。

② 本节数据由2012年的绍兴统计年鉴整理与计算所得。

业协会统计,纺织品出口年均每下降 10％,整个行业的销售收入就会下降 6.3％,就会相应地减少约 61 万个就业岗位。这意味着纺织品的出口一旦受挫,我国整体的工业发展和就业问题都会受到影响。

(三)纺织产业是战略性产业[①]

首先,纺织产业作为我国制造业的缩影,是实体经济的主体之一。在当前美国等发达国家提出"制造业回归"、"再工业化"目标背景下,纺织产业在我国的战略地位更凸显了。全球金融危机和欧债危机给我们的一个重要警示是,过度发展虚拟经济、轻视实体经济,必定会给经济发展积聚极大的风险,甚至出现"产业空心化"问题。我国自 2009 年起超过德国成为世界最大出口国(90％以上是工业制成品),2010 年外汇储备超过 3 万亿美元,2010 年制造业的产值打破美国保持 110 年的世界纪录、国内生产总值超过日本成为世界第二大经济体,这一切都使中国制造业的发展引起世人瞩目。以"纺织大省"著称的浙江省,在 1979—2011 年的工业增加值[②]年均增长 15.3％,工业经济总量在全国位次从 1978 年的第 15 位跃升为 2011 年的第 4 位。1979—2011 年,全省生产总值增长份额近一半来自于工业,规模以上企业实现税金占全省财政总收入的 40.6％,工业从业人员占全省从业人员的比重高达 41.8％,其中纺织业的生产总值、从业人员分别占全省生产总值、从业人员的 15％以上和 20％以上。纺织产业对于我国尤其是浙江省制造业的发展作出了重大贡献。

随着科技的进步和纺织产业链的延伸,尤其是产业用纺织品的开发和利用,纺织产业已经不再是原来的"传统产业",而正在逐渐演变成具有高科技背景的"战略性新兴产业"或"高附加值产业"。纺织产业在自身得到技术改造、转型、提升的同时,也成为培育发展其他战略性新兴产业的基础,如纺织机械经过信息化、智能化改造逐渐发展成为先进装备制造业;[③]差异化、功能化的高新技术纤维及产业用纤维,广泛应用于家具装修、汽车产业、医药卫生、航空航天、军用工业等行业,成为新材料领域开发和利用的重点,也

---

① 本节数据由 2012 年的浙江统计年鉴、中国统计年鉴整理与计算所得。全国及各地区统计年鉴均为各年由中国统计出版社出版。由于部分数据来源较广泛,来自不同年份、不同地区统计年鉴,难以精确标注,故本书中未注明详细书目,仅以"统计年鉴"概之。

② 工业增加值是工业企业在报告期内以货币形式表现的工业生产活动的最终成果。

③ 陆立军、于斌斌:《传统产业与战略性新兴产业的融合演化及政府行为:理论与实证》,《中国软科学》2012 年第 5 期。

是纺织产业新的经济增长点。

(四)纺织产业是传统优势产业①

纺织服装产业是我国最具竞争力的产业,其国际市场占有率、贸易竞争力指数、显示性比较优势指数等指标在全世界都是最高的。我国纺织服装产业产品的国际市场占有率,是意大利的 6 倍、德国的 7 倍、美国的 12 倍;纺织服装的生产力,是意大利的 9 倍、美国的 14 倍。发展纺织产业关乎我国产业发展的大局和经济建设的全局,这主要表现在:(1)我国是世界纺织品生产大国。2011 年,我国规模以上纺织企业实现工业总产值 54789.5 亿元,同比增长 26.8%,化纤、棉纱、尼龙、棉布、丝织品和服装的产量均居世界第一。其中,化纤产量已达 3362.4 万吨,同比增长 13.9%,占世界总产量的 66.2%;纺纱总产量 2894.5 万吨,同比增长 12.4%;棉布产量为 619.8 亿米,同比增长 11.6%;服装总产量为 254.2 亿件,同比增长 8.1%。(2)我国是世界纺织品贸易大国。自 1994 年以来,我国纺织品服装贸易出口额一直居世界首位,并持续增长。2011 年出口总值达 2479.5 亿美元,同比增长 19.9%,约占世界的 36.1%。其中,纺织品出口总值为 947.1 亿美元,同比增长 22.9%;服装出口总值为 1532.4 亿美元,同比增长 18.4%。(3)我国是世界纺织品消费大国。我国农村居民人均购买各种服装支出由 1983 年的不足 6 元增加到 2011 年的 283 元,数量由 0.7 件增加到 4.2 件;我国城镇居民 2011 年人均衣着消费 1403 元,用于购买成衣的支出为 1012 元,占衣着消费的 72.1%,人均购成衣 8.9 件。国内的纺织纤维消费量已占世界纺织纤维消费量的 1/4,产业用纺织品的消费也在继续增长。

二、纺织产业转型升级的紧迫性和必要性

要准确把握转型升级的内涵,首先必须要弄清楚"转型"与"升级"的关系。"转型"是一种"手段"或"过程",而"升级"是"转型"的目的。从产业转型的路径来看,主要有两条,即产业间转型和产业内转型。产业间转型主要是指从第一产业为主向第二、三产业为主转变,从劳动密集型产业为主向资本、技术密集型产业为主转变,例如企业主营业务从纺织产业转向高科技、房地产、金融等行业领域。产业内转型更多的是指全球价值链视角下的产

---

① 本节数据由 WTO International Trade Statistics、《2011/2012 中国纺织工业发展报告》(中国纺织出版社,2011 年版)整理与计算所得。

业升级,共有两条路径:一条是遵循工艺升级→产品升级→功能升级→链条升级的路线,一条是遵循贴牌生产(OEM)→自主设计生产(ODM)→自主品牌生产(OBM)的路线。

无论是产业间转型还是产业内转型,其最终目的是统一的,即实现产业升级。但是"升级"并不等于"转型",尤其不等于产业间转型,因为这是存在风险的。"产业结构高级化",即产业升级,主要是指产业结构的改善、产业素质和效率的提高,最终实现产业从高能耗高污染转向低能耗低污染,从低附加值转向高附加值,从粗放型转向集约型。产业结构的改善主要表现为产业结构的提升和协调发展;提高产业素质与效率可表现为优化生产要素组合、提高技术水平和管理水平以及产品质量。产业升级主要依靠技术进步。没有落后的产业,只有落后的产能,因此,本研究讨论的产业转型升级,主要是指纺织产业如何通过产业结构的改善、产业素质和效率的提高,最终实现全球价值链的升级。

当前,纺织产业转型升级的必要性可以从国内外形势的要求和产业自身的发展规律两方面来分析。从国内外形势看,由于地缘政治风险进一步加大,发达经济体在2008年金融危机后步入振荡调整时期,全球经济格局进一步多元化。在这种复杂的形势下,一方面,我国纺织产业发展较为稳健。2011年,纺织行业规模以上企业(年销售额2000万元以上)创造的总产值为54786.5亿元,全行业实现出口额2541.23亿美元。面对综合要素价格持续上涨、国内外市场需求趋缓等压力,2012年上半年,我国纺织行业品牌贡献能力和科技应用率持续提升,保持了产销规模两位数的增长。据国家统计局数据显示,我国纺织行业规模以上(年销售额2000万元以上)企业在2012年1—6月累计完成26646.9亿元的工业总产值,同比增长11.25%;实现25931.95亿元的工业销售产值,同比增长10.8%。另一方面,我国纺织产业在现阶段所面临的形势比2008年金融危机时更为艰难。尽管产销规模继续保持增长,但较上年同期相比增速大幅下滑,利润同比下降幅度较大。在2012年,投资、消费、出口等"三驾马车"拉动行业发展方面表现乏力:国际市场乏力,2012年1—6月,我国纺织品服装仅有1170.68亿美元出口额,同比仅增长2.21%,较上年同期增速回落23.19个百分点;内需市场增长趋缓,2012年1—6月,我国规模以上批零企业实现4538亿元的服装针纺织品零售额,同比增长16.9%,较上年同期增速回落7个百分点;行业投资动力不足,2012年1—6月,我国纺织行业完成3404.84亿元的固定资产投资额,同比增长15.17%,较上年同期增速回落22.39个百分点。这表明,我国纺织产业的基础作用、战略地位、民生角色,使其无论是增长方式还是发展方式都必须与时俱进,转型升级的任务十分艰巨。

从我国纺织产业的微观基础来看,以中小企业为主,这种结构尽管充分调动了广大人民群众自主创业的积极性,发挥了市场在资源配置中的基础性和有效性作用,然而由于大多数中小企业主存在缺乏管理经验、经营理念、技术创新手段以及自身认识水平有限等问题,在发展过程中依然存在自发性、盲目性,缺乏转型、提升的主动性和自觉性,这导致纺织企业陷入"贫困化增长"的"低水平均衡陷阱"①。以"纺织大省"浙江省为例,由于精于中间加工制造环节的中小企业资源和市场"两头在外"、"大进大出",过度依赖出口,加之产能大但又缺乏应对纺织原料价格波动及建设营销网络的能力,在产业链上下游两端容易受到挤压,无法带来"规模经济"效应的生产规模扩张,从而导致纺织企业受到"进退两难"的市场竞争压力,陷入更加被动的境地。加上产业结构不合理、研究与开发经费不足、创新能力较差、自主品牌缺失、国际化水平较低等问题的存在,使得粗放型、外延式扩张的纺织产业越来越难以继续传统发展方式,转型升级迫在眉睫。再加上金融危机的后续影响,面临要素价格提高、用工成本上升、市场竞争日趋激烈、国际需求明显减少、贸易保护主义加剧、传统竞争优势逐渐弱化的困境,纺织产业原先依靠低成本扩张、低价格竞争的方式已难以为继。可见,必须要坚定信心,下大决心,拥有壮士断腕的魄力,忍住"化蛹成蝶"的阵痛,甚至要以牺牲短期增长为代价,加快转型升级。

三、纺织产业转型升级的路径选择

纺织产业转型升级必须从全球产业链、价值链、资本链、供应链整合提升的高度,立足于工业化、信息化、城市化、市场化、国际化的大背景、大环境、大目标,实现政府、企业、行业协会及相关产业和市场力量等主体之间的良性互动,从以硬要素为主向软要素为主转化入手,充分发挥技术创新、人力资源和社会资本的推动作用,促使我国纺织产业走向高端化、专业化、品牌化、国际化的新阶段。为此,本研究就纺织产业转型升级的路径选择,提出以下六点建议。

---

① 中共绍兴市委党校课题组:《浙江省传统产业转型升级的实证分析——以绍兴市纺织工业为例》,《浙江社会科学》2010 年第 9 期。

(一)推动产业转移与产业承接协调共进

产业转移是改善我国纺织产业结构,实现产业链、供应链、价值链、资本链整合、重构的主要手段。从战略层面看,纺织产业转移既是我国经济发展到一定阶段的必然选择,也是纺织产业自身结构调整、升级的重要途径。[①]在推进纺织产业转移和结构优化升级的过程中,必须科学判断纺织产业转移的动因、条件、时机和效益,遵循产业转移的客观规律。(1)关于动因。从政府角度来看,产业转移可以解决经济发展不平衡、不协调、不可持续的问题,促进区域协调发展。从企业角度来看,一是寻求较低的成本,二是发展潜在的市场。我国纺织产业85%的产能集中在东部地区,劳动力、土地、能源等要素成本大幅上升,资源环境约束加剧,发展纺织业,尤其是纺纱、织布、印染等中间环节正在逐渐丧失比较优势,而中西部地区劳动力资源丰富,市场广阔。纺织产业基于上述两大动因由东部向中西部转移是大势所趋,也符合经济发展规律。(2)关于条件。主要是指承接纺织产业转移的中西部地区的有利条件:一是国家战略。国家经济发展战略进入21世纪以后明显调整,依次推出西部大开发、东北振兴、中部崛起、城镇化建设、新农村建设等国家战略,加快中西部地区发展是这些战略指向的共同点。二是政策环境。中央政府和中西部地区地方政府出台了不少促进经济发展的优惠政策,承接产业转移的中西部热情和积极性高涨。例如,安徽的《皖江城市带承接产业转移示范区规划》和甘肃的《兰州新区总体规划(2011—2030)》分别在2010年和2012年获国务院批复。三是基础条件。改革开放30多年来,中西部地区经济快速发展,基础设施、公共服务、产业配套、消费能力等基础条件日益完善。四是比较优势。在资源、能源、劳动力等方面,中西部地区已经体现出明显的比较优势,同时在科技、人才、文化等方面也具有较强的竞争力。以上这些有利条件是就全国和纺织经济总体而言的大趋势,但具体到不同地区尤其是单个企业就要具体分析自身的条件和可能,而不能盲目地跨地区、跨行业"扩张",目前生产制造环节转移成功的案例并不多见。(3)关于时机。截至2011年年底,规模以上纺织工业产值在中西部地区工业总产值的比重达到了19.7%,比2009年提高了4.2个百分点。而且,中部五省占13.9%,比2009年提高3.4个百分点。棉纺织和服装为应

---

① 郑小碧:《基于产业转移成熟度的我国纺织经济发展研究——以浙江省绍兴县纺织经济为例》,《商业经济与管理》2011年第6期。

对劳动力成本的快速上涨和纺织资源紧缺的矛盾成为东部地区优先和重点转移的产业,转移比重达到 70% 以上。截至 2011 年年底,中西部地区纺织服装规模以上企业工业总产值比重达 18.5%,比 2009 年提高 6.9 个百分点。在 2009—2011 年间,有 8 个省份的服装制造业的产值增长超过一倍,分别是河南、江西、辽宁、湖北、湖南、安徽、四川和河北。截至 2011 年年底,中西部的纱、布产量占全国的 39% 和 24.2%,比 2009 年提高 5.3 和 3.5 个百分点。这表明,纺织产业转移的时机已基本成熟,尤其是纺织产业链中的生产加工和纺织原料环节的转移。(4)关于效益。产业转移是一把"双刃剑",不仅要避免转移区的"产业空心化"问题,而且要避免对承接区生态环境、产业结构的负面作用。因此,必须用一个公正、客观、辩证的态度去看待它,既不能因为一时出现的问题而否定产业转移,也不可因产业转移的功绩而掩盖其中的问题。对于东部地区而言,纺织产业各门类发展迅速,构筑了完整的产业链,但研发设计和营销网络的价值链两端依然薄弱。如果笼统地提倡把整个制造业环节都转移出去,东部纺织产业还剩下什么?因此,纺织产业转移应以实现产业升级为目标,把制造业环节中一些四高(能耗高、物耗高、"三废"排放高、土地消耗高)、三低(附加值低、技术含量低、自主创新能力低)的链条转移出去,以便有更多的精力专注于价值链的两端以及制造环节中若干仍将具有竞争优势的部分,如绍兴县实施的"611 工程"(即用 6 年左右时间,建成 100 幢 15 层以上或建筑高度 45 米以上用于商业、酒店、商务、办公等方面的高层企业总部大楼、现代商务大厦,"三产"增加值占地区生产总值比重每年提高 1 个百分点以上),致力于培育总部经济,打造创意高地,正是为纺织产业转移、提升创造条件。对于中西部地区而言,承接纺织产业转移则是为了优化本地的产业结构,提升人民的生活水平,应避免对盲目投资、重复建设、污染环境、恶性竞争项目的产业承接。

(二)加快自主创新与自主品牌双向提升

纺织产业转型、提升的最终目的是实现产业升级,即从全球价值链的低端环节向高端环节攀升,占据"微笑曲线"的两端。通过对绍兴 6 个区、县(市)的问卷调查和实地访谈所得到的资料表明该部分地区纺织产业存在以下问题:一是研发投入不足,缺乏核心技术。问卷调查结果显示,绍兴市有 65% 的纺织企业研发投入在 2% 以下,而且大部分不到 1%,导致产品更新速度缓慢,尤其是研究开发差异化纤维以及高技术含量、高附加值的功能性面料等方面落后于国外同行。二是品牌培育不足,自主品牌缺乏。问卷调查结果显示,纺织企业 79.8% 尚未建立自主品牌,46.9% 的企业根本不打算培育自主品牌,导致许多纺织企业长期被以量取胜的同质化、粗放式发展方式所困扰,以致陷入"贫困化增长"的陷阱而难以自拔。因此,提升自主创新能力和培育自主品牌是纺织产业竞争力提升和可持续发展的必由之路,只有在这两方面取得实质性突破,我国纺织产业才能真正成为战略性产业。为了提升自主创新能力,纺织企业必须更加注重研发设计能力。[①] 例如,纺织原料利用和加工技术在我国已经积累上万年,纺织机械产业的发展也已 300 多年,但是迄今尚未有完备的纺织科学理论,功能性纤维尤其是其磁学性质至今还未被充分认识和利用,纺织材料的许多性能、作用还未进入系统设计阶段,力学性能中的"许用应力"在纺织材料上的应用尚未进入设计领域,尚未真正发现和实践服装的保健医疗作用,纺织染整加工流程仍然太长、环节太多,尚未标准化纤维复合材料的加工程序,纺织测试的技术和标准尚未形成完整系统等。上述工作的每一项突破都可以实质性地提升我国纺织产业的自主创新能力。自主品牌的培育和创建是以自主创新为基础的,需要长时间、持续性、大规模的人力、财力、物力投入,世界上任何一个知名品牌,都有着数十年甚至数百年的技术创新和文化积累。鉴于此,在我国,尤其是以民营企业为主体、集群化特征明显的浙江省,在自主品牌的培育上,一方面,要更加重视通过集体创牌,打造广大中小纺织企业能够共享的区域品牌、行业品牌、市场品牌、集群品牌,并采取生产分包、战略联盟、技术合作、组建虚拟企业等形式,引导中小企业开展自主创牌活动;[②]另一方面,企业要根据自身实力、财力、人力及细分市场准确定位自己的产品品牌,在条件允许的情况下,力求通过收购、合作等方式引进国外成熟的一线品牌,从中可以学习更多新的品牌经营和设计研发理念,也有助于使自主品牌走上国际舞台。

(三)实现纺织产业与新兴产业深度融合

纺织产业与战略性新兴产业的融合,主要是指纺织产业在产业链、技术链上不断创新,催生出更多新兴产业,而这些新兴产业逐渐成长为战略性新兴产业。尤其在新材料(纺织原料)、高端装备制造(纺织机械)、节能环保(印染)等产业领域,纺织产业更是大有可为。以下以纺织原料与新材料的

---

① 庞金玲、李瑞洲:《纺织产业转型与技术创新:国际借鉴与启示》,《改革》2010 年第 2 期。

② 于斌斌、陆瑶:《基于全球价值链的绍兴纺织产业集群升级模式探析》,《纺织学报》2011 年第 12 期。

深度融合为例,作原因、特点和趋势等方面的分析。(1)融合原因:纺织原料供给面临短缺。根据联合国有关部门预测,全球人口将剧增,将导致土地短缺、粮食紧张,从而使得天然纤维无法通过种植来满足人们的市场需求。石油化工原料合成纤维也会渐趋枯竭,依托棉短绒、木材浆粕等的再生化学纤维已趋极限。化学纤维所用的原料90%以上来自于石油化工原料,以目前的消耗速度,到2050年,全球天然气和石油资源将会面临枯竭。因此,供应缺口很大的纺织纤维原料必须另觅资源,这绝不是危言耸听。(2)需求特点:社会对纺织品尤其是产业用纺织品品质要求越来越高,其用途也越来越广泛。就服装和家用纺织品而言,抗起球性、抗勾丝性等仍然是一个难题;人们对服装的湿摩擦色牢度、抗褶皱性、导汗透湿性、"洗可穿"性等方面的要求明显提高;人们对凉爽性、保暖性、防臭性、防蛀性、抗菌性、驱螨虫性、抗静电性、防熔滴性、阻燃性、防紫外线性、抗红外辐射性、防电磁辐射性以及智能性等功能性要求不断提高。除此之外,保健、卫生、建筑、医疗、航空用纺织品,与病理学、生理学、建筑学、航空学理论等的跨学科结合等方面的创新开发及应用需要花更大力气进行攻关。(3)发展趋势:纺织原料与新材料产业深度融合。要充分利用各种新技术以及利用荒滩地、盐碱地、山坡地种植天然纤维,培育纤维新品种,形成包括各种棉、麻、丝以及新开发的木棉纤维、牛角瓜纤维等天然植物纤维生产的"战略性产业新高地"。另外,要充分利用当前喂蚕余下的桑条、榨糖后的甘蔗渣、玉米秆、麻秆芯等废弃农作物资源,开发再生纤维素纤维;充分开发利用竹材、蟹壳、海藻、虾皮、细菌蛋白等新的生物质资源;充分利用废弃纺织品再生;开发符合高强度、超高强度、低模量、高模量、耐低温、耐高温、低电阻、高绝缘性、防高能粒子等要求的新型高性能纺织纤维。

(四)强化纺织产业与电子商务有机结合

纺织行业尤其是纺织原料、化纤、服装行业的标准化程度较高,易通过网络实现交易,这有利于纺织市场扩大辐射范围,降低交易成本,提高交易效率;更重要的是,借助智能化、自动化的产品供应链技术,能将数以万计的供求信息进行分类、整合,自动撮合交易,并能集小订单为大规模订单,变小规模供应为大规模供应,从而获得尽可能大的规模效应。一是纺织服装产业发展电子商务潜力无限。电子商务可以帮助国内纺织服装企业参与国内外竞争,与国际大市场直接对话,有助于企业快速突破瓶颈,实现升级。另外,电子商务这种新兴的交易工具可以拓宽企业现有的销售渠道,改善商业环境,优化和激活整个产业链,纺织企业应该积极融入这种交易模式中。二是综合性商务平台和搜索引擎引领纺织品营销趋势。国内电子商务市场,以阿里巴巴、慧聪网、淘宝网、中国服装网为代表的综合性电子商务平台在互联网发展初期起着先锋队的作用,在电子商务中品尝到了甜头。另外,很多纺织企业利用百度等搜索引擎优化关键词,购买竞价排名,通过不断提高曝光率和点击量来获得更多的订单转换。三是垂直性行业门户网站的崛起拓宽了无形市场的新领域。纺织服装行业是一个专业性极强的行业,垂直性行业门户网站把该行业所具有的优势资源加以整合和发展,建立起了一套完整的服务系统和模式,具有查询信息及时、数据资源完整全面、信息咨询专业权威、网络覆盖广泛等诸多优势。因此,随着综合性商务平台内广告竞争和搜索引擎排名竞争的加剧,一些纺织企业开始转向专业性更强的行业网站。例如,绍兴中国轻纺城市场打造的"网上轻纺城",兼并了"全球纺织网",成为全国唯一的纺织品 B2B 网上交易市场,拥有供应商 5.7 万多家,会员近 170 万个,开通网上商铺 40 多万家,网站日访问量近 200 万人次,2011 年达成在线交易 6.07 亿元,而且,"网上轻纺城"在全国首次实现了 B2B 网上营业执照办理。

(五)推进专业市场与产业集群良性互动

在中国尤其是浙江,纺织产业集群与专业市场相伴相生,二者之间存在千丝万缕的联系。以绍兴市为例,全市共有绍兴县轻纺、绍兴县印染、诸暨袜业、嵊州领带四个与纺织产业相关的全国百强产业集群,同时有绍兴中国轻纺城市场、钱清轻纺原料市场、诸暨大唐袜业市场、嵊州中国领带城等全国百强专业市场与纺织产业集群相呼应、相配套。[①] 正是这些专业市场,将绍兴的纺织产业与国内外市场的供需相连接,实现了绍兴纺织产品的大进大出,其中,绍兴中国轻纺城市场和钱清轻纺原料市场是亚洲同类市场中最大的专业市场,2011 年市场成交额分别达到 488.4 亿元和 400.9 亿元,同比增长 11.4％和 12.9％,再创历史新高;全国近 1/2 的纺织企业与之存在产销关系,全球近 1/4 的纺织面料在此成交,产品远销中东、欧洲、日本、非洲及拉美,市场覆盖 187 个国家和地区,国(境)外常驻代表机构 878 家、专业采购商 5000 余人。今后,应继续推进专业市场与产业集群的互促共进,

---

① 于斌斌、鲍熹懿:《专业市场与产业集群互动发展的机理与对策研究——以绍兴纺织工业为例》,《未来与发展》2010 年第 9 期。

形成互动机制,发挥集群供给集聚效应带来的多品种、低价格优势,促进专业市场交易规模不断扩大、交易效率持续提高,同时,产业集群也可以借助专业市场的需求集聚效应扩大产品需求、延伸产业链。一方面,强化专业市场作为产品交易中心、信息集散中心、品牌展示中心、物流配送中心的功能,如举办各种采购会、团购会及各类展销会等,在专业市场内建立自动化、智能化、制度化的信息收集、整合、整理、筛选、发布平台,与集群形成需求信息的发布和供给信息的回馈渠道,从而可以使集群充分掌握市场信息,消除信息不对称导致的市场劣势;另一方面,要进一步巩固和扩大集群在产业支撑、产品升级、技术创新等方面的优势,鼓励纺织企业积极依托专业市场的各类创新创意设计大赛、展会活动等,在专业市场内设立展销点,进行品牌推广、商务推介,实现纺织品"走出去"和"引进来"的真正结合。

(六)促进国内市场和国际市场联动发展

毫无疑问,我国是世界最大的纺织品消费国,国内市场需求规模庞大,国内市场是我国纺织产业发展的第一驱动力。仅以服装、家纺产品消费为例,虽然中国人均纤维消费量已从 2000 年的 7.5 千克增长到 2011 年的 20 千克左右,但还是明显落后于发达国家 30～40 千克的人均纤维消费量;再从家用纺织品来看,随着城市居民数量的增加和消费水平的提高,每户平均都有 20～30 千克的家纺消费量。尤其在中国广大的农村地区,目前纺织品消费量依然还很低。这些都意味着内需市场还有巨大空间和潜力。我国纺织品的国际市场虽然受汇率波动、国际贸易摩擦等诸多因素的负面影响较大,但依然是我国开展纺织品国际贸易和提升纺织产业国际竞争力的主攻方向,尤其是对纺织品出口依存度较高的浙江省而言更是如此。2011 年,浙江纺织品服装出口总额为 602.5 亿美元,占浙江全省出口总额的 27.8%,其中纺织品出口总额为 291.4 亿美元,服装出口总额为 311.1 亿美元,这意味着纺织产业的国际竞争力关系到整个"浙江制造"的层次和水平。为此,还需进一步优化贸易结构,调整国际贸易战略,规避贸易壁垒。一要构建多元化的出口市场,形成全开放、多方位、有重点的国际市场格局。例如,随着东南亚各国与我国在纺织产业链的联系日益密切,我国为这些国家配套提供的纺织原料、化学纤维、纺织面料等上游纺织品具有相对稳定的市场空间,在大力开拓欧美市场的同时,我国纺织企业要准确把握纺织产业在东南亚各国迅猛发展的势头,深入研究纺织业在这些地区发展的新特点、新趋势,积极做好上游纺织品的配套供应。二要优化国际贸易的内容、方式。

应大力提升相关服务贸易和纺织机械在纺织产业的比重。近年来快速崛起的纺织服装大国(包括印度、巴西、印度尼西亚等),对纺织机械及相关技术服务的需求很大,今后应着力开拓纺织机械及相关服务市场。实践证明,国内市场和国际市场联动发展是一个国家综合竞争力的体现。我国许多纺织企业在做贴牌生产的过程中,通过已经熟悉的国际业务,了解国际知名品牌的商业运作模式,将国际知名品牌的经营经验纳入国内市场开拓的过程之中,建立新的优势。同时,我国居民对纺织服装产品的消费需求不断升级,个性化、多样化的追求使得纺织服装市场越来越大,这些都为我国纺织企业拓展国内市场创造了难得的机遇。

四、结束语

纺织产业并非"夕阳产业",而是我国经济社会发展的基础性、民生性、战略性和传统优势产业,在繁荣市场、扩大出口、吸纳就业、增加农民收入、促进城镇化发展等方面发挥着重要作用。但是,由于 2008 年金融危机的持续影响导致国际需求萎缩,以及我国以中小企业为主的纺织产业结构在发展过程中仍然存在结构性、素质性等方面问题,转型升级是我国纺织产业求生存、谋发展、促提升的必由之路。没有落后的产业,只有落后的产能。我国纺织产业的转型升级必须从全球产业链、价值链、资本链、供应链整合提升的高度,立足于"四化同步"的大背景,实现政府、企业、行业协会及相关产业和市场力量等主体之间的良性互动,以及从硬要素为主向软要素为主转化入手,充分发挥技术创新、人力资源和社会资本的推动作用,促使我国从"纺织大国"向"纺织强国"转变。为此,针对我国纺织产业发展中存在的问题,本研究提出了六条路径,即产业转移与产业承接协调共进、自主创新与自主品牌双向提升、纺织产业与新兴产业深度融合、纺织产业与电子商务有机结合、专业市场与产业集群良性互动、国内市场和国际市场联动发展。

第二节 新古典经济学研究框架下的产业转移—承接机制

产业转移是产业为了顺应比较优势在区域之间的变化,在空间布局上发生转移的现象。针对产业转移的概念、动因、模式、绩效等方面的问题,国内外学者进行了深入、系统的研究。[1] 各研究对产业转移从不同角度进行了深入探讨,但也存在一些不足:一是大多数研究主要针对国家或地区间的产业转移进行定性分析,而定量研究较少,更没有系统地对为什么产业需要转移、转移到哪里等问题提供理论支撑;二是大都将产业转移的主体定位于转移地,对承接地的分析局限于承接转移战略和对策研究,尚未形成转移与承接的协调机制。

随着全国范围内的产业结构调整和东部地区资源、能源、劳动力等要素成本的持续上升,我国产业转移的浪潮已不断涌现:遍布"块状经济"的浙江民营企业,开启了"块状经济"的跨省复制和传统资本的"抱团"流动[2];绍兴县纺织、诸暨袜业和嵊州领带等百强产业集群的龙头企业纷纷在江西、湖北、安徽等地设立纺织服装生产加工厂,在新疆、西安等地建立麻、棉等原材料生产基地。[3] 中国的制造业主要集中在长三角、珠三角和环渤海等东部沿海地区,这些变化将深刻影响中国未来经济的发展,尤其是产业的结构调整和空间布局。产业的转移与承接,不仅要避免转移区的"产业空心化",还要避免对承接区的生态环境、产业结构产生负面效应,其实产业转移与承接是一把"双刃剑"。以下重点将产业转移与承接结合起来,尝试在新古典经济学视角下构建产业转移—承接的控制模型,全面系统地分析产业转移与承接的协调机制,为区域之间的产业转移与承接提供理论依据。最后,对浙江与中西部地区之间的纺织产业转移与承接进行实证分析。

---

① M. J. Taylor. Organizational Growth, Spatial Interaction and Location Decision-making. *Regional Studies*, 1975(9):313-323. P. Dicken. Global-local Tensions: Firm and States in the Global Space-economy. *Economic Geography*, 1994, 70(2):101-128. P. Krugman, A. J. Venables. Globalization and the Inequality of Nations. *Quarterly Journal of Economics*, 1995(4):857-880. J. R. Markusen, A. J. Venables. The Theory of Endowment, Intra-industry and Multinational Trade. *Journal of International Economics*, 2000(5):209-234. M. Fujita, T. Gokan. On the Evolution of the Spatial Economy with Multi-unit, Multi-plant Firms: The Impact of IT. *Development Discussion Paper*, 2004. M. Amiti, B. S. Javorcik. Trade Costs and Location of Foreign Firms in China. *Journal of Development Economics*, 2007(85):129-149. 卢根鑫:《试论国际产业转移的经济动因及其效应》,《上海社会科学院学术季刊》1994 年第 4 期。陈建军:《中国现阶段产业区域转移的实证研究——结合浙江 105 家企业的问卷调查报告的分析》,《管理世界》2002 年第 6 期。魏后凯:《产业转移的发展趋势及其对竞争力的影响》,《福建论坛·经济社会版》2003 年第 4 期。范剑勇:《产业集聚与地区间劳动生产率差异》,《经济研究》2006 年第 11 期。蔡昉、王德文、曲玥:《中国产业升级的大国雁阵模型分析》,《经济研究》2009 年第 9 期。刘红光、刘卫东、刘志高:《区域产业转移定量测度研究——基于区域间投入产出表分析》,《中国工业经济》2011 年第 6 期。

② 陈耀、冯超:《贸易成本、本地关联与产业集群迁移》,《中国工业经济》2008 年第 3 期。

③ 陆立军、于斌斌:《基于技术路线图思维的产业发展战略研究——以浙江纺织工业为例》,《科技进步与对策》2011 年第 10 期。

一、理论模型

(一)产业转移的新古典模型

产业转移理论研究的重要发展是运用新古典经济理论来解释产业转移内因与模式,国内代表学者有陈建军[①]和张孝锋[②]。其中,陈建军在道格拉斯生产函数的基础上,验证了特定产业支出倾向和总劳动投入量的减少以及劳动力要素成本的上升是产业转移的重要推动因素,且劳动密集型产业领域是产业转移首先发生的区域;张孝锋利用两区域总效用最大化模型将产业转移划分为自给自足、区域专业分工、产业空心化三种模式。以下结合上述两种方法,考察产业转移与经济增长的关系。

基本假设:(1)整个经济系统由甲、乙两个地区构成,两地都只消费两种商品 X 和 Y;(2)每个地区既可以选择两种商品都生产的自给自足模式,也可以专业化生产其中一种,然后出售这类商品以换取另一种商品,同时还可以选择两种商品都生产但也进行部分交换的半分工状态;(3)甲、乙两个区域的劳动力和资本能够互相自由流动。以 C-D 函数表示生产函数:

$$Q_{ix} = a_i L_{ix}^{\alpha}(b_{ix}K_{ix})^{1-\alpha}, Q_{iy} = a_i L_{iy}^{\beta}(b_{iy}K_{iy})^{1-\beta}, (i = 1,2)$$

其中,a_i 是产量系数,反映区域 i 的环境因素(如政策法制环境、市场发育程度、技术传播能力、基础设施、信用水平和区域文化背景等)对经济增长的作用;b_{ix}、b_{iy} 是资本效率系数,反映区域 i 劳动力和原材料价格、自然资源、环境容量、产地与市场距离等因素对资本使用效率的影响;K_{ix}、K_{iy} 分别表示区域 i 投入生产 X 和 Y 的资本数量。

假设两种产品对效用的贡献率相同且规模不变,则两区域总效用函数为:

$$U = Q_{1x}^{1/4}Q_{1y}^{1/4}Q_{2x}^{1/4}Q_{2y}^{1/4}$$

讨论 1:区域自给自足模式。通过上述总效用函数,可以建立非线性规划的生产模型:

①　陈建军:《产业区域转移与东扩西进战略》,中华书局 2002 年版。
②　张孝锋:《产业转移的理论与实证研究》,南昌大学博士学位论文 2006 年。

$$\begin{cases} \max U_A = Q_{1x}^{1/4} Q_{1y}^{1/4} Q_{2x}^{1/4} Q_{2y}^{1/4} \\ Q_{ix} = a_i L_{ix}^{\alpha} (b_{ix} K_{ix})^{1-\alpha} \\ Q_{iy} = a_i L_{iy}^{\beta} (b_{iy} K_{iy})^{1-\beta} \\ L_{ix} + L_{iy} \leqslant L_i \\ K_{ix} + K_{iy} \leqslant K_i \\ i = 1, 2 \end{cases}$$

由于两区域独立生产,目标函数与约束条件是可分的,模型方程可以分解为两个子问题求解。运用库恩—塔克条件,可得到自给自足条件下两区域的总效用为:

$$U_A = a_1^{1/2} a_2^{1/2} (b_{1x} b_{2x})^{(1-\alpha)} (b_{1y} b_{2y})^{(1-\beta)/4} \left(\frac{\alpha}{\alpha+\beta}\right)^{\alpha/2} \left(\frac{\beta}{\alpha+\beta}\right)^{\beta/2}$$

$$\left(\frac{1-\alpha}{2-\alpha-\beta}\right)^{(1-\alpha)/2} \left(\frac{1-\beta}{2-\alpha-\beta}\right)^{(1-\beta)/2} (L_1 L_2)^{(\alpha+\beta)/4} (K_1 K_2)^{(2-\alpha-\beta)/4}$$

讨论 2:区域专业分工模式。若 $a_1^{1/2} b_{1x}^{(1-\alpha)/4} > a_2^{1/2} b_{2x}^{(1-\alpha)/4}$ 且 $a_1^{1/2} b_{1y}^{(1-\beta)/4} < a_2^{1/2} b_{2y}^{(1-\beta)/4}$,则乙区域的产业 X 将转移到甲区域,专门生产 Y;甲区域的产业 Y 将转移到乙区域,专门生产 X。这样就形成了区域之间的产业专业化分工,两区域的生产模型变为:

$$\begin{cases} \max U_B = Q_{1x}^{1/2} Q_{2y}^{1/2} \\ Q_{1x} = a_1 L_{1x}^{\alpha} (b_{1x} K_{1x})^{1-\alpha} \\ Q_{2y} = a_2 L_{2y}^{\beta} (b_{2y} K_{2y})^{1-\beta} \\ L_{1x} + L_{2y} \leqslant L_1 + L_2 \\ K_{1x} + K_{2y} \leqslant K_1 + K_2 \end{cases}$$

可以得到专业分工条件下两区域的总效用为:

$$U_B = a_1^{1/2} a_2^{1/2} b_{1x}^{(1-\alpha)/2} b_{2y}^{(1-\beta)/2} \left(\frac{\alpha}{\alpha+\beta}\right)^{\alpha/2} \left(\frac{\beta}{\alpha+\beta}\right)^{(1-\alpha)/2}$$

$$\left(\frac{1-\beta}{2-\alpha-\beta}\right)^{(1-\beta)/2} (L_1 + L_2)^{(\alpha+\beta)/2} (K_1 + K_2)^{(2-\alpha-\beta)/2}$$

讨论 3:区域产业空心化模式。若 $a_1^{1/2} b_{1x}^{(1-\alpha)/4} > a_2^{1/2} b_{2x}^{(1-\alpha)/4}$ 且 $a_1^{1/2} b_{1y}^{(1-\beta)/4} > a_2^{1/2} b_{2y}^{(1-\beta)/4}$,则乙区域的产业 X 和产业 Y 都将转移到甲区域。如果没有新兴产业的替代,乙区域将出现产业空心化问题。这种条件下的两区域生产模型为:

$$\begin{cases} \max U_C = Q_{1x}^{1/2} Q_{1y}^{1/2} \\ Q_{1y} = a_1 L_{1y}^{\beta} (b_{1y} K_{1y})^{1-\beta} \\ L_{1x} + L_{1y} \leqslant L_1 + L_2 \\ K_{1x} + K_{1y} \leqslant K_1 + K_2 \\ K_{1x} + K_{1y} \leqslant K_1 + K_2 \end{cases}$$

可以得到完全分工条件下两区域的总效用为：

$$U_C = a_1^{1/2} a_1^{1/2} b_{1x}^{(1-\alpha)/2} b_{1y}^{(1-\beta)/2} \left(\frac{\alpha}{\alpha+\beta}\right)^{\alpha/2} \left(\frac{\beta}{\alpha+\beta}\right)^{(1-\alpha)/2}$$

$$\left(\frac{1-\beta}{2-\alpha-\beta}\right)^{(1-\beta)/2} (L_1 + L_2)^{(\alpha+\beta)/2} (K_1 + K_2)^{(2-\alpha-\beta)/2}$$

通过比较以上三种模式的讨论可以发现，$U_C > U_B > U_A$。这表明，区域之间的专业分工条件下的总效用大于区域自给自足条件下的总效用，而完全分工条件下的总效用大于区域专业分工条件下的总效用，即产业转移提高了区域之间的整体效用。

（二）技术、能源与经济增长

自从 Solow[1] 将外生变量技术进步率引入新古典增长模型中，[2]技术进步与经济增长之间的关系就成为学术界的热点问题。近几年，技术转移与经济增长的关系也开始成为我国学者关注的问题。涂远芬和许统生运用误差修正模型和协整分析发现，技术进步与经济增长之间存在长期均衡关系，即技术进步率增加 1 个百分点，国内生产总值就会增加 0.168 个百分点。[3]袁建新和刘幸赟通过计量模型回归发现，技术的引进、使用、流动对于经济增长具有显著的正向影响。[4] 技术进步在经济发展中的地位日益重要，技术差异成为产业转移的主要动因。与发展中国家相比，发达国家正是利用自身的技术优势，通过外商直接投资（FDI）推动全球范围的产业转移。[5] 产业转移方与承接方之间存在的"技术势差"推动了产业转移的发生，即转移

---

[1] 本书中部分外国学者名称在注释中亦有提及，为方便对应，尽量不予翻译。——编者注。

[2] R. Solow. A Contribution to the Theory of Economic Growth. *Quarterly Journal of Economics*, 1956, 70(1): 65-94.

[3] 涂远芬、许统生：《技术引进对我国经济增长影响的实证检验》，《统计与决策》2008 年第 10 期。

[4] 袁建新、刘幸赟：《技术引进促进经济增长作用省际差异性影响因素分析》，《中国工业经济》2010 年第 5 期。

[5] 代谦、李唐：《技术传承方式与长期增长：对传统中国增长停滞的一个解释》，《经济研究》2010 年第 6 期。

方具有较高的技术水平,承接方通过吸收转移方的经济技术进行产业承接,而承接方承接后的技术能力必定是大于承接方原有技术水平以及小于转移方的技术水平。因此,我们有必要将技术进步纳入模型中,假定技术进步与经济增长在一个非线性相关的时间序列内,则生产函数 $Q = aL^\alpha(bK)^\beta$ 就变为 $Q = ae^{\lambda t}L^\alpha(bK)^\beta$,其中 λ 为技术进步指数,t 表示时间序列。

Rashe 和 Tatom 首次将能源纳入 C-D 生产函数,力求验证能源利用与经济增长之间的关系,探索二者之间的基本规律。[1] 国内对二者关系问题的研究起步较晚,其中,赵丽霞和魏巍贤借鉴了 Rashe 和 Tatom 的研究方法,将能源作为新变量引入 C-D 生产函数,建立了二者的回归模型,结果显示,能源是我国经济发展不可完全替代的限制性要素。[2] 齐绍洲和李锴基于中国东西部地区 1997—2006 年的面板数据,对中国东西部地区的能源利用对经济增长的影响进行了研究。[3] 实证结果表明,能源与经济增长之间的关系在东西部地区都呈显著正相关,但东部地区的能源使用效率显著高于中西部;随着产业从东部地区向中西部地区转移,能源利用的效率差异逐渐在减小。由此,本生产函数应该引进能源因素,变为 $Q = ae^{\lambda t}L^\alpha(bK)^\beta R^\gamma$。

(三)产业转移—承接的控制模型

修正后的模型假设:(1)经济系统由甲、乙两个区域构成,它们都生产一种产品 X;(2)两个区域之间的能源、劳动力、资本可以自由流动;(3)两个区域生产产品 X 的技术经济水平存在差异;(4)产业转移后将促使承接方技术经济水平的提高,承接方技术进步的下限是维持原技术水平、上限为转移方的技术水平。因此,甲、乙两个区域生产产品 X 的生产函数变为:

$$Q_i = a_i e^{\lambda_i t} R_i^\alpha L_i^\beta (b_i K_i)^\gamma, (i = 1, 2)$$

其中 Q_i 为区域 i 生产产品 X 的产量,λ_i 为技术进步指数,本研究假定 $\lambda_1 > \lambda_2$;α、β、γ 分别为能源、劳动力和资本的弹性系数,这里我们扬弃规模不变的假定即假设 α、β、γ 之和可以大于 1、小于 1 或等于 1;R_i、L_i、K_i 分别为区域 i 生产产品 X 所投入的能源、劳动力和资本的数量;a_i、b_i 表示产量系数、资金效率系数。

假设两个区域总效用函数为 $U_o = Q_1^{1/2}Q_2^{1/2}$,那么产业转移之前的生产模型为:

① R. Rashe, J. Tatom. Energy Resources and Potential GNP. *Federal Reserve Bank of St. Louis Review*,1977,59(6):68-76.

② 赵丽霞、魏巍贤:《能源与经济增长模型研究》,《预测》1998 年第 6 期。

③ 齐绍洲、李锴:《区域部门经济增长与能源强度差异收敛分析》,《经济研究》2010 年第 2 期。

$$
\begin{cases}
\max U_o = Q_1^{1/2} Q_2^{1/2} \\
Q_i = a_i \mathrm{e}^{\lambda_i t} R_i^\alpha L_i^\beta (b_i K_i)^\gamma \\
R_1 + R_2 \leqslant R \\
L_1 + L_2 \leqslant L \\
K_1 + K_2 \leqslant K \\
i = 1,2
\end{cases}
$$

模型中,R、L、K 为两个区域投入的能源、劳动力和资本总量。应用库恩—塔克条件,可得到:

$$R_1 = R_2 = R/2, L_1 = L_2 = L/2, K_1 = K_2 = K/2$$

两个区域的总效用为:

$$U_o = (\frac{1}{2})^{\alpha+\beta+\gamma} a_1^{1/2} a_2^{1/2} b_1^{\gamma_1/2} b_2^{\gamma_2/2} \mathrm{e}^{(\lambda_1+\lambda_2)t/2} R^\alpha L^\beta K^\gamma$$

状态 1:技术转移下限。若 $a_1 b_1^\gamma \mathrm{e}^{\lambda_1 t} > a_2 b_2^\gamma \mathrm{e}^{\lambda_2 t}$,则乙区域中的产业 X 将会转移到甲区域,转移后的两个区域的总效用函数为:

$$U_d = Q_1$$

由于承接方并没有技术进步,即承接方维持原来的技术水平,则甲、乙两个区域的生产模型为:

$$
\begin{cases}
\max U_d = Q_1 \\
Q_1 = a_1 \mathrm{e}^{\lambda_1 t} R_i^\alpha L_i^\beta (b_i K_i)^\gamma \\
R_1 \leqslant R \\
L_1 \leqslant L \\
K_1 \leqslant K
\end{cases}
$$

应用库恩—塔克条件,可得到模型的解为:

$$R_1 = R, L_1 = L, K_1 = K$$

于是,乙区域向甲区域转移的能源、劳动力和资本分别是 $R/2$、$K/2$ 和 $L/2$,即乙区域的产业 X 全部转移到甲区域。此时,两个区域的总效用为:

$$U_d = a_1 b_1^\gamma \mathrm{e}^{\lambda_1 t} R^\alpha L^\beta K^\gamma$$

由于存在 $a_1 b_1^\gamma \mathrm{e}^{\lambda_1 t} > a_2 b_2^\gamma \mathrm{e}^{\lambda_2 t}$,又有 $0 < (\frac{1}{2})^{\alpha+\beta+\gamma} < 1$,则总是存在 $U_d > U_o$。这表明,乙区域产业 X 全部转移到甲区域后的总效用大于产业转移前的总效用,产业转移提高了两个区域的效用。因此,在技术转移下限的状态下,当满足 $a_1 b_1^\gamma \mathrm{e}^{\lambda_1 t} > a_2 b_2^\gamma \mathrm{e}^{\lambda_2 t}$ 时,区域之间产业转移可行。

状态 2:技术转移上限。技术转移上限指产业转移后承接方的技术水平进步到转移方的技术水平。于是，产业转移后的总效用变为：

$$U_u = Q'_1 = a_1 e^{\lambda_2 t} R_1^\alpha L_1^\beta (b_1 K_1)^\gamma$$

则甲、乙两个区域的生产模型为：

$$\begin{cases} \max U_u = Q'_1 \\ Q'_i = a_1 e^{\lambda_2 t} R_1^\alpha L_1^\beta (b_1 K_1)^\gamma \\ R_1 \leqslant R \\ L_1 \leqslant L \\ K_1 \leqslant K \end{cases}$$

此时，两个区域的总效用变为：

$$U_u = a_1 b_1^\gamma e^{\lambda_2 t} R^\alpha L^\beta K^\gamma$$

由于 $\lambda_2 > \lambda_1$，始终存在 $U_u > U_d$。这表明，技术转移提高了两个区域的总效用。通过比较 U_u 和 U_o 发现，当 $a_1 b_1^\gamma e^{\lambda_2 t} > (\frac{1}{2})^{\alpha+\beta+\gamma} a_2 b_2^\gamma e^{\lambda_2 t}$ 时，存在 $U_u > U_o$。通过变换 $a_1 b_1^\gamma e^{\lambda_2 t} > (\frac{1}{2})^{\alpha+\beta+\gamma} a_2 b_2^\gamma e^{\lambda_2 t}$ 可以得到 $a_1 b_1^\gamma e^{\lambda_2 t} > (\frac{1}{2})^{\alpha+\beta+\gamma} a_2 b_2^\gamma e^{(2\lambda_1-\lambda_2)t}$。由于存在 $0 < (\frac{1}{2})^{\alpha+\beta+\gamma} < 1$ 且 $\lambda_2 > \lambda_1$，所以有 $a_2 b_2^\gamma e^{\lambda_2 t} > (\frac{1}{2})^{\alpha+\beta+\gamma} a_2 b_2^\gamma e^{(2\lambda_1-\lambda_2)t}$。此时，我们可以划分三个区间进行讨论：（1）当 $a_1 b_1^\gamma e^{\lambda_2 t} > a_2 b_2^\gamma e^{\lambda_2 t}$ 时，如上所述可知产业转移可行；（2）当 $a_2 b_2^\gamma e^{\lambda_2 t} > a_1 b_1^\gamma e^{\lambda_2 t} > (\frac{1}{2})^{\alpha+\beta+\gamma} a_2 b_2^\gamma e^{(2\lambda_1-\lambda_2)t}$ 时，乙区域的产业不会转移到甲区域，但是分析发现乙区域的产业转移到甲区域会提高两个区域的总效用，即乙区域的产业全部转移到甲区域降低了乙区域的效用，但是大大提高了甲区域的效用，这需要采取一些强制性的产业政策；（3）当 $(\frac{1}{2})^{\alpha+\beta+\gamma} a_2 b_2^\gamma e^{(2\lambda_1-\lambda_2)t} > a_1 b_1^\gamma e^{\lambda_2 t}$ 时，乙区域的产业不会转移到甲区域，同时 $U_u < U_o$，不会发生产业转移。

状态 3：技术转移上、下限之间。在现实经济活动中，技术转移程度往往介于上、下限之间，我们需要在这种情况下分析产业转移与承接的边界问题。分三种情况进行讨论：（1）当 $a_1 b_1^\gamma e^{\lambda_2 t} > a_2 b_2^\gamma e^{\lambda_2 t}$ 时，技术转移使得双方效用提高，显然产业转移可行；（2）当 $a_2 b_2^\gamma e^{\lambda_2 t} > a_1 b_1^\gamma e^{\lambda_2 t} > (\frac{1}{2})^{\alpha+\beta+\gamma} a_2 b_2^\gamma e^{(2\lambda_1-\lambda_2)t}$ 时，乙区域的产业仍不会转移到甲区域，但是随着技术转移程度的下降，区域总效用也会下降，由于现实中技术转移程度和效率的差异，使得产业转移与承接具有不确定性；(3) 当 $(\frac{1}{2})^{\alpha+\beta+\gamma}a_2b_2^{\gamma}e^{(2\lambda_1-\lambda_2)t} > a_1b_1^{\gamma}e^{\lambda_1 t}$ 时，技术转移程度下降引起两个区域的总效用下降，不会进行产业转移。

通过状态 1、状态 2 和状态 3 的比较，我们发现：(1) 两个区域之间是否进行产业转移与承接，除了取决于两个区域的产量系数 $(a_1、a_2)$ 和资本效率系数 $(b_1、b_2)$ 外，还与技术进步指数 $(\lambda_1、\lambda_2)$、生产力指数 $(\alpha、\beta、\gamma)$ 以及技术转移程度相关。(2) 技术转移的上、下限可以确定产业转移和承接的边界：当 $a_1b_1^{\gamma}e^{\lambda_1 t} > a_2b_2^{\gamma}e^{\lambda_2 t}$ 时，产业转移可行；当 $a_2b_2^{\gamma}e^{\lambda_2 t} > a_1b_1^{\gamma}e^{\lambda_1 t} > (\frac{1}{2})^{\alpha+\beta+\gamma}a_2b_2^{\gamma}e^{(2\lambda_1-\lambda_2)t}$ 时，现实经济活动中技术转移的不确定性，使得产业转移与承接存在不确定性；当 $(\frac{1}{2})^{\alpha+\beta+\gamma}a_2b_2^{\gamma}e^{(2\lambda_1-\lambda_2)t} > a_1b_1^{\gamma}e^{\lambda_1 t}$ 时，产业转移不可行。

二、实证分析

1978—2008 年，浙江纺织产业的销售收入在全国的比重由 4.2% 上升到 22.0%，之后开始下降，2011 年这一比重下降为 12.9%。这表明，随着浙江土地、劳动力、原材料及能源等成本的上升，纺织产业在浙江的传统比较优势逐渐下降，纺织产业在全球价值链上的重新布局和转移升级势在必行。[①]

(一)样本选取

随着国家西部大开发、中部崛起等战略的实施，中西部地区成为浙江纺织产业转移的主要基地，如宁波雅戈尔、浙江云森轻纺、浙江华孚等纺织服装龙头企业在新疆建立棉花生产基地；诸暨马字袜业、浙江泰荣针纺、浙江海亮、义乌浪莎、浙江国元纺织、裕华等企业在安徽设立服装生产加工基地；浙江维科、绍兴恒昌、浙江龙达等企业挺进江西等。基于中西部地区优越的自然资源、劳动力资源、土地资源及政策倾斜，本研究选取中部 6 个省(区、市)(山西、湖北、湖南、河南、江西、安徽)和西部 12 个省(区、市)(甘肃、青海、陕西、云南、贵州、四川、重庆、宁夏、广西、新疆、西藏和内蒙古)作为纺织产业的承接地。

---

① 于斌斌、陆瑶：《基于全球价值链的绍兴纺织产业集群升级模式探析》，《纺织学报》2011 年第 12 期。

(二)指标处理

以下以价格调整后的工业总产值表示产出 Q,以价格调整后的资本消费量、能源消耗量和就业人数分别表示 K、R 和 L。具体处理为:(1) 产出 (Q):由纺织行业工业品的出厂价格指数对投入产出表中各行业工业总产出的名义值进行平减,得到实际总产出。(2) 资本 (K):由全部国有及规模以上纺织产业名义固定资产净值余额平减固定资产投资价格指数,可以得到实际固定资产净值余额,再加上流动资产年平均余额,得到实际资金投入量。(3) 能源 (R):由能源消费量表中纺织产业各类能源消费量乘以折标准煤系数后,再加总得到标准能源消费总量作为纺织业能源消费量。(4) 劳动力 (L):基于全员劳动生产率的计算公式,采用纺织行业的工业增加值除以全员劳动生产率可以得出全部国有及规模以上企业的就业人数。

(三)回归分析

对生产函数 $Q_i = a_i e^{\lambda_i t} R_i^{\alpha} L_i^{\beta} (b_i K_i)^{\gamma}$ 两边求对数得到:

$$\ln Q_i = \ln a_i b_i^{\gamma} + \alpha \ln R_i + \beta \ln L_i + \gamma \ln K_i + \lambda_i t$$

设回归方程为 $\ln(q) = c(1) + c(2) \cdot \ln(r) + c(3) \cdot \ln(l) + c(4)\ln(k) + c(5) \cdot t$,则有 $c(1) = \ln a_i b_i^{\gamma}$,$c(2) = \alpha$,$c(3) = \beta$,$c(4) = \gamma$,$c(5) = \lambda_i$。

本研究选取 2006—2010 年浙江省、中部 6 个省和西部 12 个省(区、市)纺织产业的相关统计数据进行分析,但是四川、云南、贵州、宁夏、广西、西藏 6 个样本因为数据缺失而剔除,因此我们最终选择中部 6 个省(山西、湖北、湖南、河南、江西、安徽)和西部 6 个省(区、市)(甘肃、青海、陕西、重庆、新疆和内蒙古)的纺织产业进行分析。数据主要来源于 2007—2011 年各省(区、市)的统计年鉴,选取 2006—2010 年各省(区、市)纺织产业的工业总产值、工业增加值、流动资产年平均余额、固定资产净值年平均余额、全部从业人员年平均数和能源消费量六组数据,并按可比价格计算,以 2005 年作为基数 100。

对模型进行回归后得到的回归结果均通过 t 值检验,R^2 都在 0.9 以上,其中 $c(2) = \alpha = 0.6513547122$,$c(3) = \beta = 0.3991915401$,$c(4) = \gamma = 0.7554662313$,则有 $\alpha + \beta + \gamma = 1.806012484$,符合放开 $\alpha + \beta + \gamma = 1$ 的假设,各省(区、市)$c(1)$、$c(5)$ 的值如表 1-1 所示。

表 1-1 各省(区、市)系数的回归结果

省(区、市)	$c(1)$	$c(5)$	省(区、市)	$c(1)$	$c(5)$
浙江	3.5014554900	0.8290576161	甘肃	1.2118598842	0.6409722771
山西	1.4465567662	0.6540711023	青海	1.4066649332	0.7455370503
湖北	2.6930522560	0.8113004449	陕西	2.7902402101	0.8102178231
湖南	4.7677822809	1.1890762333	重庆	3.0103624208	0.8999521212
河南	3.9747335440	1.0445020096	新疆	5.5616221193	1.3110374662
江西	4.8599932039	1.1916437808	内蒙古	2.7215414111	0.8759987928
安徽	4.9986622201	1.2100870551			

根据模型可知，$a_1 b_1^\gamma e^{\lambda_1 t} > a_2 b_2^\gamma e^{\lambda_2 t}$ 时，浙江纺织产业转移到相应区域将提高两个区域的总效用，两个区域之间进行产业转移与承接是可行的。对 $a_1 b_1^\gamma e^{\lambda_1 t}$ 求对数得到 $\lg a_1 b_1^\gamma + \lambda_1 t$ 即 $c(1) + c(5) \cdot t$，因此要判断 $a_1 b_1^\gamma e^{\lambda_1 t}$ 的大小，只需判断 $c(1) + c(5) \cdot t$ 的大小即可。这里取 $t = 5$，则各省(区、市)的 $c(1) + c(5) \cdot t$ 的值如表 1-2 所示。

表 1-2 各省(区、市)的 $c(1) + c(5) \cdot t$ 的值

省(区、市)	$c(1)+c(5) \cdot t$	排 名	省(区、市)	$c(1)+c(5) \cdot t$	排 名
新疆	12.1168094503	1	内蒙古	7.1015353751	8
安徽	11.0490974956	2	湖北	6.7495544805	9
江西	10.8182121079	3	陕西	5.1835174482	10
湖南	10.7131634474	4	青海	5.1343501847	11
河南	9.1972435920	5	山西	4.7169122777	12
浙江	7.6467435705	6	甘肃	4.4167212697	13
重庆	7.5101230268	7			

通过比较各省(区、市)$c(1)$、$c(5)$ 的值发现，$c(1) + c(5) \cdot t$ 的值高于浙江的有新疆、安徽、江西、湖南和河南。这表明在不考虑技术转移的情况下，新疆、安徽、江西、湖南和河南这五个省(区、市)已经具备承接浙江纺织产业转移的条件，两个区域之间的产业转移是可行的。

根据上述模型的结论，我们可以分析浙江纺织产业转移与中西部地区承接不可行的情况。当 $\left(\frac{1}{2}\right)^{\alpha+\beta+\gamma} a_2 b_2^{(2\lambda_1-\lambda_2)t} > a_1 b_1^\gamma e^{\lambda_1 t}$ 时，浙江纺织产业转移

（假设为区域2）转移到区域1是不可行的，因为此时的产业转移与承接降低了两个区域的总效用。不等式可以转化为 $(\frac{1}{2})^{\alpha+\beta+\gamma}a_2b_2^{\gamma} > a_1b_1^{\gamma}e^{(\lambda_2-\lambda_1)t}$。由 α、β、γ 的值可以求得 $(\frac{1}{2})^{\alpha+\beta+\gamma}a_2b_2^{\gamma} = 9.484159909$。由 $\lambda_2 = 0.8290576161$ 可以求得中部6个省（区、市）和西部6个省（区、市）对应的 $a_1b_1^{\gamma}e^{(\lambda_2-\lambda_1)t}$ 的值（见表1-3）。

表 1-3 各省（区、市）的 $a_1b_1^{\gamma}e^{(\lambda_2-\lambda_1)t}$ 的值

省（区、市）	$a_1b_1^{\gamma}e^{(\lambda_2-\lambda_1)t}$	排 名	省（区、市）	$a_1b_1^{\gamma}e^{(\lambda_2-\lambda_1)t}$	排 名
新疆	23.37630421	1	湖北	16.14867676	7
安徽	22.05445947	2	重庆	14.23765044	8
江西	21.05340659	3	内蒙古	12.02316887	9
湖南	19.44692957	4	山西	10.19084059	10
河南	18.12897662	5	甘肃	8.604510816	11
陕西	17.89352964	6	青海	6.198254761	12

由表1-3可知，满足不等式 $(\frac{1}{2})^{\alpha+\beta+\gamma}a_2b_2^{\gamma} > a_1b_1^{\gamma}e^{(\lambda_2-\lambda_1)t}$ 条件的只有甘肃和青海。这表明甘肃和青海到目前为止还不具备承接浙江纺织产业转移的条件。除了满足不等式 $a_1b_1^{\gamma}e^{\lambda_1t} > a_2b_2^{\gamma}e^{\lambda_2t}$ 即产业转移与承接可行的省（区、市），以及满足不等式 $(\frac{1}{2})^{\alpha+\beta+\gamma}a_2b_2^{\gamma} > a_1b_1^{\gamma}e^{(\lambda_2-\lambda_1)t}$ 即产业转移与承接不可行的省（区、市），其他省（区、市）都显示满足不等式 $a_2b_2^{\gamma}e^{\lambda_2t} > a_1b_1^{\gamma}e^{\lambda_1t} > (\frac{1}{2})^{\alpha+\beta+\gamma}a_2b_2^{\gamma}e^{(2\lambda_1-\lambda_2)t}$，即产业转移与承接存在不确定性。通过对比发现，浙江与陕西、湖北、重庆、内蒙古、山西之间的纺织产业转移与承接存在不确定性。

综上所述，基于产业转移—承接的控制模型，对浙江与中西部地区之间的纺织产业转移和承接进行回归分析，结果显示：（1）浙江与新疆、安徽、江西、湖南和河南之间进行纺织产业的转移和承接可行；（2）与青海、甘肃之间进行纺织产业的转移和承接不可行；（3）与陕西、湖北、重庆、内蒙古、山西之间进行纺织产业的转移与承接不确定。

三、结论及启示

产业转移在区域之间能否发生不仅由区际产量系数、资本效率系数等变量决定，还由生产力指数、技术进步指数和技术转移程度决定，即由反映区域 i 的自然资源、环境容量、产地与市场的运输距离以及劳动力和原材料的成本等因素决定，还由区域 i 的要素对产量的贡献率、生产技术水平和技术转移程度决定。

区域"势差"、优势互补是产业转移发生的主要动力。发达区域具有技术创新能力较强、基础设施完善、市场发育程度较高、信用水平较高等优势，而欠发达区域具有土地劳动力成本较低、自然资源更为丰富等比较优势，这种由比较优势形成的"优势势差"是产业转移与承接的力量来源。经过30多年的经济发展，大多数产业都在东部地区形成了产业集聚，使东部地区的产业有较高的产量系数，但是东部地区人力资源和原材料成本的上升推动了其产业结构的进一步调整，即劳动密集型产业开始从东部向中西部地区转移。而我国的中西部地区，其劳动力和自然资源优势明显，构成了承接东部地区产业转移的强大磁场。模型和实证结果显示，技术转移程度越高，产业转移后的总效用就越大，产业转移与承接的动力就越强。因此，可以通过加强转移方的技术扩散与承接方的技术吸收来提高技术转移效率，从而双向推动区域经济的增长。只要某一区域的产业在产业转移和承接可行性的生产边界里，产业转移和承接对于转移和承接双方都将是有利的。

本研究的不足之处在于，笔者所运用的新古典经济模型使用了大量的简化假设，其中一些假设可以更加细化和具有针对性。在今后的研究中，可以尝试逐步完善和细化这些假设指标，根据不同的国家、不同的区域对相关指标和参数有所取舍，这样更符合区域经济发展的实际。此外，在模型构建和数值模拟部分，可以根据经济现实创新引入和修正某些参数，扩大区域比较的针对性和层次性，这也是我们在今后研究中试图解决的问题。

第三节　基于网络集成机制的产业集群式转移

产业转移是指在市场条件下，发达地区的部分企业为了顺应区域比较优势的变化，通过跨区域直接投资或间接投资，将部分产业（主要是生产部分）转移到发展中地区或欠发达地区，从而在产业空间布局上表现出该产业在区域之间的转移现象。从马歇尔的外部经济理论、韦伯的工业区位理论、克鲁格曼的新经济地理学一直到迈克尔·波特的新竞争优势理论,均可以证明,区域经济增长的源泉是产业分工,而产业转移则是实现产业分工的重要途径。同时,国内外学者从不同的角度对产业转移进行了有意义的探讨,其中一些结论给我们以深刻的启迪,最重要的一点就是,随着全球经济环境的变化,产业集群在地理空间和经济空间的网络集成开始取代产业间分工和产业内分工,成为新一轮国际产业转移的主要驱动力。这种影响产生的结果也已不断显现。据亚洲鞋业协会统计,2008年在广东5000多家鞋企中,有20％的企业已经倒闭,25％的鞋企到印度、越南、缅甸等国设厂,50％的鞋企到江西、湖南、河南、广西等地设厂;安徽、山西、江西、湖北、湖南、河南等地纷纷制定相应战略,做好对东部沿海地区的产业承接,同时《皖江城市带承接产业转移示范区规划》在2010年获国务院正式批复,成为全国唯一以承接产业转移为主题的区域发展规划。

　　我们关注的焦点是:这些产业集群转移的决定因素是什么? 这些产业集群以怎样的形式进行转移? 沿海和中西部地区应如何应对这些产业集群的整体行动? 我们认为,产业集群的类型会影响其转移和转移方向,而产业集群无论是整体性转移还是部分转移,最终形成的网络集成优势是决定产业集群发展命运的关键。以下尝试在Romer分析的基础上,[①]构建一个产业集群网络集成的分析模型,并针对不同的产业集群用一个统一的分析框架来揭示其可能演化的方向。

一、网络集成模型

　　产业集群中存在大量的关联性企业,它们之间相互提供中间投入品以降低生产成本,而中间投入品的价格随着集群中关联企业数量的增加而降低,这是由于企业之间的相互竞争,增强了分工和专业化,提升了技术创新能力,逐渐形成了规模经济优势,这也是产业集群核心竞争力的来源。网络集成与规模经济有所不同,它能够实现对产业链的各个价值环节作最有效的利用。企业会根据价值链环节的动态变化做出相应的战略调整,借助网络集成的方式,充分利用具有不同边际生产力的要素,来增加经济效益。因

---

　　① P. M. Romer. Growth Based on Increasing Returns Due to Specialization. *American Economic Review*, 1987 (77):56-72. P. M. Romer. Endogenous Technologic Change. *Journal of Political Economy*, 1990, 98(5):71-102.

此,规模经济与网络集成的来源不同:规模经济是对同一价值环节上的生产要素的持续追加;而网络集成则通过同一价值环节拆分形成对不同边际生产力要素的充分利用。

为了说明规模经济与网络集成来源的差异,本研究设生产函数为 $Q = AL^{\alpha}K^{\beta}, \alpha, \beta > 0, \alpha + \beta > 1$,则生成平均成本函数为:

$$AC = (\alpha + \beta)\left(\frac{r_1^{\alpha} r_2^{\beta}}{A\alpha^{\alpha}\beta^{\beta}}\right)^{1/(\alpha+\beta)} Q^{(1-\alpha-\beta)/(\alpha+\beta)}$$

我们假定 r_1 和 r_2 是常数,这样的话,AC 就是 Q 的递减函数。为了有效地区别规模经济和网络集成之间存在的差异,我们假设技术条件和生产规模既定,这样就不存在规模经济。如此,企业成本的降低就只能来自对市场的组织。于是,我们就能得到 Q 为常数时 AC 与 r_1、r_2 的关系:

$$AC_{net} = ar_1^{\alpha/(\alpha+\beta)} r_2^{\beta/(\alpha+\beta)}$$

其中,AC_{net} 是网络集成条件下的平均成本,$a = (\alpha + \beta)\left(\dfrac{Q}{A\alpha^{\alpha}\beta^{\beta}Q^{\alpha+\beta}}\right)^{1/(\alpha+\beta)}$

显然,上式是一次齐次方程,可以得到欧拉方程为:

$$AC_{net} = r_1 \frac{\partial AC_{net}}{\partial r_1} + r_2 \frac{\partial AC_{net}}{\partial r_2}$$

这表明,AC_{net} 是 r_1 和 r_2 的增函数。当企业在降低平均成本时,除了利用规模经济和技术创新以外,还能通过寻求更低的 r_1 和 r_2 来达到这个目的。在这里,我们将企业通过使用更低的 r_1、r_2 所获得的收益称为网络集成带来的经济性(见图1-1)。在图1-1中,平均成本曲线 AC 上 A' 移动到 B' 所对应的产量变化为 Q_1 和 Q_2,平均成本由 OA 下降到 OB,这是规模经济作用的结果;如果通过非技术手段,使得平均成本曲线由 AC 移动到 AC_{net},对应相同的产量 Q_1,平均成本由 OA 下降到 OC,这就是网络集成作用的效果。

(一)网络集成效应的因素对比

我们将资本要素设定为劳动力资本、物质资本和资本专用程度的函数,假定劳动力资本与物质资本之间具有常替代弹性,而资产专用程度是通过影响资产的流动性影响资本要素价格。用 l、s、m 分别表示劳动力价格、资产专用程度和物质资本价格,令 $r_2 = \sigma(e_1 l^{-\rho} + e_2 sm^{-\rho})^{-1/\rho}$。

将 r_2 代入 $AC_{net} = ar_1^{\alpha/(\alpha+\beta)} r_2^{\beta/(\alpha+\beta)}$ 中,可以得到:

$$AC_{net} = hr_1^{\alpha/(\alpha+\beta)} (e_1 l^{-\rho} + e_2 sm^{-\rho})^{-\beta/\rho(\alpha+\beta)}, \text{其中 } h = a\sigma^{\beta/(\alpha+\beta)}$$

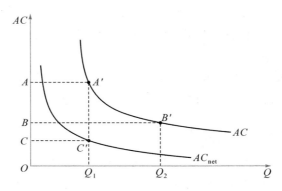

图 1-1 规模经济与网络集成来源的差异

上式可以变换为：

$$\ln AC_{\text{net}} = \ln h + \frac{\alpha}{\alpha + \beta}\ln r_1 - \frac{\beta}{\rho(\alpha + \beta)}\ln(e_1 l^{-\rho} + e_2 sm^{-\rho})$$

设 $f = \ln AC_{\text{net}}$，那么就有

$$\frac{\partial f}{\partial r_1} = \frac{\alpha}{(\alpha + \beta)r_1} > 0 \tag{1.1}$$

$$\frac{\partial f}{\partial l} = \frac{\beta e_2 m\rho}{l(\alpha + \beta)(e_1 + e_2 sm^\rho)} > 0 \tag{1.2}$$

$$\frac{\partial f}{\partial s} = \frac{\beta e_2 l^\rho}{(\alpha + \beta)(e_1 m^\rho + e_2 sl^\rho)} < 0 \tag{1.3}$$

$$\frac{\partial f}{\partial m} = \frac{\beta e_2 l^\rho}{m(\alpha + \beta)(e_1 m^\rho + e_2 sl^\rho)} > 0 \tag{1.4}$$

通过(1.1)和(1.4)可以看出，随着劳动力价格和物质资本价格的上升，平均成本出现递增趋势。

由(1.2)能够得出命题1：影响企业成本行为的重要因素是劳动力资本，即个人的知识、经验和能力对企业的成本越具有决定性，劳动力资本越重要，企业就会越依赖网络集成。

对于传统制造企业而言，独特的机械装备、市场经验或技术因素等是领先型企业的独特优势，可以使其在较长时间内拥有创新利润。但是在生产要素和产品销售网络化集成的时代，创新租金的长期获得对于领先型企业而言越来越难。集群企业发展的决定因素逐渐变为依赖劳动力的知识、经验和能力，长期依靠机械装备的传统生产方式将会难以为继，而生产将更多地以劳动力为中心。

由(1.3)能够得出命题2：机会主义风险的可能是资产专用程度决定

的,这意味着企业克服资产专用性的能力越强,在产业转移过程中就越容易形成网络集成。

资产专用程度较高的所有者会追求保护性治理结构,这是由于专有资产所有者在交易业务上很容易被捆绑。为了减少专有资产被"套牢"的风险,美国经济学家 Knight 和 Hart 都认为,有效率的做法是将相互专用的资产置于共同所有和掌控之下。威廉姆森则根据不同资产的专有程度指出了不同的治理结构:如果资产专用程度很低,那么市场化采购就具有治理优势和规模经济;如果资产专用程度很强,那么组织内部一体化的治理结构就具有优势;如果资产专用程度中等,则我们就会倾向于混合治理结构。这表明,资产的专用程度越强,企业通过利用正式契约或隐含契约来维持市场交易关系的可能性就会越大。

（二）网络集成效应的市场势力

如上所述,命题1和命题2并没有反映市场需求对于网络集成的影响程度。为了更加全面、深入地分析,我们将引入市场需求因素。在萨洛普模型的分析框架下,我们假定每个厂商都生产一种差异化产品,厂商1和厂商2所制定的均衡价格为 P^*。在此基础上,我们研究厂商1的市场行为。萨洛普模型指出,运输成本是距离的线性函数,对于消费者 x 而言,他从厂商1和从厂商2购买产品是无差异的,则:

$$p + tx = P^* + \frac{t}{N} \text{ 或者 } x = \frac{P^* - p}{2t} + \frac{1}{2N}$$

由于厂商1左侧或右侧的消费者是对称的,故厂商1的市场需求为:

$$Q(p, P^*) = 2x = \frac{P^* - p}{t} + \frac{1}{N}$$

假设固定生产成本为 F,边际成本为 c,厂商1选择 p 利润最大化,则有:

$$\max \pi(p, P^*) = pQ(p) - (F + cQ) = (p - c)\left(\frac{P^* - p}{t} + \frac{1}{N}\right) - F$$

求解一阶条件得到:

$$\frac{\partial \pi(p, P^*)}{\partial p} = \frac{P^* - 2p + c}{t} + \frac{1}{N} = 0$$

进一步推导,可以得到自由进入下的对称均衡:

$$N^* = \sqrt{t/F}, P^* = c + 1/N = c + \sqrt{tF}, Q^* = 1/N^*$$

单位运输成本等同于消费者在不同商品之间的替代成本,其中 $N^* = \sqrt{t/F}$ 表明,厂商数目与单位运输成本成正比,即在不同商品之间,消费者的替代成本越高,他的需求就越分散,这样每个厂商的市场范围就越小;$P^* = c + 1/N$ 则表明,厂商单位成本加成定价的幅度会随着消费者替代成本 (t) 的增大而增大,也就是说,消费者的替代成本越大,产品差异程度就会越大,厂商的市场势力就越大;$Q^* = 1/N^*$ 表明,产量是厂商数目的倒数,也就是说,消费者均匀分布且具有单位需求,故总市场需求是 1,而且存在 N 个对称的厂商,即每个厂商的市场份额为 $1/N$。因此,离散型的市场需求就会要求厂商增加产业链中的价值环节,并且在每一个具有差异化的市场上,厂商的市场势力会逐渐增强。与此同时,离散型的市场需求由于在动态的变化中,企业一定会根据价值环节的差异进行战略上的调整,通过网络集成能够充分利用不同的边际生产力要素来获取集成经济的效益。于是,我们可以得到如下推论:

命题 3:市场需求的离散性为网络集成提供了条件,使得市场需求的离散程度越高,网络集成就越容易形成。

市场需求的离散性使得制造商单独提供差异化的产品或服务的成本很高,因此为分销商通过网络集成控制制造商提供了条件:一是通过大规模的采购对上游的生产制造商实施买方垄断;二是通过实施许可经营或专卖制度,可以制定一个超过边际成本的最低零售价格;三是通过连锁性经营形成区域排他性,可以将市场分为若干个区域性市场,每个连锁店都具有垄断地位。在消费需求个性化、多样化的时代,刚性的生产系统不再具有经济性,因此企业从纵向一体化转向与产业链的上、下游企业建立战略合作关系,将不具有竞争力的业务分离,或者转移、委托给其他的生产企业。

二、网络集成与产业转移

从网络集成理论的视角看,产业转移是企业实现市场集成的手段。劳动力资本的重要性、资产专用程度以及市场需求的离散程度是影响企业网络集成的重要因素。根据产业链中价值环节的动态变化,企业对劳动力资本、资产专用性以及市场需求进行各方权衡,通过网络集成配置不同的边际生产力要素。通过对网络集成模型的三个命题的分析,我们对于新一轮产业转移可以得出如下推论:

推论 1:网络集成推动产业转移对产业链的不同价值环节最有效率的利用,要求产业转移过程从区域分工向价值链分工转化。

在经济全球化、区域一体化的背景下,国际分工的格局正在从不同产业、产业内的不同部门、同一部门内的不同产品之间的分工向同一产业同一部门同一产品的价值链不同环节的专业化分工格局转变。这种分工格局的目的并不是为了获得分工本身,而是为了获取更多的价值增值。随着科技的发展,尤其是网络信息技术和现代物流技术的发展,制造业的空间组织形态也发生着剧烈变化:生产工序在技术上的可分能力越来越强,价值链上的增值环节越来越多,同时生产工序和产品价值链环节在空间的分布越来越不受区域和国家的限制。在这种组织形态下,可以根据产品技术、工艺流程、价值链的不同环节将整个生产工序进行拆分,在全球范围内寻找最合理的生产区位和最有效率的供应商,从而使产业的价值链更具全球性的空间离散分布特性。在寻求比较优势和最大化利益的"内在冲动"下,发达国家的厂商将不再注重对价值链的整体占有,而是注重对新产品、新装备、新工艺的设计研发和产品核心技术的关键部分的掌握,以及产品销售、品牌培育等价值链"高位区"的占有与控制。因此,发达国家逐渐将产品生命周期中的后期阶段产品,如标准化产品"整体性"向其他国家转移,呈现出"头脑"产业和"躯干"产业、品牌经营与加工制造的"产业空间分割"。

　　以价值链拆分和产业链整合为标志的制造业全球生产系统的形成,推动了各国建立新的国际分工格局,以寻求进一步的比较优势和在不同价值链环节获取更大的经济收益。价值链上的主导企业,一是将生产过程分解,借助自身的全球生产系统,将产业链的不同环节分离到不同的国家或地区,引入当地的生产体系,获取各个价值环节的创造优势;二是将非核心的业务剥离,外包到世界各地区具有相对比较优势的企业,借助全球配套、全球合作,整合全球价值链。在产业转移的过程中,区域的比较优势决定了价值链的各个环节在全球空间的配置,即区域应该在价值链的哪些环节和技术上进行投资,以壮大自身比较优势。笔记本电脑的生产加工在全球范围内的网络化集成就是一个典型案例(见表1-4)。在笔记本电脑的全球价值体系中,系统产品的设计和整合、高档芯片的设计加工、供应链的统筹管理、品牌开发与营销等环节处于价值链的高端,而普通零部件组装等价值环节处于低端。在笔记本电脑的全球价值分配体系中,发达国家占据价值链高端,约占五成;发达或较发达的国家或地区占据价值链中端,约占四成;而较发达或发展中国家或地区占据价值链最低端,仅占一成。

表 1-4 笔记本电脑的生产加工在全球范围的网络集成及价值分配

国家或地区	代表性企业	主要分工	价值比重
美国、日本	Microsoft、Intel	研发设计,产品具有垄断性	约占五成
	Dell、HP、Toshiba、Acer	品牌、营销、渠道	
日本、韩国、中国台湾	NEC、Samsung、Toshiba、日立、明基	关键零部件、LCD、CRT、DRAM	约占四成
	台积电、联电、英业达、神达、大同	ODM/OEM 生产制造、全球配送	
中国大陆、中国台湾	建碁、源兴、台达、鸿海、宣得、富骓	外壳、鼠标、键盘、电池、连接器	约占一成

资料来源:刘友金、胡黎明:《产品内分工、价值链重组与产业转移——兼论产业转移过程中的大国战略》,《中国软科学》2011 年第 3 期。

推论 2:劳动力资本的重要性和资产的专用程度通过影响企业决策,使得产业转移的方向更加倾向于区际价值链的重组和构建。

命题 1 指出,劳动力资本的差异是影响发达国家和发展中国家之间产业转移的主要因素。一般情况下,产业转移从发达国家到较发达国家再到发展中国家。发达国家首先都是加工贸易进行转移,并且在发展中国家设立制造加工基地,然后通过整合装配,再将最终的产品销往全球各地。命题 2 给我们的启示是,跨国公司通过不断克服资产专用性,再加上发展中国家劳动力资本的累积和技术的持续提升,最终增加对发展中国家原材料、零部件等中间产品的采购。命题 1 和命题 2 的双重作用逐渐将中间产品和最终产品都转移到发展中国家。这些发展中国家在承接发达国家产业的过程中,也会承接相关的管理经验、市场渠道和技术水平,以此来推动发展中国家的产业升级,而发达国家依靠自身的劳动力能力优势来发展技术含量和附加值更高的产业。这样,在发达国家和发展中国家之间,通过产业转移与承接不断重组和构建新的全球价值链体系。

价值链的不断重组推动了分工程度的深化和生产的全球分散,因此在供应商和采购商之间发展长期信任合作的关系以构建网络集成系统就显得尤为重要。作为系统集成者的跨国企业就会通过产业转移渗透到价值链的上、下游,深入价值链的各个环节。如此,跨国企业通过并购核心业务和剥离非核心业务沿着价值链进行资源整合。最后,在系统继承者的压力下,价值链的各个环节就会变得高度集中,形成"瀑布效应"①。这意味着,在价值链中附加值越高,价值链的市场集中度就越高,跨国企业的市场势力就越强。因此,发展中国家向价值链高端攀升时,升得越高,面对的市场集中度就越高,市场势力对其阻力就越大。而且价值链与价值链之间还相互嵌套。例如,在飞机制造和销售的全球价值链中,通用、惠普和克莱斯勒这几家跨国公司占领了客机发动机的全球几乎所有市场;而A380和B787的全部核心机载电子系统由霍尼韦尔公司供应;客机刹车系统全球市场份额的3/4由斯奈克玛公司占有;米其林、普林斯同和固特异是全球仅有的几家生产大型客机轮胎的公司;飞机装配用铝的全球市场几乎由美国铝业和加拿大铝业垄断。我们可以发现,在这些价值链任何一个高附加值的环节,没有一家发展中国家的企业,并且大都是行业内的寡头企业。发达国家在价值链上不同环节的系统集成者相互嵌套中,建立了长期合作关系和积累了大量专业经验,这受益于长期合作而产生的网络集成效应。如此,对于发展中国家而言,他们面对的就是多条价值链交织结成的价值网。

推论3:网络集成的需求因素为产业的网络化转移提供了条件,产业转移模式由"分散化"向"集群化"转变。

网络集成的现实要求,推动了产业转移分工角度的转换,即由市场力量决定的分工向跨国公司为主的组织分工和产业集群为主的组织分工转变,这将导致产业间、产业内产品间以及产品内部分工,开始从垂直分工转向水平分工,使得新一轮的产业转移出现价值链的片段化和空间重组。② 全球价值链在大区域离散、小区域集聚的空间特征,将导致全球经济体好比"一串串珍珠",将颗颗"珍珠"穿起来的"金线"就是跨国企业主导的全球价值链,而"珍珠"就是地方产业集群。③ 地方产业集群的形成,得益于全球分工与区域片段化。一方面,大量联系密切的产业、企业及相关支撑机构在空间上集聚,逐渐形成整体性的竞争优势,集群就形成了;另一方面,产业集群内的龙头企业专注于全球价值链的某个或某几个"战略性环节",逐渐转移或剥离非核心业务,从而带来竞争力的提升,吸引集群内其他企业跟进和模仿,这就会出现集群经济活动基于全球价值链而垂直分离和产业整合。正是由于各个价值环节的地理性集聚,很多地方产业集群成了全球价值链中

---

① P. Nolan, J. Zhang, C. Liu. The Global Business Revolution, the Cascade Effect, and the Challenge for Firms from Developing Countries. *Cambridge Journal of Economics*, 2008, 32(1):29-47.

② 张立建:《两次国际产业转移本质探讨:基于产品生命周期理论视角》,《统计研究》2009年第10期。

③ 毛加强:《产业集群嵌入全球价值链方式与升级路径》,《现代经济探讨》2008年第10期。

的一个从属部分。在网络集成的全球背景下,大部分企业只是从事某个生产环节或者某个生产工艺,它们对产业的关联性和配套性要求高,产业转移已不再是零散地、小规模地推进,而是倾向于整体性、集群式地展开。这就导致了企业的"抱团"流动、价值链的重组、产业的"集群式"转移。

当然,产业集群的类型不同,迁移的倾向和方向也是有差异的,这主要取决于两种因素:一是集群企业之间的本地关联性。集群中企业的数量越多、产业链越长,前向后向联系就越紧密,在集群中获取成本优势就越明显,企业迁移的可能性就越小。二是集群企业对国际贸易的依赖度。如果对国际市场的依赖性很强,产品大量进出口,则企业对运输费用等贸易成本很敏感,更容易集中在沿海地区,就难以向内陆地区迁移。根据本地关联性和外贸依存度两个标准的不同组合,可以将沿海地区的产业集群分为三类,即"高关联、高外向度"产业集群、"低关联、高外向度"产业集群和"低关联、低外向度"产业集群;其中,第一类产业集群转移倾向较小,第二类和第三类产业集群的转移倾向更大(见表1-5)。

表 1-5 不同类型产业集群的转移倾向

类型 特征	第一类高关联、 高外向度集群	第二类低关联、 高外向度集群	第三类低关联、 低外向度集群
群内价值链结构	均匀离散、密切协调	非均匀离散、密切协调	非均匀离散、松散协调
本地关联性	很高:前后向关联密切	较低:与国际市场 关联度高	较低:产品替代性较强
群内中间品来源	本地	国际市场	本地与国际市场相互替代
外销比例	高	高	相对较低
贸易成本 重要性排序	汇率、出口退税、 出口运费	出口运费、汇率、 出口退税	国内运费、出口运费、 汇率
劳动力成本 的敏感性	相对不敏感	很敏感	很敏感
资产专用性程度	很高	较高	相对不高
产品标准化程度	相对不高	较高	高
转移倾向	转移可能性小	转移可能性大	转移可能性大

资料来源:陈耀、冯超:《贸易成本、本地关联与产业集群迁移》,《中国工业经济》2008年第3期。有修改。

三、讨论:浙江纺织产业的转移与升级

浙江纺织产业的主要特点是以地方产业集群的形式存在,据中国纺织

工业协会 2008 年统计,浙江共拥有纺织产业集群 31 个,占了全国总数的近 1/3,其中嵊州领带、绍兴轻纺、绍兴印染、海宁经编、萧山化纤、诸暨袜业六个纺织产业集群均入选全国百强产业集群(见表 1-6)。与此同时,集群中龙头企业已经开始向中西部地区转移。鉴于浙江纺织产业的现状以及新一轮国际产业转移的价值分工体系,我们认为要从以下几个方面充分发挥产业转移的网络集成作用,以完成浙江纺织产业转移与升级的双重任务。

表 1-6　浙江省纺织产业集群一览表

产业集群名称	产业集群所在地	产业集群名称	产业集群所在地
中国纺织产业基地县	绍兴县	中国静电植绒名镇	嘉兴油车港镇
中国经编名镇	绍兴县杨汛桥镇	中国织造名镇	嘉兴王江泾镇
中国纺织产业基地市	萧山区	中国毛衫名镇	嘉兴洪合镇
中国化纤织造名镇	萧山党山镇	中国领带名城	嵊州市
中国化纤名镇	萧山衙前镇	中国线带名城	义乌市
中国羽绒家纺名镇	萧山新塘街道	中国织造名城	兰溪市
中国羊毛衫名镇	桐乡濮院镇	中国过滤布名城	天台县
中国家纺布艺名镇	桐乡大麻镇	中国针织名城	象山县
中国化纤名镇	桐乡洲泉镇	中国男装名城	瑞安市
中国绢纺织名镇	桐乡河山镇	中国休闲服装名城	乐清市
中国纺织产业基地市	海宁市	中国出口服装制造名城	平湖市
中国经编名城	海宁市	中国布艺名城	余杭区
中国经编名镇	海宁马桥镇	中国童装名镇	湖州织里镇
中国布艺名镇	海宁许村镇	中国针织名镇	桐庐横村镇
中国袜子名镇	诸暨大唐镇	中国家纺寝具名镇	建德乾潭镇
中国衬衫名镇	诸暨枫桥镇		

资料来源:中国纺织经济信息网产业集群 http://cyjd.ctei.gov.cn。

(一)区域优势整合

随着生产要素成本上升、人民币汇率升值以及贸易摩擦等影响因素的不断扩大化,浙江纺织业的劳动密集型环节必定会出现外迁或者转移的趋势。但在全球价值链中,浙江纺织产业长期处于低端定位,这在一定程度上压制了中西部地区低端生产要素供应商的地位,从而导致了地区差距的扩大。我们可以考虑将劳动密集型环节转移到中西部地区,浙江则着重发展与纺织业具有密切关联性的生产性服务业,如通过运输、仓储、装卸、搬运、包装、配送、信息处理等物流环节对全省传统的纺织原材料、半成品、成品等进行整合,有针对性地引进、开发、完善统一的现代物流信息和管理系统,以此大力发展第三方、第四方物流等新型物流业态;有计划、有重点、分层次地推进全省纺织服装类专业市场的信息化、网络化改造,建立或扶持一批集信息发布、价格指导、网上交易、资源统一配置以及其他支撑辅助功能于一体的纺织服装类门户网站,通过纺织企业对跨区域、跨行业、跨所有制的网络资源不断整合和重组,提高商务信息的集聚度和利用率;发展与纺织产业相关的法律、咨询、评估、广告、策划、经纪代理等现代服务业。也就是说,通过纺织产业的转移,不断延长和拉伸全球价值链在国内的生产、销售环节。随着价值链环节的增多和链条的扩展,纺织产业的不同环节之间可以相互协调与合作,促进浙江纺织产业的升级。

(二)关注国内市场

Scherer[1]针对发展中国家的产业发展,强调了市场因素的重要性,他认为市场需求是创新的拉力,技术改进是创新的推力,与此同时技术改造升级又是对需求拉力的一种反应。浙江纺织产业在追赶国际纺织前沿技术的过程中,长期存在重技术、重装备、轻市场的趋势和倾向,它的主要表现是"市场换技术",绍兴纺织产业长期陷入"一流设备、二流产品、三流价格"就是这种倾向的缩影。浙江纺织产业在2008年金融危机后受挫较重,主要是因为纺织产业集群的高外向度。国际顶尖技术外溢的有限性决定了浙江纺织产业应高度重视国内市场。国内市场能为本土的纺织企业提供持续的资本投资和技术创新的拉力,帮助本土企业获得核心竞争力。"中国奇迹"[2]的创造,使得国内市场无论是规模、层次,还是多样化,都成为全球最重要的新兴市场。因此,在浙江纺织产业的转移过程中,应该调整"市场换技术"的战略,发挥国内不同地区、不同细分行业间的关联性,利用全球价值链的网络集成效应,通过产业转移,改变在全球价值链上的攀升方式,即从"市场换技术"变为"市场和技术双向提升",从关注产业链中、上游变为关注产业链

---

① F. M. Scherer. Firm Size, Market Structure, Opportunity, and the Output of Patented Inventions. *The American Economic Review*,1965,55(5):1097-1125.

② 林毅夫、蔡昉、李周:《中国的奇迹:发展战略与经济改革》,上海人民出版社、上海三联书店1994年版。

的整体优势,从外向型发展战略变为外向和内向双向循环的战略,从依赖国际市场变为国际和国内两个市场并重。

(三)技术本土诉求

通过对传统的产业转移模式的分析,我们发现成熟期产品或标准化技术是产业承接地区所要吸收的最主要因素,承接区所承担的是价值链的低附加值环节。这样的产业转移尽管可以实现承接区以成本低廉的方式获取技术资源,但是由于浙江纺织产业的技术水平本身与国际前沿技术存在显著差距,因此很难帮助产业承接区建立相对比较优势。基于 Lall[①] 的技术本土化理论,我们认为浙江纺织产业转移可以通过以下四个渠道实现技术本土化以建立竞争优势:(1)承接区(如中西部地区)技术的本土化是在不同于东部沿海地区的产业环境中,它是与区域的生产要素价格及区域产业文化特征相关的;(2)承接区通过对浙江纺织产业转移的产品和技术的改造和升级,可以使本地的产品更好地满足本地市场需求;(3)承接区在创新中产生的技术可能在小规模的生产条件下更具经济效益;(4)与转移区域不同的是承接区往往能开发出的新的纺织品,尤其是在市场较大、消费品位和水平差异较大的承接区。浙江作为东部沿海地区的发达省份,与承接区在要素价格、资源禀赋、经济发展阶段以及地区文化等方面存在显著差异,这就是技术本土化的产业环境。因此,浙江的纺织产业转移应该充分利用具有区域异质性和片段性特点的国内市场,运用产业转移的网络集成机制,对技术进行本土化改造,发挥协同创新的能动性,形成自身的竞争优势。

(四)网络集成效应

浙江纺织产业多以产业集群的形式存在,其产业转移所体现的追求整合集成能力和系统效率的竞争方式,将更加关注产业转移中形成的网络集成效应。具体而言:(1)浙江纺织产业尽管转移的只是价值链中的低附加值环节,但是作为主要承接区的中西部地区,其工业经济体系还是相当完备的,尤其是安徽,专门制定了相应的承接规划,这有利于纺织细分行业之间的循环累积联系,使浙江纺织企业更加关注具有齐全工业基础的承接区。(2)规模经济是浙江纺织业发展的动力之一,规模经济一旦发挥作用,其中的"干中学"效应将使规模经济不断进行自我累积性强化。(3)开放性和保

---

① S. Lall. *The New Multinationals*. New York:John Wiley,1983.

护性两种力量的制衡是浙江纺织产业在转移的过程中必然要面对的:一是如果纺织产业转移顺其自然、高度开放,那么浙江的经济体系可能出现"空心化"而丧失自主性,对外部市场冲击的抵御能力必然下降;二是如果过于限制纺织产业的转移,可能对浙江的产业结构调整和产业转型升级非常不利,因此,浙江纺织产业在转移过程中应该以是否能够形成网络集成能力为标准,从而在适度开放的条件下实现区域之间劳动力、资本、信息等生产要素的无障碍流动,使整合国内资源决战国外市场成为可能。

四、结语

产业转移不是目的,而是一种手段或者趋势,重要的是何种产业通过何种方式转移,以及这种转移方式的驱动力量和协调机制对于产业升级有多大意义。从微观层面看,产业转移是企业通过市场的重组和集成在技术之外实现经济性的结果,即服务于企业寻求集成经济的经济目的;从宏观层面看,产业转移已经从"零散性"、"片段化"转向了"集中性"、"集群化",其内涵的竞争方式变革要求我们超越传统产业转移模式的限制,充分学习和利用资源整合能力、网络效应和系统效率的产业转移模式。本研究认为,追求整合能力、网络效应和系统效率的网络集成机制是新一轮产业转移的主要动因,通过构建和发展网络集成机制,在全球价值链的各个环节注重学习和攀升,以培养和形成自身的核心竞争力,是我国传统产业实现转型升级和缩小地区之间经济差距的一条新途径。

第四节　浙江区域现代化的评价与测度

现代化一直是学术界关注和研究的重大理论与现实问题。[①] 自 20 世纪 50 年代被提出以来,现代化理论已形成六大研究方向:(1)以伊斯顿、亨廷顿、阿尔蒙德等为代表的政治学研究方向。该方向以国家的政治体制和民主制度的演化与变迁为研究支撑点,认为国家现代化的核心是国家政治制度的现代化。(2)以弗兰克、罗斯托、库兹涅茨等为代表的经济学研究方向。该方向通过从经济层面对现代化历史进行考察,认为现代化的核心是

---

① 　朱荣贤:《现代化理论研究综述》,《学术论坛》2005 年第 10 期。何传启:《现代化科学:现代化发达的原理和方法》,《中国科学基金》2011 年第 2 期。

工业化与城市化,关键是实现经济的持续增长。(3)以帕森斯、勒纳、列维、穆尔等为代表的社会学研究方向。该方向以进化论为指导思想,主要研究社会结构、功能的转换与变迁。(4)以英克尔斯、麦可勒兰德等为代表的人文学研究方向。该方向认为,现代化的核心是人的现代化,并指出人的现代化是传统社会向现代社会转变的关键,是现代化社会稳定、健康、持续发展的基础。(5)以布莱克、艾森斯塔特等为代表的制度学研究方向。该方向通过对不同国家的体制、机制进行实证比较研究,认为现代化发展模式具有多样化的特点,并对不同的模式进行了剖析和诠释。(6)以哈贝马斯、吉登斯及我国学者胡传胜等为代表的生态学研究方向。该方向认为,一个国家的现代化绝不意味着单纯的增长,而应以生态资源的可持续性为中心,把生态现代化、可持续发展作为现代化的重要内容。

近年来,我国学者在拓展现代化内涵的基础上,测度和分析了我国及广东、山东、河南等地的现代化程度,具有很强的时代性和实践指导意义。[①]但是从目前搜集的相关文献来看,仍存在以下不足:(1)上述六大研究学派虽然从不同的角度,对现代化理论进行了拓展,但是缺乏对现代化进程系统、分层次的研究,尚未形成统一的评价体系;(2)现代化的内容复杂、多元性结构明显,应该是一个动态的概念,并随着经济社会的发展,其内容也有了新的实质与内涵;(3)尚未发现有文献对浙江的现代化水平进行深入、系统、多层次的分析。为此,本研究拟在借鉴前人研究的基础上,重新构建现代化进程的评价指标体系,通过比较研究各地区之间的现代化进程,测算分析浙江省现代化的进程与水平。

一、现代化新的内涵与特征

由于现代化是一个包罗万象、多层次、多阶段、相对化的历史过程,难以用某一方面或某一领域的指标进行量化。综合上述研究,我们认为现代化至少包含以下几个层面:(1)经济现代化,即工业化是现代化的实质,也是必经阶段,包括经济发展实现专业化、规模化的可持续发展;(2)政治现代化,即国家政治活动的法制化、科学化和民主化;(3)社会现代化,即城市化达到

---

① 田杰、吴殿延、李雁梅、武聪颖:《我国各地区现代化进程研究》,《中国软科学》2002年第6期。朱孔来:《我国及山东现代化进程的测算与实证研究》,《山东工商学院学报》2004年第2期。刘耀彬:《中国省区现代化水平及进程测度研究》,《科技进步与对策》2008年第6期。江苏省统计局:《江苏基本实现现代化指标体系的构建思路》,《群众》2011年第4期。何传启:《科技革命与世界现代化——第六次科技革命的方向和挑战》,《江海学刊》2012年第1期。

较高的水平,人民生活福利化、人才资源流动化、经济生活信息化;(4)观念现代化,即社会成员普遍具有开放性、独立性、参与性、平等性、时代性等现代意识;(5)科技现代化,即国家自主创新能力显著提升,科技文化事业迅速发展,知识产权保护等观念融入经济社会领域;(6)生态现代化,即形成人与自然和谐的生态环境,有效地控制和治理污染,保持生态环境的平衡和良性循环,使经济、社会和环境协调发展,人民生活和生产环境大幅度地改善。综合而言,我们认为现代化是一个经济领域工业化、政治领域法制化、社会领域福利化、观念领域多元化以及环境领域生态化的互动过程。

另外,现代化既是一种水平也是一个过程,[①]具有如下特征:(1)现代化具有明确的历史起点和基本方向。一般认为,现代化起源于18世纪后期西方工业革命后出现的全球化趋势。工业革命产生了新的生产方式并加速了社会的全面变革,对经济发展、社会进步、观念更新产生了广泛影响,标志着人类社会发展进入了一个崭新的时代。(2)现代化以现代科技在经济社会中的普遍应用为契机。正是由于现代科技的广泛应用,导致经济、社会和政治结构的不断革新,加速了社会的现代化变迁。(3)现代化是一个长期的历史动态过程,其内涵也在动态变化。现代化本身就是一个不断发展的过程,没有绝对的目标和标准。随着经济社会的发展,现代化的内涵和外延也在动态变化,不断增添新的内容。(4)现代化是工业化、市场化、信息化、城市化、国际化相互交织、同步推进的过程。工业化是基础和前提,达到一定程度就会同步推进市场化、信息化、城市化、国际化,而市场化、信息化、城市化、国际化的加速发展又会加快工业化的进程,它们之间相互协调、相互促进。(5)现代化建立在可持续发展的基础上。现代化是目的,而可持续发展是手段。现代化的研究需要跳出传统的理论模式,在可持续发展的框架下,探索现代化的特点和规律。具体而言,现代化是以现代工业、技术、信息、知识为动力,推动传统农业社会向现代工业、信息化社会转变,并由此渗透到经济、政治、社会、文化、思想等各个领域,进而引起社会的组织、行为的深刻变革,直至达到相对理想的状态。这种状态反映的是一个时代人类文明程度的先进性水平,至于要达到什么样的状态、怎样达到这种状态就是现代化重点研究的问题。

---

① 中国现代化进程检测系统研究课题组:《中国现代化进程检测系统研究》,《统计研究》2003年第5期。

二、现代化的指标体系与测量标准

(一)指标体系

在深入研究现代化新的概念、内涵与特征的基础上,遵循全面性、代表性、先进性、易操作性和可比性等原则,参考英克尔斯及相关文献提出的现代化指标体系和测度方法,[1]我们将现代化评价指标体系分为经济水平、社会发展、科技进步、生活质量、人口素质和环境状况 6 个子目标。经过系统分析和科学筛选,最终确定了 22 个具体指标。该评价指标体系分为:(1)经济水平,包括人均生产总值、农业增加值占生产总值的比重、第三产业增加值占生产总值的比重、市场化指数、外向性指数 5 个指标;(2)社会发展,包括城市化水平,第二、三产业从业人员占劳动总量的比重,社会保障水平指数,城乡居民可支配收入比例 4 个指标;(3)科技进步,包括研发投入费用占生产总值的比重、专业技术人员占总人口的比重、每万人专利申请授权数 3 个指标;(4)生活质量,包括恩格尔系数、人均实用居住面积、每千人拥有医生数、每百人拥有汽车数 4 个指标;(5)人口素质,包括人均预期寿命、大学文化程度以上人口占总人口的比重、人口自然增长率 3 个指标;(6)环境状况,包括环保投入占生产总值的比重、建成区绿化覆盖率、环境治理指数 3 个指标。见表 1-7。

表 1-7　现代化评价指标体系

指标类型	评价指标	计量单位	指标属性	评价标准
经济水平	人均生产总值	$	正向指标	10000
	农业增加值占生产总值的比重	%	反向指标	10
	第三产业增加值占生产总值的比重	%	正向指标	60
	市场化指数	%	正向指标	80
	外向性指数	%	正向指标	60

[1]　李学鑫、刘静玉、焦士兴:《河南省现代化进程测度的研究》,《地域研究与开发》2003 年第 2 期。

续　表

指标类型	评价指标	计量单位	指标属性	评价标准
社会发展	城市化水平	%	正向指标	70
	第二、三产业从业人员占劳动总量的比重	%	正向指标	90
	社会保障水平指数	%	正向指标	100
	城乡居民可支配收入比例	—	反向指标	1
科技进步	研发投入费用占生产总值的比重	%	正向指标	3
	专业技术人员占总人口的比重	%	正向指标	10
	每万人专利申请授权数	件	正向指标	30
生活质量	恩格尔系数	%	反向指标	30
	人均实用居住面积	m²	正向指标	20
	每千人拥有医生数	人	正向指标	2
	每百户拥有汽车数	辆	正向指标	30
人口素质	人均预期寿命	岁	正向指标	80
	大学文化程度以上人口占总人口的比重	%	正向指标	4
	人口自然增长率	%	反向指标	3
环境状况	环保投入占生产总值的比重	%	正向指标	3
	建成区绿化覆盖率	%	正向指标	40
	环境治理指数	%	正向指标	90

(二)测量标准

1. 经济水平

(1)人均生产总值。根据钱纳里的工业化阶段理论,人均生产总值是反映地区宏观经济的主要参考指标。根据世界银行的衡量标准,人均生产总值在2880~5760美元处于工业化中期阶段,在5760~10810美元处于工业化后期阶段。因此,本研究取10000美元作为评价标准。(2)农业增加值占生产总值的比重。这是测量一个经济体现代化水平的反向指标,根据世界中等发达国家的标准,本研究取10%作为评价标准。(3)第三产业增加值占生产总值的比重。第三产业增加值越高,表明地区中生产型服务业与生活型服务业的作用就越突出,社会专业化分工就越明显,经济结构的优化程度就越高。随着知识经济和信息化的到来，服务业的比重在经济结构中不断提升，欧美发达国家的这一比例早已经超过 60％。因此，本研究取 60％作为评价标准。(4)市场化指数。本研究采用民营投资占总投资的比重来表示市场化指数，欧美国家的这一指数都在 80％以上，因考虑中国特殊的经济体制和以民营经济为主体的"浙江模式"①，我们取 80％作为评价标准。(5)外向性指数。本研究用外贸依存度来表示外向性指数，计算公式为：外向性指数＝(进口总额＋出口总额)/国内生产总值。该指数反映了某一国家或地区参与国际竞争的程度，欧美国家的外向性指数大都在 50％～70％之间，我们这里取 60％作为评价标准。

2. 社会发展

(1)城市化水平。城市化是现代化的重要内容，反映了该地区人口集聚的过程和程度以及经济社会发展水平。发达国家的城市化率基本上都在70％以上，因此本研究取 70％作为评价标准。(2)第二、三产业从业人员占劳动总量的比重。发达国家或地区的第二、三产业从业人员占劳动总量的比重都在 95％以上，如美国(96.4％)、英国(97.4％)、新加坡(98.7％)、中国香港(98.6％)等。考虑到具体情况，我们取 90％作为评价标准。(3)社会保障水平指数。该指标用社会保障网络覆盖面来表示，取 100％为评价标准。(4)城乡居民可支配收入比例。达到中等发达国家时，城乡之间的收入水平基本趋于一致，因此本研究取 1 为评价标准。

3. 科技进步

(1)研发投入费用占生产总值的比重。衡量一个国家或地区对技术创新的重视和扶持程度的指标，除了研发投入经费的总支出，更重要的是考察其强度，即研发投入费用占生产总值的比重。发达国家或地区的研发投入费用占生产总值的比重普遍介于 2％～3％之间，且表现比较稳定。因此，本研究取 3％作为评价标准。(2)每万人中专业技术人员的比重。这一指标用来衡量一个国家或地区对高级人才培养、引进的能力，代表该地区的科技创新能力。由于美国、日本、加拿大、澳大利亚等发达国家的这一标准都在 10％以上，因此本研究取 10％作为评价标准。(3)每万人专利申请授权数。这是一个反映某地区创新活跃程度的指标，而中国副省级城市深圳最

---

① 陆立军、王祖强：《浙江模式——政治经济学视角的观察与思考》，人民出版社 2007 年版。

接近发达国家的平均水平,因此本研究以深圳为标准选取 30 件作为评价标准。[①]

4. 生活质量

(1)恩格尔系数。根据联合国对恩格尔系数的评价标准,恩格尔系数在 60% 以上为绝对贫困;50%~60% 为温饱水平;40%~50% 为小康水平;30%~40% 为相对富裕;20%~30% 为富裕水平;20% 以下为极其富裕。本研究取 30% 为评价标准。(2)人均实用居住面积。根据生活的舒适度,本研究取 20 平方米为评价标准。(3)每千人拥有医生数。这一指标用以反映公共医疗服务的基本能力。发达国家的每千人医生数为 1.65~3.77 人,例如美国每千人医生数已超过 2 人,且还在逐年上升[②],因此本研究取每千人拥有医生数 2 人为评价标准。(4)每百户拥有的汽车数。目前,中国已经进入了汽车工业时代,汽车的购买量逐年增加,这反映了我国的工业化水平和居民的消费能力。在借鉴欧美发达国家平均水平及考虑我国"人多地少"国情的基础上,本研究取 30 辆为评价标准。

5. 人口素质

(1)人均预期寿命。我国人口的平均预期寿命达到 70 岁,已经超过世界平均水平,接近中等发达国家的水准,本研究取 80 岁作为评价标准。(2)大学文化程度以上人口占总人口的比重。这一指标主要反映高等教育的普及状况。随着我国高等教育进入大众化阶段,该比重正逐年上升,但与发达国家相比仍然偏低,再加上教育资源的区域不平衡性,[③]本研究取 4% 作为评价标准。(3)人口自然增长率。人类历史的发展过程表明,随着现代化程度的推进,人口自然增长率呈下降趋势,如发达国家的人口自然增长率明显小于发展中国家。这是一项测量现代化的反向指标,本研究取 3% 作为评价标准。

6. 环境状况

(1)环保投入占生产总值的比重。发达国家的环保投入占国内生产总值比重在 2%~3% 之间,比如 20 世纪 70 年代美国大约是 2%,日本在 20 世纪 80 年代末期超过 3%(3.4%),德国 2.1%,英国 2.4%,而我国还不到

---

①　倪芝青、林晔、楼菁华:《中国副省级城市科技竞争力比较研究》,《中国科技论坛》2012 年第 7 期。

②　于书彦、兰文恒、徐群渊:《关于北京地区医生人力供求的比较研究》,《医学教育》1999 年第 6 期。

③　国鲁来:《理论界关于全面建设小康社会的讨论综述》,《经济研究参考》2005 年第 61 期。

2％(在 1.6％～1.8％之间)，因此本研究取 3％作为评价标准。(2)建成区绿化覆盖率。该指标是指城市建成区的绿化覆盖面积占建成区面积的比率，用于反映城市环境质量。绿化覆盖率越高，表明居民享受公共绿地的面积就越多，城市生活环境就越优美。目前，我国城市的绿化面积普遍在30％～40％之间，本研究取 40％作为评价标准。(3)环境治理指数。环境保护主要体现为对废水、废气和固废的治理。本研究将三废治理效果的指标加权并综合而成环境治理指数。公式表示为：环境治理指数＝工业废水排放达标率×0.5＋工业废气治理率×0.3＋固体废物综合治理率×0.2。污水和废气处理的达标率应为 100％，固体废物处理应达 50％，因此本研究取 90％作为评价标准。

(三)指标处理

1. 标准化处理

目前对指标进行标准化处理(也称无量纲处理)的方法很多，如标准化变换法、功效系数法、指数变换法、秩次变化法、分段打分变化法等。为了分析方便，本研究采用指数变换法。该方法是将评价指标值与相对应的评价标准值进行对比，计算出指数，以实现无量纲化。公式为：$z_i = x_i / x_{i0}$，其中 x_i 代表评价指标值；x_{i0} 代表评价标准值。由于评价指标体系中有正向指标和负向指标，其处理方法也不同：对于正向指标，标准值＝(评价指标值/评价标准值)×100；对于负向指标，标准值＝(评价标准值/评价指标值)×100。需要指出的是，当标准化值大于 100 时，标准化值取 100，这样既能够实现指标无纲量化，又可以避免个别评价指标的超常影响综合值的计算。

2. 确定指标权重

确定指标权重的方法也很多，如 Delph 法、主成分分析法、层次分析法等。本研究采用层次分析法，其步骤如下：(1)构建判断矩阵。选取有关方面的专家利用 1～9 比率标度法对各评价指标的重要程度进行判断，取判断值的平均值构建判断矩阵(用 B 表示)。(2)确定各指标的权重。对判断矩阵求最大的正特征根(用 λ 表示)，采用简单的方根法求解 $BW = \lambda W$ 可以获得排序值，进行归一化后可以得到各指标的权重。(3)一致性检验。专家在判断指标的重要性时，各判断之间要协调一致，不应出现矛盾的结果。如果判断矩阵没有通过一致性检验，就需要对矩阵进行修正，直至通过检验。在检验过程中，个别评价指标的权重略有调整，指标权重见表 1-8。

表 1-8　现代化各级评价指标的权重

指标类型	权重（%）	评价指标	权重（%）
经济水平	30	人均生产总值	50
		农业增加值占生产总值的比重	10
		第三产业增加值占生产总值的比重	20
		市场化指数	10
		外向性指数	10
社会发展	20	城市化水平	40
		第二、三产业从业人员占劳动总量的比重	20
		社会保障水平指数	20
		城乡居民可支配收入比例	20
科技进步	15	研发投入费用占生产总值的比重	50
		专业技术人员占总人口的比重	30
		每万人专利申请授权数	20
生活质量	15	恩格尔系数	40
		人均实用居住面积	20
		每千人拥有医生数	20
		每百户拥有的汽车数	20
人口素质	10	人均预期寿命	30
		大学文化程度以上人口占总人口的比重	50
		人口自然增长率	20
环境状况	10	环保投入占生产总值的比重	30
		建成区绿化覆盖率	30
		环境治理指数	40

3. 综合合成法

在对评价指标进行无纲量化和确定指标权数后，对指标进行综合合成，从而得到现代化水平的综合值。指标值的综合合成也有很多方法，如乘法合成法、代换法、加乘混合合成法、线性加权和法等。本研究采用应用广泛、简单明确的线性加权和法，其步骤为：一是将各评价指标的标准化值与相应的权数相乘，再加总，得到各指标类型的综合值，可以反映各指标类型的达标状况；二是将各指标类型的综合值与其相对应的权数相乘，再加总，就可以得到中国及各地区现代化实现程度的综合度量值。

三、浙江省现代化水平的测算分析

根据中国各个省（区、市）、浙江省各地级市的统计数据（笔者对个别搜集不到的数据作了一定的技术处理），现对浙江省现代化的实现程度进行综合评价和测算比较。

（一）测算结果

根据 2011 年的浙江统计年鉴的统计数据及相关资料，我们可以得到浙江省现代化水平在"十一五"时期的达标率（见表 1-9）。浙江省现代化评价体系的 22 个指标的测算结果显示：(1)在经济水平方面，农业增加值占地区生产总值的比重和外向性指数已达到现代化水平，而人均地区生产总值、第三产业增加值占地区生产总值的比重和市场化指数的现代化率分别为 76.4％、72.5％和 82.0％。因此，浙江在"十二五"期间应重点通过发展现代服务业尤其是生产性服务业来增加人均地区生产总值和提升市场化指数。(2)在社会发展方面，第二、三产业从业人员占劳动总量的比重和社会保障水平指数的现代化率分别为 93.4％和 97.0％，接近现代化水平，而城市化水平和城乡居民可支配收入比例的现代化率分别仅为 84.2％和 41.3％。这表明，浙江在"十二五"期间继续推进城市化的同时，要重点在城乡一体化上下工夫，缩小城乡之间的差距。(3)在科技进步方面，浙江与现代化水平的差距甚远，研发投入费用占地区生产总值的比重、专业技术人员占总人口的比重和每万人专利申请授权数的现代化率分别仅为 32.9％、13.3％和 11.2％，因此，技术创新尤其是关键共性技术的突破和知识产权的保护应成为浙江在"十二五"期间转型升级、创新发展的重要举措。(4)在生活质量方面，人均实用居住面积已达到现代化水平，其他 3 项指标的现代化率也在 80％以上，整体呈上升趋势。(5)在人口素质方面，大学文化程度以上人口占总人口的比重和人口自然增长率的现代化率仅为 57.0％和 63.4％，这主要是由于改革开放以来，浙江通过"农村工业化"、实施"强县战略"来推进工业现代化，民营经济高度发达，而大多数企业家及社会中产阶级都来自农村，导致大学文化程度以上人口占总人口的比重与其他省份存在明显差距。(6)在环境状况方面，建成区绿化覆盖率和环境治理指数已接近现代化水平，而环保投入占地区生产总值的比重的现代化率仅为 15.0％，这与浙江长期粗放型的经济发展不无关联,加强节能减排、发展绿色经济是浙江"十二五"期间实现经济社会发展与环境资源保护良性互动的关键途径。

表 1-9 "十一五"时期浙江省现代化评价指标的达标率

指标类型	评价指标	单位	标准	"十一五"实际值	达标率(%)
经济水平	人均生产总值	$	10000	7638.0	76.4
	农业增加值占生产总值的比重	%	10	10.4	100.0
	第三产业增加值占生产总值的比重	%	60	43.5	72.5
	市场化指数	%	80	65.6	82.0
	外向性指数	%	60	61.9	100.0
社会发展	城市化水平	%	70	58.9	84.2
	第二、三产业从业人员占劳动总量的比重	%	90	84.1	93.4
	社会保障水平指数	%	100	97.0	97.0
	城乡居民可支配收入比例	—	1	2.4	41.3
科技进步	研发投入费用占生产总值的比重	%	3	1.0	32.9
	专业技术人员占总人口的比重	%	10	1.3	13.3
	每万人专利申请授权数	件	20	2.3	11.2
生活质量	恩格尔系数	%	30	34.3	87.5
	人均实用居住面积	m²	20	21.3	100.0
	每千人拥有医生数	人	2	1.7	84.7
	每百户拥有的汽车数	辆	30	26.4	87.9
人口素质	人均预期寿命	岁	80	74.7	93.4
	大学文化程度以上人口占总人口的比重	%	4	22.8	57.0
	人口自然增长率	%	3	19.0	63.4
环境状况	环保投入占生产总值的比重	%	3	0.45	15.0
	建成区绿化覆盖率	m²	40	38.3	95.8
	环境治理指数	%	90	86.6	96.2

资料来源:2011 年的浙江统计年鉴。

从上述 6 个大类 22 个考核现代化水平的指标来看,浙江共有 3 个指标完全达标,10 个指标接近现代化水平,有 5 个指标的现代化率在 50%以下,包括城乡居民可支配收入比例、研发投入费用占地区生产总值的比重、专业技术人员占总人口的比重、每万人专利申请授权数和环保投入占地区生产总值的比重,主要集中在科技创新方面。尽管如此,我们仍可以初步判断:浙江已经基本实现现代化,但仍以经济发展为主。

(二)省域比较

通过综合合成法,我们可以得到"十一五"时期全国及各省区现代化水平的测算结果(见表1-10)。从表1-10中可以看出,浙江在"十一五"结束时现代化的总体实现程度为71.19%,比全国平均水平高出11.98个百分点。从现代化领域来看,浙江在经济水平、社会发展、科技进步、生活质量和人口素质5个领域的现代化率分别为80.91%、80.02%、22.68%、89.52%和69.20%,分别高于全国平均水平23.47、12.84、0.08、17.66和2.39个百分点。然而,浙江在环境状况领域的现代化率(71.72%)却低于全国平均水平5.25个百分点。这表明,一方面,浙江经济的现代化水平在全国遥遥领先,基本实现了经济发展的现代化;另一方面,浙江的经济现代化还是主要依靠粗放型、劳动密集型的产业发展方式,以消耗大量资源和能源为代价,从而使得浙江环境状况的现代化率低于全国平均水平。

表1-10 "十一五"时期全国及各省(区、市)现代化水平的测算结果

省(区、市)	经济水平	社会发展	科技进步	生活质量	人口素质	环境状况	现代化进程	排名
全国	57.44	67.18	22.60	71.86	66.81	76.97	59.21	/
上海	93.88	88.78	30.89	86.88	99.31	73.25	80.84	1
北京	98.45	89.12	25.67	96.36	98.07	42.52	79.72	2
天津	91.36	81.34	32.67	78.04	98.08	82.05	78.31	3
浙江	80.91	80.02	22.68	89.52	69.20	71.72	71.19	4
江苏	79.28	73.62	28.96	73.64	83.22	73.74	69.59	5
广东	74.60	74.38	7.36	78.88	61.53	74.14	63.76	6
辽宁	62.42	70.62	22.41	68.90	81.26	74.63	62.14	7
山东	62.15	61.80	28.06	80.92	66.36	80.76	62.06	8
福建	63.17	61.56	18.05	68.98	63.83	79.98	58.70	9
山西	47.61	58.88	18.69	77.12	64.70	96.38	56.54	10
内蒙古	60.59	57.50	12.75	73.58	65.90	72.53	56.47	11
湖北	46.30	64.24	19.62	65.48	76.74	84.41	55.62	12

续　表

省(区、市)	经济水平	社会发展	科技进步	生活质量	人口素质	环境状况	现代化进程	排　名
吉林	50.20	65.26	12.83	68.50	81.37	68.39	55.29	13
陕西	44.39	54.00	17.40	64.18	82.74	97.74	54.41	14
重庆	47.09	58.50	18.84	64.76	77.06	77.78	53.85	15
黑龙江	46.23	66.18	17.34	61.60	77.65	68.07	53.52	16
海南	47.26	59.96	31.80	57.62	59.49	72.42	52.77	17
河北	45.71	61.18	13.28	73.72	61.03	74.80	52.58	18
宁夏	48.65	55.92	12.28	66.00	56.30	84.88	51.64	19
湖南	43.72	52.42	16.08	68.2	61.52	73.23	49.72	20
安徽	41.21	62.22	18.56	59.58	58.82	72.14	49.62	21
四川	40.09	54.10	12.19	65.14	76.55	71.24	49.23	22
江西	41.88	54.80	14.45	62.70	60.70	74.58	48.62	23
河南	41.37	51.64	14.28	67.62	61.91	72.11	48.43	24
新疆	42.57	55.08	11.01	66.08	47.76	62.52	46.38	25
广西	37.94	49.96	11.22	66.04	52.82	74.61	45.71	26
甘肃	35.11	47.24	14.13	54.58	58.80	83.66	44.53	27
青海	42.39	54.76	13.37	57.62	45.71	53.51	44.24	28
云南	36.68	44.94	8.88	64.92	51.15	79.41	44.12	29
贵州	36.66	47.34	12.62	51.50	51.35	68.12	42.03	30
西藏	39.84	47.02	5.53	57.78	47.16	30.49	38.62	31

资料来源:2011 年全国及各省(区、市)的统计年鉴。

与各省(区、市)相比,"十一五"结束时浙江现代化进程的总体实现程度居上海、北京、天津之后,在全国排在第 4 位。可以将各省(区、市)按其现代化进程分为 6 个方阵:上海的现代化率高居榜首,超过 80%,其次是北京、天津,分别为 79.72%、78.31%,以上几个地区的现代化率都超过 75%,基本实现现代化,属于第 1 方阵;在全国居先进水平,处于第 2 方阵的省(区、市)有浙江、江苏、广东、辽宁和山东,它们的现代化率分别为 71.19%、69.59%、63.76%、62.14%和 62.06%,都超过了 60%;在全国居中等稍偏上水平,省(区、市)最多、差异最大、属于第 3 方阵的有福建、山西、内蒙古、湖北、吉林、陕西、重庆、黑龙江、海南、河北和宁夏,现代化率介于 50%~

60％,它们的现代化进程已经完成 1/2;在全国居中等水平、属于第 4 方阵的有湖南、安徽、四川、江西、河南、新疆和广西,现代化率介于 45％～50％,它们的现代化进程接近 1/2;在全国处于较低水平、属于第 5 方阵的有甘肃、青海、云南和贵州,现代化率介于 40％～45％,它们的现代化进程基本完成了 2/5;在全国处于低水平、属于第 6 方阵只有西藏,其现代化率还不到 40％,离现代化水平还有很大差距。比较而言,浙江的现代化进程刚超过 70％,是现代化水平最高的省(区、市),也是第 2 方阵现代化率最高的省(区、市),处于基本实现现代化的阶段。

通过对浙江与其他省(区、市)在 6 个领域的比较分析,我们可以发现,浙江经济水平和社会发展的现代化进程都仅次于上海、北京、天津,居全国第 4 位,科技进步的现代化进程居全国第 7 位,生活质量的现代化进程居全国第 2 位,人口素质的现代化进程居全国第 12 位,环境状况的现代化进程居全国第 23 位。综上所述,浙江在科技进步、人口素质和环境状况等领域的现代化进程在全国的地位相对偏低,尤其是环境状况。这表明,浙江在经济社会高速发展、生活水平不断提高的同时,也造成了文化教育生活相对滞后、生态环境急剧恶化的弊端。因此,在"十二五"期间,浙江的经济社会发展要更加重视产业的科技创新、居民的文化教育以及生产和居住的生态环境。

(三)市域比较

依据上述确定的现代化评价体系,对浙江省各地级市在"十一五"末完成的现代化进程进行了测算,结果见表 1-11。从表 1-11 中,可以看出:(1)浙江省 11 个地级市的现代化率都超过了 50％,现代化进程在全国居中等偏上水平。(2)与全省现代化的实现程度相比,杭州、宁波、绍兴、嘉兴、舟山的现代化率超过了全省的平均水平,而丽水、衢州较差,现代化率不到 60％。杭州现代化的实现程度要比衢州高出 30.82 个百分点,这进一步佐证了工业化是现代化的基础和前提。(3)根据现代化发展水平的差异,可以将全省 11 个地级市分为 4 个层次:杭州、宁波 2 个副省级城市的现代化率超过了 80％,分别为 84.15％和 82.49％,居领先地位,属于第 1 层次;属于第 2 层次的有绍兴、嘉兴、舟山,现代化率在 70％～80％之间,居全省的先进水平;温州、湖州、金华、台州的现代化率在 60％～70％之间,属于第 3 层次;丽水、衢州现代化率在 60％以下,分别为 57.54％和 53.33％,相对落后,属于第 4 层次。

表 1-11　"十一五"时期浙江省各地级市现代化水平的测算结果

地级市	经济水平	社会发展	科技进步	生活质量	人口素质	环境状况	现代化进程	排　名
全省	80.91	80.02	22.68	89.52	69.20	71.72	71.19	—
杭州	96.18	80.58	60.39	79.88	92.45	73.99	84.15	1
宁波	93.40	82.54	50.85	95.20	73.85	71.72	82.49	2
绍兴	94.58	67.98	44.60	78.34	54.18	71.57	76.18	3
嘉兴	94.70	68.86	35.80	80.32	59.76	70.45	74.12	4
舟山	94.11	72.32	21.82	79.90	77.66	72.54	73.43	5
温州	70.26	70.38	31.6	84.86	47.42	85.38	67.41	6
湖州	75.14	63.56	34.57	72.30	58.34	72.39	65.86	7
金华	72.79	63.96	32.10	78.10	59.19	77.49	65.75	8
台州	72.65	66.34	29.95	74.56	45.86	71.25	64.55	9
丽水	54.72	51.04	21.34	72.12	51.21	72.80	57.54	10
衢州	57.26	49.12	17.97	74.12	52.87	72.32	53.33	11

资料来源：2011年浙江省各地级市的统计年鉴。

从经济水平的现代化进程来看，杭州、宁波、绍兴、嘉兴和舟山5个地区的现代化率都超过了全省的平均水平，经济水平的现代化率都在90％以上，尤其是杭州经济水平的现代化率达到了96.18％。从社会发展的现代化进程来看，仅有杭州、宁波的现代化率超过了全省的平均水平，分别为80.58％和82.54％，因此，推进新型城市化、发展现代服务业、缩小城乡差距就成为浙江省及各地级市在"十二五"期间更加重要的战略。从科技进步的现代化进程来看，大多数地区的现代化率都超过全省平均水平，低于全省平均水平仅有舟山、丽水和衢州3个地区，但是总体并不高。从生活质量的现代化进程来看，只有宁波的现代化率超过全省的平均水平，为95.20％，其他地区则相对偏低。从人口素质的现代化进程来看，只有杭州、宁波、舟山的现代化率超过全省的平均水平，分别为92.45％、73.85％和77.66％，这与杭州、宁波是高等院校的集聚地有关。从环境状况的现代化进程来看，现代化率低于全省平均水平的仅有绍兴、嘉兴和台州，分别为71.57％、70.45％和71.25％，这正是工业现代化的"代价"。

四、结论及启示

目前，现代化理论的研究尚处于重塑阶段，难以形成一个系统的、普适的、能对正在迈向现代化的国家具有普遍指导意义的理论范式和评价体系，因此需要指出的是：(1)现代化是一个动态的、发展的范畴，随着社会发展，现代化研究应被赋予新的内容和领域，不应该以"已现代化的西方国家"为标准，而应赋予更多的"中国特色"；(2)现代化并非单纯的工业化，其研究领域逐渐从经济领域转向其他领域(如社会、文化、政治等)，且现代化的目的是实现经济社会的可持续发展；(3)现代化的研究具有典型的区域性和本土化特点，其实现是一个实实在在的、能给本国(或地区)的人民带来幸福的结果，必须以本土生长的本土性文化为基础构建发展模式。鉴于此，在动态化阐释现代化内涵和特征的基础上，本研究构建了由 6 个大类、22 个指标组成的现代化指标评价体系，并且从国家、省域、市域等多个层次对浙江省现代化水平进行了测试分析。研究结果发现：(1)浙江已经基本实现区域现代化，但在其现代化进程中仍以经济现代化为主且仅次于上海、北京和天津，而在科技进步、人口素质和环境状况等领域的现代化进程较慢且在全国的地位层次相对偏低；(2)虽然浙江 11 个地级市的现代化率都超过 50％，但是仍存在以经济现代化为主的现象，并且各地级市间的现代化进程差距较大，尤其是现代化率最高的杭州要比现代化率最低的衢州高 30.82 个百分点。根据对浙江省现代化进程的多层次剖析，浙江要在"十二五"期间推进更高水平的现代化，至少要从以下两个方面实现重点突破：

(1)坚持以自主创新推动经济发展、社会进步和生态环境改善。浙江要以"四大国家战略"(浙江海洋经济发展示范区建设、舟山群岛新区建设、温州金融综合改革和义乌国际贸易综合改革)为契机，提高浙江引进和利用高端要素、创新要素和紧缺要素的能力，逐步形成以知识创新、技术创新、制度创新为内容的区域创新体系。在技术创新方面，以应用技术创新尤其是产业链的关键共性技术作为突破口，大力推动应用技术的产业化，构建紧密高效的产学研一体化合作机制，[1]实现利用技术创新改造传统产业、应用于先进制造业和治理环境污染。在制度创新方面，要加强知识产权保护，在政企之间形成良性的互动机制，[2]积极搭建产业技术创新平台等。

(2)坚持以新型城市化推动现代服务业发展，实现城乡一体化。在"十

---

① 于斌斌、陆立军：《产业集群共性技术供给机理研究——以绍兴纺织产业集群为例》，《科研管理》2012 年第 5 期。

② 于斌斌：《基于进化博弈模型的产业集群产业链与创新链对接研究》，《科学学与科学技术管理》2011 年第 11 期。

二五"期间,浙江的城市化战略要实现从"强县战略"向"都市圈战略"的转变。① 一方面,浙江长期注重发展县域经济,使得高端要素尤其是高端人才难以集聚,高附加值产业、高端产业发展缓慢,产业难以转型升级;另一方面,截至 2011 年年底,虽然浙江的城市化率已经达到 61.6%,但是浙江的第三产业仅为 42.1%,现代服务业尤其是生产性服务业的发展相对滞后。这正是城市化与工业化不协调、城市化相对滞后的结果。因此,在"十二五"期间,浙江应进一步完善城市群和都市圈的架构,重点发展"三圈一群"(杭州都市圈、宁波都市圈、温州都市圈和浙中城市群),并以都市圈一体化为契机发展高端制造业和现代化服务业尤其是生产性服务业,从而实现"城乡统筹"向"城乡融合"的转变。

第五节　基于生态系统理论的绍兴传统产业集群现代化路径

产业集群是由地理集中、经营相似的企业及相关支撑性服务机构聚集在一定的区域内形成的产业群落,是当今产业发展与区域经济背景下的重要经济现象。它是通过专业化分工、便利性交易与共享合作而形成的一种有效生产组织方式,成为区域经济发展的重要手段。产业集群不仅是各地区产业成长过程中的历史现象,而且在当今经济发展及产业现代化过程中具有重要的作用。20 世纪中期,伴随着世界现代化进程的加速及理论界对现代化理论研究的日趋深入,产业集群现代化研究引起我国学者的重视。当前,全球范围内正在进行着新一轮的产业结构调整和升级,我国的一些传统优势产业面临着空前的竞争压力;但与此同时,严峻的现实条件也为我国产业转型升级和实现产业现代化提供了难得的机遇。

伴随着产业集群在世界各地区域中的不断涌现,学者从理论层面对产业集群本质特征、形成机制、组织形式、演化规律等问题进行了深入研究。学者最初以产业集群的资源配置和集聚功能为切入点,重点研究了产业集群概念的内涵和外延,以及形成的原因与条件。之后,随着研究的逐渐深入,学者尝试从社会网络视角研究产业集群内的社会资本和社会关系状况

① 王祖强:《浙江空间经济新格局:都市圈的形成与发展》,《经济地理》2011 年第 1 期。

对产业集群发展的影响。[①] 自 20 世纪 90 年代起,新制度经济学的思想开始应用于产业集群的制度分析。近些年,产业集群所处的环境(包括自然、社会、人文、经济、法律环境)日益受到学者重视,一些学者开始借鉴生态学的研究成果,以自然生态系统隐喻产业集群系统来重新理解产业集群的结构、功能和演化规律。[②] 从生态系统的研究视角来看,产业集群与外部复杂多变的环境紧密联系在一起,并在正反馈机制作用下使二者处于双向互动之中。在产业集群中,任何企业的决策和行为都会受到所处集群环境的影响和制约,反过来其行为的结果也会对集群环境产生影响。但是纵观已有的研究成果,从生态系统视角关于产业集群的研究关注点过分集中于集群与环境之间的制约关系,或是集群内部企业成员之间的竞合关系。本研究尝试从现代产业集群发展所需的新型要素嵌入视角,并将其引入产业集群生态系统的生态因子集合,来重点探讨产业集群现代化的路径选择。

一、产业集群生态系统与要素链系统

(一)产业集群生态系统

产业集群生态系统的概念由生态系统隐喻而来。产业集群是由相互联系的多个同类企业聚集在一定的区域内形成的产业群落,具有与生物群落相似的生态学特性(见表 1-12)。在产业集群中,企业之间通过商业交换和产业链合作形成互利的统一体,并与外部环境之间无时无刻不在发生着物质、能量和信息的交流与互动。20 世纪 90 年代以来,运用生态系统思想来分析和阐释产业集群的复杂性问题成为一个前沿的课题和研究方向。

产业集群生态系统的核心是具有主动性、适应性的企业主体,它们能够与环境以及其他主体进行交流,在这种交流的过程中"学习"或"积累经验",并且根据学到的知识改变自身的结构和行为方式。个体之间的相互作用和不断适应的过程,造成了它们不同的发展方向,从而导致了个体类型的多样性,同时也为整个产业集群系统带来了深刻的影响。企业的适应性在现代

---

① J. Korhonen. Theory of Industrial Ecology: The Case of the Concept of Diversity. *Progress in Industrial Ecology*, 2005(2): 35-71. 张燚、张锐:《生态学视角下的战略理论研究与新发展——一个研究框架的提出与构思》,《科学学与科学技术管理》2005 年第 2 期。张运生:《高科技产业创新生态系统耦合战略研究》,《中国软科学》2009 年第 1 期。何继善、戴卫明:《产业集群的生态学模型及生态平衡分析》,《北京师范大学学报(社会科学版)》2005 年第 1 期。

② 许继琴:《产业集群与区域创新系统》,经济科学出版社 2006 年版。

产业集群中表现为对创新、信息、品牌、个性化需求、知识等现代产业发展所需的新型要素的创造和整合,这也是产业集群现代化的核心。本研究的产业集群生态系统研究方法就是通过构筑新型要素系统嵌入的产业集群生态系统,探究基于新型要素系统的产业集群现代化路径。参见表1-12。

表 1-12　产业集群生态系统以及嵌入的新型要素系统的生态特性分析

	产业集群生态系统	知识链	技术创新链	品牌系统	需求系统
系统结构	产业集群生态系统—企业群落—亚企业群—企业	由知识创造—转移—共享—吸收—整合—创新组成的链式系统	由技术研发—技术转让—技术应用组成的链式系统	产业集群品牌—个体系统品牌	直接需求—线性需求—吸引性需求;集群外需求—集群内需求等
能量流动	原材料、劳动力、信息	知识信息流	技术创新、知识产权	信息流、品牌转让等	产品流、资金流、信息流
系统环境	非生物环境(阳光、温度、降水、土壤、空气、营养物质等)、生物环境(消费者、代理商、供应商)	非生物环境(阳光、温度、降水、土壤、空气、营养物质等)、生物环境(高等院校、科研院所、企业研究部门)	非生物环境(阳光、温度、降水、土壤、空气、营养物质等)、生物环境(高等院校、科研院所、企业研究部门、企业、技术转让平台)	非生物环境(阳光、温度、降水、土壤、空气、营养物质等)、生物环境(消费者、代理商、供应商、竞争对手)	非生物环境(阳光、温度、降水、土壤、空气、营养物质等)、生物环境(消费者、代理商、供应商、竞争对手)
开放性	开放系统:购买原材料、引进人才、输出产品、废弃物处理	开放系统:学习、获取经验、分享知识等	开放系统:研发投入、科技成果	开放系统:品牌嵌入、品牌退出	开放系统:消费者需求转换等
共生关系	技术合作、产业链合作	知识链	产学研战略联盟	产业集群品牌与企业品牌协同演化	
动态演化	产业集群的生命周期演化	经过不断学习,知识被不断创新	技术不断创新,技术创新链动态发展	品牌的生命周期演化	消费者需求不断改变,导致需求系统演化

(二)嵌入产业集群的新型要素系统

1. 知识链

知识是企业创新的前提,知识创新则是企业保持或重塑其核心竞争力的有力途径。① 知识链是指以企业为创新的核心主体,以实现知识共享和知识创造为目的,通过知识在参与创新活动的不同组织之间流动而形成的链式结构。知识链由企业、大学、科研院所、供应商、经销商、客户甚至竞争对手等拥有不同知识资源的组织构成,是包含知识创造、过滤、共享、转移、消化、吸收等环节在内的链式系统。在知识经济背景下,知识链对产业集群提升竞争实力具有至关重要的作用,是产业集群合作共享平台的主要内容。知识的外溢和共享是产业集群的重要竞争优势之一,而这一机制的实现是通过知识链实现的。集群中某一企业或组织对某一知识的创造会迅速通过知识链渠道外溢并被其他节点上的组织获取,经过企业间的合作学习以及员工的跨组织流动和非正式交流,知识在集群内迅速传播,最终成为集群的共享资源,知识实现群化。知识链的作用主要分为以下四阶段:(1)知识集群化阶段。知识链中的知识集群化是链条中的组织间分享隐性知识的过程,主要通过单个组织间的合作交流、经验分享等手段实现隐性知识在产业集群知识链中的传递,并被集群其他组织学习、模仿,进而实现知识在整个集群的传播。(2)知识外化阶段。知识外化阶段是知识链中的个体通过类比、隐喻、假设等方式对学到的隐性知识显性化的过程。(3)知识整合阶段。这一阶段是知识链中的个体组织结合自身实际,对学习的知识进行创新的过程。(4)知识内化阶段。通过组织对学到的知识的整合,创新出适合自身需要的新知识,这些新知识被成员吸收、消化并升华为隐性知识。参见图1-2。

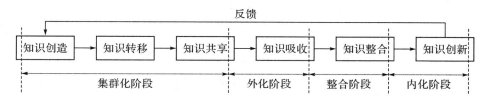

图1-2 知识链构成环节与阶段分析

2. 技术创新链

在知识经济背景下,科技创新能力日益成为区域和产业获取竞争优势的决定性因素。产业集群技术创新链是由上游技术研发、中游技术转让和

---

① Y. Geng, R. Cote. Diversity in Industrial Ecosystem. *Journal of Sustainable Development*, 2007(14):329-335.

下游技术应用构成,跨越高等院校、科研院所、政府、中介机构、厂商等多个组织,贯穿于产品制造各个环节,形成包含产品材料技术、设计技术、制造技术、检测技术、包装技术等在内的创新链条。[①] 技术创新链可划分为三个子系统:上游技术研发系统、中游技术转让系统与下游技术应用系统(见图1-3)。技术研发的创新主体一般为高等院校、科研院所或有实力的企业研究部门等,根据市场潜在需求或客户的要求,对现有的工艺或技术进行改进和创新,研发出适应市场需求的产品共性技术、关键技术、核心技术。中游的技术转让系统在以往的研究中,往往被学者排除在技术创新链之外。技术转让是技术流通的重要环节,是链接技术从研究到应用不可或缺的一环,对促进技术创新具有重要意义,是技术创新链的重要组成部分。现代产业集群越来越重视科技成果交易与转让平台的建设,把优化技术转让系统作为完善技术创新链、解决技术研发与应用环节不对称矛盾的重要举措。技术应用是技术创新转化为创新性成果的关键环节,这一环节的主体为产业集群的企业,它们将新技术应用于生产或管理的各个环节中,从而提升产品的

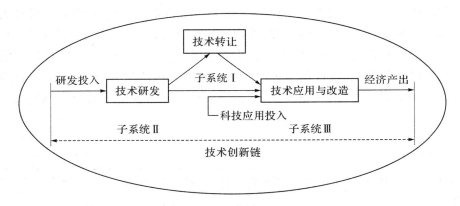

图1-3 技术创新链构成分析

价值或企业运营效率,营造成本领先、产品差异化的优势,进而提升企业的竞争力。技术创新链通过专业化的创新分工与协作机制,使创新效应在链上每一环节进行传递,从而提升整个产业集群的创新氛围。

3. 品牌系统

在产业集群萌芽阶段,内部企业的规模普遍较小,生产经营方式同质

[①] 薛捷、张振刚:《科技园区的创新链、价值链及创新支持体系建设》,《科技进步与对策》2007年第12期。

化,一般没有自己的品牌。但是产业集群的集聚优势克服了单个生产企业规模上的劣势,产业集群迅速壮大。在集群带动下,个体企业迅速成长。一些禀赋优良并积极进行创新的企业规模不断壮大,知名度日益提高,成为集群内的领导品牌。领导品牌树立起来后,其示范效应会带动其他企业竞相创立新的品牌,同时,吸引众多非该产业集群的大型或中小型外来品牌进驻集群区域。这样,经过一轮又一轮的仿效、竞争、整合、洗牌,整个产业集群逐步形成一个由众多领导品牌、挑战品牌、追随品牌、补缺品牌构成的品牌丛林。伴随着个体企业品牌的成长,产业集群的整体品牌效应也日渐显现,建立在共享合作平台之上的集群品牌正逐渐成为产业集群的核心竞争力。例如,美国硅谷的高新技术产业集群、中关村电子产业集群、义乌小商品产业集群、绍兴纺织产业集群、永康五金产业集群等产业集群在国内外市场树立的品牌效应正成为这些市场吸引采购商的重要因素。

在产业集群中,众多品牌之间存在着竞争与共生的类生物学现象,形成一个错综复杂的品牌生态系统。在这个系统内部,产业集群品牌与各企业品牌,无时无刻不在与环境发生着物质、能量与信息的交流,品牌的这种主动适应性行为在增强自身对环境适应能力的同时,也造就了整个系统的复杂性。我们把这个由众多具备适应性的企业品牌主体组成,产业集群品牌、企业品牌与生态环境形成的相互作用、相互影响的复杂适应性系统,叫做产业集群品牌生态系统。根据产业集群生态环境与企业品牌之间的相互关系,以对企业品牌作用的直接程度为依据,可以将产业集群品牌生态系统划分为四个层次:微系统、中系统、外系统、宏系统。这里的微系统是与企业品牌有直接关系的经济主体自身系统,包括:企业品牌自身、合作伙伴、政府管理部门及其他服务机构。中系统是由以上与企业品牌有直接关系的各个微系统之间的联系或相互作用关系组成。外系统是那些企业品牌并未直接参与,却对其产生影响的系统,如合作伙伴的发展环境、行业协会的对外合作交流、政府部门的上级政策等。以上三部分之和可以称为企业品牌生态系统。宏系统是所有的企业品牌生态系统组成的整个产业集群品牌生态系统(见图1-4)。

4. 消费者需求系统

消费者需求是消费者愿意并且能够购买的商品数量。其中包括两个必要条件:其一,消费者产生对某种商品使用的"渴望";其二,具有购买实力。根据日本学者狩野纪昭的研究,消费者对产品的需求可以分为以下三种类型:(1)基本需求:对产品功能的基本需要,如果无法达到,就会造成消费者

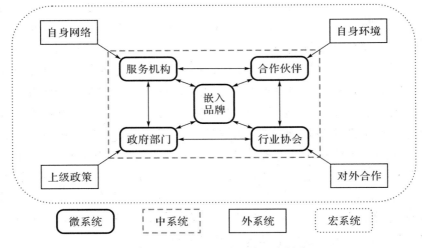

图 1-4 产业集群品牌系统层次划分

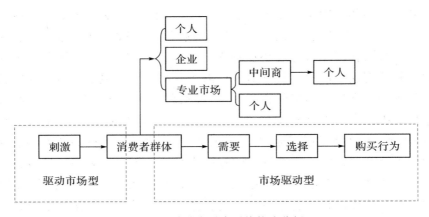

图 1-5 消费者需求系统构成分析

严重的不满,或使消费者转向其他竞争者。(2)线性需求:指消费者的满意度同这类需求的满足程度成正比,是企业为消费者提供的变动性利益,如价格折扣。企业提供的产品或服务水平超出消费者期望越多,消费者的满意状况越好,反之亦然。(3)吸引性需求:是指消费者实际存在却没有意识到的需求。随着影响策略的成熟,以驱动市场为核心的多种手段越来越成为企业刺激消费者吸引性需求的选择。产业集群的消费者群体较为复杂,不但包括直接在集群采购的企业、中间商,或是在集群企业开设的直营店消费的个人,同时,源于产业集群与专业市场的紧密关系,来自专业市场渠道的需求及其下游间接需求同样构成产业集群需求的重要来源。此外,对产业集群产品的需求不但来自集群外部消费者群体，同时，还包括基于产业链合作的集群内部需求。因此，产业集群消费者需求系统是包含产业集群内外部的企业、中间商、消费者、专业市场等在内的消费者群体从对产品产生需要到付诸购买行为各个环节在内的复杂系统（见图1-5）。

二、基于新型要素系统的产业集群现代化路径
——以绍兴纺织产业集群为例

前面对现代产业集群所需的知识、技术创新、品牌、消费者需求等要素从系统的角度进行了阐述，这些系统或是呈链状，或是呈网络形态，但这些系统都嵌入产业集群的环境之中，与产业集群生态系统互动、密不可分。[①]同时，这些新型要素系统构成了现代产业集群生态环境的重要内容，改变了传统产业集群的存在方式和形态，促进了产业集群的现代化。我们将产业集群现代化定义为：新型生产要素在产业集群大量集聚，不断推动产业集群的创新常态化、品牌化、生态化，竞争力得到极大提升的动态化进程。主要表现为以下特征：（1）新型生产要素大量聚集。这也是产业集群现代化的最根本条件。具体体现为作为这些新型要素的生产单位在集群大量聚集，要素供给充足；同时，这些创新、知识、品牌、信息、企业家等新型生产要素深入集群生产、管理的各个环节之中并占有较高比例。（2）企业具有较强的市场竞争力。产业集群的现代化离不开内部企业的成长和壮大，新型要素在产业集群的集聚所带来的价值最终也体现为集群企业及其生产产品在市场中的竞争力。现代化的产业集群必然聚集了众多实力雄厚、品牌强大、具有较强竞争力的大型企业。（3）形成了完善的产业体系。现代产业集群不仅形成了完善的上下游纵向产业链，同时作横向的衍生扩展，使与之相关的现代服务产业、衍生产业集聚化。（4）良好的集群环境。整个产业集群形成了适合企业的发展环境，不但表现为良好的生态环境，同时还包括创新环境、政府服务环境、市场环境等。接下来我们从嵌入产业集群的新型要素系统视角探讨产业集群现代化路径，并以绍兴纺织产业集群为例进行分析。

浙江省绍兴县是中国第一纺织大县，有纺织类企业近9000家，其中规模以上纺织企业697家（年销售2000万元以上），全县纺织行业从业人员20余万人，其中专业技术人员4.6万余人，中、高级技术人员1.9万余人，拥有

---

① 曹如中：《基于组织生态理论的创意产业创新生态系统演化规律研究》，《科技进步与对策》2000年第4期。

无梭织机 4 万余台,约占全国的 1/6,无梭化率 90％以上,高于欧美的 70％、日本的 50％和东南亚的 20％,进口设备占到 80％以上,设备的先进性在国内外首屈一指,形成了较为完整的产业链。截至 2011 年年底,绍兴县纺织产业集群已拥有国家级品牌 24 只,年生产各类化纤原料 305 万吨、印染布 189 亿米,分别约占全国产量的 10％和 30％。2011 年,规模以上纺织企业分别实现产值 1720.1 亿元、利润 76.99 亿元、出口 89.4 亿美元,分别占全县规模以上企业工业产值、利润、出口的 58.5％、56％和 92.6％。绍兴县不仅有七个镇分别在化纤、经编家纺、针织、非织造布、轻纺原料市场、纺织机械制造等方面被中国纺织工业协会评为纺织特色名镇,还是国家新型工业化纺织印染产业示范基地、中国绿色印染研发生产基地、国家火炬计划绍兴纺织装备特色产业基地和浙江省首批产业集群转型升级示范区之一。

(一)知识链与技术创新链耦合

1. 完善"产学研"协同创新机制

知识和创新是紧密联系、不可分割的,知识是创新的基础,创新是知识的归宿。只有将知识的底蕴与创新的精神结合起来,才能真正提升企业和产业集群的创新力。因此,产业集群现代化必须将产业集群的知识链与技术创新链耦合。知识链与技术创新链的耦合是将知识的创造、共享、吸收、创新与技术的研发、转让、应用对接起来,提升知识运用于技术创新的潜力和效率。产学研协同创新就是实现知识链与技术创新链耦合的一种有效机制。

"产学研"协同创新机制将知识和技术创新的高等院校、研究院所、科研机构、企业等主体对接起来,通过分工、协调和信息沟通,建立起一种优势互补、风险共担、利益共享、共同发展的协同机制。"产学研"协同创新机制加速了知识和技术在各个主体内创新的效率,提升了产业集群创新的水平。[①] 同时,创新的发展和实践提升了人们对企业和产业集群的认识水平,加速了新知识的产生。

绍兴县 2006 年开始建立的"现代纺织技术及装备创新服务平台"通过联合浙江大学、浙江理工大学、东华大学、中国纺织科学研究院等 20 多所高等院校、科研院所,坚持"政府主导、企业主体、院校支撑、市场化运作、社会化服务"的运行模式,形成了研发—中试—产业化—技术服务一条龙推进

---

①　苏敬勤:《产学研合作创新的交易成本及内外部化条件》,《科研管理》1999 年第 5 期。

的全程服务体系,有力地引领了纺织行业的科技进步和产业发展。浙江省现代纺织工业研究院通过与企业建立合作关系,为企业解决了15项共性技术难题,向纺织印染企业转移、推广染料深染工艺与技术、形状记忆纤维、异形抗菌尼龙纤维、可染丙纶长丝、导电纤维及母粒的开发、超细吸湿排汗涤纶纤维、荧光纤维等行业先进适用技术,带动企业形成近20亿元的销售收入。

2. 培育与积聚创新性要素

传统产业集群发展所依托的资源、劳动力、区位等优势在现代知识经济社会已不具有绝对竞争优势,而创新性的制度、体制、科技、文化、知识、思维、决策、管理等软要素在现代产业集群的发展中起着越来越重要的作用。通过培育和积聚集群的创新性要素以及加强专门人才的培养和引进,并使其在集群内流动,延伸和扩展了产业链,而且提高了"斯密"意义上的劳动生产率和技术进步率,使产品在价格、质量等方面更具竞争力。最终不仅可以强化产业链,促进产业和产品升级,还可以提升价值链,增强产业集群核心竞争力。

绍兴县以打造"国际性纺织创意中心"为目标,以发展纺织创意产业为突破口,吸引相关的创新创意高端要素向集群集聚,为绍兴纺织产业集群注入新的发展动力,带动产业集群转型升级。2008年,启动"中国轻纺城创意产业基地"建设;2009年,首批18家企业入驻"纺织创意中心";2011年,"中国轻纺城纺织创意园"应运而生;同时,通过举办中国国际面料设计大赛、中国职业时装设计师设计大赛、中国高校纺织品设计大赛、中国设计名师流行趋势发布、"时尚创意周"等赛事和活动,活跃了集群创新氛围,扩大了绍兴纺织创意产业的影响。

(二)品牌系统升级

1. 节点升级:培育龙头企业

现代产业集群的发展离不开龙头企业的引领。龙头企业一般规模较大、资金雄厚、技术先进、管理较完善,在一些重大创新方面优于中小企业,因此,对龙头企业的扶植有利于产业集群内知识的创造和核心竞争能力的提升。同时,龙头企业一般处于集群网络的核心地位,与众多中小企业及服务性机构有紧密的联系,知识更容易在以龙头企业为核心的合作网络内扩散和传播,从而带动这些联系紧密的中小企业的发展。因此,应重点引进和培育有核心竞争力和行业话语权、带动力强、关联度高、支撑作用明显的龙头企业,规模大、竞争优势明显的骨干企业,以拥有核心技术的成长型企业,以带动整个产业集群产业的发展。

经过十多年的发展,绍兴纺织产业集群中多个企业已经由"小狗"成长为"老虎",成为行业中的龙头企业,如化纤行业中的远东、赐富等,织造行业中的永利、越隆等,印染行业中的天马、永通等,纺机行业中的精工等,都已成为国内各自行业的龙头企业。[①] 同时,带动了与之联系密切的一大批支撑性中小企业与服务机构,提升了绍兴纺织产业集群的整体竞争实力。

2. 结构升级:优化企业结构

传统产业集群依托大量同类企业集聚所形成的规模优势在市场上获取了一定的竞争力,但这些企业同质化严重,生产经营模式相似,大多处于产业链中的生产制造环节以及价值链的底端,也没有形成自身特色和建立品牌,如今,这类产业集群和集群企业的竞争优势正逐渐丧失。现代产业集群应是一个由核心产业及其衍生产业、上下游关联企业基于专业化分工协作关系形成的生态圈,这些相互关联的企业在竞争合作、学习创新的动态过程中,衍生出创新性产业聚集群,促进现代产业集群创新性要素的集聚。伴随着产业集群向高级化演进,传统的产业集群以生产制造为主要经营业务的状况将得到改变,相关的研发、咨询、营销策划、会展、电子商务等高端产业将逐步发展起来并在产业集群内形成新的集聚群落,产业集群的结构得以优化。

绍兴县委、县政府在推动纺织制造业的"服务化"上下了较大工夫,鼓励与纺织业相关联的生产性服务业的发展,在为纺织企业提供专业化服务的同时,使大量高端要素资源在集群内集聚,通过分工协作,培育、构建和提升产业集群的核心竞争力。短短几年间,一大批金融机构、咨询公司、广告策划公司、网络公司、交通通讯企业、会展企业、电子商务企业、律师事务所、会计事务所等在绍兴纺织产业集群成长起来,而由这些新型企业所带来的创意创新、决策管理、会展营销等高端要素为产业集群带来了新的增长动力。同时,积极淘汰生产制造环节的落后产能,对高污染、高能耗、高耗水的"三高"企业或小作坊实施关停并转。2011 年,全县共淘汰落后产能企业 67

---

① 陆立军、于斌斌:《基于修正"钻石模型"的产业集群与专业市场互动的动力机制——以绍兴纺织产业集群与中国轻纺城市场为例》,《科学学与科学技术管理》2010 年第 8 期。

家,落后印染产能 10.5 亿米,落后化纤产能 11.7 万吨,落后织造产能 1.5 亿米。

3. 系统升级:产业集群品牌化

品牌是一个组织、一种产品或服务的名称、术语、标记、符号、设计,或者是它们的组合运用,它是在长期的经营过程中打造出的消费者容易识别的产品或服务特征,并与竞争对手形成差别化。如今,同类产品的生产技术能够为绝大多数生产企业获取,同类企业和产业的竞争,已经由单纯的产品竞争演变成品牌竞争。产业集群品牌正成为消费者进行消费识别和做出购买决策的重要决策变量,品牌正逐渐成为产业集群的核心竞争力。[1] 产业集群品牌是某地域的企业品牌集体行为的综合体现,在较大范围内形成了该地域某行业或某产品较高的知名度和美誉度。品牌化可以扩大产业集群市场需求、提升集群形象,同时吸引各种创新资源向特定区域集中,加强集群内各利益相关体之间的信任和集体合作,促使企业通过技术创新和合作营销向产业链高端发展,进一步提升集群品牌竞争力。因此,应集合政府、企业、行业协会等各方力量,形成合力,共同培育产业集群品牌,使产业集群在消费者心目中树立自身的特色和品牌优势。

绍兴县政府将品牌建设作为一项重要工作来抓,不断投入专项资金,定时举行媒体宣传和公关活动,并且组织安排专门机构实施,包括制订品牌总体规划、品牌定位、形象设计、品牌营销战略、品牌创新等。通过完善政策协调、标准制定、商标注册、区域和行业品牌商标权使用资格认定、技术支持、管理咨询等,加强对绍兴纺织产业集群品牌的培育。在打造绍兴纺织产业集群品牌时,以纺织博览会以及各类产业主题节(会)为载体,综合利用电视广告、新闻媒体等整合营销手段,进一步加大区域和产业的对外推广力度。同时,政府还加大对各种损害区域品牌形象行为的监督与处理力度,为绍兴纺织产业集群的品牌建设提供强有力的制度保障。同时,借助纺织产业集群品牌的影响力,持续培育出一批市场影响力较强的企业品牌和产品品牌,将其打造成为行业龙头。2009 年,“绍兴家纺”被浙江名牌战略推进委员会认定为“浙江区域名牌”。

---

[1]　陆瑶、徐利新:《专业市场品牌促进纺织产业转型升级的作用机理——以绍兴中国轻纺城为例》,《华东经济管理》2011 年第 3 期。

(三)优化产业集群需求系统结构

1. 开辟多样化销售渠道,集聚采购商资源

随着生产供给过剩时代的来临,拓展外部需求、集聚客商资源对产业集群来说变得更为重要,客商资源成为现代产业集群最重要的资源。新时期,消费者需求表现出与以往不同的特征,对产品的需求日益表现出高档化、感性化、个性化、多样化、健康化、绿色化趋势;同时,消费方式也表现出自身的特征,如伴随着电子商务的兴起,网络成为产业集群销售的重要渠道。因此,面临消费者和采购商多样化的消费和采购需求以及新兴的采购方式,产业集群要开辟和利用多种可行的销售渠道,吸引消费者,集聚采购商资源,加速资金流转,适应复杂的市场环境。

2008年金融危机给绍兴纺织业带来了沉重的打击,国际需求急剧下滑。面对国外需求萎缩而国内对纺织服装的需求依然强劲的形势,许多外向型出口企业纷纷转型,积极开拓国内市场,开始"两条腿走路",而那些固步自封的企业则纷纷倒闭。此外,集群内企业纷纷在绍兴中国轻纺城设立直营店铺或展示中心,利用绍兴中国轻纺城每日10余万人次客流量所积聚的客商需求来促进销售。2011年开始,脱胎于绍兴中国轻纺城的"网上轻纺城"电子商务平台正逐渐成为绍兴纺织企业青睐的销售渠道,吸引集群内的企业纷纷入驻"网上轻纺城"。多样化的销售渠道为绍兴纺织产业集群集聚了丰富的客商资源和提供了充足的需求信息,使产业集群所生产的产品适销对路,满足了消费者需求,使产业集群获得市场认可,竞争力日益提升。

2. 创新产业集群与专业市场互动方式

斯密指出,随着市场范围的扩大,分工和专业化的程度不断提高。杨格在斯密定理的基础上研究发现,市场规模的扩大导致分工的进一步深化,分工深化进一步导致市场规模扩大,这是一个互动的过程。因此,作为集聚供给的产业集群与集聚需求的专业市场二者在发展中存在着互动效应。产业集群通过供给集聚效应、专业化分工效应、社会网络效应对专业市场提供供给和网络支撑;而专业市场则通过需求集聚效应、交易费用节约效应和信息发现效应促进产业集群发展。专业市场作为产业集群重要销售渠道之一,特别为众多无力自建销售渠道的中小企业提供了共享的销售平台,是产业

集群发展的重要推动力。① 而随着产业集群内部企业结构的变化,企业纷纷成长起来并壮大,很多已建立起自己的品牌的企业便有了跳出专业市场、自建销售渠道的念头。但是,专业市场在需求集聚、信息发现等方面仍具有自身优势,仍可为产业集群服务。面对新形势,迫切要求创新产业集群与专业市场的互动方式,为二者的发展注入了新的活力。因此,应培育新的市场业态,借助电子商务培育虚拟专业市场,以满足品牌企业对交易效率的要求;突出专业市场的品牌展示功能,吸引集群的品牌企业在市场内设立品牌展示中心;打造专业市场品牌,使产业集群品牌与专业市场品牌形成有效协同,使品牌互动成为二者新的互动方式。

绍兴县委、县政府通过绍兴中国轻纺城市场品牌建设推动纺织产业转型升级。"中国轻纺城"品牌与绍兴纺织产业集群品牌高度契合,"中国轻纺城"品牌形象在市场上不断得到认可,在"聚合效应"和"磁场效应"作用下吸引了众多高端生产要素资源,如先进的技术设备、高级企业经理人员、先进的管理方式、创新的经营理念、金融资本等,自发向专业市场及周边集聚,并在区域内实现共享。同时,绍兴中国轻纺城庞大的消费人群和采购商集聚了外部需求变化的信息,并通过外部需求结构的变化推动产业供给结构的升级。目前,绍兴基本已经形成了上游的精对苯二甲酸、聚酯、化纤,中游的织造、染整,下游服装这样一条完整的产业链,并向纺织机械、绣花等产业延伸,结构日趋合理。

三、结论与启示

产业集群是一个类生物的生态系统,嵌入产业集群的知识链、技术创新链、品牌系统与消费者需求系统等是构成现代产业集群所需的新型要素系统,它们是产业集群系统的组成部分,同时也是集群企业生态环境的一部分。这些新型要素系统对集群内的个体企业以及整个产业集群的创新发展和现代化具有重要的意义。本研究从这些新型要素系统的视角提出了传统产业集群现代化的路径:(1)通过完善"产学研"协同创新机制促进产业集群知识链与技术创新链的耦合,解决科技研发与科技应用环节之间的不对称矛盾,促进科技成果的转化应用;同时,加强产业集群内创新性要素的培育与积聚,促进集群内新知识的产生,为集群创新提供要素支持。(2)通过培育龙头企业、优化企业结构等实现产业集群的个体与结构优化,使产业集群

---

① 顾庆良、林欣、沈漪:《纺织服装专业市场与产业集聚》,《产业经济评论》2005 年第 2 期。

真正成为个体与整体竞争力协同提升的系统,进而通过产业集群整体品牌的打造带动整个产业集群系统的升级。(3)依托多样化的销售渠道加强消费者和采购商资源向产业集群的集聚。特别是加强与产业集群联系紧密的专业市场的互动,通过创新二者之间的互动方式,依靠专业市场的新业态、新交易方式、品牌影响力等为产业集群发展注入新的活力。

产业集群现代化是一个持续创新、不断发展的动态化进程,随着经济、社会以及人们生活水平的发展,产业集群现代化具有不同的内容和阶段性特征。因此,要求产业集群将创新常态化,去适应和引领现实的发展。产业集群现代化也将是学者长期关注和研究的领域。运用演化经济学的理论和方法解释产业集群现代化动态演进的动力机制、阶段性特征、演进路径等是本研究有待深化的内容和方向。

第二章

新兴产业融合与技术创新

第一节 传统产业与战略性新兴产业的创新链接机理

在 2008 年金融危机之后,世界上许多国家均意识到技术创新是推动下一轮经济增长的新引擎,纷纷把发展重点转移到战略性新兴产业的培育上来。我国在深刻总结与前四次科技发展失之交臂的教训后,做出了创新驱动、内生增长的战略选择,决定转变经济发展方式,大力培育和发展战略性新兴产业,抢占产业发展新高地。我国发展战略性新兴产业与发达国家以及其他发展中国家有着完全不一样的产业背景,发达国家的战略性新兴产业一般都是在传统产业发展进入相对成熟阶段之后提出来的,因此新兴产业和传统产业之间能够实现很好的承接;而一般的发展中国家,都还处于传统产业的发展阶段,对新兴产业和传统产业的承接问题关注较少。

战略性新兴产业是指关系到国民经济社会发展和传统产业结构优化升级,具有长远性、全局性、导向性和动态性特征的新兴产业,是以重大技术突破和重大发展需求为基础,具有市场需求前景,具备资源能耗低、带动系数大、就业机会多、综合效益好等特征。目前,战略性新兴产业尚处于发展的起步阶段,由于市场潜力巨大,已成为各国角逐的重点,如发达国家为维护自身科技优势地位,在某些领域可能会采取极为严格的技术封锁政策,高端技术仅供本国企业自用。[①] 因此,战略性新兴产业必须是由创新引进新的

---

① 刘澄、顾强、董瑞青:《产业政策在战略性新兴发展中的作用》,《经济社会体制比较》2011 年第 1 期。

生产函数,带动产业结构转换的产业,其不仅具有创新的特征,而且可以通过关联效应,[①]将新技术扩散到整个产业系统,引起整个产业技术基础的更新和传统产业的转型升级,并在此基础上建立起新的产业间技术经济联系,带动产业结构转换,为经济增长建立新的可能性,从而推动经济进入新的发展时期。对于我国传统产业基数庞大、战略性新兴产业尚显稚嫩的现状而言,如何实现在传统产业基础上培育战略性新兴产业,实现传统产业与战略性新兴产业的融合发展就成为我国依靠科技创新,获得新的生产函数,形成持续、高效的经济增长的关键。

一、区域创新体系:传统产业与战略性新兴产业融合发展

战略性新兴产业和传统产业对于区域经济增长,犹如"船帆"和"船体"的关系,发展战略性新兴产业,必须要与传统产业紧密结合,在传统产业的优化升级中培育新兴产业。[②] 战略性新兴产业与传统产业融合发展是解决我国所面临产业发展双重任务的有效途径。国内外学者的研究成果无疑为战略性新兴产业与传统产业的互动发展关系研究奠定了理论基础。

从国外研究文献来看,学术界对战略性新兴产业与传统产业融合发展的关系问题给予了较多的关注。Isard 和 Schooler 在 1959 年提出产业综合体的理论,阐述了经济活动之间由于存在技术、生产与分配等多个方面的联系而带来了成本的节约。[③] Osaka 在研究我国台湾地区纺织产业时,转变了对传统产业的传统认识,将纺织产业看成既是传统产业又是独立于一般传统产业的新兴高技术产业,指出传统产业与新兴产业是相互融合、共同发展的。[④] Lexington 在论述国家新经济发展策略时,指出目前解决就业问题时,不应过分地追求新兴产业而忽视传统产业的作用。[⑤] Porter 在一次国

① 陆立军、于斌斌:《科技与产业对接与集群企业竞争力——基于绍兴市的调查与分析》,《研究与发展管理》2011 年第 1 期。

② 熊勇清、李世才:《战略性新兴产业与传统产业耦合发展的过程及作用机制探讨》,《科学学与科学技术管理》2010 年第 11 期。

③ W. Isard, E. Schooler. Industrial Complex Analysis, Agglomeration Economies and Regional Development. *Journal of Regional Science*,1959,1(2):51-53.

④ T. Osaka. Regional Economic Development:Comparative Case Studies in the US and Finland. 2002 IEEE International Engineering Management Conference(IEMC-2002). Cambridge,UK:2002:635-642.

⑤ Lexington. Technology Management and Competitiveness:Is There any Relationship?. The Third International Conference on Management of Innovation and Technology(ICMIT-2002). Hangzhou, 2002:206-209.

际会议上也强调,发展高新技术产业时,传统产业才是关键。[①] Dallas 在研究我国北京地区高新技术产业发展状况时,认为我国政府在处理高新技术产业与传统产业问题上,应以传统产业为基础,以高新技术产业为导向,促进经济发展。[②]

我国学者对战略性新兴产业与传统产业的关系也进行了大量的研究。韩小明在分析我国传统产业发展时,基于我国在出口方面与发达国家的差距,就我国传统产业向高新技术产业的跨越,提出了"跨越论"[③];辜胜阻通过对高新技术产业发展问题的研究,指出发展高新技术需要坚持高新技术产业化和传统产业高新化两大方向,工业化尚未完成的我国更需要把传统产业高新化放在首位[④];吴传清和周勇认为,战略性新兴产业的选择应置于一定的"根基"之上,必须在最有基础、最有条件的产业领域率先突破,即要具备一定的产业化能力,形成一定的产业链,能在较短时间内实现规模化发展[⑤];李朴民认为,发展战略性新兴产业要在把握未来国际产业发展新趋势的基础上,充分考虑自身现有的经济基础和已有的产业结构,坚持有所为有所不为的原则,选择那些在本地区最有基础、最具优势、能率先突破的产业发展,防止出现一哄而起、浪费资源的现象[⑥]。不仅如此,政府行为对于推动传统产业转型升级和战略性新兴产业培育发展也存在显著影响,如地方政府之间的竞争行为(地方官员的晋升激励、地方政府追求自身经济利益等)可能导致各地区之间战略性新兴产业的发展长期存在区域割据、产业同构、重复建设、恶性竞争等问题。[⑦] 尽管各级政府都加大了政策鼓励的力度,但区域发展所面临的经济激励与政治激励并不一致。

目前,理论界关于我国传统产业和战略性新兴产业的发展关系的观点主要可归纳为坚守—慢步论、放弃—跨越论和协调—发展论三种。坚守—慢步论认为,传统产业依然是经济发展的核心,在处理传统产业和战略性新

---

①　M. Porter. Conditions of the Formation of High-tech Industries Clusters. The Third International Conference on Management of Innovation and Technology(ICMIT-2002). Hangzhou, 2002:127-131.

②　Dallas. Competitive Strategies and Performance in the European Union High-tech Industries: An Empirical Study. *Working Paper*,2002.

③　韩小明:《从工业经济到知识经济:我国发展高新技术产业的战略选择》,《中国人民大学学报》2000 年第 3 期。

④　辜胜阻、李正友:《创新与高技术产业化》,武汉大学出版社 2001 年版。

⑤　吴传清、周勇:《培育和发展战略性新兴产业的路径和制度安排》,《理论参考》2010 年第 11 期。

⑥　李朴民:《关于加快培育战略性新兴产业的思考》,《学习时报》2010 年 5 月 18 日。

⑦　顾海峰:《战略性新兴产业培育、升级与金融支持》,《改革》2011 年第 2 期。

兴产业的关系上应该坚守传统产业,慢步发展战略性新兴产业;放弃—跨越论则认为,战略性新兴产业是国家未来发展的希望,应该重点发展,即主张放弃传统产业,在新兴高科技产业领域实现全方位的跨越;协调—发展论的观点认为,传统产业是基础,战略性新兴产业是导向,两者应该相互交融、协调发展。

本研究认为,坚守—慢步论和放弃—跨越论都是不可取的,坚守—慢步论忽视了战略性新兴产业的后发优势和传统产业转型升级的可能性与必要性,放弃—跨越论则忽视了传统产业的基础作用,特别是在现阶段,我国整体处于工业化中期,传统产业面大量广,应用前景广阔。在发达国家和东亚新兴工业化国家中成为落后产业的一些传统产业,在我国仍存在广阔市场,需要大力发展。战略性新兴产业作为关系到国家未来战略地位的新兴产业,与传统产业的关系不同于一般新兴产业与传统产业的关系。现阶段,我国强调的是传统产业的升级和战略性新兴产业的培育,这也不同于以往的产业发展策略。而传统产业与战略性新兴产业的融合发展的最终目的,在于构建区域创新体系,即实现传统产业与战略性新兴产业之间的创新链接关系,来推动传统产业升级和战略性新兴产业培育的双向发展。无论是政府规划的高新技术工业园区中的企业,还是区域内因资源、信息、服务相互依赖而形成创新链接关系的企业,所组成的系统本质上属于经济群落,而经济群落是相关产业中相互依赖、互相合作、协同竞争的企业在地理上的集中。[①]

纵观已有文献,研究者对传统产业与战略性新兴产业的关系见仁见智。但是,很少有文献对传统产业与战略性新兴产业之间创新链接的内在机理进行研究,并且大多数文献都属于描述性阐述,缺乏相应的理论支撑。因此,本研究在已有文献的基础上,用进化博弈理论和方法研究传统产业与战略性新兴产业的生产组织方式,将区域经济视为一种类似于自然生态系统的封闭体系,其中某个企业的创新通过系统的自循环或外循环方式,[②]再生为本企业或其他企业的"创新来源"。这样,系统中相邻的企业之间可以形

---

① 薛捷、张振刚:《科技园区的创新链、价值链及创新支持体系建设》,《科技进步与对策》2007年第12期。

② 于斌斌、鲍熹懿:《基于研发模式选择的集群企业竞争力研究》,《中国科技论坛》2010年第11期。

成相互依存、能量分级传递的"产业创新生态链"网络。^① 在经济群落产生和发展的基础上,对其赋予创新型运作的特征,即在企业之间构建类似"生态食物链"的产业创新链接关系,按照循环经济模式实现自我发展,这便是区域创新体系。区域创新体系的构成取决于每个企业的自主经济决策^②,原材料、能源的类型和价格、相关企业行为策略等因素决定和制约着传统产业与战略性新兴产业创新链能否在企业间形成。典型的经济群落具有企业发展的驱动力和经济基础两个方面的特征。企业发展的驱动力是指企业进入某一行业、主导某一产业或是依托于某些企业,完全是以获取经济利益和增强市场竞争力为出发点;企业发展的经济基础是指企业在系统内的发展所具有的良好的资源环境。其中,政府补贴、法制因素等措施并不是形成产业创新链的内在动因,却影响着产业创新链的缔结速度,诱导着企业的利益驱动行为。^③

二、传统产业与战略性新兴产业的创新链接机理

(一)研究前提和理论假设

目前,国内外对产业创新链理论的研究还处于初步阶段,对于产业替代及其循环机理尚不十分清晰,尤其是对传统产业与战略性新兴产业的创新链接机理尚缺乏可行的研究方法。考虑到产业生态系统的复杂性、现实经济群落中企业的理性特征,尤其是传统产业与战略性新兴产业关键环节的创新链接关系,有必要对所研究的问题进行研究假设和理论简化:

(1)传统产业与战略性新兴产业在区域经济中属于同一经济群落,传统产业中的企业被分为两部分:一是与战略性新兴产业构建创新链接的企业;二是与战略性新兴产业没有创新链接关系的企业。

---

① M. Sakakibara. Evaluating Government Sponsored R&D Consortia in Japan: Who Benefits and How?. *Research Policy*, 1997(26): 447-473. J. M. Whipple, R. Frankel. The Alliance Formation Process. *International Food and Agribusiness Management Review*, 1998, 1(3): 335-357. V. Shaw, S. Kauser. The Changing Patterns of International Strategic Alliance Activity by British Firms. *Journal of General Management*, 2000, 25(4): 51-69.

② J. Nash. Equilibrium Points in N-Person Games. *Proceedings of the National Academy of Sciences*, 1950(36): 48-49. R. Selten. Evolutionary Stability in Extensive Two Person Games. *Mathematical Social Science*, 1983(5): 259-363.

③ 朱庆华、窦一杰:《绿色供应链中政府与核心企业进化博弈模型》,《系统工程理论与实践》2007年第12期。

（2）经济群落中的所有企业都具备有限理性特征，即不可避免地会出现逻辑推理或决策判断方面的失误；自利性考虑也有可能使本企业远离最优方案。

（3）这里假设群落中的企业具有的理性层次属于慢速学习类型，而不是快速学习类型。[①] 这一条假设符合现实状况，因为大多数企业（包括传统产业和新兴产业）的创新发展意识仍然较差，与相关企业构建创新链接的理念模糊。

（4）假设传统产业和战略性新兴产业中的企业各自独立进行生产决策，因此，我们将两类产业中的企业创新链接问题描述成双方同时进行决策、反复进行静态博弈。

（5）传统产业与战略性新兴产业创新链接的关键环节可以简化为，产业链上形成的创新成果，究竟是归属于传统产业，还是归属于战略性新兴产业。该问题直接决定由哪一方支付创新成本。

（6）本研究中的创新链接主要指创新成果的外循环模式（企业与企业之间建立创新链接），而不包括自循环模式，即传统产业内生形成战略性新兴产业（企业将自己的创新成果吸收利用）。

根据假设，经济群落中的企业具备有限理性的特征，而且其有限理性属于慢速学习类型，即传统产业中的企业（下文简称传统企业）与战略性新兴产业中的企业（下文简称新兴企业）之间创新链接演化是一个动态的、长期的过程，演化路径是按照企业内在的产品品质不断得以优化来进行的，最终其市场竞争力得以加强，并且演进成为内含优秀品质的创新型经济群落，这和自然界生物种群的"优胜劣汰"规律非常相似。因此，可以用数量生态学中的"动态种群演替规律"[②]来模拟本研究的问题结构，也就是研究传统产业中那些没有与战略性新兴产业构筑创新链接的企业种群，是如何与其他存在关联的企业种群共同演进的，其演进的内在机理是什么。

---

① 在经济学博弈论中，有限理性博弈方可以分为较高和较低两种理性层次：一种是具备快速学习能力的参与方（best response player）；另一种是学习速度较慢的参与方（slow response player）。详情请参阅谢识予：《经济博弈论》，复旦大学出版社 2002 年版。

② 于斌斌：《运用电子商务改造、提升传统专业市场的机理与对策研究》，浙江师范大学硕士毕业论文 2010 年。R. P. Kampstra，J. Ashayeri，J. L. Gattorna. Realities of Supply Chain Collaboration. *The International Journal of Logistics Management*，2006，17(3)：312-330.

(二)传统企业复制动态进化博弈分析

同一产业链上的传统企业与新兴企业在对待创新的问题上,双方都有事关自身利益考虑的两种策略选择:合作与不合作。假设的合作行为表现为传统企业在生产过程进行了创新投入,产出了创新产品,为此,它需要支付单位创新成本 c,否则被视为不合作。而新兴企业的合作行为表现为把上游企业的创新产品应用到自己的生产过程中,因此,它需要支付大于 c 的购买成本 b;新兴企业若从经济群落产业链以外购买创新产品,其单位价格为大于 b 的 p,否则被视为不合作。另外,假如传统企业不愿意进行创新,同时新兴企业因生产需要必须加以购买的话(即新兴企业只能购买传统企业的一般产成品),新兴企业必须付出小于 c 且小于 b 的单位采购成本 b',同时,自己还要进行创新,这样,新兴企业就要自己支付每单位 c 的创新成本。传统企业与新兴企业的博弈收益矩阵如图 2-1 所示。

新兴企业

		合作	不合作
	合作	$b-c,\ p-c$	$-c,\ 0$
传统企业			
	不合作	$b',\ p-b'-c$	$0,\ 0$

图 2-1　经济群落中传统企业和新兴企业的创新博弈收益矩阵

假设在最初的经济群落中具有合作意识并且付诸实际行动的企业比例为 $x(0 \leqslant x \leqslant 1)$,而无合作意识或者没有采取实际合作行为的企业所占比例为 $(1-x)$。传统企业复制动态进化博弈模型及推导过程为:

传统企业的期望利益 $E(u)$

$$= \begin{cases} x(b-c)-(1-x)c = u_1 & \text{合作型传统企业} \\ xb'+(1-x)0 = u_2 & \text{非合作型传统企业} \end{cases} \quad (2.1)^{①}$$

传统企业的平均期望利益 $average[E(u)]$

$$= xu_1 + (1-x)u_2$$
$$= x[x(b-c)+(1-x)(b'-c)] \quad (2.2)$$

在同一经济群落中,合作型传统企业种群(与新兴企业建立创新链接的

———————————

① 本书中,仅为部分后面有可能被引用或作者认为较重要的公式作了排序。

企业）的动态变化速度可以用如下动态微分方程来表示：

$$\frac{\mathrm{d}x}{\mathrm{d}t} = x\{u_1 - average[E(u)]\}$$

$$= x\{x(b-c)-(1-x)c - x[x(b-c)+(1-x)(b'-c)]\}$$

$$= x(1-x)[(b-b')x-c] = (b-b')x(1-x)(x-\frac{c}{b-b'})$$

$$(2.3)$$

此动态方程的意义是，合作型传统产业比例的变化率与某一点上该类型企业的比例成正比，与该类型企业的期望利益大于所有企业平均得益的幅度成正比。

由于 $b-b'>c$,[①] 且 $p>b>b'+c$，可以得到合作型传统企业复制动态微分方程相位变化（见图 2-2）。

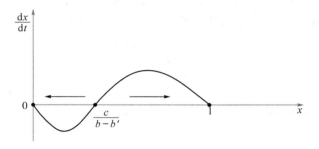

图 2-2　合作型传统企业复制动态方程相位

图 2-2 说明，当某一初始时刻的合作型传统企业的比例为 $x(\frac{c}{b-b'},1)$ 时，$\frac{\mathrm{d}x}{\mathrm{d}t}>0$，合作型传统企业的比例在经济群落中达到一定规模，并且由于传统企业与新兴企业创新链接获得的效益明显，其示范效应和模仿效应加强，该类合作型种群持续性递增，最终以$(1-\frac{c}{b-b'})$的概率收敛于 $x=1$ 处。当 $x=1$ 时，$\frac{\mathrm{d}x}{\mathrm{d}t}|_{x=1}=0$，$\mathrm{d}(\frac{\mathrm{d}x}{\mathrm{d}t})/\mathrm{d}x<0$；当 $x<1$ 时，$\frac{\mathrm{d}x}{\mathrm{d}t}<0$；当 $x>1$ 时，$\frac{\mathrm{d}x}{\mathrm{d}t}>0$，这些条件构成了动态进化微分方程的"稳定特性"。另外，该动态博弈唯

---

① $b-b'>0$ 可以理解为，新兴企业购买创新产品与购买一般产成品的价差要大于自己对一般产成品进行创新处理的成本，因此，购买决策是经济的。同时，因为 $b-b'>c$，所以 $b-c>b'$，也可以理解为传统企业对其一般产成品进行创新处理后，销售给新兴企业所得利润大于直接出售一般产成品的获益，这符合现实情况。

一的纳什均衡(传统企业合作,新兴企业合作),即选择合作(即创新链接)成为传统企业的最优策略。因此,复制动态变化的结果是这一经济群落中所有的传统企业会演进为合作型企业。

当 x 落在 $(0, \dfrac{c}{b-b'})$ 时,$\dfrac{\mathrm{d}x}{\mathrm{d}t} < 0$,合作型传统企业种群会呈现递减的情况,并且 $x=0$ 点成为动态变化的最终稳定点,即该类型的传统企业会在经济群落中逐渐消失。值得注意的是,根据图 2-2 所显示的传统企业和新兴企业的博弈获益情况,(传统企业不合作,新兴企业合作)和(传统企业不合作,新兴企业不合作)都不存在纳什均衡,那么合作型的传统企业消失主要存在这样两个原因:一是新兴企业根植于传统产业,其在生产过程中确实依赖传统企业,即使传统企业不进行创新,只要有 $p>b>b'+c$,新兴企业就可以忍受,即自己进行创新;二是这种具备"创新精神"的传统企业的比例不够充分,很难在经济群落中起到示范和被模仿的效应,由于企业相互之间并不十分清楚彼此的成本状况,所以传统企业低成本、低价格的"路径锁定"可能会阻碍传统产业的创新行为,而没有意识到与新兴企业缔结创新关系的经济价值。

(三)新兴企业复制动态进化博弈分析

同样,新兴企业的获益情况也可以得出:

新兴企业的期望利益 $E(v)$

$$= \begin{cases} v_1 = x(p-b) + (1-x)(p-b'-c) & \text{合作型新兴企业} \\ v_2 = 0 & \text{非合作型新兴企业} \end{cases} \qquad (2.4)$$

新兴企业平均期望利益 $average[E(u)]$

$$= xv_1 + (1-x)v_2$$

$$= x[x(p-b) + (1-x)(p-b'-c)] \qquad (2.5)$$

在经济群落中,合作型新兴企业(其生产原料来自传统企业的一般产成品或创新产品)的下游企业"种群"的动态变化速度可以用如下动态微分方程来表示:

$$\frac{\mathrm{d}x}{\mathrm{d}t} = x\{v_1 - average[E(v))]\}$$

$$= x\{x(p-b) + (1-x)(p-b'-c) - x[x(p-b) + (1-x)(p-b'-c)]\}$$

$$= (b-b'-c)x(1-x)\left(\frac{p-(b'+c)}{b-(b'+c)} - x\right) \qquad (2.6)$$

由 $b-b'>c$、$b'+c<p$，且 $p>b$，可以得到合作型新兴企业复制动态微分方程的相位变化图（见图 2-3）。对于新兴企业而言，只要存在 $b-b'>c$、$p>b$ 两个条件，从传统企业购入创新产品，或直接购入一般产成品都是经济可行的。无论最初的 x 落入 $(0,1)$ 区间的任何部位，只要有这种合作型新兴企业种群出现，其复制动态就会最终收敛于 $x=1$ 处，当 $x=1$ 时，$\dfrac{\mathrm{d}x}{\mathrm{d}t}\big|_{x=1}=0$，$\mathrm{d}(\dfrac{\mathrm{d}x}{\mathrm{d}t})/\mathrm{d}x<0$，且当 $x<1$ 时，$\dfrac{\mathrm{d}x}{\mathrm{d}t}<0$，$x$ 落入 $(1,\dfrac{p-(b'+c)}{b-(b'+c)})$ 内时无意义，所以符合微分方程稳定性原理。

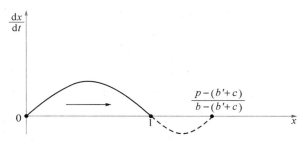

图 2-3　合作型新兴企业复制动态方程相位

因此，复制动态变化的结果是经济群落中所有的新兴企业会逐渐演化为合作型企业。这主要因为，无论传统企业的策略选择如何，只要在同一产业链上解决供应问题是有利可图的，新兴企业就不会采纳外部市场的供应，这也是产业集群成为目前产业组织的主要方式的原因。而在经济群落中，只要这类具有"合作精神"的新兴企业出现，其行为就容易被其他新兴企业观测到，示范和模仿效应随之产生。并且，该博弈唯一的纳什均衡（传统企业合作，新兴企业合作），即选择创新链接是新兴企业的最优策略。

三、政府行为对传统产业与战略性新兴产业创新链接的影响

在以上企业只具备"慢速学习"类型的理性特征假设下，用数量生态学中"复制动态"模型对产业链中传统企业与新兴企业之间如何构造创新链接机理进行分析，完全属于企业的理性思考，却没有触及经济群落中相关的政府行为。政府在传统产业提升与战略性新兴产业培育发展中主要充当引导者身份，其工作重点及对传统产业和战略性新兴产业创新链接的影响主要有两个方面：一是政府制订战略性发展规划，鼓励传统产业升级和战略性新兴产业培育，对企业而言最为重要的手段是政府补贴；二是制定相应的法律法规，对传统产业的落后产能进行强制关闭，对传统产业升级形成"倒逼机

制",并且加大知识产权保护,激励传统产业和战略性新兴产业进行创新。现在引入政府补贴和法制因素两个因素来观察企业生态化运作的学习过程是否受到影响。

(一)政府补贴的影响机制

引入政府补贴因素后,经济群落中企业的经济行为激励机制相应改变。假如我们将政府对企业开发创新产品(传统企业开发的创新产品或新兴企业在购入传统企业一般产成品后开发的创新产品)的企业补贴定为 s,传统企业和新兴企业协调博弈矩阵也将发生改变(见图 2-4)。

新兴企业

		合作	不合作
传统企业	合作	$b-c+s,\ p-c$	$-c+s,\ 0$
	不合作	$b',\ p-b'-c+s$	$0,\ 0$

图 2-4　有政府补贴激励的传统企业和新兴企业创新博弈收益矩阵

相应地,合作型传统企业的复制动态微分方程将发生改变(由于篇幅所限,公式推导过程略)。

$$\frac{\mathrm{d}x}{\mathrm{d}t}=x\{u_1-average[E(u)]\}=(b-b')x(1-x)\left(x-\frac{c-s}{b-b'}\right)$$

因为存在 $c-s\leqslant0$、$c-s>0$ 两种情况,所以有两种不同的合作型企业种群动态复位相位图(见图 2-5)。根据图 2-5 分析,当 $c-s\leqslant0$ 时,意味着政府补贴 s 超过了传统企业的创新成本 c,或与之持平。在图 2-5(1)中,只要出现合作型传统企业的示范,不论规模大小,该种群复制动态方程必定收敛于 $x=1$ 处,即所有传统企业在政府高额补贴下,最终都会演化为创新合作,即和新兴企业构建创新链接的企业种群。在图 2-5(2)中,$c-s>0$,此时,虽然仍有 $\dfrac{c-s}{b-b'}$ 的可能性使传统企业收敛于非合作型企业,但是这种可能概率要小于没有政府补贴存在情况下的可能概率 $\dfrac{c}{b-b'}$,即 $\dfrac{c-s}{b-b'}$
$<\dfrac{c}{b-b'}$。

这说明,政府补贴的存在促进了传统企业向创新合作型企业种群转化。

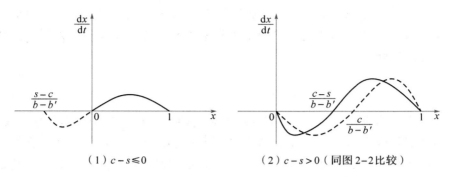

（1）$c-s \leqslant 0$　　　　　（2）$c-s > 0$（同图 2-2 比较）

图 2-5　有政府补贴激励的合作型传统企业复制动态方程相位

另外，一旦当合作型企业比例 x 落入 $(\dfrac{c-s}{b-b'}, 1)$ 区间内，企业会以一个较大的概率 $(1-\dfrac{c-s}{b-b'})$ 向创新合作型企业种群演化。

同时，这也说明了在 $c-s > 0$ 条件下，经济群落内部分企业还是宁愿不进行创新，将之视为一种负担，看不到创新给自己带来的经济利益。

（二）法制因素的影响机制

落后产能淘汰和知识产权保护等法制因素力度的加大，同样会使企业的经济行为相应改变，但是法制因素与政府补贴产生的效应是相同的，采取的方式是相反的，即政府补贴是鼓励、激励创新，而法制因素是监督和处罚传统产业中的高污染和落后产能以及惩罚传统产业中模仿和不创新的行为。法制因素力度的加大，必然会增加传统企业不进行创新的成本，因此，经济群落中传统企业和新兴企业协调博弈收益矩阵中，传统企业不合作、新兴企业不合作的收益情况由 $(0,0)$ 改变为 $(-f,0)$（见图 2-6）。即如果传统企业不进行创新，由于政府法制因素力度的加大，传统企业成本将增加。这里假设传统企业增加的成本每单位为 f。

相应地，合作型传统企业的复制动态微分方程将发生改变（公式推导过程略）。

$$\frac{\mathrm{d}x}{\mathrm{d}t} = x\{u_1 - average[E(u)]\}$$

$$= (b-b'-f)x(1-x)(x - \frac{c-f}{b-b'-f})$$

新兴企业

		合作	不合作
传统企业	合作	$b-c, p-c$	$-c, 0$
	不合作	$b', p-b'-c$	$-f, 0$

图 2-6　有法制因素约束的传统企业和新兴企业创新博弈收益矩阵

由于 $b-b'>c$，所以 $\left|\dfrac{c-f}{b-b'-f}\right|<1, b-b'-f>0$[①]。

因为存在 $c-f\leqslant 0$、$c-f>0$ 两种情况，可以得到两种不同的合作型企业种群动态复位相位图（见图 2-7）。根据图 2-7 分析，当 $c-f\leqslant 0$ 时，意味着法制因素给传统企业增加的 f 超过了传统企业的创新成本 c，或与之持平。在图 2-7(1)中，只要出现合作型传统企业的示范作用，该种群复制动态方程肯定收敛于 $x=1$ 处，即所有传统企业在知识产权法规的高额惩罚下，最终会演进为创新运作，和新兴企业构建创新链接的企业种群。在图 2-7(2)中，$c-f>0$，此时，虽然仍有 $\dfrac{c-f}{b-b'-f}$ 的可能性使传统企业固守于非合作型企业，但是这种可能概率要小于没有政府补贴存在情况下的可能概率 $\dfrac{c}{b-b'}$，即 $\dfrac{c-f}{b-b'-f}<\dfrac{c}{b-b'}$。[②]

这说明，法制因素力度加大促进了传统企业向创新合作型企业种群转化。另外，当合作型企业比例 x 落入 $\left(\dfrac{c-f}{b-b'-f},1\right)$ 区间内，企业会以一个较大的概率 $\left(1-\dfrac{c-f}{b-b'-f}\right)$ 向创新合作型企业种群演化。

同样，这也说明了在 $c-f>0$ 条件下，经济群落内部分企业还是不会进行创新，即看不到创新给自己带来的经济利益。由上所述可知，政府补贴和法制因素两种政府力量的作用使得企业在最大化自身利益的考虑下，有限

---

①　为了使问题简化考虑，$b-b'-f>0$ 可以理解为，法制因素给传统企业增加的成本被限制在 $(0, b-b')$ 范围内。

②　$\dfrac{c}{b-b'}-\dfrac{c-f}{b-b'-f}=\dfrac{f(b-c-b')}{(b-b'-f)(b-b')}$，由于 $b-b'-f>0$、$b-c-b'>0$，所以 $\dfrac{f(b-c-b')}{(b-b'-f)(b-b')}>0$。

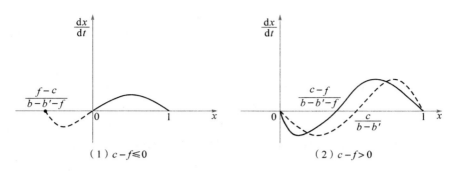

图 2-7 有法制因素约束的合作型传统企业复制动态方程相位

理性下的企业决策有时是偏向均衡路径的。

四、讨论与启示

本研究以数量生态学和进化博弈论的相关理论为基础,对经济群落中的传统产业与战略性新兴产业之间的创新链接机理的形成进行了尝试性研究。在企业决策属于"慢速学习"型的有限理性决策以及企业创新只存在外循环而不涉及自循环两个重要前提假设下,得出了如下研究结论:

(1)在一个经济群落中,企业之间存在相互构建创新链接的"自我持续机制",而且,其形成速度和最终规模与经济群落中既有的新兴企业比例显著相关。当经济群落中新兴企业比例较高时,其创新收益能更好地被其他企业观察到,即群落中的示范效应和模仿效应逐渐增强,最终,选择创新的企业种群将蔓延至整个经济群落。但是在"慢速学习"型的有限理性下,群落中企业的"创新型演化"呈现出渐进性特征,有可能偏离最优选择。这一研究结论可以用来解释各省、市、县战略性新兴产业园区的建设和迅速发展。这些园区的建设,可以加强企业之间物质、信息、资本的交换,带动传统产业、企业的技术创新。中央政府、地方政府以及相关行业都希望传统产业与战略性新兴产业以产业链为基础实现创新链接,以此在推动整个地区乃至国家自主创新能力方面起到示范效应。

(2)传统企业与新兴企业之间,谁的生产边界应进行创新?从各自利益来看,具有创新链关系的传统企业与新兴企业在行为偏好上存在显著差异。在依靠传统企业进行创新被视为有利可图的前提下,新兴企业和传统企业不论是否进行创新,都愿意采取"合作"态度;而传统企业的情况要更复杂,经济群落中合作型传统企业的比例和示范效应、新兴企业对传统企业的依赖程度等都影响着传统企业的策略选择。

（3）政府采取的补贴和鼓励创新的法制因素，能够促进传统企业向新兴企业转变，尤其是政府补贴和法制因素的力度超过企业的创新成本时，理论上，所有传统企业最终都会与新兴企业构建创新链接。这虽然在现实经济社会中可能性不大，但是可以从一个侧面反映这种措施在激励企业进行创新方面的强有力作用。

（4）就经济群落中传统企业与新兴企业构建创新链接而言，群落中的每一个企业都扮演着两种角色：一是能为新兴企业或群落以外的企业提供产品（或生产资料）的传统企业；二是能从传统企业或群落之外的企业采购产品（或生产资料）的新兴企业。对群落中传统企业与新兴企业创新链对接进行研究，能够更简洁、清楚地对问题予以分析，使人们更能够清楚地看到问题的核心。

需要说明的是，在"复制动态"进化博弈模型理论分析框架下，本研究旨在通过研究传统产业与战略性新兴产业之间的创新链接机制来构建区域创新体系，但是区域创新体系是一个涉及多主体（包括产业、企业和政府）、多空间（经济空间和地理空间）、多学科（经济学、地理学、管理学等）的复杂经济现象，因此对于区域创新体系的研究可以进一步深化：（1）可采用多种理论视角（如创新理论、信息经济学理论、学习型组织理论等）对区域创新体系的构建进行理论研究；（2）区域经济的发展不仅存在于传统产业与战略性新兴产业之间的产业链上，还存在于企业、部门和机构之间的关系网络、学习网络等之中，它们与创新链的对接对区域创新体系的构建也起着非常重要的作用；（3）对传统产业与战略性新兴产业创新链接产生影响的不仅有政府部门，还有中介组织及群落外部的影响因素。

第二节　传统产业与战略性新兴产业的融合演化及政府行为

我国提出发展战略性新兴产业是在就全国而言传统产业发展不充分的背景下，产业的科学发展和转型面临改造提升传统产业和培育发展战略性新兴产业的"双重任务"。因此，如何处理好提升传统产业和发展战略性新兴产业之间的关系，确保新旧两种类型产业的良性互动发展，通过"双轮驱动"实现我国经济增长方式的转变，是保证我国经济可持续发展的关键。鉴于此，本研究首先分析传统产业与战略性新兴产业之间融合发展的演化阶段和政府行为,并在此基础上判断我国区域经济发展所处的阶段;构建地方政府行为与传统产业的进化博弈模型,揭示地方政府推动传统产业向战略性新兴产业转型升级的影响机制;最后,以传统产业优势明显的浙江绍兴为例,实证研究传统产业与战略性新兴产业融合发展的一般规律、特殊演化机制及地方政府行为。

一、传统产业与战略性新兴产业融合发展的演化阶段与政府行为

依据产业生命周期理论以及对于传统产业与战略性新兴产业之间互动关系的研究文献[①],我们将二者融合的演化结构分为三个阶段:阶段1:传统产业改造提升与战略性新兴产业培育发展同时进行的相互适应阶段;阶段2:传统产业与战略性新兴产业良性互动、相互融合的协调发展阶段;阶段3:战略性新兴产业逐步替代传统产业的分化替代阶段(见图2-8)。

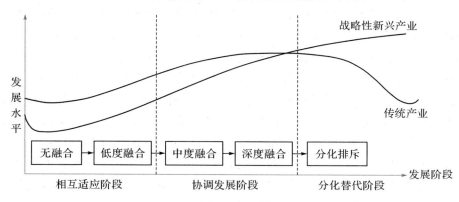

图 2-8 传统产业与战略性新兴产业融合发展的演化阶段

(一)相互适应阶段

在此阶段,传统产业长期处于低水平发展状态,技术陈旧、能耗较高和环境污染等发展瓶颈突出,处于产业发展成长期的后期或成熟期;同时,对新技术、新产品的需求旺盛导致在部分区域、行业出现零星的战略性新兴产业。这一阶段既要大力提升传统产业,完成工业化任务,又要重视培育战略性新兴产业,优化产业结构,抢占产业发展制高点。一方面,战略性新兴产业的培育发展需要传统产业生成的产业基础和累积的风险资本,即在传统

---

① 熊勇清、李世才:《战略性新兴产业与传统产业耦合发展研究》,《财经问题研究》2010 年第 10 期。

产业现有的技术、资本、产品、市场的条件上进行培育和发展；另一方面，传统产业也要充分利用战略性新兴产业的新产品、新技术、新工艺来发展和提升自己，不断进行产业结构优化和产品更新换代。但战略性新兴产业企业由于数量较少、产品单一、市场受限，难以形成独立的生产体系，其与传统产业之间在技术、市场、产品、制度等方面的融合尚不明显，二者处于无融合或低融合状态。因此，当地政府既要合理制定促进传统产业结构优化和区域转移的产业政策，又要加快战略性新兴产业发展规划和区域战略性产业重点规划的制订和实施，引导产业发展；在人才培养方面，要加快战略性新兴产业的专业设置，逐渐建立"产学研"一体的"高精专"人才培养体系和国内外高端人才的引进和培养机制；在金融支撑方面，要建立专门的产业升级引导基金、创新基金和风险基金制度，引导社会资本向传统产业升级和战略性新兴产业培育方向流动；在环境保护方面，要加快传统产业落后产能的淘汰和节能环保型战略性新兴产业的发展。

（二）协调发展阶段

在此阶段，传统产业改造提升成效显现，战略性新兴产业快速成长，二者之间的生产边界开始兼容，相互作用逐渐增强。传统产业的改造提升加快了战略性新兴产业的技术、产品和人才向传统产业扩散的速度；战略性新兴产业的快速增长需要传统产业生产要素的支撑，包括制度、文化、技术、体制、环境、资本、人才等各方面。随后，传统产业逐渐进入成熟期的中后期，有些产业可能出现增长停滞或萎缩，也有些则将逐渐转型成战略性新兴产业；而战略性新兴产业逐渐培育成型，进入成长期，增长速度开始放缓，出现均衡增长，有些可能成为区域经济发展的主导或支柱产业。这时候，传统产业与战略性新兴产业之间的相互作用平稳有序，产业联系更加紧密，甚至出现相互之间的深度融合，生成新的产业，融合效应大大提高。此时，政府职能开始介入战略性新兴产业的发展，通过出台促进政策，推动传统产业与战略性新兴产业的深度融合和技术链接，极大地促进二者在物质、信息、技术、能量、资本等方面的交换与配置，形成良性互动。当地政府会充分利用传统产业与战略性新兴产业的高产业关联性，从产业链的延伸、技术链的对接以及上下游关联产业的带动发展等方面做强传统产业、做大战略性新兴产业，建立战略性新兴产业园，形成新兴产业集群，构建新的区域竞争优势。

（三）分化替代阶段

这一阶段,传统产业改造提升任务基本完成,战略性新兴产业培育发展成熟,区域经济进入可持续发展阶段。这一阶段的特点是传统产业与战略性新兴产业之间的关系从相互促进开始转变为相互排斥。这时,战略性新兴产业成长为区域经济发展的主导产业或支柱产业,形成了以战略性新兴产业为主的新"增长极",并通过技术扩散、产业扩散带动传统产业发展;而传统产业完成使命,部分实现产业淘汰,进入衰退期或转变为夕阳产业,部分完成高新技术改造,转变为新一轮的战略性新兴产业。传统产业与战略性新兴产业之间产业更替现象明显,二者之间的排斥效应大于促进效应,出现互斥发展,产生分化和替代。此时,地方政府必须要正确处理战略性新兴产业形成的新传统产业和旧传统产业之间的功能承接关系,并制定相应的产业政策,积极引导产业的投资方向逐渐由旧传统产业中的衰退部分或夕阳产业向新传统产业改造升级,即逐渐将旧传统产业链中的高端环节独立出来。为此,一方面,地方政府要加快淘汰、改造和转移旧传统产业衰退形成的夕阳产业,对于产品和市场处于绝对衰退的旧传统产业,制定相应的淘汰和退出机制,逐渐转移产业劳动力;另一方面,对于产品和市场处于相对衰退期的传统产业,要制定改造标准,引导其进行技术改造,转变为新传统产业或新兴产业,并且要基于新的战略性新兴产业的选择和培育,规划下一轮的产业竞争。

二、作用机制:地方政府行为与传统产业的进化博弈模型

目前,在我国东部沿海地区的发达省(区、市),传统产业与战略性新兴产业正处于由低度融合走向中度融合的关键时期。但是,一些地方政府在大力培育和发展战略性新兴产业的过程中,不同程度地忽略了传统产业向战略性新兴产业的转化、升级,以及二者通过在产业链上的创新链接实现融合发展的内在逻辑[①]。鉴于此,我们将着重讨论地方政府行为与传统产业之间的进化博弈关系,即如何实现传统产业中的企业(以下简称传统企业)与战略性新兴产业中的企业(以下简称新兴企业)之间的创新链接(如图2-9)。图2-9表明,地方政府的作用就是引导传统产业主动创新,将创新产品

---

① 　陆立军、于斌斌:《科技与产业对接与集群企业竞争力——基于绍兴市的调查与分析》,《研究与发展管理》2011年第1期。

A 纳入到自己的生产边界,以便在产业链上实现与战略性新兴产业的对接。

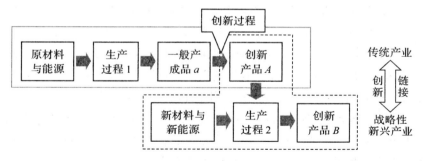

图 2-9　产业链中传统产业和战略性新兴产业的生产边界示意图

注:实线表示传统产业中企业的生产边界;虚线表示战略性新兴产业中企业的生产边界。

(一)研究前提与理论假设

为了分析方便,以下假设传统企业是否与新兴企业进行创新链接可以看作是地方政府和传统企业之间博弈的结果。由于信息不对称和博弈双方的有限理性,地方政府和传统企业在做出各自的决策时,很难确认它们的选择是否可以使自身的利益最大化。地方政府可以选择"采取"或"不采取"政策手段和法律法规来影响传统企业创新;传统产业中不同类型的企业也只有两种选择,要么"创新"从而产出创新产品 A,主动与新兴企业对接,要么"不创新"保持原先的生产方式从而产出一般产成品 a。如此,博弈的策略组合如图 2-10 所示。

图 2-10　政企博弈策略组合

我们对不同策略下的地方政府和传统企业的成本、收益作如下假设:

(1)传统企业主动"创新"需要付出创新成本 C_E,包括与高校或科研单位合作及企业内部增设研发部门、更换新设备所花费的费用;

(2)传统企业"创新"会获得收益 R_E,包括节省的经营成本、提高的产品附加值、增加的单位产品利润以及政策扶持所带来的收益等；

（3）地方政府"采取"措施的监察成本 C_G，包括判断和鉴定传统企业是否"创新"的信息成本以及在此过程中所消耗的人力、物力、财力等；

（4）地方政府对传统企业主动"创新"的补贴或政策优惠（支持）S_G；

（5）地方政府对传统企业"不创新"所处的罚金 P_G，包括对传统企业侵犯知识产权的罚金以及对高污染、高能耗传统企业的罚金[①]；

（6）传统企业"不创新"，地方政府要承担传统企业之间由于恶性竞争、产业结构粗放等导致区域经济陷入"悲情增长"的风险[②]，并要为传统企业高消耗造成的环境污染买单。我们将由于传统企业"不创新"，地方政府为其支付的成本称为社会成本，记为 U_G。设定的主要指标及参数如表 2-1 所示，双方博弈的收益矩阵如图 2-11 所示。

表 2-1 主要指标及参数含义

符 号	定 义
C_E	传统企业"创新"所付出的成本
R_E	传统企业"创新"所增加的收益
S_G	地方政府对"创新"的传统企业进行的补贴或政策优惠
P_G	地方政府对"不创新"的传统企业处以的罚金
C_G	地方政府"采取"措施所付出的监察成本
U_G	地方政府因传统企业"不创新"所要承担的社会成本

该收益矩阵正适合解释处于转型升级状态，即传统产业改造提升和战略性新兴产业培育发展时期的经济体。此时，传统产业原有的低成本扩张方式不再适合区域经济的进一步发展，而地方政府开始重视提高传统产业的技术创新能力，加强对区域内知识产权的保护、落后产能的淘汰和环境污染的管制，并采用鼓励和强制两种方式来推动传统企业的"创新"活动。对

---

① 目前，我国传统产业改造提升的重点和难点是转移、淘汰落后产能和摆脱依靠低成本和低价格的恶性竞争，而政府对此的主要应对方式就是：一是进一步加大对环境污染的整治、处罚力度，加快转移和淘汰高污染、高能耗的传统产业；二是加大知识产权保护力度，从制度层面上限制传统产业"抄袭模仿"、"劣币驱逐良币"的"竞争惯性"。为此，政府最有效的方式就是对传统企业处以罚金，增其"不创新"的成本，形成鼓励传统企业主动"创新"并向新兴企业转型升级的"倒逼机制"。这一项假设也是具有现实意义的。

② 卓越、张珉：《全球价值链中的收益分配与"悲情增长"——基于中国纺织服装业的分析》，《中国工业经济》2008 年第 7 期。

传统企业

		创新	不创新
地方政府	采取	$-C_G-S_G, -C_E+S_G+R_E$	$-U_G-C_G+P_G, -P_G$
	不采取	$0, -C_E+R_E$	$-U_G, 0$

图 2-11 政企博弈的收益矩阵

于区域内注重技术创新、产品创意逐渐向战略性新兴产业转变的传统企业给予一定的补贴或优惠政策以示鼓励。对于不重视技术创新、简单模仿他人和环境污染严重的传统企业,则会对侵犯他企业知识产权或高能耗尤其是造成环境污染的企业处以罚金。因此,以上研究假设是具有现实意义的。

(二)地方政府"采取"的复制动态方程

在博弈的初始阶段,假设地方政府群体中选择"采取"措施的比例为 x,选择"不采取"的比例为 $1-x$;传统企业群体中选择"创新"的比例为 y,选择"不创新"的比例为 $1-y$。地方政府"采取"与"不采取"的期望得益及群体平均得益分别为:E_{1Y},E_{1N} 和 $\overline{E_1}$。则:

$$E_{1Y} = y(-C_G-S_G) + (1-y)(-U_G-C_G+P_G)$$
$$= y(U_G-P_G-S_G) + P_G-U_G-C_G$$
$$E_{1N} = yU_G-U_G$$
$$\overline{E_1} = xy(U_G-P_G-S_G) - x(U_G-P_G+C_G) + (1-x)(yU_G-U_G)$$
$$= -xy(P_G+S_G) + x(P_G-C_G) + (y-1)U_G$$

传统企业"创新"与"不创新"的期望得益及群体平均得益为:E_{2Y},E_{2N} 和 $\overline{E_2}$。则:

$$E_{2Y} = xS_G + R_E - C_E$$
$$E_{2N} = -xP_G$$
$$\overline{E_2} = xy(S_G+P_G) + y(R_E-c_E) - xP_G$$

构建地方政府群体"采取"比例的复制动态方程为:

$$F(x) = \frac{\mathrm{d}x}{\mathrm{d}t} = x(E_{1Y}-\overline{E_1}) = x(x-1)(yP_G+yS_G-P_G-C_G)$$

若 $y = \dfrac{P_G-C_G}{P_G+S_G}$,则 $F(x)=0$,这意味着所有水平是稳定状态。

若 $y \neq \dfrac{P_G - C_G}{P_G + S_G}$，令 $F(x) = 0$，得 $x = 0$、$x = 1$ 是 x 的两个稳定点。对 $F(x)$ 求导得：

$$\frac{\mathrm{d}F(x)}{\mathrm{d}x} = (2x - 1)(yP_G + yS_G - P_G + C_G)$$

进化稳定策略要求 $\dfrac{\mathrm{d}F(x)}{\mathrm{d}x} < 0$，对 $P_G - C_G$ 的不同情况进行分析：

（1）若 $P_G - C_G < 0$，即 $\dfrac{P_G - C_G}{P_G + S_G} < 0$ 时，恒有 $y > \dfrac{P_G - C_G}{P_G + S_G}$，则 $x = 0$ 是进化稳定策略。

（2）若 $0 < P_G - C_G < P_G + S_G$，即 $0 < \dfrac{P_G - C_G}{P_G + S_G} < 1$，分两种情况进行分析：

当 $y > \dfrac{P_G - C_G}{P_G + S_G}$ 时，$\dfrac{\mathrm{d}F(x)}{\mathrm{d}x}\Big|_{x=0} < 0$，$\dfrac{\mathrm{d}F(x)}{\mathrm{d}x}\Big|_{x=1} > 0$，故 $x = 0$ 是平衡点；

当 $y < \dfrac{P_G - C_G}{P_G + S_G}$ 时，$\dfrac{\mathrm{d}F(x)}{\mathrm{d}x}\Big|_{x=1} < 0$，$\dfrac{\mathrm{d}F(x)}{\mathrm{d}x}\Big|_{x=0} > 0$，故 $x = 1$ 是平衡点。

地方政府群体在三种情况下的动态趋势及稳定性分别如图 2-12 所示。

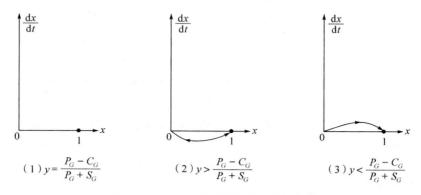

（1）$y = \dfrac{P_G - C_G}{P_G + S_G}$ （2）$y > \dfrac{P_G - C_G}{P_G + S_G}$ （3）$y < \dfrac{P_G - C_G}{P_G + S_G}$

图 2-12 地方政府群体复制动态相位图

（三）传统企业"创新"的复制动态方程

同上，可构造传统企业群体"创新"的动态方程：

$$F(y) = \frac{\mathrm{d}y}{\mathrm{d}t} = y(E_{2Y} - \overline{E_2})$$

$$= y(1-y)[R_E - C_E + x(S_G + P_G)]$$

若 $x = \dfrac{C_E - R_E}{S_G + P_G}$，则 $F(y) = 0$，这意味着所有水平都是稳定状态。

若 $x \neq \dfrac{C_E - R_E}{S_G + P_G}$，令 $F(y) = 0$，得 $y = 0$、$y = 1$ 是 y 的两个稳定状态。

对 $C_E - R_E$ 的不同情况的分析：

（1）若 $C_E - R_E < 0$，即 $\dfrac{C_E - R_E}{S_G + P_G} < 0$ 时，恒有 $x > \dfrac{C_E - R_E}{S_G + P_G}$，则 $y = 1$ 是进化稳定策略。

（2）若 $C_E - R_E > S_G + P_G$，即 $\dfrac{C_E - R_E}{S_G + P_G} > 1$，恒有 $x < \dfrac{C_E - R_E}{S_G + P_G}$，则 $y = 1$ 是进化稳定策略。

（3）若 $0 < C_E - R_E < S_G + P_G$，即 $0 < \dfrac{C_E - R_E}{S_G + P_G} < 1$，则有两种情况：

当 $x > \dfrac{C_E - R_E}{S_G + P_G}$ 时，$y = 1$ 是平衡点；

当 $x < \dfrac{C_E - R_E}{S_G + P_G}$ 时，$y = 0$ 是平衡点。

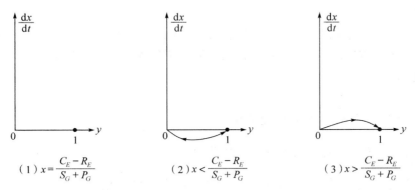

图 2-13　传统企业群体复制动态相位图

图 2-13 给出了传统企业在三种情况下的动态趋势及稳定性。

将上述两群体复制动态趋势在坐标平面中表示，如图 2-14 所示。

分析非对称复制动态进化博弈，可以得到如下不同的均衡状态：

（1）当初始状态落在Ⅰ区域时，该博弈收敛于平衡点 $x = 1$、$y = 0$，即：

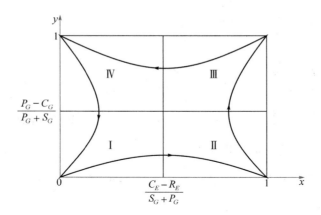

图 2-14 两群体进化博弈轨迹示意图

（采取,不创新）是地方政府和传统企业两个博弈群体中所有参与者的必然选择。

（2）当初始状态落在Ⅲ区域时,该博弈收敛于平衡点 $x = 0$、$y = 1$,即：（不采取,创新）是地方政府和传统企业两个博弈群体中所有参与者的必然选择。

（3）当初始状态落在Ⅱ区域时,该博弈收敛于平衡点 $x = 1$、$y = 1$,即：（采取,创新）是地方政府和传统企业两个博弈群体中所有参与者的必然选择。

（4）当初始状态落在Ⅳ区域时,该博弈收敛于平衡点 $x = 0$、$y = 0$,即：（不采取,不创新）是地方政府和传统企业两个博弈群体中所有参与者的必然选择。

由图 2-14 可知,$(x,y) = (1,0)$,$(x,y) = (0,1)$,$(x,y) = (1,1)$,$(x,y) = (0,0)$ 都是鞍点,没有进化稳定均衡。

（四）地方政府与传统企业的博弈分析

通过上述地方政府与传统企业之间的进化博弈模型,我们比较不同的均衡结果,可以得出如下结论：

（1）本博弈过程存在三个进化稳定均衡：若 $P_G - C_G < 0$,则 $x = 0$ 是进化稳定策略,即地方政府"采取"的成本大于对"不创新"传统企业的罚金,最终地方政府群体都会选择"不采取"；若 $C_E - R_E < 0$,则 $y = 0$ 是进化稳定策略,即传统企业"创新"的成本小于企业"创新"所增加的收益,最终传统企业都会选择"创新"；若 $C_E - R_E > S_G + P_G$,得到 $C_E > S_G + P_G + R_E$,则

$y = 0$ 是进化稳定策略,即传统企业"创新"的成本大于其"创新"所增加的收益、地方政府补贴以及其"不创新"时地方政府的罚金三者之和,则最终传统企业都会选择"不创新"。

(2)当 $P_G - C_G > 0$、$0 < C_E - R_E < S_G + P_G$ 时,没有进化稳定策略。这表明地方政府和传统企业两群体博弈过程表现出一种周期行为模式,这种情形较多存在于公共策略的实施过程,这也是现实经济活动中的一个常见现象[①]。

(3)博弈初始状况的不同会导致不同的均衡结果。博弈双方最终会选择哪一种策略取决于初始时两个群体对各自策略选择的比例,而这种比例与选择这种策略带给博弈方的收益大小有关,只有基于长期利益的决策行为才会获得更高收益。也就是说,地方政府和传统企业两个群体,都应以长远利益为目标进行决策,这样才能使双方获得更高收益。

对应以上结论,我们可以得到如下启示:

(1)如果地方政府对"不创新"传统企业的罚金较少,而"采取"措施的成本偏高,则传统企业最终会选择"不采取"策略。这显然不利于推动传统产业与战略性新兴产业的融合发展。为改变这种状况,地方政府可以引进中介性组织(如行业协会),加强行业自律,避免销售中的恶性竞争,制定相关行业准入标准,以降低地方政府的成本;同时,随着"创新"的传统企业数量达到一定程度,地方政府可以考虑不断加大对"不创新"企业惩治的力度。

(2)如果传统企业"创新"所获取的收益大于由此付出的成本,即随着传统企业创新经验的不断累积,其付出的单位成本带来的收益也不断增加,则传统企业最终会选择"创新"策略。因此,地方政府应积极借助相关的培训和宣传,帮助传统企业更好地与战略性新兴产业创新链接。

(3)如果传统企业"创新"获得的收益过小而成本过大,即企业的模仿成本大大低于创新收益;地方政府"采取"措施时对"创新"型传统企业的补贴很小,而对"不创新"的企业罚金又不高,则将最终导致所有传统企业都选择"不创新"策略。此状况完全可以解释我国大量同质传统产业长期存在的现状。为防止最终所有传统企业都会选择"不创新"策略,地方政府必须一方面通过搭建创新平台,实施针对性的补贴和优惠,降低企业创新成本;另一方面加大惩治力度,提高对传统企业的抄袭模仿和恶性竞争的惩罚,推动传统企业都选择"创新"策略。

---

① 刘振彪、陈晓红:《企业家创新投资决策的进化博弈分析》,《管理工程学报》2005 年第 1 期。

三、实证分析：以浙江省绍兴市为例

作为全国纺织产业链最完整、生产规模最大、市场销量最多和设备最先进的生产区域，绍兴市的纺织工业占全市工业总产值的 39.6%，是名副其实的纺织工业大市，而且绍兴中国轻纺城市场和钱清原料市场是亚洲同行业最大的专业市场，2010 年二者的成交额分别达 438.6 亿元和 355.1 亿元，同比增长 12.0% 和 12.2%。根据产业发展导向和现有产业基础，同时综合考虑产业关联、技术路径、市场潜力等因素，绍兴市委、市政府提出重点培育发展先进制造业、新材料、生物医药、节能环保、新能源、新兴信息产业等六大战略性新兴产业，为纺织产业链的延伸与升级提供高新技术支撑。

（一）融合基础：传统产业提升与战略性新兴产业培育

绍兴市传统产业优势明显，产业高度集聚是其主要特色，其中绍兴县纺织产业集群、诸暨袜业产业集群和嵊州领带产业集群都入选全国百强产业集群，并创造了化纤原料生产量、织布生产量、印染布生产量、领带生产量、袜子生产量、袜子成交量、纺织品成交量七个全国第一。仅绍兴县就有七个纺织特色名镇，是国家新型工业化纺织印染产业示范基地、国家火炬计划纺织装备特色产业基地和全省纺织产业集群转型升级示范区试点。近年来，为了实现科学发展、转型提升，绍兴市努力促使纺织产业逐渐向"微笑曲线"的两端延伸，尤其是借助以专业市场为载体的区域品牌优势，逐步整合产业集群内的区域资源，营造在全球价值链中的后发优势。例如，嵊州作为全球最著名的领带产业集聚地，被浙江省政府确定为"21 世纪国际性领带都市"，被中国纺织工业协会命名为"中国领带名城"，被国家发改委确定为"领带产业国际合作基地"，现有中国驰名商标 5 个、中国名牌 2 个、国家免检产品 11 个、浙江名牌 9 个、浙江著名商标 8 个、绍兴名牌 10 个，华伦天奴、皮尔卡丹、梦特娇、恒源祥等 80 多个国内外著名品牌在嵊州定牌或特许经营，"嵊州领带"被认定为浙江区域名牌，兴起品牌升级浪潮。绍兴市传统优势产业的投资也迅速增长，2010 年，全市规模以上制造业投资 587.9 亿元，同比增长 14.7%，而纺织行业投资 185.20 亿元，同比增长 21.9%，投资额占制造业投资的 31.5%，增速也高于制造业投资增速 7.2 个百分点；同时，化纤、印染、化工、建材等行业投入增长较快，目前，全市规模以上纺织印染企业达 2519 家，实现产值 2707.4 亿元、销售 2690.5 亿元、利税 185.2 亿元、利润 117.1 亿元和自营出口 139.2 亿美元，同比增长 24.6%、24.4%、

35.7％、41.8％和31.7％。

　　传统产业在自身改造提升的同时,也成为战略性新兴产业培育发展的要素基础。截至2010年年底,绍兴市战略性新兴产业及相关领域已集聚644家规模以上企业,共实现销售收入1362亿元,占全市规模以上工业销售收入的20.4％。从产业细分视角看,机械装备产业开始加快向机电一体化、装备成套化方向发展,2010年先进装备制造领域实现销售收入560亿元;纺织化纤、金属加工、精细化工等产业加快向功能性纤维、金属新材料、化工新材料等领域拓展,2010年新材料领域实现销售收入414亿元;医药产业积极向生物医药领域延伸,2010年实现销售收入123亿元;此外,节能环保、新能源、电子信息等新兴产业呈现加速发展态势,2010年以环保装备及节能电光源为特色的节能环保产业销售收入181亿元,以太阳能光伏及风电装备为核心的新能源产业销售收入52亿元,以新型平板显示、电子元器件为主体的电子信息产业销售收入33亿元。与此同时,战略性新兴产业领域投资持续高涨,投资规模不断扩大,2010年绍兴市新能源、节能环保、新兴信息等战略性新兴产业完成投资174.9亿元,占全市工业投资总量的26％,较之上年提高了4个百分点,项目持续投入有力促进了战略性新兴产业做大做强。

(二)融合阶段:从相互适应阶段向协调发展阶段跃迁

　　现阶段,绍兴市以纺织印染为主的传统优势产业由于市场需求、要素制约、成本上升等因素,虽难以继续实现跨越式增长,但凭借其产业集群优势和日益改进的技术与管理,其在区域经济发展中的主导地位在短期内不会动摇,也不会因空间有限而止步不前;同时,由于战略性新兴产业的培育发展源于传统优势产业的产业基础,其发展尚处于与传统产业"相互适应"的阶段,还需要传统产业的强力支撑。因此,绍兴市同样面临传统产业改造提升和战略性新兴产业培育发展的双重任务,而且二者的融合发展逐渐由"低度融合"向"中度融合"转变,二者的协调发展将成为当前及今后较长时期工业经济转型升级的必由之路。

1.传统产业优势逐渐转化为战略性新兴产业的发展基础

　　纺织产业链从纺织原料、化纤、织布、印染、家纺、服装、纺机到创意设计、专业市场和网上市场,再到纺织商贸、楼宇经济等,各个环节不断进行延伸、创新和重构。随着以纺织为代表的传统优势产业的转型提升,绍兴市战略性新兴产业集群化特征日益明显,这具体表现在:先进装备制造领域,绍兴县、新昌县的纺织机械,诸暨市的数控机床等产业均呈现块状分布特征;新材料领域,绍兴市区及绍兴县的化纤及纺织新材料、诸暨市的金属加工及金属新材料等产业也呈现鲜明地域特色;生物医药领域,相关企业逐渐在嵊新区域集聚;节能环保领域,诸暨店口、牌头等地集聚了大量设计制造除尘装备、气力输送设备、烟气脱硫设备等节能环保装备的企业,而且上虞市集聚了近 200 家节能电光源相关企业,基本涵盖产业链的各个环节,初步形成各具特色的节能环保产业集群;新能源领域,绍兴市区、绍兴县和上虞市的104 国道沿线已初步形成涵盖单(多)晶硅炉设备制造、高纯硅原料生产、单晶拉制(多晶铸造)、硅片、电池片、电池组件及发电系统的太阳能光伏产业带。此外,绍兴市区还集聚了一批从事集成电路设计生产、新型电子显示技术研发与产业化的电子信息企业,初步形成了新型电子信息产业板块。

2. 传统优势产业的部分龙头企业逐渐向战略性新兴产业转型升级

随着传统优势行业龙头企业的发展壮大,通过传统优势行业"腾笼换鸟"、"凤凰涅槃"而形成一批涉及战略性新兴产业的优势企业,成为引领绍兴市战略性新兴产业发展的中坚力量,逐渐实现产业结构的调整和空间布局的优化。在先进装备制造领域,涌现出盾安控股、三花控股、卧龙控股、万丰奥特集团等全国制造业 500 强企业;在新材料领域,古纤道新材料、嘉利珂钴镍材料等企业年销售收入超 10 亿元;在生物医药产业领域,浙江新和成股份有限公司和浙江医药股份有限公司新昌制药厂是国内维生素类和抗生素类药物的重要生产基地;在节能环保领域,上虞阳光集团是国内最大的节能灯生产出口企业,已成为国内节能照明领域的领跑者,而且诸暨菲达环保是我国环保装备领域唯一的国家重大技术装备国产化基地,在大气污染治理装备领域具有较高的行业影响力;在新能源领域,向日葵光能科技成为绍兴市首家创业板上市企业。

3. 科技创新成为传统产业与战略性新兴产业进一步融合的重要基础和载体

产业用纺织品的许多新技术、新材料不断涌现,广泛应用于建筑工程、生命科学、航空航天、医疗行业、节能环保、清洁能源等各个行业,促进了纺织产业与战略性新兴产业的技术融合。截至 2010 年年底,绍兴市共有国家级生产力促进中心 3 家,省级以上企业技术中心 86 家,省级区域科创服务中心和高新技术研发中心 174 家,市级以上高新技术企业 1002 家,基本形成较为完善的区域创新体系,构建了传统产业与战略性新兴产业进一步融合发展的创新环境。例如,在环保装备领域,仅诸暨菲达环保就承担实施省级以上科技计划项目 50 余项,包括国家火炬计划 6 项;在节能电光源领域,近年来共开发新产品、新材料 300 余项,有 7 款产品被认定为省级高新技术产品,实施火炬计划 8 项,获专利 200 多项,参与国家和行业标准制定 12 项;在新能源领域,晶盛机电单晶硅结晶炉技术水平国内领先,碧晶科技自主掌握了物理法高纯硅产业化生产工艺,向日葵光能科技光伏电池的平均光电转换效率已达国际一流水平。

(三)促进融合发展的政府策略

传统产业与战略性新兴产业融合的阶段特征,决定了地方政府的行为策略。在协调发展阶段,传统产业逐渐进入成熟期中后期,部分产业开始衰退或成为夕阳产业,另一部分产业向战略性新兴产业转移升级;战略性新兴产业则在传统优势产业分化的基础上,逐渐从萌芽期转向成长期。地方政府的主要职能是促进传统产业与战略性新兴产业从低度融合转向中度融合,即一方面,要加快传统产业技术创新,防止其落后产能转移或淘汰后出现"空心化";另一方面,在传统优势产业基础上脱胎生成战略性新兴产业,防止战略性新兴产业在"襁褓"中夭折。为此,绍兴市作为地方政府为防止市场失灵和加强政府引导,采取了如下策略:

1.淘汰落后产能形成倒逼机制

传统产业虽然是绍兴市优势产业、支柱产业,但是随着区域经济向集约化转变,其素质性、结构性、可持续性问题日益突出,环境资源更难以为继,因此逐步淘汰落后产能势在必行:一方面,倒逼传统产业主动创新,防止其最终陷入恶性循环;另一方面,为战略性新兴产业发展腾出空间,推动传统企业向低污染、低能耗、高附加值、高利润的新兴产业转型升级。2010 年,绍兴市印染、化工行业的废水、COD 化学需氧量(Chemical Oxygen Demand)和氨氮的排放量为 27145 万吨、26958 吨和 4058 吨,分别占工业总排放量的 86.4%、85.6% 和 88.4%;全市 20 个省控断面中,8 个断面水质为 Ⅳ 类、Ⅴ 类或劣 Ⅴ 类,不符合水功能区要求;45 个市控断面中有 29 个断面的水质为 Ⅳ 类或 Ⅳ 类以下,其中不能满足功能要求的断面有 26 个,占总数的 57.78%。为此,绍兴市政府加大淘汰传统产业落后产能淘汰的力度:严管新建项目,加强污染前端控制,把单位地区生产总值能耗和单位地区生产总值污染物排放强度能否达到国内、国际先进水平作为审批项目的标准,严禁新增落后、过剩和重复建设产能,积极支持技术含量高、资源利用率高、污染物排放量少的新项目,推动产业升级;严格执法监管,加大环保执法的范围频次和处罚力度,采取政府通报、媒体曝光、高额罚金、停产整改等举措,对环保松懈、污染严重、产能过剩、工艺落后的违法企业报请政府坚决予以关停淘汰;加大整治力度,推动产业结构提升,对全市印染、化工、制革、造纸、电镀等重点污染行业进行分类整治,扩大在线监控设施和电磁阀的安装范围;推广节能环保技术,加快低碳技术及产品的推广应用,同时积极引进国外已有的成熟的节能环保技术,推动节能环保型战略性新兴产业的发展。2010年,绍兴市共否决建设项目226个,否决率达8.7%;出动环境监察执法人员55718人次,检查企业23621家,立案查处环保违法案件583件,罚款3462万元。不仅增加了传统企业"不创新"的成本,推动了地方政府与传统企业向(采取,创新)的纳什均衡进化,也为倒逼传统产业提升、引导新兴产业发展创造了相应的政策环境。

2. 资金支持产生正向效应

战略性新兴产业具有高投入、高风险、高回报的特征,其发展特别是前期发展,离不开必要的资金投入。为此,绍兴市委、市政府出台《加快战略性新兴产业培育发展政策意见》、《大力培育创新型成长企业的实施意见》、《促进股权投资类企业发展实施意见》、《关于绍兴银行业支持战略性新兴产业发展的指导意见》等系列政策,市县联动每年安排专项资金20亿元,合计5年100亿元,用于扶持战略性新兴产业发展;市级创业投资引导基金规模增加到3亿元,用于战略性新兴产业项目的股权投资。当务之急,一是发挥财政资金的引导作用,重点扶持战略性新兴产业关键技术、共性技术研发,加快重点领域、重点企业和重点项目的技术改造和技术创新,在落实企业技术创新研发补助、税收优惠等激励政策的同时,形成企业技术创新的风险分担和化解机制。二是积极探索风险投资体系建设。设立战略性新兴产业风险投资基金,通过参股、融资担保、跟进投资和风险补助等方式,积极扶持、壮大风险投资机构,鼓励企业或个人等各类民间资本参与组建风险投资机构;引导各金融机构建立适应战略性新兴产业特点的信贷体系和保险、担保联动机制,完善担保风险补偿机制;构建贯穿企业生命周期的融资联动机制,对处于初创期、成长期、成熟期等不同阶段的企业提供"贴身服务",拓展企业融资渠道。

3. 搭建平台促进创新链接

加强自主创新、掌握核心技术是提升传统产业和发展战略性新兴产业的关键,而地方政府搭建创新和发展平台是技术创新的保障。为此,一方面,绍兴市积极搭建科技创新基础设施平台、技术创新公共服务平台和共性技术供给平台,围绕传统产业升级和战略性新兴产业发展,以重点企业、高等院校和科研院所为主体,在鼓励提升中国纺织科学研究院江南分院、北京大学工学院绍兴技术研究院、浙江现代纺织工业研究院发展水平的同时,积极引进高校及科研院所来绍兴建立高端技术产学研联盟及产业化基地,组织实施战略性新兴产业重大研发专项,力求突破一批关键技术、高端共性技术和瓶颈技术,形成自主知识产权。截至 2010 年年底,绍兴市计已引进高校及科研院所共建创新载体 87 家,总投资 51540.8 万元,与企业共建 76 家,与地方政府共建 10 家,与国外高校院所共建 1 家;同时,引进科技创新人才 854 名,包括博士或副高职称以上人才 399 名,留学归国人员 26 名,外籍专家 9 名。另一方面,打破行政界限和条块局限,规划建设一批新兴产业集聚区,顺应浙江省海洋经济发展的契机,把滨海新城作为培育和发展战略性新兴产业的重要平台,建设成为长三角地区承接国际先进产业特别是战略性新兴产业的重要基地、浙江省沿海产业带的核心区域和先发区块。截至 2010 年年底,绍兴滨海新城的袍江新区 337 家规模以上工业企业中,新兴产业重点企业有 32 家,占比 9.50%,其中先进装备制造企业 6 家,新材料企业 6 家,新能源企业 3 家,节能环保企业 5 家,生物医药企业 10 家,电子信息企业 2 家,实现销售收入 215.45 亿元,利税 25.64 亿元。创新平台和区域平台的搭建,降低了地方政府的"采取"成本和传统企业的"创新"成本,进一步模糊了传统产业与战略性新兴产业的生产边界,促进了二者的相互融合。

四、小结

本研究基于进化博弈理论分析范式,以浙江绍兴为案例,对传统产业与战略性新兴产业融合发展及政府行为进行了理论和实证分析,由此可得出如下结论:(1)我国产业的发展面临传统产业改造提升和战略性新兴产业培育发展的双重任务,实现二者的融合发展是必然选择;(2)传统产业与战略性新兴产业融合发展的演化结构分为相互适应、协调发展和分化替代三个阶段,逐渐形成"无融合→低度融合→中度融合→高度融合→分化排斥"的发展趋势,正确判断二者的融合阶段和程度是地方政府正向引导的基础;(3)在传统产业与战略性新兴产业融合发展的协调发展阶段,地方政府与传统企业之间的策略选择是传统产业与战略性新兴产业在产业链上形成创新链接内在逻辑的关键。(4)由传统产业与战略性新兴产业从低度融合到中度融合的阶段,地方政府应着重引导传统产业的创新提升,并在此基础上培育战略性新兴产业,地方政府除了要加大对传统产业落后产能的查处、处罚力度,还要搭建平台、增加补贴以降低传统企业的创新成本。(5)绍兴市作为传统产业大市,其传统产业是战略性新兴产业的基础,正处于从相互适应向协调发展跃迁的阶段。当前,对于能否实现传统产业改造提升与战略性新兴产业培育发展,地方政府应在淘汰传统产业落后产能、加大对战略性新兴产业的资金支持以及为二者搭建创新链接平台等方面起重要作用。

第三节　产业集群转型升级视阈下的区域创新平台建构

2009 年 4 月,浙江省政府确立了杭州装备制造业、宁波服装、绍兴纺织、嵊州领带等 21 个传统块状经济向现代产业集群转型升级示范区;2010年 10 月,示范区扩容到 42 个。2009 年 12 月,浙江省委、省政府明确提出要进一步发挥民营经济、县域经济、块状经济等特色优势,扎实推进大平台大产业大项目大企业建设,并提出坚持把大平台大产业大项目大企业建设作为 2010 年经济工作的突破口。由此可见,在产业集群转型升级的大背景下,无论是产品平台,还是资源平台、创新平台,抑或产业发展集聚平台,这些平台型效应对于区域经济发展具有越来越重要的作用。然而研究表明,中小企业数量众多的产业组织特征,使得产业集群在技术创新方面存在着"搭便车"、"囚徒困境"以及"技术锁定"等风险,因此产业集群内在地存在着制约自身转型升级的固有因素[①]。基于此,需要构建一种以区域创新平台为基础的产业集群技术创新风险控制机制,由此推动产业集群转型升级。进一步的文献研究表明,现有研究多提出了公共创新平台对于产业集群创新升级的重要意义,而对前者的内涵、运行方式、机理以及区域创新平台推动产业集群转型升级的模式、架构少有研究,因而对现实层面的区域创新平台与具体产业集群转型升级之间的互动关系缺乏案例分析,所得出的结论往往缺乏现实针对性。鉴于此,本研究在对区域创新平台内涵、运行机理进行理论分析的基础上,构建了一个产业集群转型升级视阈下区域创新平台的实施模式与架构,系统地揭示区域创新平台对于产业集群转型升级的特殊意义与着力点。

---

① 陆立军、郑小碧:《产业集群技术创新风险控制机制研究》,《科技进步与对策》2009 年第 10 期。

一、区域创新平台的内涵及运行机理

(一)区域创新平台理论发展

平台起初是作为一个工程概念,最早可追溯到 20 世纪初的汽车大批量、流水线作业。20 世纪 30 年代,航空工业开发的过程运用了平台方法。接着,平台方法在工程实践中的成功运用,受到了管理学界的广泛关注,美国西北大学的 Meyer 教授先后提出了产品平台(Product Platform)和技术平台(Technology Platform)概念[①]。产品平台是由一系列核心子系统及各种相关接口组成的一个公共构架,它能不断地派生产品。

1999 年,美国竞争力委员会在题为《走向全球:美国创新新形势》的研究报告中,提出了创新平台(Platform for Innovation)的概念。该报告认为,创新平台是最有价值但未被充分认识的国家资产。创新平台主要是指创新的基础设施以及创新过程中不可或缺的要素;人才和前沿研究成果的可获得性;促进理念向创造财富的产品和服务转化的法规、政策和资本条件;确保创新者利益的市场准入和知识产权保护[②]。随着技术创新对于经济发展的重要性日益增加,技术创新平台的概念逐渐产生,技术创新平台将技术创新与产品平台结合起来,通过政府与企业协会相关企业的联合,引导企业管理者提高创新意识和能力,提升区域整体创新能力和竞争优势。因此,技术创新平台可以定义为某一区域中一系列共享要素的集合,包括知识、信息、技术、人才、政策及其相互联系。它包括物质性的公共设施和公共组织,以形成一个有利于原创性理念的提出,研究开发的运行,科技成果的转化,创新信息的生产、交流与扩散的共享平台[③]。由此,根据区域创新活动的需要,面向区域产业创新、提升区域创新能力及竞争优势的区域创新平台(Platform for Regional Innovation)概念逐渐进入区域创新和区域竞争优势因素研究的视野[④]。

---

① M. H. Meyer, J. M. Utterback. The Product Family and the Dynamics of Core Capability. *Sloan Management Review*, 1993, 34(3):29-47.

② ACC. Going Global: The New Shape of American Innovation. http://www.compete.org/publication/competitiveness-reports.asp, p. 15.

③ 吴国林:《广东专业镇:中小企业集群的技术创新与生态化》,人民出版社 2006 年版。

④ 陆立军、郑小碧:《区域创新平台的企业参与机制研究》,《科研管理》2008 年第 2 期。

(二)区域创新平台的内涵与外延

区域创新平台是区域创新体系的重要组成部分,是区域创新体系中集聚创新资源、激活创新要素、提供创新服务、促进知识流动和技术扩散以及促进科技成果转化的区域创新网络结点①。创新平台有效地整合区域创新网络中各个结点的功能,所以,创新平台在被理解为科技资源"配置器"和"转化器"的同时,也可以被视为区域创新网络中联结各个创新结点创新功能和创新服务的聚合体。同时,又因为创新平台本身处于创新网络中,也是利于创新的要素,所以创新平台也是创新网络中重要的结点。

以上是对区域创新平台内涵的简要论述。要确定什么是区域创新平台,还需要从以下三个不可或缺的方面来进一步考察区域创新平台的外延。

1. 要素

首先,是面向创新需求的需求要素。区域创新平台要适应创新需求,那些不是由创新需求驱动的科技研发不可能真正地实现创新,它们所支撑的创新平台缺乏生命力。例如,课程设置不符合经济社会需求的大学、科技成果脱离经济发展需要的科研院所不是真正意义上的创新平台。其次,是包括创新性人才在内的创新性资源要素,尤其是具有创新思维的科学家和培养科学家的教育家等核心要素。科技人员缺乏、以行政管理人员为主的所谓创新平台是徒有虚名的,充其量只能算是科技类事业单位;另外,创新行为主体之间的交互强度也在很大程度上决定了区域创新平台的边界②。

2. 功能

区域创新平台是区域创新体系中的区域创新网络结点,并联结了其他各结点,所以要以能够或有助于发挥集聚创新要素、激活创新资源、促进知识流动与技术扩散以及科技成果转化等创新功能为其之所以成为创新平台的必要条件。任何不具备或无助于科技创新的实体,即使它已具备相关要素,也不可能成为创新平台。因此,那些单纯依照行政需要而设立、不能有效

---

① 这里的区域创新平台特指以区域特色产业集群为对象产业和对象区域而建立的公共技术支撑平台,但是如果扩展到更大范围和更高层次上,由各种创新载体及创新环境等联结、耦合而成的大区域技术支撑条件也可以称为一种抽象空间意义上的区域创新平台。例如,浙江省区域创新平台就可以划分为以地级区域为基本单元并扩展至省级水平方向的一级区域创新平台和面向区域块状特色经济的二级区域创新平台,前者如浙江省大型科学仪器设备协作共用平台,后者如基于永康五金产业群的浙江省五金科技创新服务平台。

② 陆立军、陆舞鹄:《区域创新体系的交互强度及其边界》,《管理学报》2009 年第 11 期。

地发挥创新平台应有功能的经济科技实体,并不是严格意义上的创新平台。

3. 网络半径

区域创新平台在参与区域创新活动、促进区域创新的过程中,它的功能服务对象是整个区域创新体系中创新网络的各类结点,尤其是公共类的创新平台,它的服务和辐射范围是呈"网络化"特征的区域创新系统;行业性的创新平台也以向所在行业提供网络化的服务和辐射为主要功能。因此,那些内部封闭的创新平台的功能应力所能及地向平台外空间拓展,从而不断丰富和发展创新平台应有的功能。

(三)区域创新平台的内在机理与传导机制

1. 区域创新平台的运行机理

区域创新体系是由一定区域内与创新相关的主体构成的关系网络,是一个动态、开放的系统,它由区域创新网络和区域创新环境两部分组成,而创新网络又由区域内不断交互作用的结点联结而成。这种交互作用有助于实现和维护区域创新体系的平衡和发展。

区域创新平台是区域创新网络中各个结点创新功能和创新服务的聚合体,它有效地联结创新网络中的其他行为主体,整合创新体系内各种创新资源,实现创新体系内部各个行为主体之间的交互作用、协同创新,从而使各行为主体在创新中不确定的潜在收益向确定的现实收益转化。在此过程中,正如生物群落内种群之间以及各个群落的种群之间通过生物群落而实现协同进化,进而有效维护了生态系统的动态平衡和发展一样,区域创新平台也通过发挥协同创新体系内部行为主体的创新性而有效地维护区域创新系统的动态平衡和创新功能的持续增强,进而提高区域创新能力。例如,区域创新体系内部的大学所产生的技术成果,如果能够通过技术市场、技术转移中心实现转化,那么技术转移中心联结着大学与其他行为主体而进行的技术合作、协同创新才能使区域创新网络更加紧密地联结在一起,增强区域创新功能,并加速区域创新体系内部的知识生产、技术扩散,从而真正提高区域创新能力。又如,在区域创新体系内部,作为技术创新主体的企业,也可以通过联结着科研院所、大学等其他行为主体的科技资源的重点实验室(创新平台)而充分利用创新体系内部的各种创新资源,促进企业技术的研究、开发,提高企业的创新能力。因此,我们可以发现,区域创新平台在区域创新体系中既是区域创新网络中的创新结点,又是联结着其他各类创新结点创新功能的功能联结体,整合创新资源,协同各类结点创新,进而实现和维护区域创新体系的稳定和自我完善①。

2. 区域创新平台的协同创新功能传导机制

区域创新体系是在特定的经济区域和社会文化背景下,各种与创新相关的主体(企业、大学、政府、科研机构、中介机构和金融机构等)在制度和政策框架下构成的网络关系,以实现区域创新资源更为有效的配置。区域创新体系是区域创新网络和区域创新环境有效叠加而成的系统,区域创新网络是指在一定的地域范围内,各个行为主体(企业、大学、研究机构、地方政府等组织及其中的个人)在交互作用与协同创新过程中,所建立的彼此之间各种相对稳定的、能够促进创新的正式或非正式的关系总和。由此可见,创新网络中各个结点通过关系链条协同创新是区域创新网络充分发挥作用的重要形式和途径,因此,用于联结创新网络中各个结点的关系链条是实现区域创新的重要因子。而在此过程中,区域创新平台则是在创新过程中集聚创新要素、激活创新资源和转化创新成果的结点,更重要的是,它在有效联结区域创新网络各个结点并进行协同创新方面发挥着不可替代的作用,并最终促进区域创新能力的提高,其功能机制链条如图 2-15 所示。

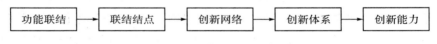

图 2-15　区域创新平台的功能传导链

图 2-15 表明,创新平台在提高区域创新能力方面具有源头性的作用,这主要体现在以下四个方面:(1)创新平台集聚并整合知识、人才等创新资源,为区域创新主体提供创新服务,从而实现知识等创新资源的流动和扩散,促进各个主体相互学习和协同创新;(2)创新平台是各行为主体间进行长期合作的有效载体,可以逐渐加深行为主体之间的信任程度,有利于降低各行为主体的交易成本,提高区域创新的成功率;(3)创新平台是有关创新信息集聚、扩散的结点,可以有效解决创新网络中各个结点之间的信息不对称问题,提高创新效率;(4)创新平台整合、联结创新网络中各个结点开展合作和协同创新,不断丰富和发展着区域创新网络,进而推进区域创新体系逐步走向完善,不断提高区域的创新能力。

---

① 盖文启、王缉慈:《论区域创新网络对我国高新技术中小企业发展的作用》,《中国软科学》1999年第 9 期。

通过以上四个方面作用的发挥,区域创新平台就在形成和增强区域创新体系创新功能的功能传导链条上处于链条的"始端"(如图 2-15 所示),发挥着增强区域创新功能的源头性作用。在区域创新体系内部,区域创新平台通过整合体系内部各类创新资源,协同各个创新结点,将各个创新结点的创新功能联结起来。一旦创新功能得以联结,就可以使各个结点实现实质性的联结,由此,便可以形成更为紧密的区域创新网络。紧密型的创新网络将使区域创新体系更为稳定和完善,创新功能不断增强,最终提高区域创新能力。

二、区域创新平台的架构及实施模式

区域创新平台的构建是一项复杂的社会系统工程,也是一项社会创新。它的建设和有效运行需要调动全社会各方面力量共同完成,既要充分发挥政府"有形之手"的调控和推动作用,又要发挥市场"无形之手"的作用,整合各种创新机构和资源,完善区域创新平台的投入体系和技术支撑体系,不断推进体制和机制创新,实现一、二级区域创新平台互动建设[①],最终使区域创新平台成为一个形态各异、企业化运作、功能多样、开放性的国际化区域创新平台品牌。

(一)区域创新平台的架构

在产业集群转型升级的背景下,建设区域创新平台,就需要紧密结合区域块状特色经济的实际需要,立足各个区域块状特色经济,科学布局,合理安排,做好区域创新平台规划编制工作,并通过一、二级区域创新平台互动、平台投入体系以及技术支撑体系三个层面的建设和相互作用,构建面向各块状经济的区域创新平台,并最终将其建设成为国际化区域创新平台品牌,使产业集群向创新集群转型升级,如图 2-16 所示。

1. 一、二级区域创新平台互动建设

如图 2-16 所示,区域创新平台的建设并不是孤立、封闭进行的,而是十分注重与一级区域创新平台等区内外创新资源的互动和合作建设。由于块

[①] 区域创新平台可以分为两个层级。在构建特定产业集群的区域创新平台时,我们没有将其孤立起来,而是将它放在与一级区域创新平台进行互动的框架下研究其架构与模式。这样做有利于从一个更为立体的区域创新系统角度研究区域创新平台,从而确保区域创新平台本身是一个开放的复杂系统。这里,区域创新平台特指面向不同产业集群所建设的二级平台。

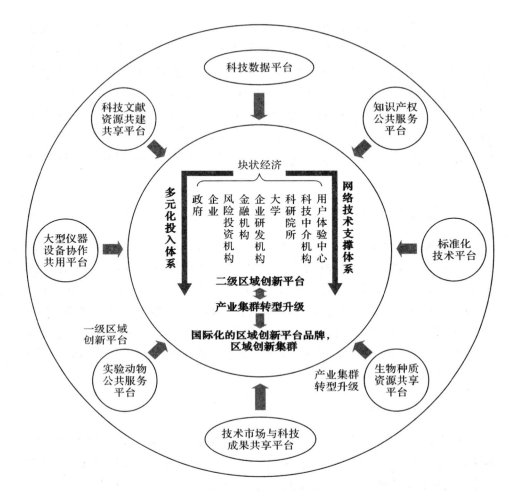

图 2-16 产业集群转型升级视阈下的区域创新平台架构

状经济所在区域创新资源的相对有限性,大学、科研机构等创新机构相对缺乏,因此,区域创新平台的建设要充分利用区外诸如一级区域创新平台的技术服务、技术成果、科技人才等各种创新资源,以此推进自身建设和运行。例如,区域创新平台可以利用省级或地级公共科技基础条件平台中的大型科学仪器设备、生物种质资源等试验条件的子平台资源,或者利用省级行业创新平台资源支持与其有产业关联性的块状经济创新平台的建设和运行。与此同时,区域创新平台也可以为一级区域创新平台提供优质创新成果,实现创新成果的区外转化、创新成果在更大范围的溢出。比如浙江湖州生物制药区域创新平台的建设就可以充分利用省级新药创制平台中的相关创新资源,来支持湖州生物制药区域创新平台建设;同时,湖州生物制药区域创新平台的创新成果经过一定的程序也可以进入省级新药创制平台，成为全省共享性的创新资源，从而提高创新资源的利用效率。

2. 多元化的投入体系

区域创新平台的投入体系主要由政府、相关企业、风险投资机构以及金融实体等行为主体构成，是一种多元化、市场化和企业化运作的投入体系。政府是区域创新平台建设的主导力量，因此，政府财政性科技经费应是平台建设经费的主要来源。创新政策应鼓励中小企业投资区域创新平台建设，增强它们参与创新平台建设的积极性，同时应当引导风险投资进入创新平台建设领域，用风险投资引导更多的企业参与平台建设。区域创新平台的日常运行经费可以通过开展各类创新服务和承担企业、政府委托的科技项目，以及当地政府支持和企业资助等途径获得。所有这些平台建设经费以及运行经费，都应以市场化以及企业化方式运作，提高经费使用效率。但是按照创新平台的发展规律，当区域创新平台发展到能够成熟运行阶段时，政府可以适时退出，企业也可以依据现实需要和条件选择退出平台。

3. 网络化的技术支撑体系

技术支撑是区域创新平台的关键要素，技术支撑体系是区域创新平台建设和运行的核心优势。区域创新平台技术支撑体系一般由区内外产学研合作研发和服务体系构成，它们既包括技术研发机构及其平台和知识生产单位，如大学、科研机构、区内技术研发机构，以此形成区域创新平台建设和运行的技术研发体系，也包括为技术创新、技术转移和产业化提供服务的技术服务体系，如技术市场、区域创新服务中心和科技中介机构，以此形成区域创新平台建设和运行的网络化技术服务体系，从而实现技术创新平台的技术供给与需求的有效对接，提高区域创新平台技术创新成果的转化速率和平台运行效果，区域创新平台建设的正反馈效应。需要说明的是，在技术支撑体系中，产业集群内中小企业通过技术市场等服务体系参与区域创新平台建设以及龙头企业的研发机构对于构建区域创新平台技术支撑体系都具有不可替代的重要作用，两者协同推进产业集群转型升级。

（二）区域创新平台建设的实施模式

实施模式是区域创新平台建设和有效运行的动力性因素，本研究认为，区域创新平台建设的实施模式或过程包括平台建设和运行的动力源、网络、机制以及核心平台四个相互依赖和作用的部分。

图 2-17 区域创新平台实施模式

如图 2-17 所示,区域创新平台建设和运行的实施模式包括建立动力源、机制、建立核心平台以及构建平台网络四个部分。第一,应从政府和市场两个角度建立区域创新平台动力源。浙江省各级政府,尤其是块状经济同级政府在充分调研的基础上,有重点地选择区域创新平台的对象区域和产业,通过制定相应的平台建设政策和管理办法及编制平台建设规划,为区域创新平台建设提供制度动力源;与此同时,在平台建设和运行的过程中引入市场机制,以市场为导向,推进企业等产学研合作主体参与区域创新平台建设,形成平台建设和运行的市场利益动力源。第二,探索区域创新平台的建设和运行机制,主要包括企业参与建设创新平台的动力激励机制、产学研合作机制、平台资源共享机制以及创新成果有效转化机制。第三,构建核心平台。核心平台可以是实体型的机构,比如技术创新中心;也可以是虚拟的网络型实体。第四,建设区域创新平台社会化的科技服务网络,与区内外的各种创新行为主体或其他区域的创新平台进行网络联系,整合平台资源,提高创新效率。以上四个过程在区域创新平台及建设和运行过程中是相互依赖、彼此融合的,它们的协同实施是区域创新平台建设和有效运行的重要前提。

三、小结

中小企业在数量上占优势这一产业组织特征,决定了产业集群隐藏着巨大的技术创新风险,因而会在很大程度上制约产业集群转型升级。本研究的理论和案例分析都表明,区域创新平台是控制和规避集群技术创新风险,进而推动产业集群转型升级的有效组织载体。因此,针对不同类型的产业集群,要有区别地设计区域创新平台的架构及实施模式,并不断完善契约、制度、程序和规则,重点探索和实践创新平台联结形成的网络化集群控制机制,从而有效规避产业集群创新风险,提升产业集群协作创新优势,推动产业集群转型升级。为此,在进一步推动区域创新平台建设的过程中,尤其要注意以下几点:

第一,充分发挥龙头企业研发平台作用,建立"扶一家,带一片"的创新模式。龙头企业构建自己的技术创新中心和研发机构,不但可以提高自身的技术创新能力,而且有利于引领中小企业技术需求的形成和创新,通过技术示范和溢出,推进产业技术知识的流动和扩散,推动产业集群技术升级,从而实现"扶一家,带一片"的技术创新模式,推动产业集群转型升级。

第二,创新合作模式,实现"政(政府)、产(产业)、学(大学)、研(科研机构)、金(金融机构)、介(中介机构)、用(企业等市场用户)"有机结合。区域创新平台的建设和运行,离不开区内外的各种创新行为主体和服务主体的合作,更需要各个主体之间实现有机互动,以整合区内外科技资源。例如,政府管理部门可以充分发挥信息优势和提供政策支持,协调、鼓励和组织企业、高校以及科研院所、金融机构、科技中介等参与区域创新平台建设,实现"政府主导、企业主体、市场运作"的特色产业集群技术创新综合性平台建设。

第三,协同构建技术创新成果供需平台。区域创新平台如果没有技术成果转化平台,那将是不可持续的。只有综合性平台内的创新成果顺利地被市场所转化,才能真正实现创新平台的市场价值,也才能真正提高企业参与公共技术创新平台建设的积极性和意愿,从而不断地吸引更多的区内主体参与区域创新平台建设,为技术创新平台建设和持久运行提供强大动力和主体支撑。

第四节　基于参与者智力决策的产业关键共性技术创新

国外将"共性技术"(Generic Technology)定义为"一种有可能应用到大范围的产品或工艺中的概念、部件、工艺或科学现象的深入调查"(美国先进技术计划 ATP,1988),而国内则普遍认为,(产业)共性技术是指在很多领域内已经或未来可能被普遍应用,其研发成果可共享并对某一或多个产业及其企业产生深度影响的一类技术[①],如真空管、半导体、模拟信号、数字技术等。随着技术同质化、交融性、创新互补性及科技与经济结合度的增强,共性技术在促进技术创新中的地位日趋重要。优先组织与实施战略性共性技术研发,已成为美、日、欧等发达经济体支撑重大产业技术突破、提升自主创新能力及核心竞争力的重要技术经济政策。总的来看,国内外学术界对(产业)共性技术进行了较为广泛而深入的研究[②],但对于产业关键共性技术创新及其有效供给研究(在实践中,"关键共性技术"往往与"关键、共性技术"混用),却尚待进一步深化。马名杰依据重要性,将产业共性技术分为关键共性技术、基础性共性技术和一般共性技术,并认为"关键共性技术对整个国民经济有重大影响,其影响面最广、经济社会效益最明显"[③]。产业关键共性技术也是支撑重大产业技术突破、提升自主创新能力及培育战略性新兴产业的核心基础。在《国家中长期科学和技术发展规划纲要(2006—2020年)》、《"十一五"重大技术装备研制和重大产业技术开发专项规划》中,都突出强调要组织实施重大产业技术开发专项,突破重大关键、共性技术瓶颈,提高产业核心竞争力和持续发展能力;"十二五"规划纲要也明确提出"要以重大技术突破和重大发展需求为基础,大力培育发展高端装备制造、节能环保、新能源、新一代信息技术等战略性新兴产业"。鉴于此,本研究界定了产业关键共性技术创新的内涵,以企业这一最重要的创新主体是否参与开展产业关键共性技术创新的行为决策为切入点,引入 Elinor Ostrom 的制度分析与发展框架(Institutional Analysis and Development Framework,简称 IAD)延伸模型——参与者智力决策模型[④],对影响企业开展产业关键共性技术创新的因素进行了理论与实证分析,以期为加强技术经济管理、促进企业及产业技术创新提供有益支持与启示。

① 李纪珍:《产业共性技术供给体系》,中国金融出版社 2004 年版。

② G. Tassey. The Functions of Technology Infrastructure in a Competitive Economy. *Research Policy*, 1991(20):345-361. Kaounides. Science-based Generic Technologies and the Formation of Strategic Alliances in Pharmaceuticals and Biotechnology. Paper presented at the British Academy of Management Annual Conference. London Business School. 1997. 项浙学、陈玉瑞:《论共性技术》,《浙江工业大学学报》2003 年第 6 期。吴贵生、李纪珍:《产业共性技术供给体系研究》,《科学技术与工程》2003 年第 4 期。虞锡君:《产业集群内关键共性技术的选择》,《科研管理》2006 年第 1 期。

③ 马名杰:《政府支持共性技术研究的一般规律与组织》,《中国制造业信息化》2005 年第 7 期。

④ E. Ostrom. *Understanding Institutioral Diversity*. New Jersey:Princeton University Press,2005.

一、理论分析与研究假设

(一)产业关键共性技术创新的内涵

产业关键共性技术是指产业关联度高、科技带动能力强、应用前景大、具有普遍制约性的产业共性技术,可视其为一类关键性的"平台"技术。例如,先进控制系统成套集成及优化、现代制造模式、数字化设计与制造、系统安全与可靠性评价、多学科综合设计优化、现代集成制造系统(Contemporary Integrated Manufacturing Systems)等。这类技术不仅具有基础性、风险性、开放性、外部性、关联性等特征,还具有先导性、前瞻性、缄默性及广泛的应用领域,实现其创新突破与应用扩散,能更加有力地带动相关产业、企业专有技术的根本性的大幅度创新,更容易"催生"核心技术、前沿技术乃至新产品、新产业。产业关键共性技术创新,是指企业(多为行业龙头、骨干企业)、高校及科研院所、政府科技部门等创新行为与支撑主体,通过单独或联合对产业内企业所共同面临的关键共性技术进行甄别、研发与攻关,解决制约产业、产品技术升级的共同性技术难题,突破相关技术瓶颈,进而为企业开展专有技术创新提供技术基础与平台的系统性活动。产业关键共性技术创新往往以相关基础知识、通用技术及基础性共性技术为基础,横跨基础研究和应用研究两大领域,通过吸纳、整合产业内外的知识(包括隐性、显性知识)、技术要素及创新资源,为企业专有技术创新提供公共技术服务平台和重要技术支撑。

(二)参与者智力决策模型及研究假设的提出

参与者智力决策模型是制度分析与发展框架(IAD)延伸模型的核心[1],其中心思想是:除外部环境及文化(广义)影响外,参与者的决策(意愿)既受到参与者状况、外部行动状况、条件控制、净收益及参与者对这些状况的感知程度等信息的影响,又受到参与者在行动前对最终实际结果信息的了解程度的影响(见图 2-18)[2]。从资源属性上看,产业关键共性技术是一种供众多企业共同使用整个资源系统并分别享用一定资源收益,且具有非排他

---

① ［美］埃莉诺·奥斯特罗姆等:《规则、博弈与公共池塘资源》,王巧玲等译,陕西人民出版社 2011 年版。

② 刘珉:《集体林权制度改革:农户种植意愿研究——基于 Elinor Ostrom 的 IAD 延伸模型》,《管理世界》2011 年第 5 期。

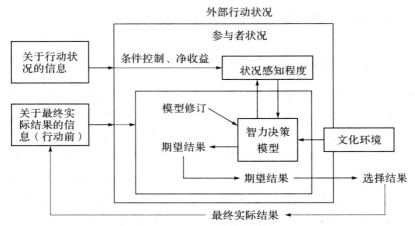

图 2-18　参与者治理决策模型

性和竞争性特征的"公共池塘资源"（Common-pool Resources，简称CPRs）。在由产业关键共性技术构成的资源系统内，任何主体的技术创新行为都会对整个"技术池"产生不同程度的"溢出效应"及"倍增效应"。作为产业关键共性技术的需求主体、受益主体及创新应用主体，企业是最重要的"参与者"。企业内在的技术需求、政府（尤其是地方政府）的政策激励、产学研互动产生的"推拉双动"作用，这三者的耦合共同构成了产业关键共性技术创新的动力机制。在参与开展产业关键共性技术创新前，企业审视自身状况及外部行动状况，感知、整合行动信息及"创新结果"信息。在内外部因素影响下，企业试图在"有限理性"及与其他创新行为主体、支撑主体的交互作用下，做出"是否以及采取何种方式开展、介入产业关键共性技术创新"的决策，并根据感知变化进行循环反馈、动态修正，以便获得"期望结果"并进行结果选择。因此，引入参与者智力决策模型分析企业开展产业关键共性技术创新的影响因素，具有较好的适宜性和科学性。

（1）企业状况及其感知与产业关键共性技术创新决策。产业关键共性技术研发投入多、周期长、不确定性较大。相较于中小企业而言，行业龙头、骨干企业开展产业关键共性技术创新的意愿更高、能力更强，动力及贡献也更大。行业龙头、骨干企业加强产业关键共性技术创新，不但可以提高自身技术能力，也能引起技术示范和知识溢出，促进产业技术的应用、扩散与进步。可见，企业规模、行业地位及其研发机构等状况，是影响企业参与产业关键共性技术创新意愿、能力的重要影响因素。随着竞争的加剧，企业间的竞争逐步走向"竞争前"技术的角逐，共性技术通过内部支撑效应、外溢扩散效应和网络互补效应,促进企业专有技术创新。因此,企业亟需突破技术瓶颈,提高对自主知识产权的感知程度,以及加强对开展产业关键共性技术创新的关注。鉴于此,提出如下研究假设:

假设1a:企业状况与其参与开展产业关键共性技术创新的意愿正相关。

假设1b:企业对自身技术状况的感知程度,对其参与开展产业关键共性技术创新的意愿与决策具有显著影响。

(2)外部行动状况与产业关键共性技术创新决策。由于具有外部性及扩散效应,较共性技术而言,产业关键共性技术更容易在研发、供给上出现市场与组织的"双重失灵"。因此,实现产业关键共性技术创新往往需要"产学研"密切协作。政府科技部门、高校及科研院所、行业协会等其他主体的状况,以及企业与它们之间的互动博弈状况,都是影响企业参与开展产业关键共性技术创新意愿的重要因素。这里不难判断,当企业感知外部(其他参与者)的状况对自身行动越有利,则企业参与开展产业关键共性技术创新的意愿也越强。当然,企业也可能通过"搜寻",以最低成本参与开展创新,抑或可能出现"坐享"产业关键共性技术创新成果的"机会主义"行为。鉴于此,我们假设:

假设2:其他参与者行动状况对企业开展产业关键共性技术创新的决策与意愿具有显著影响。

(3)企业在行动前对"最终实际结果"信息的了解程度与产业关键共性技术创新决策。共性技术的突破、应用与扩散,促进技术的属性由"竞争前技术"向"竞争性技术",以及技术的形态由"通用技术"向"差别化技术"转变[①]。企业开展产业关键共性技术创新,其"期望结果"是更快获取新工艺、新技术及新产品,掌握前沿、核心技术,进而提升自身的创新能力和竞争优势。然而,产业关键共性技术创新促进企业技术创新的价值通过专有技术产业化成果来体现,其收益往往分散在其使用者的效益上;过度的外溢扩散,会致使产业关键共性技术快速演变为行业"共同技术",反而会影响企业的创新积极性。这也使得企业开展产业关键共性技术创新的"期望结果"与"最终实际结果"出现差异。鉴于此,在开展产业关键共性技术创新的行动前,企业对创新组织模式、利益分配机制、关键技术获取等方面信息掌握的充分程度,也是影响其参与决策的重要因素。鉴于此,提出假设:

---

① 陆立军、赵永刚:《基于产业共性技术的企业技术创新机理与实证研究》,《经济问题探索》2010年第11期。

假设 3:企业在行动前对"最终实际结果"信息的了解程度,对其开展产业关键共性技术创新的意愿与决策具有显著影响。

二、研究设计与实证分析

(一)数据来源

装备制造业是一个国家或地区的战略性、基础性产业,也是涉及技术最复杂、应用先进技术最广泛的产业之一。浙江装备制造企业的技术创新,往往受制于制约行业发展与技术升级的关键共性技术瓶颈[①]。因此,选取浙江装备制造企业作为样本,具有较好的代表性和可行性。本调查依托浙江省科技计划项目课题,于 2009 年 8 月至 9 月,从全省装备制造企业资产规模(2008 年)前 500 强企业目录中,分别按照其产品所属行业及其在行业中的地位筛选出 300 家装备制造企业作为调查对象,回收有效问卷 273 份(实际发放问卷大于 300 份)。其中,涉的装备产品主要包括重大关键及成套设备、大型环保设备、节能新能源关键设备、纺织机械、高性能轻工机械、大型精密数控机床、汽车制造及关键零部件、船舶修造关键设备等。在样本企业中,民营企业占 78.75%,外资企业(包括港澳台资)占 14.30%,国有企业占 6.95%;生产成套设备的企业占 44.07%,单机(整机)制造企业占 27.78%,生产配套零部件(包括辅机)的企业占 28.15%。

(二)计量模型设定与变量选取

由于因变量 Y(企业是否开展产业关键共性技术创新)为二分类变量,即令 $Y = 1$ 为"企业开展产业关键共性技术创新",$Y = 0$ 为"企业没有开展产业关键共性技术创新",故选取二元 Logistic 回归模型来进行实证分析。设 $P \in [0,1]$ 为企业开展产业关键共性技术创新的概率,m 个因素与 Y 有关,记 $X = (x_1, x_2, \cdots, x_m)$,则在 $x_i(i = 1, 2, \cdots, m)$ 的影响下,企业开展产业关键共性技术创新的概率为:

$$P = \{Y = 1 \mid X\} = \frac{e^z}{1 + e^z}$$

其中,$z = \beta_0 + \beta_1 x_1 + \beta_2 x_2 + \cdots + \beta_m x_m$,$\beta_0$ 为常数项,β_i 为回归系数,$LogitP$

---

① 陆立军、赵永刚:《关键共性技术研发:重大技术装备制造行业转型升级的突破口——以浙江为例的实证研究》,《科技进步与对策》2010 年第 21 期。

$$= \ln(P/1-P) \in (-\infty, +\infty)。$$

基于前面的理论分析与研究假设,我们选取资产规模、行业地位、副高职称以上人才占研发人数的比重、是否拥有企业技术中心(市级以上)、是否建立技术创新管理制度及企业运行状况,作为代表企业状况的指标变量($X_1 \sim X_6$);选取"产学研"创新模式运行效果、行业协会推动作用,作为衡量外部行动状况的变量($X_7 \sim X_8$);选取主要产品技术水平、制约企业发展的主要因素、产业关键共性技术创新关注度及主导产品知识产权状况,作为企业对自身技术状况感知程度的指标变量($X_9 \sim X_{12}$);选取企业对开展产业关键共性技术创新的最佳组织模式认知、牵头主体选择,以及突破、保护关键技术主要方式的信息,来衡量企业在行动前对"最终实际结果"信息的了解程度($X_{13} \sim X_{16}$)。各个自变量的取值说明、与因变量的预期方向等见表 2-2。

表 2-2　自变量选取与定义

影响因素	自变量名称	符号	取值说明	与因变量预期方向
企业状况	资产规模	X_1	1＝500 万以下;2＝500 万～5000 万;3＝5000 万～3 亿;4＝3 亿以上	＋
	行业地位	X_2	1＝小型企业;2＝中型企业;3＝骨干企业;4＝行业龙头	＋
	高级人才(副高职称以上)所占比重(％)	X_3	数值型变量	＋
	技术创新管理制度	X_4	1＝没有;2＝有但尚不健全;3＝有且很完善	＋
	企业技术中心	X_5	0＝没有;1＝有	＋
	企业目前的运行状况	X_6	1＝存在困难;2＝一般;3＝良好	＋
外部行动状况	"产学研"模式运行效果	X_7	1＝效果不显著;2＝效果一般;3＝效果很好	＋/－
	行业协会推动技术创新的作用	X_8	1＝不大;2＝待发掘;3＝比较大	＋/－
技术状况感知	主要产品技术水平感知	X_9	1＝较落后;2＝行业平均;3＝国内领先;4＝国际领先	＋/－
	制约企业发展的主要因素感知	X_{10}	1＝其他;2＝市场;3＝资金;4＝人力资源;5＝技术瓶颈	＋/－
	产业关键共性技术创新关注度感知	X_{11}	1＝不关注;2＝较关注;3＝很关注	＋
	主导产品自主知识产权状况感知	X_{12}	1＝没有;2＝部分拥有;3＝完全拥有	＋/－

续　表

影响因素	自变量名称	符号	取值说明	与因变量预期方向
最终结果信息了解程度	最佳创新组织模式认知	X_{13}	1＝政府主导研发；2＝高校科研院所主导研发；3＝产学研联合；4＝企业技术联盟	＋/－
	牵头研发主体选择	X_{14}	1＝政府科技部门；2＝高校科研院所；3＝行业协会；4＝企业技术联盟；5＝龙头骨干企业	＋/－
	关于突破关键技术主要方式的信息	X_{15}	1＝引进购买；2＝与高校科研院所合作；3＝与其他企业合作；4＝自主研发	＋/－
	关于保护关键技术主要方式的信息	X_{16}	1＝完全公开；2＝有偿许可转让；3＝申请专利保护；4＝完全不公开	＋/－

(三)模型检验与结果分析

运用 SPSS17.0 统计软件对上述变量进行二元 Logistic 回归分析,相关回归及检验结果见表 2-3。对模型系数的综合检验发现,卡方检验结果为 49.501,自由度为 16,显著性概率为 0.000;从拟合优度来看,对数似然值为 126.116,Cox & Snell $R^2＝0.190$,Nagelkerke $R^2＝0.361$,可知回归模型的总体拟合优度较好。

表 2-3　模型总体回归结果

	B	S.E	Wals	Exp(B)
X_1	0.215	0.323	0.444	1.240
X_2	0.120	0.357	0.113	1.128
X_3	－0.033**	0.018	3.197	0.967
X_4	0.959**	0.522	3.376	2.609
X_5	0.944**	0.630	2.247	2.571
X_6	0.437**	0.416	1.105	1.548
X_7	0.314	0.386	0.663	1.369
X_8	－0.358	0.345	1.076	0.699
X_9	0.278	0.525	0.279	1.320
X_{10}	0.418*	0.195	4.610	1.519

续　表

	B	S. E	Wals	Exp(B)
X_{11}	1.496*	0.670	4.981	4.462
X_{12}	−0.538**	0.464	1.346	0.584
X_{13}	0.579**	0.345	2.824	1.785
X_{14}	−0.370**	0.225	2.718	0.691
X_{15}	0.083	0.215	0.149	1.087
X_{16}	0.321	0.405	0.630	1.379
常量(β_0)	−8.826	2.420	13.303	0.000

注：* 表示在 5% 水平上显著，** 表示在 10% 水平上显著。

（1）企业的"技术创新管理制度越完善"、"资产规模"越大、"行业地位"越高、"运行状况"越好，则企业开展产业关键共性技术创新的概率越大。尤其是"拥有市级以上企业技术中心"的企业开展产业关键共性技术创新的概率，是没有市级以上企业技术中心企业的 2.571 倍。但是，企业拥有副高职称以上研发人才占企业技术人员的比重与企业开展产业关键共性技术创新的意愿强度（概率）呈负相关（−0.033）。一种可能的解释是，企业引进、培育高级人才，更倾向于开展专有技术创新。企业利用其拥有的高级专业人才单独开展产业关键共性技术创新，会使企业蒙受"不经济"。这一分析结果也可以从其他调查结果中得到验证，本次问卷调查结果显示，56.03% 的企业认为研发人员紧缺是制约其开展关键共性技术研发的主要制约因素，53% 的企业最迫切需求的是高级研发人员。可见，企业自身状况对其开展产业关键共性技术创新的决策和意愿具有显著影响，但各因素的影响及程度差异较大（除高级人才资源状况外，假设 1a 成立）。此外，企业对产业关键共性技术创新"越关注"，则企业开展产业关键共性技术创新的概率越高（4.462 倍）；企业感知其发展面临的主要制约因素是"技术瓶颈"及主导产品缺乏自主知识产权，则其开展产业关键共性技术创新的概率也越高；企业对主要产品技术水平先进程度的感知，对其开展产业关键共性技术创新的意愿具有一定影响（但不如 X_{10}、X_{11}、X_{12} 影响因素显著）。可见，假设 1b 成立。

（2）通过"产学研"协同攻关模式的运行效果越好，则企业开展产业关键共性技术创新的意愿更强、概率越大。问卷调查结果也显示，约占 64% 的装备制造企业认为由企业、科研院所、高校等组成"产学研"联合平台，是产业关键共性技术研发的最佳组织模式,而认为由相关企业组成技术联盟进行攻关、由政府主导研发及由高校和科研院所主导研发是最佳组织模式的企业分别约占 20％、9％、7％。基于"经济人"理性考虑,行业协会在推动产业技术创新中的作用越大,企业的优势策略越倾向于"坐享其成",以更低的概率参与开展产业关键共性技术创新(0.699 倍),这表明假设 2 成立。

(3)企业在开展产业关键共性技术创新前对"最终实际结果"信息的了解程度,对其开展产业关键共性技术创新的意愿与决策具有显著影响,因而假设 4 成立。回归结果显示,当企业"认知"政府科技部门主导研发模式是开展产业关键共性技术创新的最佳组织模式时,则其参与开展产业关键共性技术创新的概率较低。反之,随着最佳创新组织模式认知向"企业主导"方向转移,企业开展产业关键共性技术创新的意愿、概率提高。同理,政府科技部门成为研发主体时,龙头骨干企业会倾向于降低"付出"的意愿与概率。此外,企业获取、保护其关键技术("最终实际结果")的方式,对其参与开展产业关键共性技术创新的概率、意愿具有一定影响。企业对于"行动"所获取关键技术的期望占有度越高(共享性越低),则其越倾向于开展产业关键共性技术创新。与通过"引进购买"获取关键技术的企业相比,通过"自主研发"突破关键技术的企业开展产业关键共性技术创新的意愿、概率更高。

三、结论与启示

产业关键共性技术创新是加速实现企业技术进步、提升产业核心竞争力的"技术源"和"助推器"。研究表明,由于产业关键共性技术具有"公共池塘资源"特性及外溢性、风险性、前瞻性等特征,其有效供给需要"产学研"协同创新。但是,在这一组织模式中,创新主体之间交互博弈、相机决策,致使产业关键共性技术的创新绩效、供给水平往往不能满足企业的迫切需求。企业作为产业关键共性技术最重要的需求主体、受益主体及创新行为主体,其开展产业关键共性技术创新,一方面,受到企业资产规模、行业地位、运行状况、研发机构级别、创新管理制度、技术状况感知,以及"产学研"协同创新绩效、行业协会作用等外部行动状况的影响;另一方面,也受到企业在"行动"前对开展产业关键共性技术创新组织模式、牵头主体的认知,以及对预期结果、最终实际结果信息的了解程度的影响。由此,可得出以下主要政策启示:(1)应充分发挥龙头、骨干企业开展产业关键共性技术创新的支撑、引领作用和示范效应。着力改善核心企业参与开展产业关键共性技术创新的能力和条件,尤其是要大力加强企业技术中心建设,重点引导核心企业健全技术创新机制、整合行业创新资源。(2)构建和完善"政府主导、市场引导、广泛合作、互利共赢"的产业关键共性技术供给体系,提升企业参与开展产业关键共性技术创新的积极性与预期收益。相较于一般专有技术创新而言,开展产业关键共性技术创新,建立健全创新激励、协同攻关、绩效考核及风险控制等机制,比简单地增加经费、人才等要素投入更重要。尤其是要注重通过成果分享机制创新、知识产权政策配套,提升企业开展产业关键共性技术创新前对创新结果信息的充分程度及"预期收益"。(3)着力加强区域共性技术创新平台建设,提升创新协作度和研发绩效。我国科研院所转制后,产业共性技术的创新主体功能受到一定程度的抑制,区域共性技术创新平台成为"产学研"协同攻关、突破产业关键共性技术的有效组织载体。政府应加大投入,通过牵线搭桥,组建"产学研"与市场需求一体化的公共技术资源共享网络,加强"面向企业、服务行业"的技术创新基地、行业技术中心及区域创新服务平台等建设,为打造产业联盟"专利池"、制订"产业技术路线图"及组织开展重大技术专项计划创新提供支撑。

第五节　科技研究与产业发展相结合的"北斗七星"模式

由浙江省人民政府和清华大学共同组建的浙江清华长三角研究院(以下简称"长三院")自 2003 年 12 月 31 日成立以来,以清华大学的技术、人才为依托,立足浙江,面向长三角地区经济社会建设主战场与市场需要,以科技研究与产业发展相结合为宗旨,坚持科技成果产业化方向,大力开展应用性科技研究,初步形成了一种具有国际视野、高校特色和地方特点的政(政府)、产(产业)、学(大学)、研(科研机构)、金(金融机构)、介(中介机构)、用(企业等市场用户)等创新要素七位一体、有效集聚的"北斗七星"(以下简称"七星")创新发展模式,从而有效支撑了科技创新、成果转化,并服务于地方经济发展。

一、长三院的成立背景与实践发展过程

自 2003 年成立以来,长三院在浙江省政府、清华大学的共同支持建设下,无论是在初创时期,还是在成长发展的重要时期,政府、大学、科研院所、产业界、金融结构、科技中介机构及市场用户之间的多向联动都对长三院的

建设与发展具有重要的作用。

(一)政府大力支持与引导,推动长三院建设发展

由于历史原因,浙江缺乏大院大所。因此,一直以来,浙江省委、省政府就致力于引进大院名校、共建创新载体的工作。为此,2003年年底,浙江省人民政府与清华大学签约共同组建了浙江清华长三角研究院,从此开启了浙江省与清华大学在省校科技研究和产业发展方面的高层次合作。从成立之日起,浙江省委、省政府及各级相关部门都高度重视长三院的建设与发展,对长三院的人才队伍建设、项目攻关、成果转化及科技创新平台建设等方面都给予了大力支持和政策引导,从而为长三院成为构建社会主义市场经济条件下新型创新载体提供了强劲的第一推动力。例如,在不同时期,浙江省科技厅在立项等方面对长三院发展进行了大力支持,嘉兴市人民政府也积极配合长三院的建设发展,在资金、人才、政策等方面给予大力支持。

(二)坚持产业化运作,加快科技成果转化

长三院虽然为正厅级事业单位,但其完全按市场化方式进行运作管理,面向企业、产业技术创新需求提供技术服务,市场需求、用户需要是长三院创新模式的根本出发点与落脚点。同时,长三角经济社会发展的巨大市场需求,又为长三院从科技研究、技术服务、人才培养到高新技术产业化的创新链、知识链、产业链相互融合提供了现实可能。因此,在建设和发展的过程中,长三院始终面向节能环保、新一代信息技术、生物、高端装备制造、新能源、新材料和新能源汽车、生态环境保护、海洋资源开发等产业发展的技术需求,始终坚持科技服务产业发展,始终坚持科技研究要向现实生产力转化。例如,围绕浙江省产业技术需求、长三角经济社会的发展需求,长三院先后设立了信息技术研究所、生物技术与生物医药研究所等一批应用技术研究机构。同时,以长三院为依托单位,联合长三角地区27家高校、科研机构和企业,成立了"长三角科学仪器产业技术创新战略联盟",从而加快了以企业为主体、产业化为导向、产学研相结合的技术创新体系的建设。

(三)依托清华大学,支撑科技研究

依托清华大学的技术、人才优势,开展应用性科技研究,是长三院形成、发展的基础性和先导性力量,而长三院则成为清华大学与浙江合作与交流的纽带。如果没有科技力量雄厚的清华大学的科技力量和成果,就难以形

成长三院的创新要素集聚优势,科技成果转化也将成为无源之水和无本之木,其他创新要素也不可能聚合在一起进行合作创新。由清华大学及其所联系的各种科研院所、大学等研究力量所推动的技术研究与变革是吸引各类创新要素集聚长三院的磁场,技术变革引发技术创新,技术创新又带动更多的创新主体协同创新。同时,长三院通过项目捆绑引入清华大学科技研发人才,不断集聚和充实人才队伍,培养不同领域的创新团队,夯实科技研究与成果转化的人才基础。截至 2011 年年底,长三院已拥有近 200 名员工,高级专业技术职务 38 人,海外回国人员 21 人,外籍专家 4 人,两院院士 4 人。

（四）发挥研究院所主体作用,开展应用性科技研究

长三院内部所设立的各类研究机构及其所联结的各类科研院所是长三院开展应用技术研究的主体性力量,它们是长三院协同创新系统的重要节点。围绕浙江省和长三角产业技术创新需求,依托清华大学,充分利用清华大学的人才、科研、成果资源优势,与清华大学各院系、浙江省内外民营企业和地方政府有关部门合作,联合创建了一批创新机构,成为长三院科技研究与产业发展的中坚性科研力量。例如,集成光学研究所、生物技术与医药研究所、测试技术及科学仪器研究中心、光谱仪器研究中心、微环境控制技术研究中心、信息技术研究所等相继成立或设立,从而初步形成了长三院开放性的科技研究创新体系。

（五）坚持科技与金融结合,助推科技创新

资本永远都是科技进步的助推器,良好的融资渠道是点燃科技创新之火的启动器。长三院的科技研究与产业发展同样离不开金融的大力支持,科技与金融的结合是长三院科技创新模式的重大创新,也极大地推动金融机构及其所联系着的丰富金融资本畅游科技创新的海洋,并不断获得增值。例如,长三院充分发挥自身的平台支撑作用,于 2010 年发起成立浙江红土创业投资有限公司,并参与管理了由省市政府引导基金和民间资本构成的浙江创新创业投资基金,由此集聚政府、金融、科技、人才、项目等多方面资源,深化科研院所改革,拓展科研院所功能,探索出了一条由科研机构发起成立投资基金的"科技与金融"结合之路,助推长三院的科技研究与成果转化。

（六）发挥中介机构的桥梁作用，加速创新要素集聚

从广义上讲，长三院本身就是一个多种创新要素融合、多个创新主体集聚的科技交流、服务与合作中介机构，有利于集聚各类创新要素和主体，并促使它们之间相互作用，整合不同优势创新资源。发挥协同创新的整体优势，一方面有利于提升长三院自身科技创新和技术服务能力，另一方面也有利于激活区域创新资源，加速区域创新能力提升。2008 年，长三院通过多种渠道积极促成了清华大学科技成果产业化项目落户嘉兴乍浦港；2009 年 6 月，长三院举办了首届高校科技成果展示与交流会，同时，积极创造条件，组织清华大学博士后多次赴浙江衢州、台州等地开展地方科技帮扶活动。

此外，随着全球科技竞争的日益加剧，长三院把握了科技资源全球化配置的大趋势，将触角伸向更高层级的国际化创新平台，充当国际化的科技中介平台，积极利用全球各类高端创新资源，有效促进了国内外科技成果、人才、资本、技术和项目之间的对接，发挥了科技的桥梁和纽带作用。例如，2010 年年初，长三院在美国设立了"硅谷创新创业基地"，并经浙江省政府研究批准为"浙江省海外创新创业合作基地"。

（七）以市场应用为导向，贯通科技研究与产业发展

科技研究成果是市场所需要的，以市场应用为导向，是长三院科技研究生命力之所在。脱离市场应用，长三院的科技研究与产业发展之间就难以真正实现有效对接，其发展也将难以维系。长三院虽然在属性上是一个科技研究机构，但其科技研究成果面向市场应用，科技项目来源于企业和其他用户的实际需要，科技成果因而最终是向市场推广。同时，长三院在光纤到户用光通信器件、光纤光栅温度监测仪、油罐群光纤综合参数监测系统、点式光纤温度传感器、激光器综合实验系统、塞曼—双折射双频激光器、高功率聚合物锂离子电池、含益生元低聚糖的食品饮料应用开发等领域科技研究与成果转化方面都取得了重要突破。

二、"七星"模式的内涵、结构与功能体系

（一）"七星"模式的内涵与特征

"北斗七星"创新模式是指在特定的开放性创新空间内，由政产学研金介用等科技创新行为主体和服务主体，在交换、传递和使用创新资源以及相

互作用、相互依存和协同创新过程中所形成的七位一体创新系统,它是由创新结点以及彼此间合作关系构成的系统化创新模式。

"七星"模式作为一种复杂创新系统,具有以下几个特点:

1. "七星"模式是一个开放性的创新空间

以长三院为核心载体的"七星"创新系统,一方面,随时从外部环境吸纳系统生存发展所需要的各种信息、人才和资金要素;另一方面,不断向外部输出创新产品和服务,改造创新环境,自身也从外部吸收更多、更有价值的创新资源[①]。因此,长三院逐步形成的"七星"模式是一个开放性的创新交易服务体系。

2. "七星"模式是一个专业化的创新平台

长三院内部设立了众多研究所或中心,不同的长三院所都以专业化技术研发和专业化市场营销为创新基础,没有专业化创新资源集聚就难以真正形成持久的创新优势。由于创新资源的非均匀分布,单个企业难以完成所有的创新活动,也难以承担具有很强专业性的各种创新活动[②],而长三院则为创新活动提供了专业化的创新平台。它通过联合不同创新主体形成创新链,使研究机构专注于创新链上某一环节并发挥自身最大的创新优势,实现各个环节上的创新集聚效应。因此,"七星"模式的专业化集聚效应,是长三院取得创新优势的重要保证。

3. "七星"模式是一个网络化的合作集合

对"七星"创新系统中的政产学研金介用而言,尽管它们各自所发挥的功能存在差异,但无论哪一个创新要素都是创新网络中的一个结点,它们相互之间的协同作用促成了合作创新网络的形成,网络化的整体协作是"七星"创新系统竞争优势的源泉。在网络化的合作集合中,不同网络位置被不同的创新主体所占据,因而包括政产学研金介用等在内的不同创新主体具有各自不同的网络地位和创新功能[③],而且在合作创新的不同时期,各创新主体的创新功能具有十分明显的阶段性特征。

　　① 叶金国、张世英:《企业技术创新过程的自组织与演化模型》,《科学学与科学技术管理》2002 年第 12 期。

　　② 魏江:《创新系统演进和集群创新系统构建》,《自然辩证法通讯》2004 年第 1 期。

　　③ 盖文启:《创新网络——经济发展新思维》,北京大学出版社 2002 年版。

（二）"七星"创新模式的结构及体系功能

借用大熊星座北斗七星形状特征,图 2-19 勾勒了"七星"创新系统所包含的不同创新要素之间的结构形态及其相互关系。

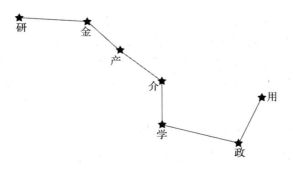

图 2-19 "北斗七星"创新模式

1."七星"创新系统的内部结构与功能

如图 2-19 所示,政产学研金介用七大主体之间的交互作用与合作关系构成了犹如北斗七星状排列的长三院创新系统,不同主体在系统中处于不同的位置,发挥各自的创新功能。

(1)政产学研金介用七个环节分别处于"北斗"系统的不同位置,功能各异,不可或缺,由此构成了以大学为智力依托,以科研院所为研发主体,以政府为引导和支持,以市场用户为根本落脚点,以产业化为运作方式,金融机构与中介机构广泛参与的七位一体的开放性创新网络。在这一协作系统中,浙江省政府与清华大学协力引导及合作,积极依托学校科技人才资源,协调相关科研院所发挥主体性研发作用,高效引入金融机构和中介服务机构,直面市场用户的技术创新需求,大力推进科技成果产业化,从而不断提高长三院科技研究与产业发展的能力,同时促进"七星"创新模式日趋成熟和完善。

(2)"学"、"政"构成了整个勺体的基础和支撑,是长三院创新系统的基石。清华大学是国际知名、国内顶尖的高等学府,科技资源极为丰富。浙江省委、省政府主要领导十分重视借重清华大学的科技、人才优势促进经济社会发展,清华大学也迫切需要促进成果转化,为地方经济社会发展服务,这是双方合作的共同基础。如果没有浙江省政府与清华大学之间的合作共建,就没有长三院,也就没有以此为平台和基础的"七星"模式。在此意义上可以说,省校合作是长三院的建院之本、立院之基,是今后该院科技研究和产业发展必须始终坚持的方向,也是有效发挥、提升"七星"创新效率的组织保障。

（3）"产"、"学"、"研"合作实现了创新系统中产业链、知识链、创新链之间的联结,是北斗勺柄的骨干力量。如果没有产学研三者之间的联合,勺柄就会因缺乏杠杆力量,导致整个勺体难以提起。可见,产学研合作在长三院的"七星"创新系统中起着骨干作用。这表明,大力开展产学研合作,是提升长三院创新能力的决定性因素。因此,未来长三院必须继续加强产学研合作,最大程度发挥三者的合作优势,促进科技成果转化不停步,推动高新技术产业发展及经济结构调整不动摇,开展应用性科技研究、促进区域技术进步并提高自主创新能力不放松。

（4）"金"和"介"是沟通政产学研用的关键性桥梁和纽带。对于"金"（金融机构）而言,资金链融合打通了产业链、知识链、创新链之间的联结通道,使产学研更为紧密地联系在一起,使"北斗"勺体的后半个勺柄获得更大的支撑力量,资本服务于产业创新的力度不断增强,从而使"七星"创新模式获得更为持久的生命力。与此同时,各种服务于创新的"介"（中介机构）通过信息链将产学研联结在一起,降低创新的交易成本和风险。同时,"介"也将勺柄的三个部分与勺身的三个部分连接在一起,这表明中介机构对于系统创新具有十分重要的沟通与纽带作用,它的服务使创新系统内部的各种要素成为一个有机整体。

（5）紧抓"七星"的两头,即勺体柄端的"研",勺身前头的"用"。离开柄端的"研",勺柄的其他三部分就难以找到有效的支点,从而勺身三个部分也就难以真正发挥应有的作用;而离开了"用",研发成果就不能发挥应有作用。因此,一方面,必须牢记长三院的中心工作,切实抓紧科技研究;另一方面,技术研发和科技创新的目光要始终盯紧市场上用户的技术需求,自觉服务于地方产业发展和转型升级的现实需要。上述眼准手到的逻辑关系,集中反映了长三院"坚持科技研究"与"坚持产业发展"两大办院方针,表明科技研究是全院工作的出发点,满足用户的市场需求是科技工作的落脚点与着力点,这样就能真正从整体上实现"七星"创新系统的市场价值,助力区域经济社会健康可持续发展。

2."七星"模式与区域、国家创新体系的联系

（1）"七星"创新模式是浙江省区域创新体系建设、发展的重要组成部分和有效载体。区域创新体系是指在特定的经济区域和社会文化背景下,各种与创新相关的主体在制度和政策框架下构成网络关系,以实现区域创新资源更为有效的配置。长三院作为立足浙江、面向长三角和全国的大型应用型科研机构及其独具特色的"七星"模式,必将而且已经开始担当重任,它的成长与发展必将首先有效地推动浙江省新型区域创新体系的建设和拓展。其一,长三院通过集聚和整合知识、人才等创新资源,为省内外创新主体提供创新服务,从而实现知识等创新资源的流动和扩散,推进不同主体协同创新。其二,长三院及"七星"创新系统是不同行为主体间进行长期合作的有效载体,它的发展壮大必将通过扩散示范效应对周边乃至更广泛地区的区域创新发挥示范、带动作用。"七星"模式所发挥的公共交流平台效应将逐渐加深行为主体之间的信任程度,降低交易成本,从而大大提高区域创新的成功率。其三,长三院及"七星"创新系统通过整合并在创新网络的各个结点开展合作、协同创新,不断丰富和发展区域创新网络的内涵与外延,推进区域创新体系逐步走向完善,不断提高区域的创新能力。其四,长三院及其"七星"创新系统的开放性与集聚、辐射能力有助于将省外各种高端创新资源引入浙江区域创新体系,通过激励机制促进区域创新资源优化配置,以提高浙江区域创新体系的国际化水平和创新能级。

(2)"七星"创新模式作为国家创新系统与浙江省区域创新体系之间,以及建设创新型国家与建设创新型省份之间的战略结点,是有效对接国家创新战略和科技强省战略的纽带。区域创新体系是国家创新体系的重要组成部分,区域层面的创新是建设创新型国家战略在区域层面的实践。面向长三角尤其是浙江省经济社会发展需求的"七星"创新模式既是国家创新体系在浙江和长三角层面的具体实践,也是浙江省区域创新体系向长三角乃至国家、国际层面延伸的重要平台。这表明,长三院及其"七星"创新系统既向上联结了国家创新要素,又立足浙江和长三角的区域创新资源和需求,因此,它是国家创新体系与浙江省区域创新体系之间的重要战略节点。建设、发展长三院及"七星"创新体系是构建国家创新体系的有效载体,也是建设创新型国家的有益探索,从而为国家创新体系与区域创新体系的有效对接提供现实样本和重要启示。

3. "七星"模式与区域经济社会系统之间的互动关系

两者之间的良性互动主要体现在:其一,"七星"创新模式与浙江产业集群之间的良性互动。一方面,长三院的科技研究成果被相关企业产业化应用,从而为传统产业集群向现代产业集群转型升级提供了技术基础;另一方面,长三院及"七星"创新模式所集聚的成果、人才与项目,催生了高科技产业集群及其他新兴产业群,从而有效地推动了长三角区域经济结构调整与转型升级。产业集群健全而稳定的生产网络以及企业之间默契的合作关系,也有助于长三院和清华大学新技术、新产品在长三角地区得到学习、扩散和应用,从而大大缩短高新技术的产业化的周期①。其二,"七星"创新模式与区域创新要素之间的良性互动。长三院通过引进海外高层次人才、技术及管理团队,为省内高层次领军人才队伍的建设提供了有益经验与有效渠道,从而逐步优化区域要素禀赋结构,为经济社会发展和实施人才强省战略提供了强力支撑。例如,2009 年,由长三院在美国设立的"硅谷创新创业基地"及其与省委组织部和省科技厅共同举办的"海外清华学子浙江行"就是对优化浙江省人才结构、壮大高层次人力资源队伍的有益探索。其三,"七星"创新模式与浙江本土科研力量之间的良性互动。清华大学是长三院及"七星"创新系统的科研依托,在清华大学的示范、带动下,长三院也加强了与其他大学、科研院所的联系,尤其是就近发展与浙江本地"研"与"学"之间的互利合作关系,从而有力地支撑了"七星"创新系统推动科技研究与产业发展相结合的过程,降低了建设成本,提高了创新效率。

三、"七星"模式的示范作用与启示意义

(一)"七星"模式对其他科研院所的示范作用与启示

(1)科研院所改革应从科研院所自身为主,转变到全面推进创新系统建设的新阶段。"七星"模式的一个本质特点就是从创新系统的角度考虑长三院推动科技研究与产业发展的全部工作,集聚创新要素,开展创新活动,实现市场价值。"七星"模式既注重长三院的软硬件建设,更重要的是将自身视为国家和区域创新体系中的一个结点,并将政产学研金介用等多种创新要素融为一体,为我所用,推进科技研究,服务于产业发展。由此,科研院所的改革与发展要放在一个更为宏观和系统的框架中,从区域和国家创新体系建设的角度考虑自身改革与发展,充分调动各方面力量,推动科技研究与产业发展协同并进。

(2)应用开发类科研院所的改革与发展要坚持政府引导、科技研究与市场化运作相结合的方向,充分发挥其在产业技术创新中的骨干作用。"七星"模式的一个本质特征在于"政"与"学"之间良性合作与互动,同时注重市

---

① 陈柳钦:《产业集群与区域创新体系互动分析》,《重庆大学学报》2005 年第 6 期。

场需求对应用性科技研究的引导作用。应用开发类科研院所的改革方向虽然是实现市场化和企业化转制，但这并不意味着可以完全排除政府的引导和支持作用。相反，大型的尤其是面向全省科技创新需要的科研院，尤其是关键共性技术研究所理应得到政府的大力支持，借助政府的强大组织优势集聚创新资源。与此同时，科研院所的绩效考核要面向市场需求，以用户是否用得上、用得起、用得好作为衡量科技成果的根本标准，实现科研院所科技研究与产业发展的良性互动。

（3）改革运行机制，增强自我发展能力，建立现代科研院所制度。"七星"模式有效发挥作用的一个重要原因，是进行绩效考核机制改革，在考核结果与投入强度之间建立科学合理的因果联系，从而有效激励科技人员，调动他们的科研工作积极性，以最大化"北斗七星"中"勺"身的"科技之水"。因此，科研院所改革的重点之一，就是针对自身实际，制定适当的创新绩效考核评价办法，尤其是改革和规范收入分配制度，加快建立符合各类科研院所特点，充满活力、运行高效的现代科研院所制度。

（4）科研院所应该而且可以发挥促进科技服务、人才流动等的桥梁中介作用。传统观点将科研院所仅仅作为科技研究的载体，这不仅不利于其建立创新系统、集聚创新资源，而且限制了自身发展的空间。"七星"模式中"介"（中介机构）具有十分重要的作用，它承担了联结"北斗"中勺柄与勺身的重任，有力地支撑了政产学研金用之间的合作，也推动了科技信息、创新人才在"七星"模式中的集聚与流动，为长三院的科技研究与产业发展贡献了重要力量。这表明，科研院所本身是一个科技交流服务的平台，其合作可以激活各类创新要素，因此，应努力向创新系统延伸，发挥中介作用，以促进自身改革与产业发展。

（二）"七星"模式对区域和国家创新系统建设的启示

（1）从产学研合作向产学研用、最终向政产学研金介用七位一体的创新模式转变。区域、国家创新体系的本质特征在于系统内部的协同关系与交互作用，系统要素之间的差异性与竞争协同是系统产生效率的基础[①]。因此，从产学研合作向产学研用联盟进而向政产学研金介用融为一体的"七星"模式转变，是建设创新系统的必然选择。这表明，构筑以大学为依托，以

---

① P. Cooke, B. H. Hans, M. Heidenreich. *Regional Innovation Systems：The Role of Governance in the Globalized World*. London：UCL Press, 1992.

科研院所为主体,以政府为引导和支撑,以市场用户为根本落脚点,以产业化为运作方式,金融机构与中介机构广泛参与的开放性创新网络,是建设区域和国家创新体系的必由之路。

(2)充分发挥政府的宏观指导作用,积极引导创新系统建设。"七星"模式的重要基础是浙江省政府与清华大学共建的长三院,浙江省及嘉兴市政府为长三院的成立与发展创造了良好的条件,因而"政"成为引导、支撑长三院科技研究与产业服务有机结合的重要力量。加之创新系统本身具有的准公共物品性质,这就决定了政府在其建设、发展中具有义不容辞的重大责任。为此,要通过制定激励创新的科技、经济、产业、财政、税收、教育、知识产权保护等方面的一系列政策和法规,规范创新主体的行为,为创新体系建设创造良好的制度环境。同时,政府还要积极联合各方力量共建创新载体,从而形成政府搭建平台、平台服务企业、企业自主创新的良好局面。

(3)积极构建产业集群与创新载体之间的良性合作关系。"用"是"七星"创新模式的根本落脚点,企业需求是应用型科技研究的最终归宿,这表明构建产业集群与创新载体之间的良好合作关系,对建设区域创新体系并以之为基础形成国家创新系统具有十分重要的意义。为此,应积极建设和发展创新创业投资企业、风险投资公司、产业集群科技研究实体、科技产业园区,也可以在科研院所内部设立有众多集群企业参与的公共创新服务中心,鼓励构建与产业集群、特色经济板块等要求相适应的创新网络和战略同盟,从而打通科研院所科技研究成果实现产业化的通道。

(4)完善中介组织体系,优化融资环境,尤其要鼓励"金"、"介"真正融入创新服务体系。没有发达的中介服务体系和金融组织体系,创新系统的效率就难以真正提高,创新系统也难以真正建成。因此,必须建设和发展各类中介服务组织,鼓励金融机构、风险投资机构参与创新体系建设。一方面,应鼓励建设和发展各类中介机构,完善科技中介服务体系的运行机制,加强其在技术创新活动中的"纽带"功能,使技术创新服务机构成为科技研究和产业发展中的经营主体和利益主体。另一方面,要积极建设各类风险投资机构,培养风险投资人才,完善风险投资机制,引导更多风险资金进入创新领域。

(5)以对内对外开放促进区域和国家创新系统的建设与发展。区域创新体系并不仅仅局限于特定区域范围之内,它是一个由区域内外各与创新相关的主体构成的网络关系,是一种开放的系统。实践表明,长三院在硅谷建立的海外创新创业基地在一定程度上成功地拓展了"七星"创新系统向国际层级的拓展与延伸,并已取得较好的预期效果。因此,建设区域创新体系应树立国际化理念与长远的眼光,充分利用国际国内两种科技资源,既要在区内相互开放,又要面向全国、全世界,以全方位开放促进区域创新体系的建设与完善。同时,要以此为基础,不断推进区域和国家层面的创新触角日益向国际延伸与拓展,聚集、吸纳更高层次的创新资源,建设面向世界的国家创新体系。

四、结论与启示

以长三院为核心的"北斗七星"创新模式是地方科研院所在服务地方经济发展过程中的重大理论和实践创新,理论分析和实践都表明,"北斗七星"创新系统既是区域创新体系的重要组成部分,也是联结国家与区域两大创新系统的重要战略结点,它的形成与发展过程为我国其他科研院所改革与发展及创新体系建设提供了重要的现实样本。本研究给我们的启示是,一方面,由地方科研院所及其所联系的一大批企业、大学、中介机构及金融机构形成了具有地方特色的创新亚系统,它们构成了区域创新体系的组织与载体,它们的合作冲动、网络关系及创新环境,是区域创新体系建设的内核;另一方面,著名高校和大型科研院所具有承担国家重大研究项目的能力,由此可以通过一定的方式将国家创新战略落实到区域层面,从而有效实现两大创新系统之间的人才、项目、科技成果交流与使用。长三院的成功实践表明,通过大学与省级政府之间共建创新载体,既是建设区域创新体系的关键举措,也是国家创新系统建设的重要组成部分。

第三章

企业资金担保与金融风险规制

第一节　企业资金担保链的联结程度与风险集聚

2008 年全球金融危机发生后,我国民营经济较为发达的浙江连续爆发了两次规模较大的企业资金担保链危机。第一次危机爆发于 2008 年,因浙江华联三鑫破产而引发了浙江绍兴地区的企业资金担保链危机。一时间,绍兴众多企业纷纷破产倒闭,使得有着庞大担保网络的绍兴顿时风声鹤唳,整个经济陷入一片恐慌之中。第二次危机爆发于 2012 年,因浙江天煜建设有限公司破产而引发了杭州地区的企业资金担保链危机,由于该危机的巨大风险传染力,杭州的家电、纺织、家具、机械制造等行业迅速陷入困境;此后,危机越过杭州向浙江其他地区如宁波、嘉兴、绍兴、湖州、台州、温州、义乌等地蔓延,给整个浙江经济带来了一场巨大的恐慌。企业资金担保链危机的危害如此巨大,时至今日,它仍使人心有余悸。因此,加强对企业资金担保链问题的探讨是我国政界、企业界与学术界当下的重要现实任务。

综观已有文献可以发现,学界对企业资金担保链的研究主要集中于三个方面:一是探讨了企业资金担保链形成的原因;二是探寻了企业资金担保链的特征;三是探讨了企业资金担保链的风险传染机制。

(1)企业资金担保链形成的原因。李晓霞认为,中国企业资金担保链之所以形成,是基于以下逻辑:[①]首先,中国民营企业有着强烈的融资需求,但其融资渠道狭窄。在内部融资方面,因企业内部积累不足,无法把内部融资

---

① 李晓霞:《我国上市公司的担保链现象分析》,《事业财会》2004 年第 4 期。

作为融资首选;在直接融资市场上,股票融资难;在间接融资方面,自从银行身份从国有银行向商业银行转换后,其对企业贷款的条件严格了很多,企业必须有相应的"担保"才能从银行取得新的贷款,于是,企业资金担保链就产生了。张乐才同样指出,银行在为民营企业提供贷款时,普遍要求企业提供抵押或外部担保,但民营企业由于规模小、实力弱,难以满足银行的抵押要求,于是,从外部寻找担保就变成了企业获取银行贷款的理性选择;同时,企业出于理性思考,在为外部公司提供担保时,也往往要求对方为自己提供担保,企业资金担保链由此形成。[①]

(2)企业资金担保链的联结特征。杜权和郑炳蔚指出,我国企业资金担保链构成了一个复杂的担保系统:一是由简单互保组成的线性担保链;二是由关联担保组成的复杂担保网;三是由企业自发形成的联保圈。[②] 张乐才则指出,企业资金担保链的联结特征表现为其具有双刃剑特征与较强的联结程度。企业资金担保链具有风险消释与风险传染的双刃剑特征。张乐才认为,企业资金担保链的风险消释特征表现为融入资金担保链企业的融资能力比独立企业要强;企业资金担保链的风险传染特征表现为其通过资产负债表渠道、信息传染渠道、投资传染渠道等形式对危机进行传染;当企业宏观经济状况较好时,企业资金担保链的风险消释机制发挥主导作用;而当企业宏观经济状况较差时,企业资金担保链的风险传染机制发挥主导作用。故企业资金担保链对企业收益既有正向影响,亦存在负面影响。而且,企业资金担保链具有较强的联结程度:由于企业资金担保链存在线、环、网的联结方式,故组成企业资金担保链的企业已经牢牢捆绑在一起;而且,由于资金担保链的担保层次多,使得其涉及的企业数量随着担保层次的增加被层层放大。

(3)企业资金担保链的风险传染机制。吴宝等从社会资本角度对企业资金担保链的风险传染进行了分析[③]。他们指出,社会资本会提高网络平均中心度,降低派系构成的破碎程度,这会增强企业资金担保链的大规模风险传染能力;同时,也会增强网络凝聚系数,使派系内部关系过于密集,造成过多的闭合环路,加剧派系内风险传染。张乐才和杨宏翔从企业缓冲能力

① 张乐才:《企业资金担保:风险消释、风险传染与风险共享——基于浙江的案例研究》,《经济理论与经济管理》2011 年第 8 期。

② 杜权、郑炳蔚:《对当前浙江企业担保链问题的思考》,《浙江金融》2010 年第 6 期。

③ 吴宝、李正卫、池仁勇:《社会资本、融资结网与企业间风险传染:浙江案例研究》,《社会学研究》2011 年第 3 期。

视角对企业资金担保链的风险传染进行了探求，他们的研究发现：被担保企业受到的不利冲击会对担保企业构成不利影响，必须满足三个条件。首先，被担保企业的流动性冲击超过了其缓冲能力；其次，为其提供担保的企业受到的溢出效应也必须超过担保企业的缓冲能力；再次，由于资金担保链具有金融的脆弱性，故一个小的流动性冲击会使得一个企业的风险传染给整个经济。[①] 张泽旭等从社会网络理论的视角探寻了企业资金担保链的传染机制。他们的研究表明，企业资金担保链危机发生一级近邻传染、二级近邻传染、停止传染的临界条件与企业担保调整后的资产负债率有关；触发担保链危机发生一级近邻传染的临界条件、继续传染的临界条件和危机停止传染的条件与企业对外担保金额有关。[②]

虽然学界已对企业资金担保链的形成原因、联结特征及其风险传染机制等进行了研究，并且也取得了有价值的可资借鉴的研究成果。然而，企业资金担保链的联结程度对其风险消释与风险集聚有影响吗？ 如果有，前者对后者到底具有怎样的影响？ 显然，已有研究对此着墨甚少，而这正是本研究的宗旨。

一、企业的联结程度

（一）完整性与相互联系性

企业的联结程度可以通过企业之间联结的完整性与相互联系性表现出来。企业联结的完整性是指每家企业与其他所有企业均具联结关系。企业联结的相互联系性是指两家企业相互之间具有直接或间接相连的联结关系。企业联结的完整性与相互联系性具有如下关系：

首先，当企业相互之间的联结为完整性联结时，如图 3-1 所示，各个企业相互之间具有直接联系关系。

其次，当各企业之间的联结不完整时，即使每家企业没有与其他企业直接相联系，他们中的一家也可能会间接与其他企业相联系，如图 3-2a 所示，即使 A_1 企业与 C_1 企业没有直接的联系，但二者通过 B_1、D_1 企业具有间接的联系；图 3-2b 则显示，A_1 企业与 D_1 企业虽没有直接的联系，但二者通过 B_1、C_1 企业建立了间接的联系。

---

① 张乐才、杨宏翔：《企业资金担保链的风险传染机制》，《经济体制改革》2013 年第 1 期。

② 张泽旭、李鹏翔、郭菊娥：《担保链危机的传染机制》，《系统工程》2012 年第 4 期。

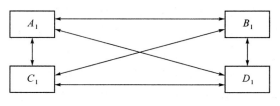

图 3-1 企业的完整联结

图 3-2a 不完整却相互联结的企业联结

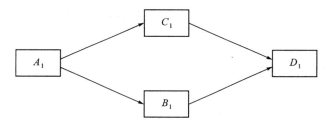

图 3-2b 不完整却相互联结的企业联结

再次,如图 3-3 所示,企业联结被分为两个亚群体,这时企业之间的联结为不完整联结,企业相互之间的联系也是不完全的。这说明:如果企业联结是一个完整联结,则各个企业之间具有完全的相互联系性;如果企业之间是不完整联结,则各个企业之间有可能是完全联系的,也有可能是不完全联系的,它依赖于企业的联结形式。

图 3-3 不完整且不完全联结的企业联结

(二)企业联结程度对风险传染的影响

当企业相互之间存在风险传染时,企业联结程度对风险传染的影响表现在两个方面。第一,影响风险传染渠道的路径多寡。显然,当每条传染渠道的传染能力一定时,风险传染渠道的路径越多,则风险传染性越强。第二,影响风险传染渠道的传染路径长度与方向。

如图 3-1 和图 3-2 所示,假设 A_1 企业为风险源,D_1 企业为风险终极地。

在图 3-1 中,从 A_1 到 D_1 的传染路径包括(1)$A_1 \rightarrow D_1$;(2)$A_1 \rightarrow B_1 \rightarrow D_1$;(3)$A_1 \rightarrow C_1 \rightarrow D_1$;(4)$A_1 \rightarrow B_1 \rightarrow C_1 \rightarrow D_1$。

在图 3-2 中,从 A_1 到 D_1 的传染路径包括(1)$A_1 \rightarrow C_1 \rightarrow D_1$;(2)$A_1 \rightarrow B_1 \rightarrow D_1$;(3)$A_1 \rightarrow B_1 \rightarrow C_1 \rightarrow D_1$。

比较第一种联结形式与第二种联结形式可以发现:第一,在风险传染渠道的路径方面,第二种联结比第一种联结少一种传染路径。第二,每种联结的传染路径有区别,如第一种联结的传染路径(1)仅包括两个结点 A_1 和 D_1,传染路径(2)和(3)包括三个结点,传染路径(4)则包括四个结点;第二种联结也存在同样的情况。第三,不同联结的传染方向有区别,如比较第一种联结的传染渠道(4)与第二种联结的传染渠道(3)就可以发现,尽管两种联结包括的结点相同,但其传播风险的方向则不同。

上述分析表明,企业相互之间的联结程度越强,则其风险传染力也越强。

二、模型

(一)模型的基本假设

(1)我们假定存在融入了资金担保链的企业 A 与企业 B 两家企业,两家企业相互之间存在互保关系;每家企业均从风险规避的银行处借款以供投资。

(2)假定有若干家同质的银行,每家银行均在时期 0 将一笔款项贷给企业,这些银行可在时期 1 或时期 2 将其资金从企业收回。银行所得到的收益为 v,其效用函数为 $U(v)$,且满足 $U'(v) > 0$,$U''(v) < 0$,$\forall v > 0$,$U(0) = 0$。

(3)企业承诺的贷款利息不会随着其投资收益的变化而变化,当企业失败而无力支付银行的贷款本息时,其必须变卖资产以支付之。否则,企业须宣告破产。

（二）模型的建立

1. 企业收益与宏观经济状况

我们假定企业所进行的投资在一个时期后会产生 $\hat{S}_t$ 的收益，该收益可以采取 S_t 或 0 两种价值形式。其中，S_t 表示企业经营成功所得到的收益，如果企业经营失败，则其得到的收益为 0。

$$\hat{S}_t = \begin{cases} S_t \\ 0 \end{cases} \quad (t = 0, 1) \tag{3.1}$$

$\hat{S}_t$ 的大小依赖于企业所处的宏观经济状况。当宏观经济状况较好时，$\hat{S}_t$ 相对较大；当宏观经济状况较差时，则 $\hat{S}_t$ 相对较小。我们用 H 表示较好宏观经济状况，用 L 表示较差宏观经济状况。假定较好宏观经济状况出现的概率为 x，则较差宏观经济状况出现的概率为 $1-x$。

$$宏观经济状况 = \begin{cases} H & 概率为 x \\ L & 概率为 1-x \end{cases} \tag{3.2}$$

当宏观经济状况较好时，企业出现高收益的概率相对较大，反之，则其出现高收益的概率相对较小。当宏观经济状况较好时，我们用 y 表示 $\hat{S}_t$ 为高收益的概率，显然，$y \geq \dfrac{1}{2}$；当宏观经济状况较差时，$\hat{S}_t$ 为高收益的概率则由 $(1-y)$ 表示，显然，$(1-y) \leq \dfrac{1}{2}$。基于对称性，当宏观经济状况较差时，$\hat{S}_t$ 为低收益的概率可由 y 表示，$\hat{S}_t$ 为高收益的概率则由 $(1-y)$ 表示。由此，企业收益与宏观经济状况概率的联合分布可由表 3-1 表示。

表 3-1 企业收益与宏观经济状况概率的联合分布

宏观经济状况/企业收益	高	低
好	xy	$x(1-y)$
差	$(1-x)(1-y)$	$(1-x)y$

企业可以通过选择担保联结形式从而选择相互之间的联结程度，我们用 r 对企业的联结程度进行表征。对于融入了资金担保链的企业而言，其获得贷款的能力比未融入企业资金担保链的独立企业要强；同时，某企业与其他企业相互之间的联结程度越强，则为该企业提供担保的企业数量会越多。当宏观经济状况较好时，该企业由于担保企业数量较多而能从银行获得较多贷款，故该企业获利的概率越大。可见，当宏观经济状况较好时，对于融入

了企业资金担保链的 A、B 两企业而言，二者获得高收益的概率与其联结程度 r 具有正相关关系。假设企业收益状况概率的联合分布函数为 $f_1(r)$，显然，$f_1(r) \in [0, y]$，$f'_1(r) > 0$[1]。由于 $f_1(r)$ 与 r 具有正相关关系，为了分析的方便，我们选择一种最简单的正相关关系对之进行表征，即 $f_1(r) = r$。由于 $f_1(r) \in [0, y]$，而 $f_1(r) = r$，故本研究假定：企业联结程度的数值 r 不能大于 y，即 $r \leqslant y$。由此，我们就得到了担保联结视角下企业收益与宏观经济状况的联合概率分布（见表 3-2）。

表 3-2　企业收益与较好宏观经济状况的联合分布[2]

A/B	高	低
高	r	$y - r$
低	$y - r$	$1 - 2y + r$

当宏观经济状况较差时，该企业如果因担保而与其他企业的联结程度越大，则该企业感受风险传染的可能性越大，故该企业获利的概率越小。可见，对于融入了企业资金担保链的 A、B 两企业而言，二者获得低收益的概率与其联结程度 r 亦具有正相关关系。假设企业低收益状况概率的联合分布函数为 $f_2(r)$，显然，$f'_2(r) > 0$，$f_2(r) \in [0, y]$。由于 $f_2(r)$ 与 r 具有正相关关系，为了分析的方便，我们亦选择一种最简单的正相关关系对之进行表征，即 $f_2(r) = r$。由此，我们就得到了在担保联结视角下企业收益与较差宏观经济状况的联合概率分布，其结果见表 3-3[3]。

---

[1]　在较好宏观经济状况下，对于融入了企业资金担保链的 A、B 两企业而言，二者获得高收益的概率与其联结程度 r 具有正相关关系，故 $f'_1(r) > 0$。由于 r 表示两家企业在较好宏观经济状况下同为高收益的概率，而 y 表示在较好宏观经济状况下仅有一家企业为高收益的概率，故 $f_1(r) \in [0, y]$。

[2]　此处有必要对表 3-2 中各数值进行说明。(1) r 表示两家企业在较好宏观经济状况下同为高收益的概率大小。(2) $(y - r)$ 表示在较好宏观经济状况下，两企业收益为一高一低的概率。这主要是因为 r 表示两家企业在较好宏观经济状况下同为高收益的概率，而 y 表示在较好宏观经济状况下仅有一家企业为高收益的概率，故在较好宏观经济状况下，两企业收益为一高一低的概率可以表示为 $(y - r)$。(3) $(1 - 2y + r)$ 表示在较好宏观经济状况下，两企业同为低收益的概率。这主要是因为 $(1 - y)$ 表示在较好宏观经济状况下单个企业为低收益的概率大小，而 $(y - r)$ 表示在较好宏观经济状况下两企业收益为一高一低的概率大小，故在较好宏观经济状况下，两家企业同为低收益的概率可以表示为 $(1 - y) - (y - r) = (1 - 2y + r)$。

[3]　表 3-3 中各数值的说明可由上注对称性给出，在此不再赘述。

表 3-3　企业收益与较差宏观经济状况的联合分布

A/B	高	低
高	$1-2y+r$	$y-r$
低	$y-r$	r

2. 企业首期投资与企业状况

(1)首期投资。

在第一时期,银行基于个体理性会要求企业为之提供一个承诺的收益 k_0,此承诺的收益给银行带来的效用为 $U(v)$,我们假设 $U(v)$ 等于 1。由于银行得到的收益为 k_0,故只有当企业的收益高于 k_0 时,企业才不至于陷入财务困境。根据式(3.1),企业在时期 0 的收益为 S_0,显然,$S_0 \geqslant k_0$。假设企业得到 S_0 的概率为 γ_0,则 γ_0 可以表示为:

$$\gamma_0 = \Pr(H)\Pr(S_0 \mid H) + \Pr(L)\Pr(S_0 \mid L)$$
$$= xy + (1-x)(1-y) \tag{3.3}$$

对于银行来说,由于其得到的效用为 $U(v)$,且 $U(v) = 1$,故 γ_0 与 k_0 的关系可由下式给出:

$$\gamma_0 U(k_0) = 1 \tag{3.4}$$

由此,银行得到的收益 k_0 可以表示为如下形式:

$$k_0 = U^{-1}(1/\gamma_0) \tag{3.5}$$

(2)企业的存活与失败。

我们假定:如果企业首期投资所得到的收益较低,则该企业就会陷入流动性困境而失败。如果企业首期投资所得到的收益较高,则其就可以正常运转而继续进行第二期投资。可见,在时期 2,企业会面临存活与失败两种情况。我们假定 M 代表企业存活,D 代表企业失败,则 A、B 企业的存活与失败包括以下 4 种情况:

第一,MM:该形式表示两家企业首期投资后均得到高收益,他们都能在第二期正常运营。

第二,MD:该形式意味着 A 企业所得到的首期收益较高,而 B 企业所得到的首期收益较低。故 A 企业在第二期能正常运营,而 B 企业则会面临失败而不能进行第二期投资。

第三,DM:这是 MD 的对称形式。

第四,DD:两家企业均失败,它们在第二期均不能运营。

表 3-4　首期投资后企业面临的存活与失败情况

A/B	高	低
高	MM	MD
低	DM	DD

三、比较静态分析

(一)风险消释

1. 两企业均存活(MM)条件下的企业收益

根据表 3-2 与表 3-3,两企业均存活时宏观经济为较好状况的概率可以表示如下:

$$
\begin{aligned}
\Pr(H \mid MM) &= \frac{\Pr(MM \mid H)\Pr(H)}{\Pr(MM \mid H)\Pr(H) + \Pr(MM \mid L)\Pr(L)} \\
&= \frac{xr}{xr + (1-x)(1-2y+r)} \\
&= \frac{xr}{(1-2y)(1-x) + r} \tag{3.6}
\end{aligned}
$$

根据表 3-2 与表 3-3,两企业均存活时宏观经济为较差状况的概率可以表示为:

$$
\begin{aligned}
\Pr(L \mid MM) &= \frac{\Pr(MM \mid L)\Pr(L)}{\Pr(MM \mid H)\Pr(H) + \Pr(MM \mid L)\Pr(L)} \\
&= \frac{(1-x)(1-2y+r)}{(1-2y)(1-x) + r} \tag{3.7}
\end{aligned}
$$

根据式(3.1),企业经过首期投资后所得到的收益为 S_1^{MM},我们假设该收益出现的概率为 γ_1^{MM},则 γ_1^{MM} 可以表示为:

$$
\begin{aligned}
\gamma_1^{MM} &= \Pr(\hat{S}_1^{MM} = S_1^{MM} \mid MM) \\
&= \Pr(H \mid MM)\Pr(\hat{S}_1^{MM} = S_1^{MM} \mid H) \\
&\quad + \Pr(L \mid MM)\Pr(\hat{S}_1^{MM} = S_1^{MM} \mid L) \\
&= \frac{xr}{(1-2y)(1-x) + r}y + \frac{(1-x)(1-2y+r)}{(1-2y)(1-x) + r}(1-y) \\
&= \frac{xry + (1-x)(1-y)(1-2y+r)}{(1-2y)(1-x) + r} \tag{3.8}
\end{aligned}
$$

前已述及,银行得到的效用等于 1,而该效用只有银行从企业那里得到一个合理的收益才会得到满足。我们假设在 MM 条件下,银行从企业得到的收益为 k_1^{MM},由于企业所得到的收益 S_1^{MM} 出现的概率为 γ_1^{MM},故 k_1^{MM} 可由下式表示:

$$\gamma_1^{MM} U'(k_1^{MM}) = 1 \qquad (3.9)$$

根据式(3.9),我们可以得到:

$$k_1^{MM} = U^{-1}(1/\gamma_1^{MM}) \qquad (3.10)$$

由于 γ_1^{MM} 依赖于担保链联结程度 r,故企业的借款利率 k_1^{MM} 可用 $k_1^{MM}(r)$ 表示,故式(3.10)亦可写成 $k_1^{MM}(r) = U^{-1}(1/\gamma_1^{MM})$。

2. MM 条件下企业联结程度与风险消释

(1)联结程度对企业贷款成本的影响。

从式(3.8),我们可以得到:

$$\frac{\partial \gamma_1^{MM}}{\partial r}$$

$$= \frac{[xy+(1-x)(1-y)][(1-2y)(1-x)+r] - [xy+(1-x)(1-y)(1-2y+r)]}{[(1-2y)(1-x)+r]^2}$$

$$= \frac{-x(1-x)(2y-1)^2}{[(1-2y)(1-x)+r]^2} \qquad (3.11)$$

显然,式(3.11)的分子等于 $-x(1-x)(2y-1)^2$,这是小于 0 的,而其分母则大于 0,故 $\frac{\partial \gamma_1^{MM}}{\partial r} < 0$。同时,根据式(3.10)可知,$k_1^{MM} = U^{-1}(1/\gamma_1^{MM})$。由于 $\frac{\partial \gamma_1^{MM}}{\partial r} < 0, U'(\cdot) > 0$,故 $\frac{\partial k_1^{MM}}{\partial r} < 0$。由此,我们可以得到如下启示:

启示 1:如果融入资金担保链的两家企业在首期投资后均存活(即两家企业为 MM 时),则企业从银行获得贷款的成本会随着 r 的增加而下降,即 $\frac{\partial k_1^{MM}}{\partial r} < 0, \forall x, y$。

启示 1 表明,如果两企业均从首期投资中得到高收益而存活,则随着企业联结程度的提高,其借款成本会随之下降。这可能是由于企业从首期投资获得的较高收益使得银行认为企业违约概率变小,再加上企业相互之间因担保而结成了较强的联结程度,这进一步增强了银行有关企业不会违约的信心,故银行愿意以较小资金成本给企业贷款,从而使企业从银行获得贷款的成本减少。

(2)联结程度对企业收益的影响。

由式(3.7)可知:$\gamma_0 = xy+(1-x)(1-y)$。由式(3.10)可知,当 $r=1$

时，$\gamma_1^{MM} = \dfrac{xy^2 + (1-x)(1-y)^2}{xy + (1-x)(1-y)}$。因此，

$$\gamma_1^{MM} - \gamma_0 = \frac{xy^2 + (1-x)(1-y)^2 - [xy + (1-x)(1-y)]^2}{xy + (1-x)(1-y)}$$

$$\Rightarrow \gamma_1^{MM} - \gamma_0 = \frac{x(1-x)(2y-1)^2}{xy + (1-x)(1-y)}$$

由于 $[xy + (1-x)(1-y)] > 0$，且 $x(1-x)(2y-1)^2 > 0$，故 $(\gamma_1^{MM} - \gamma_0) > 0$。由此，我们有如下启示：

启示 2：如果融入资金担保链的两家企业在首期投资后均存活（即两家企业为 MM 时），且两家企业因担保而组成的联结程度处于最大值（即 $r = 1$），则企业后期投资获得高收益的概率要大于前期投资获得高收益的概率，即 $\gamma_1^{MM} > \gamma_0$，$\forall x, y$。

这可能是由于融入资金担保链的某企业与其他企业的联结程度如果达到了最大值，则该企业获得其他企业的担保很多，故其融资能力很强，企业强大的融资能力会促使其获利能力不断提高，因此其后期投资获得高收益的概率要大于其前期投资获得高收益的概率。

上述分析表明：当两企业状况为 MM 时，企业的较高联结程度导致企业资金担保链具有风险消释特征缘于两因素使然：首先，由于 $\dfrac{\partial k_1^{MM}}{\partial r} < 0$，故企业联结程度越高，其从银行获得贷款的成本越少；其次，企业相互之间的联结程度如果处于最大值（即 $r = 1$），则企业后期投资获得高收益的概率要大于其前期投资获得高收益的概率。

（二）风险集聚

显然，当两企业均失败时，由于两企业收益均为 0，企业联结程度对企业收益的影响亦为 0，故此时的联结程度无风险集聚功能。因此，只有当两企业状况为 MD 或 DM 时，此时的企业联结程度才可能具有风险集聚功能。为了简化分析过程，我们只探究 MD 情况（即只有 A 企业有较高首期收益而存活，而 B 企业则因首期经营不善而面临失败）下企业联结程度对风险集聚的影响，我们分两个步骤来对之进行分析[①]。首先，当不存在风险传染时，探寻企业联结程度对企业收益的影响；其次，当存在风险传染时，探寻企业

---

① 我们之所以只探究 MD 的情况，是因为对 DM 情况的探究可以根据 MD 所得到的分析过程与分析结论而对称给出。

联结程度对企业收益的影响。

1. 不存在风险传染时的企业收益

根据表3-2与表3-3，MD条件下宏观经济为较好状况的概率可以表示如下：

$$\Pr(H \mid MD) = \frac{\Pr(MD \mid H)\Pr(H)}{\Pr(MD \mid H)\Pr(H) + \Pr(MD \mid L)\Pr(L)}$$

$$= \frac{x(y-r)}{x(y-r) + (1-x)(y-r)} = x \tag{3.12}$$

根据表3-2与表3-3，MD条件下宏观经济为较差状况的概率可以表示为：

$$\Pr(L \mid MD) = \frac{\Pr(MD \mid L)\Pr(L)}{\Pr(MD \mid H)\Pr(H) + \Pr(MD \mid L)\Pr(L)}$$

$$= \frac{(1-x)(y-r)}{(1-x)(y-r) + x(y-r)} = 1-x \tag{3.13}$$

根据式(3.12)和式(3.13)，A企业在MD情况下所获收益的概率γ_1^{MD}可以表示如下：

$$\gamma_1^{MD} = \Pr(\hat{S}_1^{MD} = S_1^{MD} \mid MD)$$
$$= \Pr(H \mid MD)\Pr(\hat{S}_1^{MD} = S_1^{MD} \mid H)$$
$$\quad + \Pr(L \mid MD)\Pr(\hat{S}_1^{MD} = S_1^{MD} \mid L)$$
$$= xy + (1-x)(1-y) \tag{3.14}$$

前已述及，银行得到的效用等于1，而该效用只有银行从企业那里得到一个合理的收益才会得到满足。我们假设在MD条件下，银行从A企业得到的收益为k_1^{MD}，而企业所得到的收益为S_1^{MD}。由于S_1^{MD}出现的概率为γ_1^{MD}，故k_1^{MD}可由下式表示：

$$\gamma_1^{MD} U(k_1^{MD}) = 1 \tag{3.15}$$

根据式(3.15)，我们可以得到：

$$k_1^{MD} = U^{-1}(1/\gamma_1^{MD}) \tag{3.16}$$

2. 不存在风险传染时企业联结程度对企业收益的影响

在MD情况下，由于B企业已经失败，故我们只需探究企业联结程度对A企业收益的影响。

(1)联结程度对企业收益的影响。

由式(3.7)可知：$\gamma_0 = xy + (1-x)(1-y)$。由式(3.14)可知，$\gamma_1^{MD} = xy + (1-x)(1-y)$。因此：$\gamma_1^{MD} = \gamma_0$，故企业联结程度对企业前后期所获高收

益的概率没有影响。由此，我们可以得到如下启示：

启示 3：当不存在风险传染时，存活企业后期投资获得高收益的概率等于其前期投资获得高收益的概率，即 $\gamma_1^{MD} = \gamma_0$，$\forall x, y$。故企业联结程度对企业收益没有影响。

（2）企业联结程度对企业贷款成本的影响。

从式（3.14）可知，$\gamma_1^{MD} = xy + (1-x)(1-y)$，故 $\dfrac{\partial \gamma_1^{MD}}{\partial r} = 0$。同时，根据式（3.16）可知，$k_1^{MD} = U^{-1}(1/\gamma_1^{MD})$。由于 $\dfrac{\partial \gamma_1^{MD}}{\partial r} = 0$，故 $\dfrac{\partial k_1^{MD}}{\partial r} = 0$。由此，我们有如下启示：

启示 4：当不存在风险传染时，存活企业从银行获得的贷款成本与 r 的大小无关。即 $\dfrac{\partial k_1^{MD}}{\partial r} = 0$，$\forall x, y$。

启示 3 与启示 4 表明，如果融入资金担保链的两家企业状况为 MD，当不存在风险传染时，企业因相互担保而形成的联结程度 r 不会影响存活企业的借款成本，存活企业后期投资获得高收益的概率亦等于其前期投资获得高收益的概率。这可能是由于当 A 企业存活而 B 企业失败时，如果不存在风险传染现象，A 企业融入资金担保链后的状况与没融入资金担保链前的状况一致，故企业联结程度对 A 企业没有影响。

3. 风险传染与风险集聚的形成

当存在风险传染时，对于存活的 A 企业而言，当与之具有相互担保关系的 B 企业失败后，后者对前者的影响包括以下两个方面：首先，A 企业必须替 B 企业偿还后者在银行的保证担保借款，从而使得 A 企业的收益 S_1^{MD} 减少；其次，银行由于担心 A 企业出现财务困境而会提前从 A 企业抽贷，这会增加该企业的借贷成本而进一步减少其获利能力。同时，当存在风险传染现象时，企业相互之间的联结程度越高，则企业相互之间的风险传染能力越强，故存活企业的收益会越少。

综上所述，企业联结程度对资金担保链风险集聚的影响依赖于其风险传染。当无风险传染现象时，企业联结程度对企业资金担保链的风险集聚没有影响；当存在风险传染时，企业联结程度越大，则风险传染能力越强，资金担保链的风险集聚功能也相应增强。

四、基于绍兴企业资金担保链的实证分析

为了证实上述分析的正确性，本研究以 2008 年浙江绍兴企业资金担保链危机为例来对之进行实证分析。

（一）绍兴企业资金担保链具有较强联结程度

从资金担保链联结的形状分析，以浙江绍兴企业资金担保链为例，图 3-4 显示，企业资金担保链呈现"线"、"环"、"网"三种联结形式，通过这三种信用捆绑，企业信用联合的强度不断增大，最终使因资金担保链而联系起来的企业牢牢联结为一个整体。

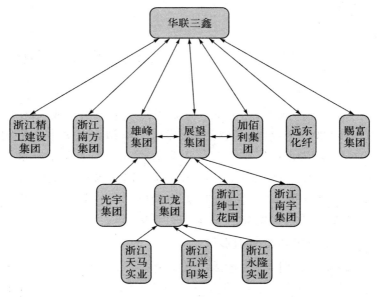

图 3-4　浙江华联三鑫资金担保链"线"、"环"、"网"的联结概况

第一，线性担保链。线性担保链是企业资金担保链的一种主要联结形式，其主要特征是企业相互之间的结对互保。当 A_1 企业出现资金缺口时，为了从银行得到贷款，A_1 会要求企业 B_1 为其提供贷款；受对等互利行为的驱使，A_1 也会为 B_1 提供资金担保，于是，A_1、B_1 就构成了一个相互担保的信用捆绑。如果 B_1 企业为 A_1 企业提供的担保还不能满足 A_1 的资金需求，A_1 会要求 C_1 为其提供担保，于是，A_1、B_1、C_1 三家企业就构成了一个线性担保链。如图 3-4 所示，华联三鑫、展望集团、浙江绅士花园就构成一个线性担保链；同时，华联三鑫、展望集团、浙江南宇集团亦构成了一个线性担保链。

第二，环状担保链。如果企业的资金缺口很大，很多企业就会联合起来作为一个整体为每家需要资金的企业提供资金担保，这种资金担保使得每家企业像环形一样联结着。图 3-4 显示，华联三鑫、加佰利集团、展望集团、浙江南宇集团就构成一个环形担保链。

第三,网状担保链。网状担保链是指企业相互之间因具有担保关系而像网一样联结成一个整体。显然,网状担保链由纵横交错的线性担保链所组成。图 3-4 显示,华联三鑫、赐福集团、展望集团等 10 多家企业构成了一个网状担保链。

由于绍兴企业资金担保链存在线、环、网的联结方式,使得组成企业资金担保链的企业已经牢牢捆绑在一起,故其联结特征是一种完整的完全联结。可见,绍兴企业资金担保链具有较强的联结程度,从而也使得其整体上具有较强的风险传染力。

(二)绍兴企业资金担保链具有风险消释特征

在绍兴企业资金担保链危机爆发之前,链内企业因较强的担保联结而较易从银行获得贷款。绍兴市银监局资料显示,至 2007 年年底,绍兴企业贷款中(本外币),企业担保贷款余额占比高达 41.28％;其中小微企业担保贷款余额占小微企业贷款余额比重达 40.56％,中型企业担保贷款占比达 40.79％,大型企业担保贷款余额占比更是高达 42.26％。由于链内企业贷款较为容易,从而使得这些企业的贷款具有如下特征:首先,相较于未融入资金担保链的企业而言,链内企业的贷款公关成本以及其他贷款费用相对较低。其次,链内企业在资金使用方面一度出现了"吃不光、用不光、还不光"的情况。由于链内企业贷款成本相对较低,且贷款额度亦有充分保障,故这些企业获得了较快发展。以华联三鑫担保链体系的链内企业为例,在 2007 年绍兴市工业企业 100 强缴税名单里,精工集团实缴税列第 1,江龙印染列第 7,华联三鑫列第 8,赐福化纤列第 14,江龙旗下的南方控股列第 20,浙江五洋印染列第 47,展望集团、加佰利集团也都排在了前 50 左右,雄峰集团列第 67。这些企业全部进入了 2007 年绍兴市工业企业百强名单。企业发展带来了区域经济的整体发展。1990 年,绍兴市地区生产总值为 823755 万元,到 2007 年则增加到 19710000 万元,17 年间增长了 23.93 倍;财政收入从 1990 年的 101159.3 万元增长到 2007 年的 2371217 万元,17 年间增长了 23.44 倍。由此可见,绍兴企业资金担保链的较强联结程度具有风险消释作用。

(三)绍兴企业资金担保链具有风险集聚特征

2008 年,华联三鑫因经营失败而破产倒闭,导致与其有担保关系的展望集团和加百利集团迅速陷入财务困境,而赐富集团、远东化纤、华西集团等5家企业也受到了很大影响。这7家企业均各自将风险传染给其他链内企业,如加佰利集团将风险传染给了永禾实业、浙江雄峰、永利经编等企业;展望集团则将风险传染给了光宇集团、南宇轻纺、天马实业等企业。于是,风险释放的能量进一步增加,传染范围也越来越大,使得融入了绍兴资金担保链的企业全部受到感染,由此导致2008年绍兴企业出现了"火烧连营"的倒闭风潮。可见,由于绍兴企业资金担保链的联结程度强,因此其风险传染力亦强,由此导致一家企业失败带来了整个链内企业的失败,故绍兴企业资金担保链具有极强的风险集聚能力。

五、结论与启示

虽然学界已经对企业资金担保链的风险形成原因、联结特征、风险传染机制等进行了研究,但学界并未就企业资金担保链联结程度对其风险消释与风险集聚的影响进行分析。本研究则对此进行了探询,得到了以下研究结论。

第一,本研究就企业的联结程度进行了分析,结果表明:(1)如果企业联结是一个完整联结,则各个企业之间具有完全的相互联系性;如果企业相互之间是不完整联结,则各个企业之间有可能是完全联结的,也有可能是不完全联结的,它依赖于企业的联结形式。(2)企业的联结程度对风险传染的影响表现在两个方面:第一,影响风险传染渠道的路径多寡;第二,影响风险传染渠道的传染路径长度与方向。

第二,本研究探寻了两家企业均存活条件下企业联结程度的风险消释作用,结果表明:(1)如果两家企业因担保而组成的联结程度处于最大值(即 $r=1$),则企业后期投资获得高收益的概率要大于前期投资获得高收益的概率。(2)企业借入成本 k_1^{MM} 随着联结程度 r 的增加而下降。

第三,本研究探寻了仅有一家企业存活条件下企业联结程度的风险集聚功能,结果表明:(1)当不存在风险传染时,企业因相互担保而形成的联结程度 r 不会影响存活企业的借款成本,存活企业后期投资获得高收益的概率亦等于其前期投资获得高收益的概率。(2)当存在风险传染现象时,企业相互之间的联结程度越高,则企业相互之间的风险传染能力越强,存活企业的收益会越少。这说明,企业联结程度对资金担保链风险集聚的影响依赖于其风险传染。当无风险传染现象时,企业联结程度对企业资金担保链的风险集聚没有影响;当存在风险传染时,企业联结程度越大,其风险集聚功能则越强。

第四,本研究还以绍兴企业资金担保链为例对上述研究进行了实证检验,结果证实了上述研究结论的正确性:(1)由于绍兴企业资金担保链存在线、环、网的联结方式,使得组成企业资金担保链的企业牢牢捆绑在一起,因此其联结特征是一种完整的完全联结。故绍兴企业资金担保链具有较强的联结程度,从而也使得其整体上具有较强的风险传染能力。(2)绍兴企业资金担保链的风险消释机制表现为:在企业资金担保链危机爆发之前,由于链内企业贷款成本相对较低,且贷款额度亦有充分保障,故这些企业获得了较快发展。(3)绍兴企业资金担保链的风险集聚机制表现为:由于绍兴企业资金担保链的联结程度强,因此其风险传染能力亦强,由此导致一家企业失败带来了整个链内企业的失败,故绍兴企业资金担保链具有极强的风险集聚能力。

上述分析表明:由于企业资金担保链的联结程度既有风险消释作用,亦具风险集聚功能,故企业在融入资金担保链后,应视该企业的财务状况与经营状况而选择合适的联结程度,如果企业在融入资金担保链后的存活可能性大,则应加大其与链内企业的联结程度;如果企业在融入资金担保链后的存活可能性小,则应减少其与链内企业的联结程度。同时,当融入了资金担保链的链内企业中出现了失败企业时,我们应降低该担保链内企业的完整性程度而增加其破碎程度。一是控制失败企业与其他企业进行担保的企业数量;二是控制担保网内的企业总体数量。通过这两个措施来降低企业的联结程度,从而降低企业资金担保链的风险集聚功能,以最大限度地保证区域经济健康稳定发展。

第二节　企业资金担保链的抽贷门槛与风险传染

虽然学界对企业资金担保链风险传染的研究相对不多,但学界对信用联合系统的风险传染研究较为丰富。其研究包括银行市场的风险传染、资产价格波动传染、支付清算系统传染三个方面。

第一,银行市场的风险传染。Diamond 和 Dybvig 认为,传统的银行存款契约会带来风险,而银行所遭受的损失会传给实体经济。[①] 沿着 Diamond 和 Dybvig 的分析思路,西方经济学者从各个角度论述了银行市场风险的传染形式。Jacklin 和 Bhattacharya 认为,银行风险之所以产生是由于储户不能正确评估银行价值[②]。他们认为,在"信息基础"和"银行效率基础"视角下,当一些储户收到了有关银行风险投资可能产生一个低于储户预期收益的信息时,这些储户会从银行取回他们的存款,迫使银行过早地将资产流动化。Chari 和 Jagannathan 进一步认为,当部分储户收到了银行资产的不良信息而排队去取回其存款时,没收到信息的储户如果看到在银行大楼里面排队取回存款的储户人数很多,前者也会到银行取回他们的存款。[③]

第二,资产价格波动传染。已有研究显示,资产价格波动传染形式包括不完全信息条件下的传染和完全信息条件下的传染两类。King 和 Wadhwani 率先研究了不完全信息条件下的资产价格波动传染[④]。他们认为,当 j 市场产生的一个异质性冲击导致 i 市场的价格发生波动时,如果这种冲击是在不完全信息条件下传递,代理人会更加注意与 j 市场有关系的其他市场,因为其他市场也会像 i 市场一样遭受到来自 j 市场的冲击。Shiller[⑤]、Jeanne[⑥]、Masson[⑦] 等研究了完全信息条件下的资产价格波动传染特征,他们认为,在完全信息条件下,一个很小的冲击会导致投机者重新评价他们原来对市场的评估,从而修改其过去的经济决策;个人的一个系统冲击的经历会为他提供来自于另一个系统冲击的知识;一个国家的领导者所得出的深刻结论会使另一个国家的领导者修改他过去的观点。

第三,支付清算系统传染。Angelini 认为,银行每天的信用成本会诱使

[①] D. V. Diamond, P. Dybvig. Bank Runs, Deposit Insurance, and Liquidity. *Journal of Political Economy*, 1983(91):401-419.

[②] S. Bhattacharya, C. Jacklin. Distinguishing Panics and Information Based Runs: Welfare and Policy Implications. *Journal of Political Economy*, 1988(96):568-592.

[③] V. V. Chari, R. Jagannathan. Banking Panics, Information, and Rational Expectations Equilibrium. *Journal of Finance*, 1988(43):749-761.

[④] M. King, S. Wadhwani. Transmission of Volatility Between Stock Markets. *Review of Financial Studies*, 1990(1):5-35.

[⑤] Shiller. Conversation, Information and Herd Behavior. *American Economic Review Papers and Proceedings*, 1995(85):181-185.

[⑥] O. Jeanne. Are Currency Crises Self-filling? A Test. *Journal of International Economics*, 1997 (43):263-286.

[⑦] P. Masson. Contagion: Monsoonal Effects, Spillovers, and Jumps Between Multiple Equilibria, Forthcoming as IMF. *Working Paper*, 1998.

其延期支付而不是去透支,这种延期支付会影响其他银行的储备,降低银行整体的流动性,故该种延期具有整体的负外部性。[①] Humphrey 则认为,没有相关透支性质的延期支付是降低实际透支的必要手段,也是减低系统风险与系统成本的必要手段。[②] Schoenmaker 认为,净清算支付系统失败的总成本高于总清算系统失败的总成本,但是净清算系统中通过延期支付的成本是比较低的,这就解释了为什么中央银行喜欢比较安全的总支付系统而市场参与者喜欢成本较少的净清算系统[③]。Yamazaki 比较了双边清算系统与多边清算系统的特征。他认为,如果初始冲击不严重,多边清算系统传播危机的能力没有双边清算系统强;当初始冲击比较严重时,多边清算系统比双边清算系统更能传播危机。[④]

综上所述,借鉴已有信用网络系统风险传染研究的方法来对企业资金担保链风险传染机理进行探求显得重要而又具可行性。鉴于此,本研究决定借鉴 Ahnert 和 CoPierre[⑤] 的研究成果,从银行抽贷门槛的视角来对企业资金担保链风险传染机理进行探求。

一、模型

(一)模型的基本假设

为了探究银行对资金担保链风险形成的影响机制,我们做如下假定:

(1)假设有两家规模相当的企业 A 与 B,企业自身没有资金来源,其用于投资和用于流动性的所有资金均来自于银行。

(2)企业资金担保链形成于流动性冲击之前,即一家企业在看到流动性冲击之前为另一家企业提供资金担保。

(3)假设有若干家同质的银行,每家银行均在时期 0 将一笔款项贷给企

① P. Angelini. An Analysis of Competitive Externalities in Gross Settlement Systems. *Journal of Banking and Finance*,1998(22):1-18.

② D. B. Humphrey. Market Responses to Pricing Fedwire Daylight Overdrafts,Federal Reserve Bank of Richmond. *Economic Review*,1989(75):23-34.

③ D. Schoenmaker. A Comparison of Alternative Interbank Settlement Systems. *L. S. E. Financial Markets Group Discussion Paper*,1995.

④ A. Yamazaki. Foreign Exchange Netting and Systemic Risk. *IMES Discussion Paper Series*. Tokyo:Bank of Japan,1996.

⑤ T. Ahnert,G. CoPierre. Financial Linkages,Transparency,and Systemic Risk. http://www. laboratoriorevelli. it. /pdf/wp71. pdf,2013-01-20,2012(1):1-39.

业,这些银行可以在时期 1 或时期 2 将其资金从企业收回。如果银行在时期 1 将其资金从企业取回,则该银行被称为早期银行;如果银行在时期 2 将其资金从企业收回,则该银行被称为晚期银行。

(4)银行的报酬依赖于其从企业取回贷款的情况。对于陷入了财务困境的企业而言,没有进行抽贷的银行所得到的收益要低于进行了抽贷的银行所得到的收益。

(5)对于企业而言,其投资成功的概率 p 与该企业的基本情况 S 具有严格的正相关关系,即 $p'(\cdot)>0$。

(二)模型的建立

1. 企业投资收益

假设每家企业均有两个投资机会即短期投资和长期投资,短期投资风险较小,其在一个时期后能为企业产生单位 1 的净利润。长期投资具有风险,其在一个时期后能提供 $\varepsilon<1$ 或在两个时期后能提供 $R>1$ 的收益,我们假定长期投资的收益 ε 与 R 均为正数,从而保证企业有一部分资金被用来进行长期投资。

当企业进行长期投资时,该企业投入的资金要到期末才能获得预期收益,否则,如果有一部分资金提前撤出,则该部分资金获得的收益将低于预期收益。因此,对于企业的长期投资而言,如果有银行从企业抽走一部分企业正用于长期投资的资金,则这部分被抽走的资金只能产生较低的收益 ε,且 $\varepsilon\in[0,1]$。我们假定企业进行长期投资时被抽走的流动资金数量为 $x(x\in[0,1])$。于是,企业进行投资的收益具有表 3-5 所示特征。

表 3-5　企业投资收益的特征

资　产	$t=0$	$t=1$	$t=2$
短期投资(0→1)	-1	1	0
短期投资(1→2)	0	-1	1
长期投资(0→2)	-1	$x\varepsilon$	$(1-x)R$

2. 银行效用

我们假设银行成为早期银行的比例由 $\sigma(\sigma\in[0,1])$ 表示,则其成为晚期银行的比例为 $1-\sigma$。我们假定银行的效用函数为 $U(c)$,并用如下形式表示:

$$U(c_1, c_2) = \begin{cases} U(c_1) & \sigma \\ U(c_2) & 1-\sigma \end{cases} \tag{3.17}$$

其中，c_t 表示银行在时期 1 或时期 2 所收回的贷款，早期银行收回贷款数量为 c_1，晚期银行收回贷款为 c_2；$U(c_1)$ 为 σ 部分的早期银行所得到的效用函数，$U(c_2)$ 为 $(1-\sigma)$ 部分的晚期银行所得到的效用函数。函数 $U(\cdot)$ 为递减的严格凸函数。显然，银行的期望效用可以表示为：

$$E[U(c_1, c_2)] = \sigma U(c_1) + (1-\sigma)U(c_2) \tag{3.18}$$

企业会提供银行所需的款项 $c(c_1, c_2)$，当银行需要取回资金 c 时，意味着企业必须付出 c 的流动性。显然，银行对其资金的过度取出会导致企业的流动性不足，从而会引发企业的流动性问题，并会最终导致企业陷入财务困境或破产。于是，企业会选择其资产组合以保证自身正常运转而不至于提前破产。为此，企业必须保持足够的流动性资金 m 以应付各种流动性需求，并使得 $m \geqslant \sigma$，再用余下的资金来进行项目投资。这样，企业就能在中间期支付银行要取回的款项以满足银行的抽贷要求。

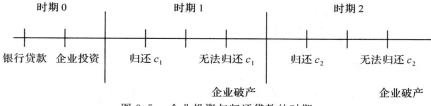

图 3-5 企业投资与归还贷款的时期

3. 流动性冲击与企业资金担保链的形成

我们假定一家企业的流动性盈余与另一家企业的流动性短缺是相联系的，故在我们的模型里面，一家企业会面临较高的流动性短缺，另一家企业则会有流动性盈余。我们假定在状态 S_1 时，A 企业有较多的早期收贷银行数量，B 企业的早期收贷银行数量相对较少。此时，A 企业会有超额资金需求，它需要得到其他企业的担保而从银行得到贷款；B 企业的资金需求相对较少，它有能力为 A 企业提供担保。在状态 S_2 时，则会有相反的情况出现。表 3-6 给出了两家企业的流动性盈余与流动性短缺的情形。

表 3-6 企业的流动性状况

	A 企业	B 企业
S_1	$\sigma_A = \sigma_H$	$\sigma_B = \sigma_L$
S_2	$\sigma_A = \sigma_L$	$\sigma_B = \sigma_H$

假设两家企业达成了一项资金担保协议,即流动性短缺的企业会在时期 1 从流动性盈余的企业得到 μ 单位的资金担保。由于被担保的企业存在风险,故对于对外提供了担保的企业而言,其保持的流动性应该大于对外担保的金额才是安全的,即 $0 \leqslant \mu \leqslant m$。

4. 银行报酬

根据模型的假设条件,由于企业的所有资金均来自于银行,而企业留有 m 单位的流动性以备异质流动性冲击,其进行投资的部分仅为 $1-m$,而投资部分如果被提前取出,只能产生 ε 部分的收益,故当银行到企业提前取回其资金时,其能得到的最大报酬为:

$$c_1 = m + (1-m)\varepsilon \tag{3.19}$$

对于企业来说,当早期银行取走 σc_1 的资金后,企业的流动性资金还剩 $(m-\sigma c_1)$。当晚期银行去取回资金时,企业进行长期投资的资金能产生 R 的收益,企业投资能够得到的总报酬为 $(1-m)R$,故企业在末期还有价值为 $(1-m)R+(m-\sigma c_1)$ 的资金。故每家晚期银行能够得到的最大报酬为:

$$c_2 = \frac{(1-m)R+(m-\sigma c_1)}{1-\sigma} \tag{3.20}$$

5. 抽贷门槛

前面的假设表明,由于企业准备了足够的流动性份额 $m(m \geqslant \sigma)$ 来应对早期银行的抽贷,于是对企业构成威胁的主要是晚期银行的取出决定。

假设早期银行作出了一个取回的决定,则晚期银行最后的收益数额因情况不同而各异。当企业状态较佳时(以下用 H 表示企业处于较好的状态、L 则表示企业处于较差的状态),其用于投资的 $(1-m)$ 会产生 $(1-m)R$ 的收益,故企业处于较佳状态时,晚期银行的资产 $c_2^H = \dfrac{(1-m)R+(m-\sigma c_1)}{1-\sigma}$。当企业状态较差时,我们假定 $(1-m)R$ 部分会不存在,故晚期银行的资产 $c_2^L = \dfrac{(m-\sigma c_1)}{1-\sigma}$。根据前面的假设,对于晚期银行而言,当其从企业提前取出资金时,该部分资金所产生的收益为 ε,故晚期银行从企业提前取出资金所产生的效用为 $U(c_\varepsilon)$。当企业情况较差时,提前取出的效用要大于末期取出的效用,故 $U(c_2^L) < U(c_\varepsilon)$;然而,如果企业情况较好,则银行提前取出的效用要低于末期取出的效应,即 $U(c_2^H) > U(c_\varepsilon)$。显然,当企业状态较好时,晚期银行的最佳决策是将其资金保持在银行而不提前抽贷;当企业状态较差时,晚期银行的最佳决策是提前抽贷。这说明,企业的营业状况 ψ 是银行是否提前收回其贷款即抽贷的标准,故银行抽贷的概率 p 是 ψ 的函数。假设银行从企业提前取回贷款的抽贷门槛为 $\overline{\psi_1}$,如果企业状况好于 $\overline{\psi_1}$,晚期银行不会提前抽贷;如果企业状况低于 $\overline{\psi_1}$,则晚期银行会提前抽贷。我们假设企业出现状态较好的概率为 $p(\psi)$,其出现较差状态的概率为 $[1-p(\psi)]$,则晚期银行的效用函数 $U(c_2)$ 可以表示为:$U(c_2) = p(\psi)U(c_2^H) + [1-p(\psi)]U(c_2^L)$。于是,在抽贷门槛 $\overline{\psi_1}$ 处,晚期银行的效用函数可表示为:$U(c_2) = p(\overline{\psi_1})U(c_2^H) + [1-p(\overline{\psi_1})]U(c_2^L)$。由此,晚期银行的抽贷门槛可以表示为如下形式:

$$\overline{\psi_1} = p^{-1}\left[\frac{U(c_\epsilon) - U(c_2^L)}{U(c_2^H) - U(c_2^L)}\right] \tag{3.21}$$

二、抽贷门槛与风险传染分析

(一)抽贷门槛

1.影响抽贷门槛的因素

(1)c_1 的大小。

根据方程(3.21)中的暗示定义,抽贷门槛 $\overline{\psi_1}$ 对于早期银行取出资金数量的偏导函数具有如下形式:

$$\frac{\partial \overline{\psi_1}}{\partial c_1} = \frac{\sigma}{1-\sigma} \frac{[1-p(\overline{\psi_1})]U'(c_2^L) + p(\overline{\psi_1})U'(c_2^H)}{p'(\overline{\psi_1})[U(c_2^H) - U(c_2^L)]} \tag{3.22}$$

显然,(3.22)式可以变为:

$$\frac{\partial \overline{\psi_1}}{\partial c_1} = \frac{\sigma}{1-\sigma} \frac{U'(c_2^L) + \{p(\overline{\psi_1})[U'(c_2^H) - U'(c_2^L)]\}}{p'(\overline{\psi_1})[U(c_2^H) - U(c_2^L)]}$$

根据前面的定义,$\frac{\sigma}{1-\sigma}$,$p'(\overline{\psi_1})[U(c_2^H) - U(c_2^L)]$,$U'(c_2^L)$ 等部分均大于 0。由于 $c_2^H > c_2^L$,而函数 $U(\cdot)$ 为递减的严格凸函数,故 $U'(c_2^H) - U'(c_2^L) < 0$。可见,$\frac{\partial \overline{\psi_1}}{\partial c_1} < 0$。这说明,早期银行取出资金的数额越高,晚期银行从企业提前取出资金的抽贷门槛就越低。

此一结果可从直觉上得到解释。一般来说,早期银行较多的资金取出会使得企业可用资源减少,这会降低企业的获利空间,从而会降低晚期银行将其资金继续留在企业的刺激,故会增加晚期银行从企业取回资金的动力,这无疑会降低银行从企业取出资金的抽贷门槛。(3.22)式还说明:早期银行的过多取出会带来抽贷门槛的降低而导致晚期银行的过多取出。可见,降低早期银行的抽贷数量是防止晚期银行从企业提前抽贷的有益选择。

（2）安全资产 m 的大小。

本部分考虑安全资产份额 m 对抽贷门槛的影响。以安全资产为基础对抽贷门槛求偏导的形式可以通过（3.23）式表示出来。

$$\frac{\partial \overline{\psi_1}}{\partial m} = \frac{1}{p'(\overline{\psi_1})[U(c_2^H)-U(c_2^L)]}\Big[\underbrace{(1-\varepsilon)U'(c_\varepsilon)}_{\text{效果1}}$$
$$+\underbrace{\frac{R-1}{1-\sigma}p(\overline{\psi_1})U'(c_2^H)}_{\text{效果2}}+\underbrace{\frac{1-p(\overline{\psi_1})}{1-\sigma}U'(c_2^L)}_{\text{效果3}}\Big] \tag{3.23}$$

（3.23）式表明:安全资产 m 对抽贷门槛的影响表现为三个方面:

首先,$(1-\varepsilon)U'(c_\varepsilon)$ 部分（即效果1）带来的影响。显然,企业的流动性资产即安全资产高,则企业在失败情况下仍有较多的安全资产,故银行不会轻易取回其款项,说明较高的 m 会带来较低 c_ε,故 $U'(c_\varepsilon)$ 会越来越大。由于 $1-\varepsilon>0$,故 $(1-\varepsilon)U'(c_\varepsilon)$ 会随着 m 的增加而增加。这说明,就效果1分析,企业的安全资产越多,银行从企业提前取回资金的抽贷门槛会越高。

其次,$\frac{R-1}{1-\sigma}p(\overline{\psi_1})U'(c_2^H)$ 部分（即效果2）的影响。当企业情况较好时,晚期银行从企业得到的 c_2^H 会增大,故 $U'(c_2^H)$ 也增大。由于 $R>1$ 且 $1-\sigma>0$,故 $\frac{R-1}{1-\sigma}p(\overline{\psi_1})U'(c_2^H)$ 也会随着 m 的增加而增加。因此,就效果2分析,企业的安全资产多,银行从企业提前取回资金的抽贷门槛也会越高。

再次,$\frac{1-p(\overline{\psi_1})}{1-\sigma}U'(c_2^L)$ 部分（即效果3）的影响。当企业状态较差时,晚期银行从企业得到的 c_2^L 会减小,故 $U'(c_2^H)$ 也会变小。由于 $1-p(\overline{\psi_1})>0$ 且 $1-\sigma>0$,故 $\frac{R-1}{1-\sigma}p(\overline{\psi_1})U'(c_2^H)$ 会随着 m 的增加而降低。因此,就效果3分析,企业的安全资产多,其留给银行的抽贷门槛会越低。这可能是由于当企业经营状况不好时,如果企业留有的安全资产多,银行为了减少未来的损失而加速从企业抽贷,导致企业留给银行的抽贷门槛降低。

上述分析表明,就安全资产的效果而言,其对抽贷门槛的整体效应是模糊的。这说明,准备较多的安全资产并不是降低企业抽贷门槛的理想方式。对于企业而言,千方百计改善自身经营状况、提高自身竞争力是提高其抽贷门槛的理想选择。

（3）早期银行取出数量的大小。

以早期银行的比例为基础对抽贷门槛求偏导可以得到如下表现形式：

$$\frac{\partial \overline{\psi_1}}{\partial \sigma} =$$

$$\frac{-[m+(R+1-2\sigma)]p(\overline{\psi_1})U'(c_2^H)-[m+c_1(1-2\sigma)][1-p(\overline{\psi_1})]U'(c_2^L)}{p(\overline{\psi_1})[U(c_2^H)-U(c_2^L)](1-\sigma)^2}$$

$$(3.24)$$

（3.24）式表明，满足 $\frac{\partial \overline{\psi_1}}{\partial \sigma}<0$ 的充足条件是 $\sigma \leqslant \frac{1}{2}$。当 $\sigma > \frac{1}{2}$，我们无法确定 $\frac{\partial \overline{\psi_1}}{\partial \sigma}$ 的大小。这说明，当早期银行取出的比例低于 $\frac{1}{2}$ 时，随着早期银行数量的增加，企业留给晚期银行的抽贷门槛会呈现下降趋势。这可能是由于银行对于企业财务状况拥有的信息不完全，故当早期银行向企业催收贷款的数量增加时，晚期银行由于不了解企业财务状况而担心自身贷款难以收回，故向企业提前抽贷，从而导致企业留给晚期银行的抽贷门槛降低。

可见，企业抽贷门槛 $\overline{\psi_1}$ 与早期银行的取出数量 c_1 负相关；企业状态越好，其安全资产越多，则银行从企业提前取回资金的抽贷门槛越高；企业状态越差，其安全资产越多，银行从企业提前取回资金的抽贷门槛越低。此外，当早期银行数量较少时，随着早期银行数量的增加，企业留给晚期银行的抽贷门槛会降低。

2. 抽贷门槛对晚期银行的影响

为了就抽贷门槛对晚期银行的影响进行分析，我们有必要引入下面两个门槛即清算门槛 k_0 和破产门槛 k_1。其中，$k_1 > k_0$。所谓破产门槛，是指当企业处于破产状况时的抽贷门槛，此时如果对企业财产进行清偿，晚期银行将得不到任何款项，即 $c_2 = 0$。所谓清算门槛，是指企业由好状态进入差状态时的抽贷门槛，此时如果对企业进行清偿，晚期银行还会得到完整的 c_2。显然，如果企业介于清算门槛与破产门槛之间，如果对企业进行清偿，晚期银行将只能得到 c_2 的一部分。如果企业处于破产门槛状态，晚期银行会提前取出其所有款项。于是，破产门槛可由下式给出：

$$c_1[\sigma+k_1(1-\sigma)]=m+\varepsilon(1-m)=c_\varepsilon \qquad (3.25)$$

$$\Rightarrow k_1 = \frac{1}{1-\sigma}\left(\frac{c_\varepsilon}{c_1}-\sigma\right) \qquad (3.26)$$

同样，清算门槛可由下式给出：

$$c_1[\sigma+k_0(1-\sigma)]=m \qquad (3.27)$$

$$\Rightarrow k_0 = \frac{1}{1-\sigma}\left(\frac{m}{c_1}-\sigma\right) = \frac{m-\sigma c_1}{(1-\sigma)c_1} \tag{3.28}$$

为了探求抽贷门槛对晚期银行的影响,我们将抽贷门槛分为下面三种情况对之进行讨论:即 $\overline{\psi_1}$ 大于等于 k_1,介于 k_0 与 k_1 之间,介于 0 与 k_0 之间三种情况。

(1)情况 1:当 $\overline{\psi_1} \geqslant k_1$ 时。

显然,当 $\overline{\psi_1} \geqslant k_1$ 时,企业通常会清算其全部资产,以致晚期银行将收不到任何资金,即 $c_2 = 0$。

(2)情况 2:当 $\overline{\psi_1} \in [k_0, k_1]$ 时。

显然,当 $\overline{\psi_1} \in [k_0, k_1]$ 时,企业处于部分清算状态。假设在部分清算情况下企业所清算的份额由 γ 表示,其中 $\gamma \in [0,1]$。显然,γ 可由下式给出:

$$c_1[\sigma + \overline{\psi_1}(1-\sigma)] = m + \gamma(1-m)\varepsilon \tag{3.29}$$

$$\Rightarrow \gamma = \frac{c_1[\sigma + \overline{\psi_1}(1-\sigma)] - m}{\varepsilon(1-m)}$$

$$\Rightarrow (1-\gamma) = \frac{c_\varepsilon - c_1[\sigma + \overline{\psi_1}(1-\sigma)]}{\varepsilon(1-m)}R \tag{3.30}$$

由此,在时期 2 时,晚期银行能够得到 $(1-\gamma)(1-m)R$ 的资金,该部分资金由 $(1-\overline{\psi_1})(1-\sigma)$ 数量的晚期银行共同分享。故可以推导出:

$$(1-\overline{\psi_1})(1-\sigma)c_2 = \frac{c_\varepsilon - c_1[\sigma + \overline{\psi_1}(1-\sigma)]}{\varepsilon}R \tag{3.31}$$

$$\Rightarrow c_2 = \frac{c_\varepsilon - c_1[\sigma + \overline{\psi_1}(1-\sigma)]}{\varepsilon(1-\overline{\psi_1})(1-\sigma)}R \tag{3.32}$$

显然,此时的 $\partial c_2 / \partial \overline{\psi_1} < 0$。这说明,$c_2$ 随着 $\overline{\psi_1}(\overline{\psi_1} \in [k_0, k_1])$ 的增加而严格下降。这是由于当 $\overline{\psi_1} \in [k_0, k_1]$ 时,企业处于部分清算状况,这说明企业状况较差。当抽贷门槛较高时,银行资金留在企业的可能性也较高,故银行会由于企业的较差状况而得到较少的资金数额。

(3)情况 3:当 $\overline{\psi_1} \in [0, k_0]$ 时。

对于 $\overline{\psi_1} \in [0, k_0]$ 来说,企业会根据早期银行需要取出数额的需求而调整流动性需求,故 $m \geqslant c_1[\sigma + (1-\sigma)\overline{\psi_1}]$。由于 $\gamma = 0$,由此,晚期银行在时期 2 能够得到 $(1-m)R + m - c_1[\sigma + (1-\sigma)\overline{\psi_1}]$ 的资金。于是可以推导出:

$$c_2 = \frac{(1-m)R + \{m - c_1[\sigma + \overline{\psi_1}(1-\sigma)]\}}{(1-\overline{\psi_1})(1-\sigma)} \tag{3.33}$$

$$\Rightarrow \frac{\partial c_2}{\partial \overline{\psi_1}} = \frac{m + (1-m)R - c_1}{(1-\sigma)(1-\overline{\psi_1})^2} \tag{3.34}$$

显然,由于由于 $m > c_1$,故上式的分子大于 0,由于分母大于 0。故 $\dfrac{\partial c_2}{\partial \overline{\psi_1}} > 0$。可见,当 $\overline{\psi_1} \in [0, k_0]$ 时,抽贷门槛越高,晚期银行得到的收益越大。

上述分析表明,当企业处于较好状况时,即当 $\overline{\psi_1} \in [0, k_0]$ 时,银行从企业提前取回资金的抽贷门槛越高,则银行得到的资金会越多;当企业状况介于清算门槛状况与破产门槛状况之间时,即当 $\overline{\psi_1} \in [k_0, k_1]$ 时,银行从企业提前取回资金的抽贷门槛越高,则银行得到的资金会越少。当企业状况特坏而超过了破产状况时,即 $\overline{\psi_1} \geqslant k_1$ 时,此时无论抽贷门槛如何变化,银行得到的收益始终为 0。上述分析暗示,当企业处于较差状态时,由于较高的抽贷门槛对晚期银行具有不利影响,故晚期银行会提前抽贷,从而降低企业的抽贷门槛,使得企业陷入财务困境。

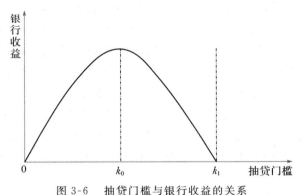

图 3-6　抽贷门槛与银行收益的关系

(二)风险传染

1. 被担保企业的抽贷门槛

我们的研究从被担保企业开始。被担保企业有较高的资金流动性需求,我们用 Q 对之进行表征。对于提供了担保的企业而言,其对外提供了 μ 的担保,我们假定其收回担保款的概率为 ϕ,则对外提供了担保的企业平均来说会损失 $(1-\phi)\mu$ 的款项,而被担保企业平均来说会得到 $(1-\phi)\mu$ 的款项。我们根据晚期银行是否提前取出其资金而将其分为有耐心银行与无耐心银行两种。当被担保企业处于破产状态时,所有资金被变现清算,其获得的担保也无法偿还。于是,当银行向被担保企业提供了贷款时,无耐心银行的收益为 $m + \varepsilon(1-m) + \mu = c_\varepsilon$;有耐心银行的收益则会根据企业状况好坏而有所不同。当企业状况好时,有耐心银行的收益可以表示为:

$$c_{2Q}^{H} = \frac{(1-m)R + m - \sigma_Q c_1 + (1-\phi)\mu}{1 - \sigma_Q} \tag{3.35}$$

当企业状况差时,有耐心银行的收益可以表示为:

$$c_{2Q}^{L} = \frac{m - \sigma_Q c_1 + (1-\phi)\mu}{1 - \sigma_Q} \tag{3.36}$$

被担保企业的抽贷门槛$\overline{\psi_{2,Q}}$由无耐心银行的收益$u(c_\varepsilon)$和有耐心银行的收益$\{p(\overline{\psi_{2,Q}})u(c_{2,Q}^{H}) + [1 - p(\overline{\psi_{2,Q}})]u(c_{2,Q}^{L})\}$联合得到。由此,被担保企业的抽贷门槛$\overline{\psi_{2,Q}}$可由下列形式表示:

$$\overline{\psi_{2,Q}} = p^{-1}\left[\frac{u(c_\varepsilon) - u(c_{2,Q}^{L})}{u(c_{2,Q}^{H}) - u(c_{2,Q}^{L})}\right] \tag{3.37}$$

2. 担保企业的抽贷门槛

担保企业对流动性资金的需求相对较低,其对外提供了μ单位的担保款,我们用q对担保企业进行表征。就担保企业而言,其是否会收回担保款依赖于被担保企业的经营状况。如果被担保企业经营失败,则其担保款无法收回;如果被担保企业经营较好而存活,则其能够收回担保款。在这里,我们用(A,W)表示被担保企业的存活或失败。根据前面的假定,由于担保企业收回担保款的概率为ϕ,故担保企业平均来说会损失$(1-\phi)\mu$的款项。对于向担保企业提供了贷款的银行而言,其收益的大小也与担保企业的经营状况有关。当担保企业的经营状况好时,有耐心晚期银行的收益具有如下两种表现形式:

$$c_{2,q}^{HA} = \left[\frac{R(1-m) + (m - \sigma_q c_1) - (1-\phi)\mu}{1 - \sigma_q}\right] \tag{3.38}$$

$$c_{2,q}^{HW} = \left[\frac{R(1-m) + (m - \sigma_q c_1) - \mu}{1 - \sigma_q}\right] \tag{3.39}$$

其中,(3.38)式为被担保企业存活时,晚期银行从较好担保企业收到的资金;(3.39)式为被担保企业失败时,晚期银行从较好担保企业收到的资金。

同理可得,在担保企业的经营状况差时,有耐心晚期银行的收益也具有如下两种表现形式:

$$c_{2,q}^{LA} = \left[\frac{(m - \sigma_q c_1) - (1-\phi)\mu}{1 - \sigma_q}\right] \tag{3.40}$$

$$c_{2,q}^{LW} = \left[\frac{(m - \sigma_q c_1) - \mu}{1 - \sigma_q}\right] \tag{3.41}$$

其中,(3.40)式为被担保企业存活时,晚期银行从较差担保企业收到的资金;(3.41)式为被担保企业失败时,晚期银行从较差担保企业收到的资金。

显然,从担保企业视角分析,有耐心银行的期望收益由两部分组成:即
(1)在$\overline{\psi_{2,q}}$概率的情况下,被担保企业经营失败,有耐心的银行会从担保企业收到$\{p(\overline{\psi_{2,q}})u(c_{2,q}^{HW})+[1-p(\overline{\psi_{2,q}})]u(c_{2,q}^{LW})\}$的资金。(2)在$(1-\overline{\psi_{2,q}})$概率的情况下,被担保企业存活,有耐心的银行会收到$\{p(\overline{\psi_{2,q}})u(c_{2,q}^{HA})+[1-p(\overline{\psi_{2,q}})]u(c_{2,q}^{LA})\}$的收益。对于无耐心的银行而言,其从企业得到的期望收益为$u(c_e-\mu)$。显然,担保企业留给晚期银行的抽贷门槛$\overline{\psi_{2,q}}$由晚期银行的两种选择联合决定,由此可以推断出担保企业的抽贷门槛具有如下表现形式:

$$\overline{\psi_{2,q}}=p^{-1}\left\{\frac{\overline{\psi_{2,Q}}[u(c_e-\mu)-u(c_{2,q}^{LW})]+(1-\overline{\psi_{2,Q}})[u(c_e-\mu)(1-\varepsilon\phi)-u(c_{2,q}^{LA})]}{\overline{\psi_{2,Q}}[u(c_{2,q}^{HW})-u(c_{2,q}^{LW})]+(1-\overline{\psi_{2,Q}})[u(c_{2,q}^{HA})-u(c_{2,q}^{LA})]}\right\}$$

$$(3.42)$$

3. 风险传染

(1)担保企业对被担保企业的影响。

根据式(3.35)、(3.36)、(3.37)可以得出,被担保企业的抽贷门槛与其从担保企业得到的担保金额具有如下关系:

$$\frac{\partial\overline{\psi_{2,Q}}}{\partial\mu}=\frac{u(c_e)+[(1-\phi)/(1-\sigma_Q)]\{p(\overline{\psi_{2,Q}})u'(c_{2,Q}^H)+[1-p(\overline{\psi_{2,Q}})]u'(c_{2,Q}^L)\}}{p'(\overline{\psi_{2,Q}})[u(c_{2,Q}^H)-u(c_{2,Q}^L)]}$$

$$(3.43)$$

显然,由于$p'(\cdot)>0$,且$c_{2,Q}^H>c_{2,Q}^L$,故$\frac{\partial\overline{\psi_{2,Q}}}{\partial\mu}>0$。这说明,对于被担保企业来说,其从担保企业得到的担保金额越多,则其抽贷门槛越高,企业越不容易破产。当担保企业由于经营状况变坏而提供给被担保企业的担保资金较少时,被担保企业的抽贷门槛会降低,导致被担保企业面临银行的抽贷机会增加,其陷入财务困境的概率也会增大。

(2)被担保企业对担保企业的影响。

从式(3.42)可以看出,被担保企业里的晚期银行的取出决策会影响担保企业内晚期银行的取出决策,故担保企业的抽贷门槛是被担保企业抽贷门槛的函数,即$\overline{\psi_{2,q}}=\overline{\psi_{2,q}}(\overline{\psi_{2,Q}})$。同时,以$\overline{\psi_{2,Q}}$为基础对$\overline{\psi_{2,q}}$求导时其表现形式如下:

$$\frac{\overline{\psi_{2,q}}}{\overline{\psi_{2,Q}}}=\frac{[1-p(\overline{\psi_{2,q}})][u(c_{2,q}^{LA})-u(c_{2,q}^{LW})]+p(\overline{\psi_{2,q}})[u(c_{2,q}^{HA})-u(c_{2,q}^{LW})]}{p'(\overline{\psi_{2,q}})\{\overline{\psi_{2,Q}}[u(c_{2,q}^{HW})-u(c_{2,q}^{LW})]+(1-\overline{\psi_{2,Q}})[u(c_{2,q}^{HA})-u(c_{2,q}^{LA})]\}}$$

$$(3.44)$$

显然，由于 $c_{2,q}^{HA} > c_{2,q}^{HW}$，且 $c_{2,q}^{LA} > c_{2,q}^{LW}$，故 $\dfrac{\overline{\psi_{2,q}}}{\psi_{2,Q}} > 0$。这说明：当被担保企业的抽贷门槛增大时，担保企业的抽贷门槛也会增大；当被担保企业的抽贷门槛降低时，担保企业的抽贷门槛也会降低。可见，如果被担保企业因陷入了财务困境而导致抽贷门槛降低，这会导致担保企业的抽贷门槛也降低，从而导致银行从担保企业提前抽贷，使得担保企业也陷入财务困境，企业之间的风险传染由此产生。

综合式(3.43)、(3.44)可以发现，企业资金担保链的风险传染通过两条途径表现出来。首先，当担保企业提供给被担保企业的担保资金较少时，被担保企业的抽贷门槛会降低；其次，当被担保企业的抽贷门槛增大时，担保企业的抽贷门槛也会增大；当被担保企业的抽贷门槛降低时，担保企业的抽贷门槛也会降低。

三、小结

本研究借鉴了 Ahnert 和 CoPierre 的研究成果，就银行从企业提前取回贷款的抽贷门槛视角来对企业资金担保链风险传染机理进行探求。

我们首先对抽贷门槛的影响因素进行了研究，结果发现：企业抽贷门槛 $\overline{\psi_1}$ 与早期银行的取出数量 c_1 负相关；当企业处于较好状况时，其安全资产越多，则银行从企业提前取回贷款的抽贷门槛越高；当企业处于较差状态时，其安全资产越多，银行从企业提前取回贷款的抽贷门槛越低。此外，当早期银行数量较少时，随着早期银行数量的增加，银行从企业提前取回贷款的抽贷门槛会降低。

然后就抽贷门槛对晚期银行的影响进行了分析，通过引入清算门槛 k_0 和破产门槛 k_1 两个概念，就抽贷门槛 $\overline{\psi_1}$ 高于 k_0，介于 k_0 与 k_1 之间，低于 k_1 三方面的情况进行了讨论，结果发现：当 $\overline{\psi_1} \geqslant k_1$ 时，企业通常会清算其全部全部资产，以致晚期银行将收不到任何资金；当 $\overline{\psi_1} \in [k_0, k_1]$ 时，其留给晚期银行的抽贷门槛越高，晚期银行得到的资金会越少；当 $\overline{\psi_1} \in [0, k_0]$ 时，其留给晚期银行的抽贷门槛越高，晚期银行得到的资金会越多。

最后就抽贷门槛视角下企业资金担保链的风险传染机制进行了分析，结果发现，企业资金担保链的风险传染通过两条途径表现出来。首先，当担保企业提供给被担保企业的担保资金较少时，被担保企业的抽贷门槛会降低。其次，当被担保企业的抽贷门槛增大时，担保企业的抽贷门槛也会增大；当被担保企业的抽贷门槛降低时，担保企业的抽贷门槛也会降低。

结论对实践部门防范资金担保链危机具有一定的启示意义。(1)鉴于企业资金担保链会通过抽贷门槛渠道进行传染,因此,对于企业而言,增加其自身实力,提高银行从其提前取回资金的抽贷门槛是防患资金担保链危机的重要举措;(2)当企业状态不好时,准备较多的安全资产反而会降低抽贷门槛,故准备较多的安全资产并不是降低企业抽贷门槛的理想方式。可见,对于企业而言,千方百计改善自身经营状况、提高企业自身竞争力是提高抽贷门槛、防范资金担保链风险传染的理想选择。

第三节　企业资金担保链的风险传染机制

企业资金担保链的传染机制是怎样形成的? 显然,这是我国目前政界、学术界与企业界急需解决的一个重要现实问题。学界对企业资金担保链的研究集中于企业资金担保链的形成原因、危害及风险共享机制,没有对其风险传染机制进行深入分析,而这正是本研究希望予以探究的主题。

一、基本模型与研究假设

(一)模型的建立

本部分的目的是为企业资金担保链的风险传染研究提供微观机制。参考 Allen 和 Gale 的模型[①],我们设计了一个 3 时期 $t = 0,1,2$ 的模型。在时期 0,企业投资于两项资产。一项为短期资产,在时期 1 能使企业得到单位 1 的利润;还有一项为长期资产,在一个时期后能提供 $r < 1$ 或在两个时期后能提供 $R > 1$ 的收益。长期资产如果成功了则有一个较高的收益,但如果在中期要将其变现则需要耗费很大的成本。故企业在时期 1 如果将长期资产变现而给银行还贷即表示其陷入了财务困境。

假设有若干家银行(我们假设银行是同质的),每家银行在时期 0 贷给企业一笔贷款。假设有 w 部分的银行是短期放贷者,他们在时期 1 收回贷款。有$(1 - w)$部分的银行是长期放贷者,他们在时期 2 收回贷款。于是,银行的偏好由下式给出:

---

①　F. Allen,D. Gale. Financial Contagion. *Journal of Political Economy*,2001(1):1-33.

$$U(c_1, c_2) = \begin{cases} U(c_1) \\ U(c_2) \end{cases} \tag{3.45}$$

其中,$U(c_1)$为w部分的银行所得到的效用函数,$U(c_2)$为$(1-w)$部分的银行所得到的效用函数;c_t表示银行在时期1或时期2所收回的贷款,早期银行收回贷款数量为c_1,晚期银行收回贷款为c_2。函数$U(\cdot)$为递减的严格凸函数。

w随着企业的不同而不同。w^i表示向企业i进行抽贷的银行数量,其有两个可能的数值,即高数值与低数值,分别用w_H和w_L表示,其中,$0 < w_L < w_H < 1$,这两个数值的大小依赖于企业所处的宏观经济状态。我们假定有两个可能的宏观经济状态S_1和S_2;一半企业会面临较高的流动性冲击,一半企业会面临较低的流动性冲击。企业流动性冲击与宏观经济状态的关系如表3-7所示。

表 3-7 企业的流动性冲击

	A	B	C	D
S_1	w_H	w_L	w_H	w_L
S_2	w_L	w_H	w_L	w_H

(二)最佳风险共享

在时期1,企业选择资产组合$(x, y) \geqslant 0$,且满足下列限制:
$$x + y \leqslant 1 \tag{3.46}$$
在这里,x和y表示企业分别投资于长期资产与短期资产所占的份额。

由于每一时期的总贷款是一个常量,所以企业把时期1将要偿还的短期贷款用于短期资产投资而把时期2将要偿还的长期贷款用于长期资产投资是最优的。

早期银行的平均收贷数量被表示为$\gamma = (w_H + w_L)/2$ (3.47)

企业短期资产所具有的限制条件为$\gamma c_1 \leqslant y$ (3.48)

企业长期资产所具有的限制条件为$(1-\gamma)c_2 \leqslant Rx$ (3.49)

在时期0,每家银行对企业进行早期收贷与晚期收贷的概率是相同的,于是,银行的效用可以用下式表示:

$$U = \frac{1}{2}u(c_1) + \frac{1}{2}u(c_2) \tag{3.50}$$

对于银行来说,时期1收回贷款所得到的边际效用与时期2收回贷款所得到的边际效用应该是相同的,否则,银行会通过时期 1 收贷与时期 2 收贷的更换而使自身效用得到提高。因此,银行效用的一阶条件应具有如下形式:

$$u'(c_1) = Ru'(c_2) \tag{3.51}$$

由于 $R > 1$,于是我们有:

$$u'(c_1) \geqslant u'(c_2) \tag{3.52}$$

根据边际效用递减原则,我们可以得到:

$$c_1 \leqslant c_2 \tag{3.53}$$

从表 3-7 可以看出,在状态 S_1 时,A、C 企业有 w_H 的早期收贷银行,B、D 企业有 w_L 的早期收贷银行,每家企业平均有 γc_1 的短期资金要被银行收回。所以,A、C 两家企业需要得到的流动性资金超过平均数的数值为 $(w_H - \gamma)c_1$,B、D 两家企业需要得到的流动性资金低于平均数的数值为 $(\gamma - w_L)c_1$。此时,A、C 两家企业会有超额资金需求,它们需要得到其他企业的担保而从银行得到贷款;B、D 两家企业的资金需求相对较少,它们有能力为 A、C 两家企业提供担保。在状态 S_2 时,则会有相反的情况出现。

二、企业资金担保链的形成机制

对于企业来说,其必须面对早期银行可能超过平均数的窘境,即 $w_H > \gamma$,此状况要求企业必须有更多的短期资产 y 来满足早期银行的要求,否则,企业可能会变现一部分长期资产来满足流动性要求。然而,如果后期银行在时期 1 收回其贷给企业的长期贷款,这会引发企业流动性的冲击问题。如果没有更多的短期资产用于变现,企业的主要办法是到银行等金融机构筹集资金,由于企业到银行贷款需要有公司为其进行担保,于是,企业资金担保链应运而生。

假定 i 为某一高流动性需求的企业,该企业的早期银行收回贷款的数量为 w_H,该企业要为一家企业提供信用担保。我们假设企业之间信用担保份额为 $z^i = \dfrac{w_H - \gamma}{2} > 0$。于是,该企业必须从早期银行那里支付 c_1 的贷款,还有可能要支付 $z^i = \dfrac{w_H - \gamma}{2}$ 的资金担保款,因此,其总的资金支出份额为 $\dfrac{w_H + (w_H - \gamma)}{2}$。同时,假设它有 y 单位的短期资产,有另一家企业为其提供 $2z^i = \dfrac{2(w_H - \gamma)}{2} = w_H - \gamma$ 的资金担保款。由此,其预算约束必须满足

$w_H c_1 = \dfrac{y + (w_H - \gamma)}{2}$，从而推导出：

$$y = w_H(c_1 - \frac{1}{2}) - \frac{\gamma}{2} \qquad (3.54)$$

(3.54) 式表明，对于高流动性需求的企业而言，收贷银行的比例越大，收贷的数量越多，企业准备的短期资产也应越多。

假设某企业 i 为一低流动性需求的企业，其支付给银行 w_L 的贷款数量为 c_1，还可以为其他高流动性需求的企业提供 $2z^i = (w_H - \gamma)$ 的担保。它有 y 单位的短期资产去满足需求，于是其预算约束必须满足：

$$[w_L + (w_H - \gamma)c_1] = y \qquad (3.55)$$

(3.55) 式说明，企业对外担保的资金数量越多，其储备的资产也应越多，否则，企业会因预算不平衡而陷入财务困境。

当宏观经济变坏而出现了状态 $\overline{S}$ 的冲击时，企业对流动性的总需求会超过其流动性供给能力，企业资金担保链可能会导致大范围危机。

假定每个企业有一个投资组合 (x, y)，其提供银行的贷款契约为 (c_1, c_2)。其中，(c_1, c_2, x, y) 是最佳组合。同时，代表性企业得到了临近企业 $z = (w_H - \gamma)$ 份额的资金担保。我们假定冲击状态 $\overline{S}$ 在时期 0 的概率为 0，当其发生时，企业需要额外的流动性。

表 3-8　流动性冲击表

	A	B	C	D
S_1	w_H	w_L	w_H	w_L
S_2	w_L	w_H	w_L	w_H
$\overline{S}$	$\gamma + \varepsilon$	γ	γ	γ

表 3-8 显示，在状态 $\overline{S}$ 下，除了 A 企业以外，每家企业对流动性的平均需求为 γ，而 A 企业则为 $\gamma + \varepsilon$。同时，在 $\overline{S}$ 状态下，所有企业对流动性的需求会超过正常状态下的 S_1 和 S_2。由于不正常的 $\overline{S}$ 出现概率极小，故其不会改变时期 0 企业的投资组合与银行的贷款组合。

在时期 1，银行将乐观地估计其是否在时期 1 或时期 2 取回它们的贷款，企业为了满足银行的要求也会变现其资产偿还银行的贷款。在时期 1，企业必须支付给银行 c_1 的贷款。如果企业没有足够的偿还能力，它就必须在时期 1 将其资产变现。同样的道理，企业必须在时期 2 支付晚期银行的贷款，其过程与时期 1 类似。

(一)变现顺序

在时期 1,企业可能发现自己面临三种情况。如果企业能用其流动性资产支付银行贷款,说明企业具有清偿能力;如果企业能支付贷款,但须将部分长期资产变现,说明企业不具清偿能力;如果企业将所有的资产变现也不能还清贷款,说明企业会破产。对于企业而言,其三种资产中的每一种在变现时将会有不同的成本。由于存款的变现成本可以忽略,故我们假定企业存款的现值为 1。如果变现短期资产,企业将放弃未来 c_2 的价值而得到 c_1 的现值,故短期资产的变现成本为 c_2/c_1。从一阶条件 $u'(c_1)=Ru'(c_2)$ 可知, $c_2/c_1>1$。如果将 1 单位长期资产变现,企业将放弃 R 单位的未来收益而得到 r 单位的现值,故长期资产的变现成本为 R/r。由于长期资产变现比短期资产变现的难度要大,由此我们得到了存款、短期资产与长期资产的变现成本大小:

$$1<c_2/c_1<R/r \tag{3.56}$$

显然,当企业需要变现其资产时,为了最大化自身利益,它必须先将存款变现,然后为短期资产变现,最后才为长期资产变现。

(二)流动性价值

如果企业没有破产,其在时期 1 需偿还银行的贷款为 c_1。用 q^i 表示企业 i 在时期 1 得到的担保信用贷款。对任何企业 i 来说,当其处于破产状态时,必须满足条件 $q^i<c_1$,否则,企业会利用得到的信用担保款去偿还银行贷款而使自己不具破产状态。如果所有银行抽回贷款,企业对流动性的总需求份额将会是 $1+z$。由于 A 企业为 B 企业承担了 z 份额的担保款项,故企业的负债为 $(1+z)q^A$;企业的资产由 y 单位的短期资产, x 单位的长期资产和 z 单位从 D 企业得到的担保款所组成,故其资产可以表示为 $y+rx+zq^D$。于是有下列等式:

$$q^A=\frac{y+rx+zq^D}{1+z} \tag{3.57}$$

(三)企业缓冲与企业破产

假设企业没有清偿能力而必须变现其长期资产,当后期银行在时期 2 追债时,企业在时期 1 偿还给银行的款项应为多少呢? 显然,企业在时期 2 必须给银行至少 c_1 的债务,否则,银行会在时期 1 抽贷。故有 w 部分早期银行的企业至少必须保持 $(1-w)c_1/R$ 的长期资产以满足后期银行在时期 2 收回贷款。于是,企业在时期 1 的长期资产净值只有 $[x-(1-w)c_1/R]$。由于每单位长期资产经过一个时期后会得到 r 的利润,因此,企业为了偿还银行所需贷款的数量而不使自身破产,其将要变现的长期资产价值必须为:

$$b(w) \equiv r[x-(1-w)c_1/R] \tag{3.58}$$

我们称 $b(w)$ 为企业缓冲。就 A 企业来说,其有 $y=\gamma c_1$ 的短期资产,在状态 $\overline{S}$ 下,它要向 $\gamma+\varepsilon$ 部分的早期银行还清贷款,故其必须将 εc_1 的长期资产变现。对于企业而言,当且仅当 εc_1 比缓冲要小时,该企业才不至于破产:

$$\varepsilon c_1 \leqslant b(\gamma+\varepsilon) \tag{3.59}$$

在下面的分析中,我们假设(3.59)的条件是违背的。也就是说,企业 A 必须自身保持足够资产,否则就会破产,因为它没有办法来支付晚期银行在时期 2 的 c_1 和早期银行在时期 1 的 c_1。

当 $\varepsilon>0$,且足够小到刚好满足不等式(3.59)时,A 企业就不能清偿了,但这对其他企业没有影响。但 A 企业的后期银行则会受到不利影响,因为长期资产在时期 1 提前变现使得 A 企业不能支付 c_2 给后期银行。

当 ε 大到足够违背(3.59)的条件时,A 企业将会破产。尽管它能从 D 企业得到 q^D 的担保,但只要 $q^D \leqslant c_1$,企业仍然会处于破产状态。如果 A 企业破产,这对 D 企业有一个溢出效果,因为 A 企业从 D 企业得到了担保款。故当其破产时,D 企业将受到损失。

如果 ε 不很大,该溢出效应将使得 D 企业不能清偿,但不会导致 D 企业破产。如果 ε 较大,其溢出效应超过 D 企业的缓冲能力,D 企业也将破产。D 企业长期资产的变现将给 C 企业带来损失,从而导致 C 企业出现危机。由此,从一个企业到另一个企业,溢出越来越大,更多的企业将破产,更多的损失将会被累积。故一旦 A 企业破产,其他企业也会破产。

上述分析表明,A 企业受到的不利冲击对其他企业能带来不利影响时,必须满足两个条件。首先,A 企业的流动性冲击超过了其缓冲能力,即 $\varepsilon c_1 > b(\gamma+\varepsilon)$。其次,D 企业受到的溢出效应也必须超过其缓冲能力。D 企业从 A 企业得到的溢出效应为 $z(c_1-\overline{q}^A)$,在这里,$\overline{q}^A$ 表示 A 企业在破产情况下能够从 D 企业得到的担保款项。用方程(3.57)的结果,并假设 $q^D=c_1$,我们可以得到 $\overline{q}^A$ 的上限。

$$\overline{q}^A \leqslant q^A = \frac{y+rx+zc_1}{(1+z)} \tag{3.60}$$

因此，A 企业传递到 D 企业的溢出效应必须满足：

$$z(c_1 - \bar{q}^A) > b(\gamma) \tag{3.61}$$

（3.61）式说明，如果 D 企业受到的溢出效用超过了其缓冲能力，该溢出效应将导致 D 企业破产。

（四）风险传染

假定资金担保链系统的异常状况 $\bar{S}$ 出现的概率极小。如果每家企业选择投资组合 (x,y,z)，并提供一个契约合同 (c_1,c_2)，(x,y) 是最佳投资组合，(c_1,c_2) 是最佳贷款组合，且 $z = (w_H - \gamma)$。如果（3.59）和（3.61）得到满足，$\bar{S}$ 状态的出现将会使风险传递给整个经济。

证明：我们首先假设对每一个企业来说，均有 $q^i = c_1$。A 企业的早期资金需求份额为 $\gamma + \varepsilon$，B、C、D 企业的早期资金需求份额为 γ，所有企业的短期资产储量均为 $y = \gamma c_1$。如果企业对流动性有过度需求，其只能将长期资产变现。为了避免长期资产变现，企业在时期 1 至少必须从其他企业得到足够数量的担保款项。但由于企业之间的担保不是单向担保而是相互担保，说明每一家企业实际上不能从其他企业获得额外的流动性帮助，故每家企业必须实现流动性的自我满足。既然企业的流动性必须自我提供，故企业 A 一旦遭到不利影响而不能独立偿还银行贷款时，其实际上就处于破产状态。

既然企业 A 已经破产，我们就必须证明金融危机能传递到其他企业。首先，考虑 D 企业。如果 D 企业没有破产，其负债为 $(\gamma + z)c_1$，这表示有 γ 部分的早期银行催收贷款，还要为 A 企业提供 z 单位的担保款。D 企业的流动资产变现为 $y + z\bar{q}^D$，$\bar{q}^D$ 为 D 企业在破产状态下能从 C 企业得到的担保款项。其最大变现能力 $b(\gamma)$ 从变现长期资产中获得。于是，为了避免破产，D 企业必须满足如下方程：

$$(\gamma + z)c_1 \leqslant y + b(\gamma) + z\bar{q}^D \tag{3.62}$$

由于 $\gamma c_1 = y$，$\bar{q}^D \leqslant c_1$，这个不等式意味着，$b(\gamma) \geqslant 0$。而前面的分析已经表明，企业缓冲取决于企业长期资产在市场上的变现能力，当企业长期资产变现能力较差时，D 企业将会破产。事实上，即使企业能将长期资产变现而免于破产，它也会影响 D 企业的未来收益与经营能力。由此可见，资金担保链具有较强的风险传染力。

（3.62）说明，A 企业破产将会导致为其提供担保的 D 企业破产或受损。将此分析扩展可知，D 企业破产将会引发 C 企业破产或受损，最后引

发 B 企业破产或受损,最终将风险传递给了整个经济。

三、结论与启示

探究企业资金担保链的风险传染机制是我国目前政界、学术界与企业界急需解决的一个重要现实问题。为此,我们对企业资金担保链的风险形成机制进行了分析,得到了以下研究结果。

企业资金担保链的风险形成机制表明:(1)对于融入了企业资金担保链系统的企业而言:首先,收贷银行的比例越大,收贷的数量越多,企业准备的短期资产也应越多;其次,企业对外资金担保的数量越多,其储备的资产也应越多。(2)被担保企业受到的不利冲击对担保企业能带来不利影响时,必须满足两个条件。首先,被担保企业的流动性冲击超过了其缓冲能力;其次,为其提供担保的企业受到的溢出效应也必须超过担保企业的缓冲能力。(3)由于资金担保链具有金融的脆弱性,故一个小的流动性冲击会使得一个企业的风险传染给整个经济。

本研究为我们提供了如下启示:首先,对融入了资金担保链系统的企业而言,应视对外担保的数量与银行收贷的数量而准备足够数量的短期资产以应对不利环境的冲击。其次,一旦不利冲击发生,企业应迅速变现其各类资产以提高其缓冲能力,从而阻止资金担保链危机的发生。再次,由于资金担保链危机能够传染给链内所有企业,而其发生是银行收贷所致,故一旦资金担保链危机发生,银行应主动采取措施帮助健康企业渡过难关,以减轻资金担保链危机对整个经济的危害程度。

第四节 企业资金担保链的联结特征与风险传染

为防范和化解企业资金担保链危机,维护金融稳定,浙江省政府于2012年6月出台了《关于加强龙头企业资金链应急保障工作指导意见》的文件,该文件明确指出,"对于与上下游企业和银行关联度高,对当地经济、金融正常运行具有重要影响的龙头企业",如其陷入了资金担保链危机,政府和银行将出手相助。很显然,如果出现危机的企业为一般企业而不是龙头企业,政府与银行将不会对其进行救助。我们暂且不对政府救助企业的公平性问题进行考量,而主要探究:为什么企业资金担保链危机出现后,政府要对龙头企业进行救助?其原因何在?政府救助危机中的龙头企业能有效防范资金担保链危机吗？显然，只有充分了解企业资金担保链的风险传染机理才能对上述问题进行回答。鉴于此，本研究决定以无尺度网络理论为分析视角，从企业担保联结的特征来对企业资金担保链的风险传染机理进行分析。

一、理论背景与研究假设

（一）理论背景分析

从无尺度网络理论对企业资金担保链的风险传染机理进行深入分析，至少有两个问题是不可回避的。首先，企业作为资金担保链的节点，彼此之间存在什么样的联结特征，企业资金担保链所组成的网络是否是一种无尺度网络。其次，如果企业资金担保链具有无尺度网络的特征，这些特征对风险传染具有怎样的影响，如何描述这些影响。为此，我们将对无尺度网络的相关文献进行梳理，以建立必要的理论基础。

1998 年，Albert 等在研究万维网的网络结构时发现：万维网基本上是由少数高连续性的页面串联起来的。[①] 只占节点总数不到万分之一的极少数节点，却有 1000 个以上的联结；而 80% 以上节点的联结数不到 4 个。更多领域的研究发现，大量网络系统普遍存在这种少数但高连接的节点，这种节点可称为"集散节点"。包含集散节点的网络，通常称之为"无尺度网络"。已有研究认为，无尺度网络的形成与节点成长性和优先联结两种现象有关。

首先，节点成长性。在现实中，无尺度网络的节点数量均呈现高增长现象。例如互联网的页面数量，1990 年整个互联网只有一个网页，而到今天网页数已经是数以亿计，其他大部分网络也都有类似的发展过程。互联网在起步阶段只有几个路由器，随着新的路由器与网络原有的路由器相联结，如今路由器的数量已经高达百万以上。这些现实中的无尺度网络，均具有不断快速成长的特性。此外，人际网络中新朋友的加入，论文发表网络中新论文的发表，航空网络中新机场的建造等均说明网络节点具有成长性特征。

其次，优先联结性。无尺度网络新增节点在联结过程中，并非所有旧节点与其相联结的机会都是平等的。例如，在选择将网页联结到何处时，尽管人们可以从数十亿个网站中进行选择，然而我们大部分人只熟悉整个互联

---

① R. Albert，A. L. Barabasi. Statistical Mechanics of Complex Networks. *Reviews of Modern Physics*，2002(74)：47-97.

网的一小部分,这一小部分往往就是那些拥有较多联结的站点,只要联结到这些站点,就等于基本联结了整个网络。这种"优先联结"的过程,也发生在其他网络。例如新加入社群的人会想与社群中的知名人士结识,新的论文倾向于引用已被广泛引用的著名文献,新机场会优先考虑建立与大机场之间的航线,知名公司更容易吸引到同盟者的参与合作等。

在无尺度网络中,由于节点成长和优先连接机制的作用,打破了随机网络的均衡现象,使无尺度网络表现出独特的结构特征。

首先,网络节点的集散性。无尺度网络中包含无数节点,但由于节点的成长性与优先联结性,故大部分节点的节点联结数量较少,而某些节点则与大量的节点具有联结关系,有些节点拥有的联结可能高达数百、数千甚至数百万。集散节点的存在说明:无尺度网络中节点的权力和地位是不均匀的,有主次之分。

其次,网络的脆弱性。对于无尺度网络而言,如果以随机去除的方式破坏了那些不重要的节点,不会对网络结构产生重大影响。然而,如果破坏了网络中的中心度很强的节点,网络可能不堪一击,这主要是因为无尺度网络对中心节点的严重依赖所致。已有研究显示,面对蓄意攻击(或称协同攻击)时,只需要移除 5%～10% 的中心节点,就能彻底瘫痪无尺度网络,因此,无尺度网络对于风险传播的抵抗性较均匀网络脆弱得多。

(二)研究假设

上述分析表明:无尺度网络具有节点的集散性与网络脆弱性两个特征。本研究的目的在于探讨无尺度网络视角下企业资金担保链的联结特征与风险传染,故须说明企业资金担保链是否具有节点的集散性、网络脆弱性两个特征。为此,文章提出如下两大假设:

假设 1:企业资金担保链具有节点的集散性特征。

假设 2:企业资金担保链具有脆弱性,容易传播风险。

由于网络节点的集散性缘于网络节点的成长性与优先联结性,故要证明假设$_1$是否存在,除了要说明企业资金担保链是否具有集散性特征以外,还须证明融入了资金担保链的企业是否具有成长性与优先联结特征。故假设假设$_1$实际上应由以下三个假设所组成:

假设 1a:融入资金担保链的企业具有集散性特征。

假设 1b:融入资金担保链的企业数量具有成长性特征。

假设 1c:融入资金担保链的企业优先与重点企业相担保。

二、企业资金担保链的集散性特征

企业资金担保链的集散性特征表现为企业的担保联结呈现出一种中心外围的联结形式。即少量企业处于中心位置,其他众多企业则处于中心企业的外围,中心企业与所有外围企业均具有担保关系。本研究用图 3-7 对企业资金担保链的中心外围形式进行了描述。图 3-7 显示,在资金担保链的第一层次,X 为具有中心性特点的企业,A、B、C 则为 X 的外围企业,X 企业与 A、B、C 三家企业就构成了中心外围的担保联结形式。根据外围企业的担保特征,企业资金担保链的中心外围担保联结形式可以分为两种形式。

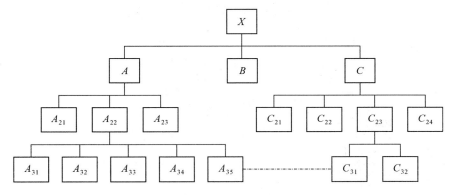

图 3-7 企业资金担保链的中心外围联结形式

第一,外围企业无担保形式。此种形式的担保特征是,外围企业除了与中心企业具有担保关系以外,不再与其他企业发生担保关系。如图 3-7 所示,在资金担保链的第三层次,C_{23} 为具有中心性特点的企业,C_{31}、C_{32} 为其外围企业,这两家外围企业均只与中心企业 C_{23} 有担保关系,但外围企业之间并没有担保关系,也没有与其他企业发生担保关系。绍兴企业资金担保链就存在这种外围企业无担保的联结形式。以图 3-8 派系 5 中的浙江医药集团资金担保链为例,显然,浙江医药为具有中心性特点的企业,其外围企业为康恩贝、升华控股、国投高科、昌欣投资四家企业,这四家企业除了与浙江医药具有资金担保关系外,与其他企业均没有资金担保关系,因此,浙江医药资金担保链属于外围企业无担保形式。又如派系 1 中的稽山控股为具有中心性特点的企业,其与外围企业华农财险、绍兴恒信银行、稽山集团的担保链联结也属于外围企业无担保的联结形式。

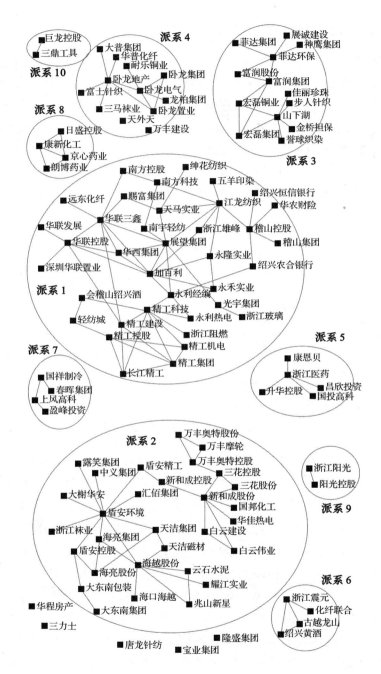

图 3-8 绍兴企业资金担保链的中心外围联结图

第二，外围企业再担保形式。此种形式的担保特征表现为外围企业除了与中心企业具有担保关系以外，与其他企业亦具有担保关系。图 3-7 显示，在资金担保链的第二层次，A 企业为具有中心性特点的企业，其外围企业为 A_{21}、A_{22}、A_{23} 三家企业。显然，A_{21} 除了与中心企业 A 具有担保关系外，其与外围企业 A_{22} 也具有担保关系；A_{22} 除了与 A_{21}、A_{23} 具有担保关系外，还与 A_{31}、A_{32} 等企业具有担保关系，故 A 企业与 A_{21}、A_{22}、A_{23} 所组成的资金担保链为外围企业再担保形式。以图 3-8 派系 1 中的华联三鑫企业资金担保链为例，华联三鑫为该担保链的中心企业，与其有担保关系的外围企业如展望集团、华联控股、加百利、华西集团、精工建设、南方控股等外围企业均为外围再担保企业。

从上述企业资金担保链外围企业联结的分类可知，企业资金担保链的集散性特征具有相对性与程度不同的区别。

首先，企业资金担保链集散特征的相对性。企业资金担保链集散特征的相对性表现为企业的中心与外围角色之间具有相对性。图 3-7 显示，在资金担保链的第一层次，相对于 A 企业来说，A_{21}、A_{22}、A_{23} 企业属于外围企业，A 企业则属于中心企业；在资金担保链的第二层次，相对于 A_{22} 企业来说，A、A_{21}、A_{23}、A_{31}、A_{32} 等企业均为外围企业，A_{22} 则属于中心企业。从图 3-8 的派系 1 可以看出，当把展望集团看成一个中心企业时，与之具有担保关系的华联三鑫、加百利、华西集团、江龙纺织、天马实业、南宇轻纺、永利经编、光宇集团则为外围企业；有些外围企业则又成为新的担保链内的中心企业，以华联三鑫为例，该企业又与华西集团、江龙纺织、加百利、精工科技等具有资金担保关系，从而组成了以华联三鑫为中心的企业资金担保链；此外，加百利、华西集团、江龙纺织等均与其他企业具有资金担保链关系，均组成了以自己为中心企业的企业资金担保链。可见，企业资金担保链的中心外围角色具有相对性。这说明，企业资金担保链的集散相对性主要存在于外围再担保的企业资金担保链之中。对于外围再担保的企业而言，每一个外围企业实际上变成了一个中心企业，因为该企业除了与中心企业具有担保关系外，还与其他企业具有担保关系，故该企业至少会有两个外围企业，外围有再担保关系的企业均属于中心企业。

其次，企业资金担保链的集散程度。对于外围无担保的企业而言，如派系 1 中的华农财险、绍兴恒信银行、五羊印染等企业，由于其只与一家中心企业具有资金担保关系，故这些企业的分散程度保持不变。可见，企业资金担保链的集散程度主要通过中心企业的中心性程度表现出来。企业的中心性程度与企业直接或间接联结的企业数量有关。一般来说,企业与其他企业直接或间接联结的数量越多,则其中心性程度越强,否则,其中心性程度越弱。因此,对于中心企业而言,其中心性程度可从两个视角进行分析。首先,从直接联系的视角分析。以江龙纺织为例,该企业与五羊印染、南方科技、天马实业、展望集团、浙江雄峰、永隆实业、稽山控股等七家企业具有直接担保关系;以稽山控股为例,该企业与江龙纺织、绍兴恒信银行、华农财险、稽山集团、绍兴农合银行等五家企业具有直接担保关系,故江龙纺织的中心性程度要高于稽山控股的中心性程度。其次,从联结总量的视角分析。以派系 7 的上风高科为例,该企业仅与春晖集团、国祥制冷、盈峰投资三家企业具有直接或间接联结关系,以派系 1 的华联三鑫为例,与该企业具有直接或间接联系的企业高达 40 余家,故华联三鑫的中心性程度要高于上风高科。

上述分析表明:企业资金担保链的企业联结呈现出一种中心外围的担保联结形式;根据外围企业的担保特征,中心外围联结形式可以分为外围企业无担保、外围企业再担保两种形式;企业资金担保链的中心企业亦存在中心性程度不同的区别。可见,浙江企业资金担保链联结具有集散性特征。由此,假设 1 得到证明。

三、企业资金担保链的风险传染

(一)外围企业与风险传染

关于外围企业对风险传染的影响,我们只需就外围无担保企业对风险传染的影响进行分析,因为如果外围企业与其他企业具有再担保关系,则该企业对风险传染的影响可以归属于中心企业对风险传染的影响。从图 3-9 可以看出,外围无担保企业传染风险的能力相对有限:以 A_1 企业为例:从直接联结角度分析,A_1 只与 R 有直接担保联系,故 A_1 发生的风险只会传染给 R,如果 R 能够承担该风险成本,这样该风险传递到 R 就自动停止了,此时的风险没有引起群体影响;从间接联结角度分析,如果 A_1 发生的风险破坏力很大,R 没能力承担此风险成本,该风险致使 R 崩溃,使得风险又由 R 传递到其他企业,这时的风险才具有群体影响。可见,对于外围无担保企业而言,只有当与之具有担保关系的中心企业无力承担风险成本而将风险对外传染时,其引致的风险才具有群体性影响,故外围无担保企业的风险传染能力相对有限。

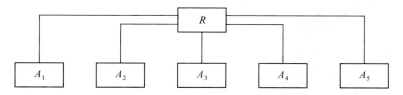

图 3-9　外围企业无担保联结与风险传染

(二)中心企业与风险传染

如图 3-10 所示,从直接联结角度分析:当风险源为 A_1 企业时,其风险会直接传染给 A_2 与 R 两家外围企业;当风险源为 A_2 企业时,其风险会直接传染给 A_1、A_3 与 R 三家外围企业;当风险源为企业 R 时,该风险会传染给链内所有企业。可见,从直接联结角度分析,中心企业联结企业的数量越多,其传染风险的范围越大。从间接联结角度分析,如果受感染的企业均不能承担风险成本而将风险再次传染出去,则所有中心企业均会将风险传染给整个链内企业;但由于部分受感染企业能承担风险成本而不会将风险再次传染给其他企业,故平均来说,某企业与其他企业间接联结的数量越多,则其风险传染的范围越广。

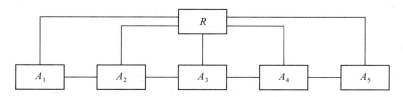

图 3-10　中心企业与风险传染

以 2008 年绍兴企业资金担保链的风险传染为例,中心企业所起的作用表现在两个方面。首先,其风险传染的形成缘于中心性企业成了风险源。图 3-11 显示,在绍兴企业资金担保链风险传染的第一阶段(2008 年 5 月—9月),华联三鑫因期货投资失败,其财务状况迅速恶化,银行决定对其停贷与抽贷,导致该企业迅速破产;在企业资金担保链风险传染的第三阶段(2008年 10 月—11 月),同一派系内的江龙纺织也因经营不善而停工破产。前面的分析已经表明,华联三鑫与江龙纺织是中心性程度很强的企业,正是由于这两家企业的破产,才导致与其有担保联结的企业出现了财务困境。其次,风险主要由中心性程度很强的企业将其对外传染。在风险传染的第二阶段(2008 年 9 月—10 月),华联三鑫出现困境后,与其有担保关系的展望集团和加百利集团迅速陷入财务困境,而赐富集团、远东化纤、华西集团三家企业也受到了很大影响。于是,这5家中心企业进一步将风险传染开来。在风险传染的第三阶段(2008年10月—11月),以江龙纺织为中心的企业将风险传染给了稽山控股、五羊印染、南方科技、天马实业等企业;以加百利为中心的企业则将风险传染给了永禾实业、浙江雄峰、永利经编等企业;以展望集团为中心的企业将风险传染给了光宇集团、南宇轻纺、天马实业等企业。于是,风险传染的分量进一步增大,传染范围也越来越大。在风险传染的第四阶段(2008年11月—12月),风险由第三阶段受感染的中心企业进一步传染,使得派系1的企业全部受到感染,由此导致了2008年绍兴企业资金担保链"火烧连营"局面的出现,该局面直到地方政府强力介入后才有所改观。

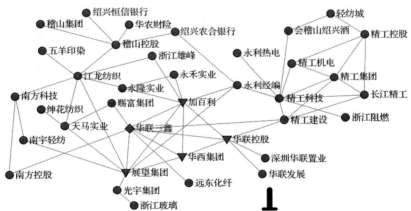

图 3-11a 绍兴企业资金担保链风险传染的第一阶段

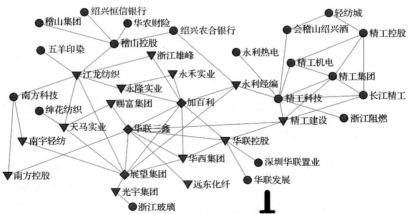

图 3-11b 绍兴企业资金担保链风险传染的第二阶段

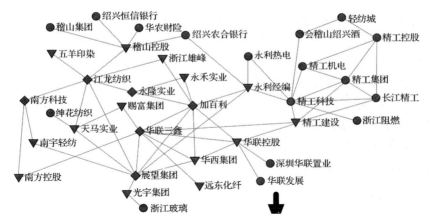

图 3-11c　绍兴企业资金担保链风险传染的第三阶段

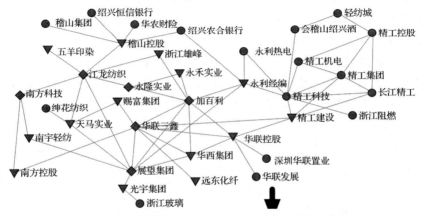

图 3-11d　绍兴企业资金担保链风险传染的第四阶段

上述分析表明,外围企业传染风险的能力相对有限,处于中心位置的企业则具有极强的风险传染能力,说明企业资金担保链的集散性有利于风险传染。由此,假设2得到证明。

四、结论与启示

(一)研究结论

本研究以无尺度网络理论为分析视角,就企业资金担保链的联结特征对其风险传染的影响机理进行了分析,得到了以下研究结果:

(1)企业资金担保链联结具有集散性特征。首先,融入资金担保链的企业联结呈现出一种中心外围的担保联结形式,故企业之间的联结具有集散性特征；其次，根据外围企业的担保特征，企业联结的集散性可以分为外围企业无担保与外围企业再担保两种形式；再次，企业资金担保链集散特征具有相对性，故企业资金担保链的中心企业存在中心性程度不同的区别。

（2）企业资金担保链联结的集散性特征对风险传染的影响表现在两个方面。首先，对于外围无担保企业而言，只有当与之具有担保关系的中心企业无力承担风险成本而将风险对外传染时，其引致的风险才具有群体性影响，故外围无担保企业的风险传染能力相对有限；其次，中心企业由于联结企业的数量较多，故其具有极强的风险传染能力。

（二）相关启示

本研究的结论不仅丰富了关于企业资金担保链风险传染机理的文献，而且对指导我国制定正确的企业资金担保链监管措施具有一定的实践意义。经过两次企业资金担保链危机的重创后，浙江于 2012 年 6 月出台了克服资金担保链危机的对策，即政府对危机中的龙头企业进行救助。企业资金担保链之所以具有很强的风险传染能力，其中的一个重要原因即为中心企业的传染能力极强。因此，浙江政府对中心企业进行救助无疑具有学理上的合理性。

其次，既然中心企业是企业资金担保链风险传染的主要力量，因此，为了减轻企业资金担保链危机的危害程度，我们应降低中心企业的中心性程度。为此，应严格控制企业的担保数量，一是控制与其他企业进行直接担保的企业数量，二是控制担保网内的企业总体数量。通过这两个措施来降低中心企业的中心性程度，从而降低其风险传染能力。

第四章

企业家能力拓展与国际市场势力提升

第一节　企业家核心能力拓展与市场势力构建

在日趋激烈的国际竞争中,与发达国家跨国公司的主导地位相比,中国企业在比较利益分配上一直处于不利格局,长期被"低端锁定"(lock in),而根本原因正是企业市场势力的缺失。[①]　市场势力是指单个或者一组厂商通过影响或控制价格或价格加成能力所体现出的某种市场支配力量,包括市场渠道控制、技术知识获取等。对于市场势力的构建,国内外学者给予了较多关注[②]。其中,大多数研究主要集中在企业创新与市场势力的互动关系

---

① 张小蒂、朱勤:《论全球价值链中我国企业创新与市场势力构建的良性互动》,《中国工业经济》2007 年第 5 期。

② J. A. Ordover, R. D. Willig. An Economic Definition of Predation: Pricing and Product Innovation. *The Yale Law Journal*, 1981, 91(1): 8-53. R. E. Hall. The Relation Between Price and Marginal Cost in U. S. Industry. *Journal of Political Economy*, 1988, 96(5): 921-947. V. Aalto-Setala. The Effect of Concentration and Market Power on Food Price: Evidence from Finland. *Journal of Retailing*, 2002, 78(3): 207-216. D. W. Kim, C. R. Knittel. Biases in Static Oligopoly Models? Evidence from the California Electricity Market. *NBER Working paper*, 2004. F. Silvenie. Price Determination and Market Power in Export Markets: The Case of the Ceramic Tile Industry. *Journal of Applied Economics*, 2005, 8(2): 44-75. C. P. Kellie, H. L. Alan, S. Rehard. Distinguishing the Source of Market Power. *American Agricultural Economics Association*, 2007, 89(1): 78-90. C. Pietrobelli, F. Saliola. Power Relationships Along the Value Chain: Multinational Firms, Global Buyers and Performance of Local Suppliers. *Cambridge Journal of Economics*, 2008, 32(6): 34-87. 刘志彪、石奇:《竞争、垄断和市场势力》,《产业经济研究》2003 年第 4 期。杨晓玲:《垄断势力、市场势力与当代产业组织关系》,《南开经济研究》2005 年第 4 期。张小蒂、贾钰哲:《全球化中基于企业家创新的市场势力构建研究——以中国汽车产业为例》,《中国工业经济》2011 年第 12 期。张小蒂、赵榄:《基于渠道控制的市场势力构建模式特征分析》,《中国工业经济》2009 年第 2 期。

上。例如,Ordover 和 Willig、Kellie 等研究发现,具有较高市场势力的企业能取得较好的创新绩效。Pietrobelli 和 Saliola 认为,企业拥有一定市场势力,其带来的有效需求及组织资源可以极大地促进企业创新。张小蒂和朱勤指出,企业创新与市场势力的良性互动是扭转我国企业在国际分工中面临低端锁定和市场势力缺乏的主要突破口。张小蒂和赵榄认为,较强的市场势力不仅可以给企业带来超额收益,还可以防止创新被迅速模仿,为企业的持续创新活动提供内生的动力机制、盈利机制和再投入保障机制。虽然创新是一个社会经济发展最重要的驱动力,但是创新的关键是企业家的"创造性破坏"活动[①]。改善我国企业尤其是民营企业市场势力缺失的关键在于企业家能力的培育、积累和提升。

随着 Schumpeter 的"创造性破坏"思想受到国内外学者的关注,企业家如何影响企业的经营绩效以及区域经济的发展,就成为理论者和实践者共同研究的重要问题,并且引发了一系列关于企业家能力(创新)与区域经济增长的理论研究[②]和实证分析[③]。例如,Grossman 和 Helpman 内化了知识创新、产品创新等"创造性破坏"活动对经济增长的影响,形成了新增长理论的另外一个分支。Berkowitz 和 Dejong 研究发现,在苏联后期,企业家的区域性活动与经济增长有显著的相关性。国内学者庄子银在 Krugman 的南北贸易理论框架下,将企业家的模仿行为纳入到内生经济增长模型中分析。李宏彬等运用动态面板系统广义估计方法,实证研究发现企业家的创业和创新精神对经济增长有非常显著的正效应。综上所述,大多数研究都认为,企业家能力对于企业的经营绩效及区域经济的长期持续增长至关重要。但是,现有研究通常将企业家能力隐含在企业组织里面,往往忽视了企业家能

---

① J. A. Schumpeter. *The Theory of Economic Development*. Cambridge, MA: Harvard University Press, 1934.

② N. Leff. Entrepreneurship and Economic Development: The Problem Regressions. *Journal of Economic Literature*, 1979, 17(1): 46-64. W. Baurmol. Entrepreneurship: Productive, Unproductive, and Destructive. *Journal of Political Economy*, 1990, 98(5): 893-921. G. Grossman, E. Helpman. Quality Laders and Product Cycles. *Quarterly Journal of Economics*, 1991, 106(2): 557-586. 庄子银《南方模仿、企业家精神和长期增长》,《经济研究》2003 年第 5 期。

③ S. Beugelsdijk, N. Noorderhaven. Entrepreneurial Attitude and Economic Growth: A Gross-section of 54 Regions. *Annals of Regional Science*, 2004, 38(2): 199-218. D. Berkowitz, D. Dejong. Entrepreneurship and Post-socialist Growth. *Oxford Bulletin of Economics & Statistics*, 2005, 67(1): 25-46. 贺小刚、李新春《企业家能力与企业成长:基于中国经验的实证研究》,《经济研究》2005 年第 10 期。李宏彬、李杏、姚先国、张海峰、张俊森《企业家的创业与创新精神对中国经济增长的影响》,《经济研究》2009 年第 10 期。

力对于市场势力构建、提升的直接或间接影响。实际上,企业家的作用不仅表现在提升企业的经营绩效上,更重要的是,他们通过自己的意识、行为和能力,影响企业的自主创新、集体效率和市场势力。

已有研究表明,企业家能力对于企业市场势力的构建是极其重要的。但是,虽然很多学者从各种角度考察了市场势力的形成原因和提升路径,但是从企业家能力这一角度来实证研究市场势力构建的文献仍然十分缺乏,而且企业家能力的作用机制也没有得到足够的重视。本研究拟以浙江绍兴的企业家为例,重点探讨企业家能力对市场势力构建的影响机制。

一、核心能力与市场势力的理论拓展

(一)核心能力理论的拓展

核心能力理论最早用来解释 20 世纪 80 年代的一些日本企业和美国企业为何在竞争力方面存在巨大差异。Prahalad 和 Hamel 认为,日本之所以能获得强大的竞争优势,根源在于培育了核心竞争力,即"组织中的累积性知识,尤其是如何协调不同生产技能和有机结合不同技术流的知识"[①]。核心能力之所以能为企业创造经济租金,主要在于企业具有独特的要素特性和功能,如拥有多个潜在的市场渠道、创造更多的消费者福利、难以模仿等。但是核心能力理论并没有涉及竞争环境的动态变化对于企业的影响,正如 Collis 所言,企业现在的竞争优势并非意味着未来仍具有竞争优势[②]。因此,核心能力理论对于企业竞争力一朝建立就可以一劳永逸的假定是缺乏现实依据的。

核心能力理论面临困境的一个重要原因在于它没有将介于企业与市场之间的企业家纳入研究框架,而是假定竞争环境不变或可以完全控制,即企业家能力是稳定不变的。如果没有将企业家能力加以考虑,那么与核心能力相关的两个问题就难以解决:一是如何解决企业战略转移或调整过程中出现的刚性问题;二是如何解决核心能力培育与稀缺资源争夺战的矛盾问题。在核心能力培育的过程中总会面临一些困境,最有价值的核心能力可能是最难管理的:显露充分的核心能力不易改进;过于分散的核心能力导致

---

① C. K. Prahalad, G. Hamel. The Core Competence of the Corporation. *Harvard Business Review*, 1990, 68(3):79-90.

② D. J. Collis. Research Note: How Valuable Are Organizational Competence. *Strategic Management Journal*, 1994(15):143-152.

失去市场份额;不够熟练的核心能力容易枯萎;培育过久的核心能力会变得刚性等。① 解决这一困境就必须依靠企业家能力,企业在核心能力的培育过程中,从要素资源的获取、分解、组合,到资源的沉积、淘汰、重组都起到积极作用。

　　企业家最基本能力是从非均衡的要素市场和产品市场中发现机会。② 如果不能获得实现潜在机会价值所必需的各种要素资源,企业将难以持续发展。获取资源的过程依赖于企业家吸引、集聚资源以及决定资源的数量、质量、类型、时机和次序的各种能力③。在获取资源后,企业家势必会对所有资源进行整合,如对人力、财力、物力、信息、知识等资源的有机安排以增加组合效应、挖掘内部的过剩资源创造生产性机会等。但是资源的价值表现在它能够直接或间接地为企业创造利润,所以必须建立资源筛选与淘汰机制,以留下有价值的资源和能力、淘汰不适合企业发展的资源。而要素资源获取、筛选、重组、淘汰的主要承担者就是企业家,这表现在:(1)只有企业家介于企业组织与市场之间,是信息的集中者,能决定资源、能力的去留以及确保决策的正确性和及时性;(2)在企业竞争力的构建过程中具有很大的事前不确定性,无法保证生产、经营活动一定能获取"熊彼特租金"④,企业家具备组合、筛选资源的能力,并将承担决策带来的风险;(3)由于历史性积累的资源具有很强的嵌入性和专有性,一旦脱离初始的制度体系就可能导致价值的降低,给企业带来"额外冲突"(如员工的冲突)⑤,只有企业家才能承受、降低这种决策的高风险性。因此,作为资源要素支配者的企业家,其以资源优化配置为特征的核心能力是影响企业经营绩效及市场势力构建的关键要素。

---

　　① D. Leonard-Barton. Core Capabilities and Core Rigidities: A Paradox in Managing New Product Development. *Strategic Management Journal*, 1992(13):111-125. N. J. Foss. Network, Capabilities, and Competitive Advantage. *Scandinavian Journal of Management*, 1999(15):1-15.

　　② E. T. Penrose. *The Theory of Growth of the Firm*. Oxford Basil Blackwell Publisher,, 1959.

　　③ P. C. Godfrey. H. B. Gregersen. Where Do Resource Come From? A Model of Resource Generation. *The Journal of High Technology Management Research*, 1999(1):37-60.

　　④ 熊彼特租金是指熊彼特主张通过商业、技术、供应源和组织模式等方面的创新来获得企业经济租金。一般来说,企业是通过创造性破坏或创新打破现有优势企业的竞争优势来获得这种租金的。因此,这种租金也可以说是由企业家的创新而产生的经济租金,因而也被称为企业家租金(Entrepreneurs Rent,简称E租金)。

　　⑤ R. A. Burgelman. Fading Memories: A Process Theory of Strategic Business Exit in Dynamic Environments. *Administrative Science Quarterly*, 1994(39):24-56.

(二)市场势力来源的拓展

由产业组织理论可知,产品差异化是市场势力的主要来源之一,企业控制产品价格的能力取决于产品的差异化程度。[①] 应该说,除了完全竞争市场(同质性产品)和寡头垄断市场(单一性产品)以外,产品差异化在市场中是普遍存在的。在提供产品的过程中,企业可以借助产品差异化构建异于其他产品的特殊性,以此来影响消费者的偏好和忠诚度。产品差异化不仅影响企业的市场结构,还会影响企业的竞争性行为:若价格竞争非常激烈,企业就偏好于远离竞争对手,这时产品差异化程度较高;当价格竞争不激烈时,企业则倾向于需求相对集中的产品,此时产品差异化程度较低。而对于差异化产品具有的绝对垄断权,就可以构建企业的市场势力。

此外,进入壁垒也可以将产品的价格定位在完全竞争水平之上,同样可以通过影响潜在进入者而构建市场势力。[②] 进入壁垒是产业内在位者相对于潜在进入者所具有的成本优势,可以分为结构性、策略性和制度性三种。其中,结构性壁垒是指进入某一特定产业时所遭遇经济上的障碍以及为克服障碍而引发的成本,包括技术、成本、市场容量、交易费用和消费者偏好等成本;策略性壁垒是在位企业与潜在进入者之间的博弈行为,即在位企业为抑制潜在进入者进入而采取"报复行为"所产生的壁垒[③];制度性壁垒是政府的政策、法规对其他企业所形成的障碍,如技术法规、税收许可证、认证制度等。而进入壁垒产生的根本原因则是市场交易费用的存在[④],这也使得市场势力构建成为必要,即以此提高竞争对手的交易成本,降低自身的交易成本。

当市场价格不变时,规模经济的存在同样会增强整个产业或某一企业的市场势力,以此提高产品的获利能力。规模经济效应是指随着产量不断增加,平均成本逐渐下降,但总收益持续增长并且能获得更高的利润,它分为外部规模经济和内部规模经济两种。外部经济依赖于产业规模的大小,而内部经济来源于企业内部生产规模的大小。不同的规模经济类型对市场势力的影响也不一样:当存在外部规模经济时,该行业产品的市场占有率较

[①] 芮明杰、李想:《差异化、成本领先和价值创新——企业竞争优势的一个经济学解释》,《财经问题研究》2007 年第 1 期。

[②] J. S. Bain. The Profit Rate as a Measure of Monopoly Power. *Quarterly Journal of Economics*,1941(2):271-293.

[③] 庞明川:《技术追随、策略互动与市场势力:发展中国家的对外直接投资》,《财贸经济》2009 年第 12 期。

[④] 陈志广、王盛:《进入壁垒、规模经济与交易费用——兼谈反垄断的启示》,《人文杂志》2005 年第 2 期。

大,并能通过该比例获取更大的利润,尤其在国际市场上,可以获取更强的市场势力;当内部规模经济存在时,优势企业不仅在成本上具有相对比较优势,而且占有更多的市场份额,并且可以利用市场份额决定产品价格,从而提升自身的市场势力。

(三)企业家能力与市场势力的关联性

理论和实践证明,市场势力来源于不完全竞争的市场结构,如哈佛学派的 Scherer 将 Bain 的"结构—绩效"(SP)发展为"结构—行为—绩效"(SCP)分析范式,至今仍是研究市场势力的理论基础。但是哈佛学派注重结构性市场势力,忽视了行为性市场势力[①],而"效率主义"的芝加哥学派认为企业市场行为会自动追求效率,故也没对市场行为作深入研究,从而削弱了市场绩效对市场势力的解释力。应该指出的是,企业的市场行为是联结市场结构和市场绩效的核心环节,企业家作为要素资源的支配者,其以资源的获取、拆分、淘汰、重组为特征的行为或能力在市场势力的构建中能够发挥关键作用。一般而言,技术创新具有生产要素边际报酬递增的特征,被学术界公认为是市场效率的来源,也是市场势力的基础。但在现实的经济活动中,为什么很多企业努力进行技术创新、产品不断升级,却仍被价格竞争所困扰,依然在微利中挣扎?为什么许多企业有过创新,却没有持续创新?这表明纯粹的技术创新也有其自身的局限性,而支配它的企业家能力更为重要。

企业竞争优势带来的产品差异化、进入壁垒、规模经济通常可以增强企业的议价能力,但是企业竞争优势并非一成不变,而是持续变迁的。市场势力的动态构建需要内生的、可持续的企业创新。而企业家作为要素资源的配置者,可以实现要素资源在多种组合的试错中动态优化配置,并且可以灵活调整企业发展的进程和节奏,使之与经济周期波动和市场需求变化更加吻合。具体表现在:(1)在不确定性的市场环境中,企业家可以利用社会关系网络谋取最大化"剩余价值"和推动经济发展,通过寻求和优化投入—产出、技术—转化的平衡点,降低和转嫁经营风险;(2)若没有企业家对技术创新的把握与驾驭,单纯的技术创新就可能会由于缺乏对市场需求动态变化的了解而使技术成果与市场需求相偏离,从而导致企业市场绩效下滑;(3)企业家可凭借其敏锐的市场直觉和创新精神,通过捕捉技术知识的更新和

---

① M. Schwartz, R. J. Reynolds. Contestable Markets: An Uprising in the Theory of Industry Structure. *American Economic Review*, 1983, 72(1):1-15.

市场需求的变化，及时调整企业发展战略，从而形成持续的竞争优势。

二、分析框架与研究假设

　　企业家能力可作为效率提升、市场势力构建的重要动力源。企业家能力究竟通过怎样的机理与方式构建市场势力呢？企业家作为要素资源优化配置的核心主体，不仅会促进"熊彼特"意义上的技术创新效率的提升、通过渠道控制扩大市场规模，还能借助以关系、人情和面子为核心的社会关系网络和信任关系构建产业网络系统，产生规模经济效应。因此，我们尝试从技术、市场和社会三个维度建立一个分析框架，并提出相关研究假设，来探求企业家能力对市场势力构建的作用机制。参见图 4-1。

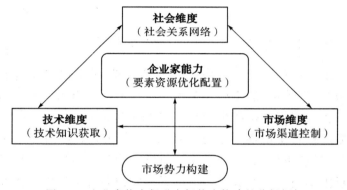

图 4-1　企业家能力促进市场势力构建的分析框架

（一）技术维度：技术知识获取与市场势力构建

　　技术创新所需要的市场环境同样是不完全竞争的环境。[①]　全球价值链中的主导企业（跨国公司）都非常重视技术、知识等核心要素资源的保护，其主要依托技术专利、知识产权、品牌控制等形成的市场势力，保障企业创新成本的有力补偿和创新收益的足额获得。而这些市场势力的构建是建立在企业家对技术知识等创新资源要素进行有效整合的基础之上的。与其他要素资源相比，企业家在经营活动中总是处于发起、支配、操控、处理其他资源的领导位置，处于经济活动的核心地位。因此，企业家在吸收、获取、利用相关技术知识构建市场势力的过程中起到关键作用。其主要表现在：（1）在技术知识获取的选择方面，企业家虽然不具有专业的技术知识，但是能够看到

---

　　①　范红忠：《有效需求规模假说、研发投入与国家自主创新能力》，《经济研究》2007 年第 3 期。

这些技术知识的价值和潜在市场机会,可以通过对技术知识和市场需求进行高效率的处理和研判,以实现技术知识报酬的最大化;(2)在技术知识获取的途径方面,企业家可以通过市场化的方式(包括战略联盟、采购专利、合作研发等)相机选择和获取与自身资源禀赋和市场需求相吻合的技术知识,突破研发投入的"门槛效应",整合、完善自己的研发投入—产出链,形成有效的研发网络;(3)在技术知识获取的转化方面,企业家通过考虑技术生命周期的变化规律,把企业内部与外部的所有要素整合成新的异质性资源[①],并不断试错,调整技术知识转化的途径和节奏,最终实现技术产业化的"惊险一跳"。因此,本研究提出如下假设:

假设1:企业家的技术知识获取能力对市场势力构建有显著的正向影响。

(二)市场维度:市场渠道控制与市场势力构建

市场渠道控制是市场势力构建的重要环节,对于化解我国企业在国际市场长期被"低端锁定"的格局至关重要。企业家对市场渠道控制能力的提升可以通过扩大市场规模产生规模经济和范围经济,提高生产要素边际报酬递增的幅度。对于市场渠道的控制,企业家能够通过内部化交易弥补外部市场的"交易性市场风险"、"周期性市场风险"和"结构性市场风险",获取较高的市场附加值。企业家对于市场渠道的控制包括终端渠道控制和中间渠道控制两种类型,其主要表现在:(1)对于终端渠道的控制,企业家通过及时了解市场需求偏好及动态变化状况,使企业在生产、研发、销售等各个产业链环节以及公司战略在早期阶段获得及时调试和修正,从而降低了企业运行的市场风险。而且,企业家还可以通过对终端市场的分析,提高相关产品的差异化程度和销售量,扩大市场规模(市场占有率),由此获得规模经济,最终达到提升市场势力的目的。(2)对于中间渠道的控制,企业家的主要方式是外部市场内部化,通过掌握中间产品的技术、知识、功能、类型等信息,利用市场交易信息的不对称而产生的价格信号的系统性扭曲来构建市场势力,如在进行中间产品交易时,可以建立自己的内部市场,通过子公司的关联交易,采取转移定价的方式协调内部资源、利润的流动、调整与配置,实现利润最大化等。以往研究较多的是关注终端渠道对市场势力构建的影

---

① C. J. Russel. A Longitudinal Study of Top-level Executive Performance. *Journal of Applied Psychology*,2001,86(4):560-573.

响,而对于中间渠道的缺乏深入探讨。事实上,中间产品不仅包括零部件、半成品等有形物品,更重要的是嵌入其中的技术、知识、信息等无形产品,其在价值链中的地位举足轻重。例如,在飞机制造和销售的全球价值链中,通用、惠普和克莱斯勒这几家跨国公司几乎占领了客机发动机的全球所有市场;而 A380 和 B787 的全部核心机载电子系统由霍尼韦尔公司供应;客机刹车系统全球市场份额的 3/4 由斯奈克玛公司占有;米其林、普林斯同和固特异是全球仅有的生产大型客机轮胎的公司;飞机装配用铝的全球市场几乎由美国铝业和加拿大铝业垄断。[①] 因此,本研究提出如下假设:

假设 2:企业家的市场渠道控制能力对市场势力构建有显著的正向影响。

(三)社会维度:社会关系网络与市场势力构建

企业家的社会关系网络也称为社会资本,是产业网络的基础[②],是物质、知识、技术与信息扩散和传递的重要渠道,是市场势力的主要来源。多数研究集中在社会关系对企业经营绩效的影响,而较少关注政府关系。实际上,我国政府不同于西方政府的"守夜人"、"小政府"的角色,对市场经济存在"强干预"和"强影响",而且能够基于宏观经济环境变化作出积极的制度性反馈和供给,即 White 所认为的"政府的企业家精神"[③]。本研究将政府关系也纳入企业家的社会关系网络,那么企业家的社会关系网络就分为社会关系和政府关系两种,其主要表现有:(1)对于社会关系而言,关系、人情和面子是理解中国社会结构的关键性的社会文化理念,是企业家用以处理经济生活的基本"储备知识"之一。例如,浙江民营企业基本上是在以亲缘为原则的家庭工业、家庭商业基础上发展起来的,特殊的社会关系网络和信任关系,是民营企业产生、发展重要的,甚至是至关重要的资源。[④] 在特殊的人际关系模式下,"圈内"和"圈外"的交易成本大不相同,在"圈内",能够保持内部成员一致的信仰和价值观,减少或者消除成员之间的不信任和

---

① 张少军、刘志彪:《全球价值链模式的产业转移——动力、影响与中国产业升级和区域协调发展的启示》,《中国工业经济》2009 年第 11 期。

② D. Guthrie. The Declining Significance of Guanxi in China's Economic Transition. *The China Quarterly*,1998(154):254-282. 边燕杰、邱海雄:《企业的社会资本及其功效》,《中国社会科学》2000 年第 2 期。

③ 莎林:《财富和福利的创造——企业家精神和中国农村的发展型政府》,《经济社会体制比较》2002 年第 1 期。

④ 陈立旭:《信任模式、关系网络与当代经济行为》,《浙江社会科学》2007 年第 4 期。

机会主义倾向。企业家具有较好的先赋性社会关系以及善于构建获致性社会关系网络,那么社会关系网络越广,则获取外部资源的可能性就越大,从而企业成长所需要的资源就越多,就可以产生规模经济、形成进入壁垒,从而提升企业的市场势力。(2)对于政府关系而言,虽然我国企业的很多特点已接近于西方的现代企业,但是政企之间并没有像西方那样的互动机制,政府资源(包括政策、制度、税收、法规等)依然是企业生存、发展需要了解和争取的一些稀缺资源,这要求企业家应具备一定的"政治技能"[①]。同时,非生产性寻租(如寻求优惠政策的保护、谎报业绩等)事实上的大量存在也表明,"政府资源"对于企业发展仍然是稀缺的。例如,很多企业家通过加入行业协会、参加工商联等,谋求担任政协委员或人大代表甚至是政府官员,达到与政府相关部门间接或直接的接触或联系,以了解、掌握党和国家的有关方针、政策,获取有利于企业发展的政治资本或制度环境。因此,本研究提出如下假设:

假设 3:企业家的社会关系网络能力对市场势力构建有显著的正向影响。

上述企业家核心能力的三个维度构成了企业家通过要素资源的优化配置影响市场势力构建的一个新的分析框架。这一分析框架比以往任何单一层次的讨论企业家能力或市场势力的分析更接近现实,解释力也更强。实际上,企业家的各种核心能力并不是相互独立的,而是通过某几方面或共同作用创造出企业发展的异质性资源来影响市场势力的。另外,提出的假设只是为了探讨企业家能力与市场势力之间的关联性,仅是验证企业家能力是影响市场势力构建的必要而非充分条件。

三、计量分析

本部分我们以浙江省绍兴市的越商群体为调研对象[②],结合深度访谈,编制企业家调查问卷,并在 2011 年 9 月—11 月对绍兴市所辖的 6 个区、县(市)发放企业家调查问卷 250 份,回收 226 份,有效问卷 201 份。以下的实

---

①　S. Lux. Entrepreneur Social Competence and Capital: The Social Network of Political Skilled Entrepreneurs. Academy of Management Best Conference Paper,2005.

②　绍兴市拥有嵊州领带、绍兴轻纺、绍兴印染、诸暨袜业、诸暨珍珠等 5 个全国百强产业集群;同时,越商是浙商的典型代表,绍兴市域内有 27 万家民营企业与个体工商户,另有 40 多万名越商活跃在市外、省外以及其他国家或地区,越商的市外企业有 6 万多家,每年创造社会财富 2500 多亿元。这使我们的实证研究更具有典型性、针对性和示范性。

证研究主要来源于调查问卷。

(一)背景信息

在此我们首先报告被调查的企业家的相关背景信息。由于我们对答卷者要求是企业负责人,而且企业家的背景调查放在了问卷的最前面,背景资料相对比较完善。从表 4-1 可以看出,有 40.3% 的企业家出身为农民,43.4% 的企业家年龄在 40～50 岁之间,74.3% 的企业家学历在高中以上。这表明,改革开放以后,一些学历较高的农民、技术工人和知识分子开始借助亲缘、地缘关系,或新兴的市场渠道(如专业市场的兴起),或一定的技术知识创办农村家庭作坊或乡镇企业,并且快速获得了原始资本的积累和企业规模的扩张,这也是我国民营企业市场势力的最初来源。

表 4-1　企业家的基本情况

出　身	百分比(%)	年　龄	百分比(%)	学　历	百分比(%)
农民	40.3	30 岁以下	32.9	小学及以下	5.3
技术工人	27.9	30～40 岁	28.9	初中	21.1
知识分子	20.1	40～50 岁	43.4	高中	34.2
政府官员	3.2	50～60 岁	17.8	大学	32.9
其他	8.4	60 岁以上	6.6	研究生及以上	7.2

从企业的发展状况来看,我们根据绍兴市的五大特色产业设计了带有选择性的开放性题目。从表 4-2 可以看出,有 22.9%、20.4%、20.9%、20.9% 和 13.9% 的企业分别属于轻纺、印染、领带、袜业和珍珠五个主导行业,这在整体上代表了越商群体所涉及的主要行业领域,也显示了我们所调查区域的产业结构特征。同时,企业的主要组织形式是有限责任公司,占70.0%,且有 34.3% 的企业从事贴牌生产,绝大多数的企业还是属于加工型企业,在产品的定价过程中缺乏议价能力,只是市场价格的接受者(Price-taker),而不是市场价格的制定者(Price-maker),正处于构建市场势力的过程中。而且 83.9% 的企业属于规模在 1000 人以下的中小型企业,这与国家统计局发布的民营企业统计信息一致,显示了数据的代表性。

表 4-2　企业发展的基本状况

行业领域	百分比（%）	组织形式	百分比（%）	经营模式	百分比（%）	员工规模	百分比（%）
轻纺	22.9	独资企业	7.8	自主生产	15.1	11～50人	19.5
印染	20.4	合资企业	6.5	贴牌生产	34.3	50～100人	13.6
领带	20.9	有限责任公司	70.0	国内贸易	24.3	100～500人	43.2
袜业	20.9	股份公司	13.1	国际贸易	16.6	500～1000人	7.6
珍珠	13.9	其他	2.6	生产兼销售	8.6	1000～3000人	12.7
其他	1.0			其他	1.1	3000人以上	3.4

（二）变量选取

1. 市场势力的测量指标

学术界讨论中,勒纳指数是衡量市场势力最直接的方法,但是边际成本在现实经济活动中难以获取。前已述及,产品差异化、进入壁垒和规模经济是市场势力的主要来源,因此本研究选取产品更新率、自主品牌、技术水平三个指标来度量企业市场势力。这主要因为:(1)产品更新率指标反映了企业的产品差异化程度,产品更新率越高表明产品的差异化程度就越高;(2)自主品牌和技术水平反映了企业的主要竞争优势,也是抑制潜在竞争对手的制度性壁垒和结构型壁垒;(3)产品更新率越高,市场规模越大,且技术水平越高,平均成本就越低,这正是规模经济形成的主要原因。

2. 企业家核心能力的测量指标

(1)技术知识获取能力:根据企业家技术知识获取的方式和途径,我们选取获取新技术的方式和与高等院校及科研院所的技术合作两个指标。企业家虽然可能不具备专业技术知识,但是通过获取新技术的方式可以发现企业家对于技术知识的价值和市场机会的研判能力;而且以往研究发现,产学研合作方式是目前企业家获取技术知识、降低研发风险、实现技术产业化的主要途径。[①] (2)市场渠道控制能力:理论研究表明,企业家市场控制能力主要包括终端市场控制和中间市场控制两种方式,我们选取产品销售渠道和中间产品来源两个指标。产品销售渠道反映了企业家对于产品市场的

---

① 于斌斌、陆立军:《产业集群共性技术供给机理研究——以绍兴纺织产业集群为例》,《科研管理》2012年第5期。

空间布局,显示了企业的市场规模,产品销售渠道越广泛,说明企业家对终端市场的控制能力就越强;中间产品来源主要用来测度企业家对于要素市场的控制能力,中间产品的来源越广泛,表明企业家对于控制要素市场的能力就越强。(3)社会关系网络能力:根据理论假设,企业家的社会关系网络分为社会关系和政府关系两类,我们选取与供应商或销售商的合作关系和政府运作效率两个指标。民营企业与供应商或销售商合作关系的建立,最初都是以亲缘、血缘、地缘以及人情、面子等颇具中国特色的社会关系网络建立起来的,这也是后来社会网络转化为产业网络的基础。而企业家对于政府运作效率的主观感受,可以反映企业家获取"政府资源"或"政治资本"的能力,一般而言,对于政府运作效率评价较高的企业家,其与政府的关系也越紧密,"政治技能"也越强,更容易了解和争取政府对于企业而言的一些稀缺资源。

除了企业家核心能力对市场势力的构建有影响外,还有其他诸多因素也可能会产生影响。根据数据的可获得性以及文献中通行的做法,本研究选取企业家的出身、年龄、学历、行业以及企业规模作为控制变量。表 4-3 中给出了上述各个变量的定义及数据的统计特征。

表 4-3　变量指标的定义及统计特征

变　量			符　号	定　义
因变量	市场势力	产品更新率	PU	此项指标是衡量企业产品差异化程度的主要变量,在问卷中对应的问题是"贵企业新产品的更新率如何?"
		自主品牌	OB	此项指标是衡量企业构筑结构型壁垒的主要变量,在问卷中对应的问题是"贵企业是否拥有或打算培育自主品牌?"
		技术水平	TL	此项指标是衡量企业构建技术壁垒和规模经济形成的主要变量,在问卷中对应的问题是"贵企业产品的技术水平?"
自变量	技术知识获取	获取新技术的方式	AT	此项指标是衡量企业家获取技术知识的来源或方向的变量,在问卷中对应的问题是"您采用新技术的主要方式?"
		与高等院校及科研院所的技术合作	TC	此项指标是衡量企业家获取技术信息和技术知识的途径或转化方式的主要变量,在问卷中对应的问题是"您与高校及科研院所技术合作的紧密程度如何?"
	市场渠道控制	产品销售渠道	PS	此项指标主要衡量企业家对于终端产品销售渠道的控制程度,在问卷中对应的问题是"您的产品主要销售渠道是?"
		中间产品来源	IS	此项指标主要衡量企业家对于中间产品销售渠道的控制程度,在问卷中的问题是"您的中间产品主要来源是?"

续　表

变　量		符　号	定　义
自变量	社会关系网络	与供应商或销售商的合作关系	SR	此项指标主要衡量企业家的社会关系网络对于生产或销售网络的影响程度,在问卷中对应的问题是"您与供应商或销售商合作关系的紧密程度如何?"
		政府运作效率	GR	此项指标主要衡量企业家对政企关系的一种主观感受,以此来判断企业家的政府关系能力,在问卷中对应的问题是"您对当地政府运作效率的评价如何?"
控制变量	企业家的出身		EB	见上述企业家背景资料的统计。
	企业家的年龄		EA	见上述企业家背景资料的统计。
	企业家的学历		EE	见上述企业家背景资料的统计。
	企业家从事的行业领域		EI	见上述企业家背景资料的统计。
	企业规模		ES	见上述企业家背景资料的统计。

(三)检验结果与分析

1. Pearson 相关性分析

表 4-4 列出了调查问卷中各个变量的 Pearson 相关系数。由表 4-4 可知,获取新技术的方式(AT)、与高等院校及科研院所的技术合作(TC)、产品销售渠道(PS)、中间产品来源(IS)、与供应商或销售商的合作关系(SR)、政府运作效率(GR)分别都与产品更新率(PU)、自主品牌(OB)、技术水平(TL)正向相关,大都呈显著或极显著的相关性,这也初步验证了本研究的理论研究假设。

进一步观测表 4-4 中各变量之间的相关系数,发现产品更新率(PU)、自主品牌(OB)、技术水平(TL)之间,以及获取新技术的方式(AT)、与高等院校及科研院所的技术合作(TC)、产品销售渠道(PS)、中间产品来源(IS)、与供应商或销售商的合作关系(SR)、政府运作效率(GR)分别都与产品更新率(PU)、自主品牌(OB)、技术水平(TL)之间可能存在多重共线性关系。为了解决各个变量之间的多重共线性问题,考虑到影响企业家核心能力和市场势力的因素较多,以下采用 Stepwise 逐步回归方法来检验企业家核心能力的 6 个变量与市场势力的 3 个变量之间的内在关系。

表 4-4 Pearson 相关系数矩阵与显著性检验

	PU	OB	TL	AT	TC	PS	IS	SR	GR	EB	EE	EA	EI	ES
PU	1													
OB	0.288**	1												
TL	0.181*	0.317**	1											
AT	0.142	0.268**	0.245**	1										
TC	0.293**	0.464**	0.495**	0.169*	1									
PS	0.252**	0.059	0.158	0.219**	0.195*	1								
IS	0.088	0.172*	0.172*	0.276**	0.055	0.105	1							
SR	0.150	0.316**	0.141	0.210*	0.314**	0.222**	0.107	1						
GR	0.132	0.064	0.280**	0.311**	0.174*	0.053	0.315**	0.160	1					
EB	-0.009	0.055	0.125	0.153	-0.052	-0.019	0.141	-0.002	0.047	1				
EE	-0.153	0.089	-0.095	-0.94	-0.012	0.068	-0.046	0.027	-0.036	-0.083	1			
EA	-0.062	-0.059	0.054	0.099	-0.111	-0.063	0.097	-0.091	0.083	-0.01	-0.071	1		
EI	0.009	-0.021	-0.021	0.125	-0.027	0.056	0.028	-0.102	0.084	0.195*	0.070	0.123	1	
ES	0.120	0.186*	0.125	0.122	0.117	0.122	0.087	.075	0.108	-0.047	0.223**	-0.085	0.066	1

注：(1) * 表示 $P < 0.05$；** 表示 $P < 0.01$；(2) 样本量为 201。

2. Stepwise 逐步回归分析

对于企业家核心能力与市场势力之间的关系,我们分为两个步骤进行检验。第一步,我们直接对企业家核心能力的 6 个变量与市场势力的 3 个变量构建关系模型,进行模拟检验;第二步,将控制变量代入关系模型进行检验,见表 4-5。从表 4-5 可以看出,所建模型的 F 检验都达到 0.000 极显著水平,反映了回归模型良好的可靠性;同时,在回归模型中产品更新率 (PU)、自主品牌 (OB)、技术水平 (TL) 的 Durbin-Watson 值都接近 2,表明进入关系模型的各个自变量的自相关不显著;而且,加入控制变量以后,模型仍然保持良好的拟合质量,这进一步佐证了模型的合理性。接下来,我们依次讨论企业家的技术知识获取能力、市场渠道控制能力和社会关系网络能力对市场势力构建的影响。

(1) 企业家的技术知识获取能力对市场势力构建的影响。从表 4-5 中可以看出,无论控制变量是否进入关系模型,企业家的获取新技术的方式 (AT)、与高等院校及科研院所技术合作 (TC) 对于产品更新率 (PU)、自主品牌 (OB)、技术水平 (TL) 3 个子指标的回归系数都为正,而且在统计上都是显著或极显著 (T 检验),表明企业家获取新技术的方式、与高等院校及科研院所技术合作和市场势力 3 个子指标拟合度的质量较好。这意味着,企业家通过战略联盟、采购专利、自主研发、合作研发等途径获取企业发展所需的新技术,对于企业通过技术专利、知识产权、品牌控制等方式构建市场势力(如进入壁垒、规模经济)意义重大。需要指出的是,企业家与高等院校及科研院所的技术合作,对于企业的自主品牌培育、技术水平提升的影响显著高于其他因素,如在控制变量加入之前和之后,企业家与高等院校及科研院所的技术合作对于企业自主品牌、技术水平的影响系数分别为 0.499 ($Beta=0.410, P<0.01$)、0.489 ($Beta=0.407, P<0.01$) 和 0.249 ($Beta=0.231, P<0.01$)、0.279 ($Beta=0.257, P<0.01$),都明显高于其他因素的影响。这表明,高等院校及科研院作为技术创新的主体和源头,是企业品牌培育和技术创新不可或缺的技术知识来源。随着我国中小企业由小变大、由大变强和国际化水平的不断提升,产学研合作对于企业技术创新的作用将越来越重要。与其他获取新技术的方式相比,高等院校及科研院所参与企业技术创新,能针对企业发展所需,将技术与产业相结合,有利于企业家更好地吸收、转化研究成果,降低了企业尤其是中小企业在技术研发方面的风险和成本。

表 4-5 企业家核心能力与市场势力构建的关系模型

		产品更新率（PU）		自主品牌（OB）		技术水平（TL）	
		第一步	第二步	第一步	第二步	第一步	第二步
Constant		3.203 (4.756**)	2.591 (3.403**)	1.887 (2.701**)	1.297 (2.311*)	1.761 (3.222**)	1.532 (2.786*)
技术知识获取	获取新技术的方式（AT）	0.154 (2.482**) [0.150]	0.143 (2.052*) [0.101]	0.209 (2.197*) [0.183]	0.179 (2.003*) [0.156]	0.217 (2.619*) [0.210]	0.195 (2.521*) [0.180]
	与高等院校及科研院所技术合作（TC）	0.281 (4.093**) [0.270]	0.172 (2.041*) [0.153]	0.499 (5.321**) [0.410]	0.249 (3.543**) [0.231]	0.489 (4.980**) [0.407]	0.279 (3.674**) [0.257]
市场渠道控制	产品销售渠道（PS）	0.275 (3.437**) [0.243]	0.249 (3.217**) [0.235]	0.143 (2.352*) [0.101]	0.104 (1.860) [0.100]	0.081 (1.173) [0.093]	0.055 (1.139) [0.051]
	中间产品来源（IS）	0.142 (2.391*) [0.140]	0.114 (1.966*) [0.107]	0.186 (2.614*) [0.163]	0.119 (2.098*) [0.102]	0.173 (2.938**) [0.165]	0.144 (2.215*) [0.130]
社会关系网络	与供应商或销售商的合作关系（SR）	0.149 (3.043**) [0.113]	0.128 (2.135*) [0.113]	0.150 (2.447*) [0.145]	0.089 (1.790) [0.088]	0.093 (1.399) [0.089]	0.058 (1.076) [0.060]
	政府运作效率（GR）	0.120 (1.320) [0.124]	0.090 (1.120) [0.082]	0.057 (0.580) [0.044]	0.044 (0.823) [0.038]	0.160 (3.193**) [0.148]	0.154 (3.007**) [0.146]

续 表

		产品更新率(PU)		自主品牌(OB)		技术水平(TL)	
		第一步	第二步	第一步	第二步	第一步	第二步
控制变量	企业家的出身(EB)		-0.015 (-0.223) [-0.019]		0.022 (0.355) [0.029]		-0.033 (-0.059) [-0.049]
	企业家的年龄(EE)		-0.143 (-1.052) [-0.101]		0.032 (0.177) [0.033]		-0.112 (-2.619*) [-0.140]
	企业家的学历(EA)		-0.001 (-008) [-0.000]		-0.104 (-1.305) [-0.099]		0.026 (0.346) [0.028]
	企业家所从事的行业领域(EI)		0.034 (0.334) [0.030]		-0.010 (-0.192) [-0.015]		-0.025 (-0.249) [-0.020]
	企业规模(ES)		0.015 (0.177) [0.016]		0.172 (3.705**) [0.158]		0.050 (0.831) [0.068]
Durbin-Watson		1.988	1.864	2.008	2.113	1.947	1.896
调整后的 R^2		0.324	0.176	0.379	0.318	0.342	0.290
F 检验		4.129**	2.371**	9.238**	6.735**	5.299**	4.634**

注:(1)* 表示 $P<0.05$;** 表示 $P<0.01$;(2)括号内数值是各变量的 T 检验值;(3)方括号内是各变量的 Beta 系数;(4)样本量为 201。

（2）企业家的市场渠道控制能力对市场势力构建的影响。市场渠道控制是跨国公司对发展中国家的企业进行"俘获式"掠夺，从而构建市场势力的主要手段之一，也是导致我国企业长期陷入"悲情增长"的主要原因。[①]从表4-5中可以看出，企业家的产品销售渠道控制对于企业产品更新率（PU）的影响系数最高，在控制变量加入前后并没有太大变化，分别为 0.275（$Beta=0.243,P<0.01$）和 0.249（$Beta=0.235,P<0.01$）。这表明，对于终端市场渠道的控制，可以让企业家及时了解市场需求偏好及动态变化，提高产品的差异化程度和销售量，从而达到扩大市场规模、构建市场势力的目的。同时，引入控制变量后，企业家对中间要素市场渠道的控制对于产品更新率（PU）、自主品牌（OB）和技术水平（TL）都有显著的影响，分别为 0.114（$Beta=0.107,P<0.05$）、0.119（$Beta=0.102,P<0.05$）和 0.144（$Beta=0.130,P<0.05$）。这表明，对中间市场渠道的控制对于企业家构建市场势力同样重要，而且从实证研究的结果看，企业家对中间市场渠道的控制对于企业家构建市场势力的影响更加均衡，这也进一步佐证了前面理论假设的合理性。现代商品尤其是大型成套设备往往由成千上万的零部件组成，对其复杂的供应链中任何一个环节的控制都能影响诸方的相对市场势力，尤其是对那些核心、复杂、关键的零部件的控制可能会影响整个产业体系的运转，这些零部件的缺失可能会造成整个系统的瘫痪。

（3）企业家的社会关系网络能力对市场势力构建的影响。从表4-5中可以看出，加入控制变量后，企业家与供应商或销售商的合作关系（SR）对于产品更新率（PU）的关系系数为 0.128（$Beta=0.113,P<0.05$），影响显著。这表明，企业家的社会关系网络通过显著影响企业的产品差异化程度，以此构建企业的市场势力。同时，加入控制变量后，政府运作效率对于企业技术水平的关系系数为 0.154（$Beta=0.146,P<0.05$），影响显著。企业家的政府关系对于企业市场势力构建的影响显然符合理论预期，但是其对于企业技术水平的正影响显著却出乎笔者的预期。可能的原因是：一是目前我国的整体产业结构进入了调整、转型、升级的关键期，地方政府更加注重企业的技术创新，加大了支持力度，如加快公共研发平台的建设等；二是地方政府加大了知识产权的保护，对于企业的技术创新产生了更大的"激励效应"。需要指出的是，实证结果显示，加入控制变量之前和之后，企业家的社

[①]　卓越、张珉：《全球价值链中的收益分配与"悲情增长"：基于中国纺织服装业的分析》，《中国工业经济》2008年第7期。

会关系网络能力对于企业市场势力构建的影响差异较大。从表 4-5 中可以看出,企业家的控制变量对于企业家核心能力与市场势力构建的关系影响也十分显著,如企业规模显著正向影响企业的自主品牌($Beta=0.158,P<0.01$)、企业家年龄显著负向影响企业的技术水平($Beta=-0.112,P<0.05$)等。这表明,企业家要重视企业规模对于自主品牌培育的影响,企业规模的扩大也是规模经济产生、市场势力构建的主要途径;企业家的年龄与技术创新呈显著的负相关关系,这对于企业领导人的更替尤其是家族企业的代际传承有重要启示,即随着年龄的增长,企业家的精力、能力、活力及创新意识都呈现下降趋势,企业创办人应有计划地选择和培养第二代接班人,这对于企业整体技术水平的提升可能有重要意义。[①]

四、小结

核心能力对于解释企业的经济绩效、市场势力确实起到了关键作用,但是它却无法解释市场势力的动态变化。影响企业市场势力的因素固然很多,但是仅考虑到核心能力可能会忽略其他一些重要因素,这要求我们大胆探索企业市场势力形成的最终来源。企业家介于企业组织和市场之间,是市场势力构建的真正主体,尤其是在我国现代企业制度完全建立之前,企业家的核心地位更加突出。本研究通过对企业家核心能力和市场势力的理论拓展,构建了一个简单的分析框架,并针对浙江省绍兴市越商群体的 201 份调查问卷,实证分析了企业家核心能力对于企业市场势力构建的影响。企业家核心能力包括技术知识获取能力、市场渠道控制能力和社会关系网络能力,其中每个子能力包括 2 个指标,而市场势力的评价包括产品更新率、自主品牌和技术水平 3 个指标。研究结果显示,企业家核心能力的 6 个子能力对市场势力的 3 个子势力有着显著或极显著的影响,但是它们之间的相互关联、影响程度等存在较大差异,而最终结论基本上验证了前面提出的理论假设。同时,本研究的结论也为熊彼特等人关于企业家能力(创新精神)是经济发展的驱动力这一论断提供了经验证据。

---

① J. A. Barach, J. B. Ganitsky. Successful Succession in Family Business. *Family Business Review*,1995(8):131-155. J. Yan. The Effect of Confucian Values on Succession in Family Business. *Family Business Review*,2006,19(3):235-250. 马丽波、陈旺:《企业家能力、控制权配置与家族企业或然走向》,《改革》2012 年第 1 期。

第二节　家族企业现代转型中的接班人胜任及绩效

家族企业在世界各国无论是在企业数量、占国内生产总值的比重，还是解决社会就业、稳定经济发展等方面都扮演着举足轻重的角色[①]。西方发达国家虽然较早建立了现代企业制度，但在世界范围内，家族企业也占了企业总数的 65%～80%。[②] 进入 21 世纪，国内外都进入了企业领导权交接的时期[③]，可是无论是在高度追求个人主义的美国还是注重集体主义的东南亚国家，"富不过三代"的千古魔咒都在延续着[④]。西方有关调查统计表明，只有 30% 的家族企业能够延续到第二代，而成功继承到第三代的仅占 10%～15%。[⑤]

在我国非公有制经济中，家族企业占据主导地位，尤其是在以民营经济为主体的浙江省。无论对家族企业的评价如何，作为草根经济的家族企业已成为国民经济中一股不可忽视的力量。《中国民营企业发展报告》（社会科学文献出版社 2011 年版）指出，我国民营企业中 90% 以上是家族企业，并且全国民营企业 500 强中，浙江省占 203 家。截至 2010 年年底，浙江省

---

① P. S. Sharma. Stakeholder Mapping Technique：Toward the Development of a Family Firm Typology. Paper Presented at the Academy of Management Meetings，2002. E. Glaeser. Entrepreneurship and the City. *Working Paper*，2007. 李宏彬、李杏、姚先国、张海峰、张俊森：《企业家创业与创新精神对中国经济增长的影响》，《经济研究》2009 年第 10 期。

② I. Ajzen. The Theory of Planned Behavior. *Organizational Bahavior and Human Decision Processes*，1999（50）：179-211. J. P. Briscope，D. T. Hal. Grooming and Picking Leaders Using Competency Frameworks：Do They Work?. *Organizational Dynamics*，1999(8)：37-52. P. Sharma. An Overview of the Field of Family Business Studies：Current Status and Directions for the Future. *Family Business Review*，2004,17(1)：1-36.

③ P. Malinen. Like Father，Like Son? Small Family Business Problem in Finland. *Enterprise and Innovation Management Studies*，2001,2(3)：195-204. 窦军生、贾生华：《"家业"何以长青？——企业家个体层面家族企业代际传承要素的识别》，《管理世界》2008 年第 9 期。

④ T. C. Chu，MacMurray. The Road Ahead for Asia's Leading Conglomerates. *McKinsey Quarterly*，1993（30）：117-126. D. S. Lee，G. H. Lim，W. S. Lim. Family Business Succession：Appropriation Risk and Choice of Successor. *Academy of Management*，2003(23)：657-666.

⑤ S. Birley. Succession in the Family Firm：The Inheritor's View. *Journal of Small Business Management*，1986（24）：36-43. W. C. Hander. Succession in the Family Firm：A Mutual Role Adjustment between Entrepreneur and Next-generation Family Members. *Entrepreneurship：Theory & Practice*，1990,15(1)：37-51. S. M. Avila，R. A. Naffziger. A Comparison of Family-owned Business：Succession Planners and No-planners. *Journal of Financial Service Professionals*，2003,57(3)：85-92.

78.4%的企业是民营企业,占全省生产总值的80%以上,尤其是在越商聚集地绍兴市,有95.9%的企业是民营企业,占了全市生产总值的90%以上。改革开放以后成长起来的第一代企业家多数已年近花甲,一个全国性的家族企业"交接时代"已悄然来临。[①] 能否顺利实现权力的交接,不仅关乎企业自身的生存和发展,还关系到中国整个民营经济在市场经济中持续健康的成长。

许多研究者认为,家族企业的继承对于家族企业的生存至关重要,而继承的关键在于有一个良好的继承计划[②]。培养和选拔合格的接班人,就成为家族企业继承计划的重要组成部分[③]。根据目前可以搜索到的文献,国内外很少有将胜任评价模型应用于家族企业接班人的选择和培养上,而用胜任评价模型预测家族企业继承绩效的研究则更少。通过文献搜集、深度访谈和问卷调查的方式,本研究将尝试构建家族企业接班人的胜任评价模型和企业继承绩效之间的联系,为家族企业接班人的选拔、培养和考核工作寻找理论根源和实践证据。

一、理论基础与研究假设

在家族企业研究的文献中,家族企业继承始终是关注的焦点[④],占家族企业研究文献的1/3。但是这些文献对于家族企业接班人的选择和培养关注较少。

(一)家族企业接班人的选择与培养

家族企业接班人选择遇到的第一个问题就是从家族内部还是外部选择

---

① 王重鸣、刘学方:《高管团队内聚力对企业继承绩效影响实证研究》,《管理世界》2007 年第 10 期。

② I. Lansberg. The Succession Conspiracy. *Family Business Review*, 1998 (1): 119-143. D. Miller. Some Organizational Consequences of CEO Succession. *Academy of Management Journal*, 1993 (36): 644-659. T. E. Stavrou, S. P. Michael. Securing the Future of the Family Enterprise: A Model of Offspring Intentions to Join the Business. *Entrepreneurship: Theory & Practice*, 1998(23): 19-39. W. Ocasio. Institutionalized Action and Corporate Governance: the Reliance on Rules of CEO Succession. *Administrative Science Quarterly*, 1999(44): 284-416. P. Sharma, J. Chrisman, J. H. Chua. Succession Planning as Planned Behavior: Some Empirical Results. *Family Business Review*, 2004, 17(1): 1-36.

③ S. C. Malone. Selected Correlates of Business Continuity Planning in the Family Business. *Family Business Review*, 1989 (2): 341-353. J. A. Barach, J. B. Ganitsky. Successful Succession in Family Business. *Family Business Review*, 1995(8): 131-155. J. Yan, Sorenson. The Effect of Confucian Values on Succession in Family Business. *Family Business Review*, 2006(19): 235-250.

④ W. C. Handler. Succession in Family Business: A Review of the Research. *Family Business Review*, 1994(7): 133-158.

接班人的问题。Lee 等人结合管理继任、家族企业、交易成本等理论,构建了一个两阶段的博弈模型来解释家族企业之所以选择自己的后代做接班人是因为家族企业的特异性知识会导致雇用代理人时可能产生高索酬风险。[①] Liu,Wang 和 Jiang 指出,Lee 等人所研究的企业特质性知识或能力并不是在企业间不可迁移的异质性知识或能力,导致家族企业选择后代作为接班人的真正原因是基于信任而产生的交易成本问题。[②] 在接班人的培养方面,Shepherd 利用沉淀成本理论和相关的实验方法得出,继承人在获得继承权之前的行为如在家族企业工作、购买家族企业的股票、通过努力取得一定成就后获得继承权等对获得继承权之后的一些决策如对企业价值的主观评价和决策的冒险性等方面有显著影响。[③] 而波斯纳认为,应从孩子很小时"在餐桌上"就要开始向他们灌输"努力工作的意义和培养社会责任感的价值观",并指出,外部的工作经验对接班人能力的培养至关重要。[④] 一个家族企业是重视信任、权力的延续还是重视能力、企业的发展,主要取决于这个企业的价值观、内在本质特征。而这些特征必然能够通过企业家状况(个体层面)、家庭与企业的关系(人际层面)、企业制度(组织层面)等参数反映出来。因此,家族企业接班人的选择和培养与企业的特征必然存在一定的相关性。

(二)胜任能力与继承绩效

胜任能力的概念是麦克莱兰在管理领域首次提出的,即能区分在特定工作岗位和组织环境中绩效水平的个人特征,并认为胜任能力要素是那些与工作或工作绩效直接相关的技术、知识、能力、特征、动机、价值观等,它们的组合能较好地预测工作绩效。随后,对于胜任能力概念的争论持续至今,主要围绕胜任能力的水平(个人层面还是组织层面)、胜任能力的深度(可观察的还是深层次的特征)、胜任能力的衡量标准和胜任能力的特殊性(是普

① D. S. Lee, G. H. Lim, W. S. Lira. Family Business Succession:Appropriation Risk and Choice of Successor. *Academy of Management*,2003,28(4):324-346.

② X. F. Liu, Z. M. Wang, H. L. Jiang. Idiosyncratic Knowledge,Appopriation Risk and Analysis of Family Business Succession. Pan-Pacific Conference 22th,Shanghai,2005.

③ D. A. Shepherd. Structuring Family Business Succession:An Ananlysis of the Future Leaders Decision Making. *Entrepreneurship:Theory & Practice*,2000,24(4):16-40.

④ 波斯纳:《打造新一代继承人》,中国财政经济出版社 2004 年版。

遍的、管理的还是特殊的、技术的)等方面进行讨论。[①] 本研究借鉴刘学方等的研究[②]，将它定义为：与家族企业继承绩效相关联，促进家族企业继承过程顺利进行、家族企业获得可持续发展的家族企业接班人所具有知识、技术、能力以及其他个性特征的组合。

对接班人继承绩效的评价，必然直接体现在家族企业接班人接班后的企业经营绩效上。对于继承绩效的评价指标，Stavrou、Kleanthous 和 Anastasiou 的研究提出了成功继承的九条标准，但这些指标还是注重反映接班人的个性特征，在反映企业的发展和财务方面非常欠缺，对于以企业可持续发展为目的的继承意义不大。[③] Mitchell、Morse 和 Sharma 指出，必须在家族和企业两个维度上同时考察家族企业的绩效。[④] 与家族相关的目标有为家族成员提供工作机会、继承人的选择培养、家族财富的积累以及维持家族声誉等。[⑤] 研究者发现，在一些家族企业里，上述目标的完成要优先于企业相关目标的达成，而在另一些企业，企业相关目标则是第一位的。[⑥] 家族企业的绩效可以分为主观和客观两种目标。[⑦] 家族企业继承也不例外，同时它还有两个相互作用的维度，即对过程的满意和继承的效力。[⑧] 前者是对继承过程和决策的主观评价，后者是继承决策在企业绩效上的客观效果。可见，家族企业的胜任能力对于继承绩效的影响非常显著，胜任能

① U. Rajadhyaksha. Managerial Competence：Do Technical Capabilities Matter?. *April-June*, *Vikalpa*, 2005, 30(2)：47-57.

② 刘学方、王重鸣、唐宁玉、朱健、倪宁：《家族企业接班人胜任力建模》，《管理世界》2006 年第 5 期。

③ K. Stavrou, K. A. Kleanthous, T. Anastasiou. Leadership Personality and Firm Culture During Hereditary Transitions in Family Firms：Model Development and Empirical Investigation. *Journal of Small Business Management*, 2005, 43(2)：187-206.

④ R. K. Mitchell, E. A. Morse, P. Sharma. The Transacting Cognitions of Non-family Employees in the Family Business Setting. *Journal of Business Venturing*, 2003, 18(4)：533-551.

⑤ K. M. File, R. A. Prince. Attributions for Family Business Failure：The Heir's Perspective. *Family Business Review*, 1996(6)：171-184.

⑥ M. K. Fiegener, B. M. Brown, R. A. Prince, K. M. File. A Comparison of Successor Development in Family and Nonfamily Business. *Family Business Review*, 1994(7)：313-329.

⑦ K. Stafford, K. A. Duncan, S. Dane, M. Winter. A Research Model of Sustainable Family Businesses. *Family Business Review*, 1999, 12(3)：197-208. P. Shama, J. J. Chrisman, J. H. Chua. Predictors of Satisfaction with the Succession Process in Family Firms. *Journal of Business Review*, 2003(18)：667-687.

⑧ F. A. Mael, C. E. Alderks. Leadership Team Cohesion and Subordinate Work Unite Morale Performance. *Millitary Psychology*, 2002, 5(3)：141-158. P. Sharma, J. J. Chrisman, J. H. Chua. Succession Planning as Planned Behavior：Some Empirical Results. *Family Business Review*, 2003, 16(1)：1-15.

力研究对于剖析家族企业代际传承对企业发展的作用提供了更为贴切的解释。

1. 社会网络能力与继承绩效

企业家的社会网络也称为社会资本，分为内部和外部两种类型。内部网络指企业内部存在的、有利于推动内部成员信任与合作、促进各部门之间的沟通与协调，从而可以增强企业内部凝聚力的人际关系网络；外部网络是指企业外部存在的、有助于企业摄取各种相对稀缺资源的社会关系网络。比如，企业与供应商、客户、竞争对手、咨询机构等之间的商业网络以及企业获得知识、技能来源的信息网络，企业与公共研究机构、科技成果转移组织、大学及科研院所之间建立合作伙伴关系等。针对这一问题，不论是第一代企业家还是企业接班人，都应重视人脉继承，解决人际冲突。家族企业接班人对企业继承，不仅是对企业业务的接管，更是对父辈的社会网络资源及企业发展过程中所累积的社会资本的继承[①]，并在此基础上调动各方面的资源为企业带来利益。因此，本研究提出如下假设：

假设 1：社会网络能力对继承绩效有显著正向影响。

2. 政府关系能力与继承绩效

改革开放以来，中国民营企业不断壮大，成为国民经济中最具活力的部分。但是家族企业在管理政府关系方面依然不规范、不到位。与国有企业相比，"政府资源"对于家族企业仍然是稀缺的，导致企业的非生产性寻租（如寻求优惠政策的保护、谎报业绩等）大量存在。因此，无论是第一代企业家还是接班人，都愿意通过参加行业协会、加入工商联等，谋求担任政府官员、人大代表或政协委员，达到与政府相关部门直接或间接的接触或联系，以此了解党和政府的有关方针、政策，反映其具体的意见和要求，获得某些有利于企业运行和发展的政治资本。因此，本研究提出如下假设：

假设 2：政府关系能力对继承绩效有显著正向影响。

3. 发现机会能力与继承绩效

发现机会能力是指企业家从非均衡市场中能敏锐地发掘可以盈利的潜在价值。企业家机会是指进行企业家活动的可能性范围和企业家通过自己行为给企业创造发展的机会。企业家不仅要"发现"机会，还要对机会加以

---

① P. R. Scholtes. The New Competencies of Leadership. *Total Quality Management*, 1999(4): 704-710.

"利用"，否则企业就不能从机会中获得利益。因此，对于企业家而言，发现机会能力是一种稀缺资源，是"价值"的代名词。这要求家族企业接班人需要具备评估潜在机会的价值和风险的能力，并能从中鉴别可以利用和经营的机会，以获得企业发展的竞争优势。因此，本研究提出如下假设：

假设3：发现机会能力对继承绩效有显著正向影响。

4. 承担风险能力与继承绩效

家族企业的代际传承必然会遇到企业内部和外部的各种风险，需要接班人具备承担风险的能力。这主要体现了企业家的风险意识，也表现为面对风险时的心理素质以及正确处理风险、作出正确决策的能力，如企业家需要面临的资本投资风险、企业成功或失败的信誉风险、处理人际关系所具有的不确定风险等。企业家需要具备承担风险能力，从而识别不确定性中蕴藏的机会与获利的可能。这意味着家族企业接班人必须敢于承担风险，承担风险的能力越强，就越有机会获取潜在的获利机会。因此，本研究提出如下假设：

假设4：承担风险能力对继承绩效有显著正向影响。

5. 资源整合能力与继承绩效

企业家的资源整合能力是关于从哪里以及如何获取资源的能力。家族企业的接班人可以不具有专家的专业知识，但是需要看到这些专业知识的价值和潜在的市场机会，并且可以超越现有知识的框框，以新颖的方式整合生产要素（如产权）。因此，资源整合能力就是指企业家把企业内部与外部所有资源整合成新的异质性资源的能力[①]，对内表现为企业资源的配置能力，对外表现为对有关个人或单位资源的支配能力，并且使得这些资源可以得到有效利用，为企业的发展创造经济效益。因此，本研究提出如下假设：

假设5：资源整合能力对继承绩效有显著正向影响。

6. 战略决策能力与继承绩效

战略决策与企业的长远发展相关，涉及企业将投入的业务领域及公司的使命和目标，其内容包括分析、规划、决策、战略管理，与企业的文化、资源等许多层面相关，并且具有复杂、不明确、独特和无路线可循的特征。企业

---

① C. J. Russel. A Longitudinal Study of Top-level Executive Performance. *Journal of Applied Psychology*，2001，86(4)：560-573.

家的战略决策能力对于企业的长期发展至关重要,好的战略决策可以给企业带来长期的增长过程,而差的战略决策对于企业可能是致命的。[①] 因此,家族企业在选择接班人时更应该注重和培养其战略决策能力。战略决策能力是一个将企业资源优势与经营环境相协调的过程,同时也是寻找机会和创造机会的战略延伸过程,对于企业长期发展影响重大。因此,本研究提出如下假设:

假设 6:战略决策能力对继承绩效有显著正向影响。

7. 学习创新能力与继承绩效

学习创新是企业家的主要活动,是企业家精神的本质体现,可以使家族企业接班人在资源重组过程中能以一种比过去更为高级和有效的方式来运用同样的资源。[②] 因此,家族企业接班人不仅要善于学习和模仿其他企业或企业家的成功经验与做法,而且更要敢于突破这些成功经验与做法,同时还要能在总结和学习前人经验知识的基础上进行组织与机制的再创新,以此提升企业的竞争能力。不仅如此,成功的家族企业接班人需要通过学习创新将潜在的机会转化为可以操作的能力,可以迅速地将新的创意商业化,使得企业获得异质性资源,进而给企业带来新的经济利益。因此,本研究提出如下假设:

假设 7:学习创新能力对继承绩效有显著正向影响。

8. 科学管理能力与继承绩效

科学管理能力是指企业家可以将企业内部和外部一切可以利用的资源投入到最佳用途,以期获得较高的投入—产出率。对于企业发展的一个特定的机会,可能会有很多不同的利用方式,这取决于企业家独特的科学管理能力。成功的家族企业接班人,应该具有在企业战略的指导下通过计划技能来管理和使用不同资源的能力,并就稀缺性资源的配置做出科学合理的决策。可见,科学管理能力决定了企业生产可能性的扩张,对于节省企业生产运营成本和创造经济效益起着至关重要的作用。因此,本研究提出如下假设:

假设 8:科学管理能力对继承绩效有显著正向影响。

以上分析和假设分别论述了家族企业接班人的各种胜任能力对继承绩

[①] 时勘、王继承、李超平:《企业高层管理者胜任特征模型评价的研究》,《心理学报》2002 年第 3 期。

[②] 仲理峰、时勘:《家族企业高层管理者胜任特征模型》,《心理学报》2004 年第 1 期。

效的影响,事实上,各种胜任能力并不是独立影响继承绩效的,而是通过共同的相互作用创造出企业发展的异质性资源。另外,提出的假设只是为了探讨家族企业接班人与继承绩效之间的关联性,仅是验证家族企业接班人胜任能力影响继承绩效的必要而非充分条件。

二、数据分析

本研究通过综合上述已有的胜任评价模型和对家族企业继承绩效的研究,选择中国家族企业代际传承最具典型性之一的越商团体作为研究对象,结合深度访谈,编制调查问卷,然后对足够大的样本进行调查,回收问卷进行数据分析和实证性的解释。这是一种相对便利并且可以快速收集大量数据建立胜任—绩效模型的方法。

(一)数据收集

改革开放以来,我国民营经济取得了飞速的发展。但是由于我国民营经济起步较晚,再加上 2008 年金融危机的影响,民营企业家们在国内外经营环境不断变化的情况下难以把握方向,造成大量的民营企业倒闭,如东莞服装企业倒闭潮、温州企业家"跑路"风波等。能够持续比较长、进入二代经营的民营企业数量相对较少。以民营经济为主体的浙江,在遭受金融危机重创的同时,比全国更早地进入了家族企业的"交接时代"。根据我们对绍兴县 53 家比较有影响的家族企业的调查发现,已经完全接班的有 15 家,部分接班的有 30 家,正在培养的有 8 家。基于这种现状,我们将数据收集的重点放在了绍兴市,也就是越商的集聚地,同时为了增强样本对于越商的代表性,我们在绍兴市所辖的 6 个区、县(市)都发放了调查问卷。

因为样本企业的分散性和样本收集的复杂性,我们通过绍兴市委组织部及绍兴市所辖的各个区、县(市)委组织部,绍兴市委党校及各个区、县(市)党校,绍兴市青年企业家协会等多个渠道进行了样本数据的收集。我们给每家企业发放了一份企业家问卷,由第一代企业家或已经完成企业管理权交接班的第二代企业家填写。我们要求被调查的企业至少是形式上已经完成企业管理权接班过程的家族企业。

(二)指标设计

通过对大量相关文献的搜集和阅读,我们提取了 42 条企业接班人的胜任能力特征,通过进一步对相似条目的合并,最终得到 27 条对企业接班人胜任能力特征的描述。根据"强政府"参与市场经济和中国企业家注重"人情"、"人脉"、"面子"的社会特征[①],政府关系能力和社会网络能力应该成为企业接班人胜任能力的重要维度。我们分别设计了 5 个和 4 个项目进行测量。我们将这 27 条行为特征不断精炼,以尽量简洁、易懂的行为描述方式表达出来,并用利克特 5 点量表进行测量。在计分方法上,我们要求答卷者以对于行为特征描述的赞同程度为评价标准,"1 为非常同意,5 为非常不同意"来打分。相应地,我们也设计了反映企业接班人继承绩效的问题,来测量接班人的绩效,也采用利克特 5 点量表进行测量。我们尝试通过回归分析与继承绩效显著相关的个性特征,来确定接班人胜任能力的构成要素。在问卷设计上,我们在咨询多位相关领域专家以后,选择了嵊州市的 13 家企业进行了测试。根据分析结果,我们最终确定了 34 条胜任能力特征作为我们最后测试的项目。

对于企业接班人继承绩效的评价,我们分了两个维度,一个是客观绩效,采用人才结构、产品技术、品牌形象、市场份额、利润增长和企业规模来测量,这是测评接班人继承绩效的主要内容。同时,为了排除行业因素对继承绩效的影响,在问卷的设计中要求评价人回答企业在交接班前后相应测量指标的变化。另一是主观绩效,这里主要测量家族成员(主要是第一代企业家)和员工对继承过程后的满意程度。

(三)数据分析

1.背景信息统计

从答卷人来看,家族企业接班人占 29.8%,创办人占 70.2%。企业选择接班人的方面,有 81.5%企业选择自己的子女作为企业的接班人,而且男性占据了绝对优势,占 89.1%,由差序格局外推的"子承父业"模式在中国家族企业的传承中占主要地位。

从表 4-1 和表 4-6 可以看出,有 51.7%的企业接班人在 20~30 岁之间,75.7%的企业接班人学历在大学本科以上,而且分别有 27.9%和 51.0%的企业接班人所选专业为财经会计和企业管理,27.0%的企业接班人有留学的经历。这表明,改革开放以后,一些有较高学历的农民、技术工

---

① 陆立军、于斌斌:《基于修正"钻石模型"的产业集群与专业市场互动的动力机制——以绍兴纺织产业集群与中国轻纺城市场为例》,《科学学与科学技术管理》2010 年第 8 期。

人和知识分子开始创办农村家庭作坊或者乡镇企业,并快速获得了原始资本的积累和企业规模的扩张;与父辈相比,企业接班人接受的教育程度普遍较高,而且很多企业接班人都有出国留学的经历,他们接受过正统的财经、企管类专业教育,这对于家族企业向现代企业转制具有重要意义。目前,大多数的家族企业创办人年龄在50岁左右,而家族企业接班人年龄普遍在30岁左右,正处于家族企业代际传承的关键时期。

表 4-6 家族企业接班人的基本情况

年 龄	百分比(%)	学习途径	百分比(%)	专 业	百分比(%)	学历(学位)	百分比(%)
20岁以下	7.7	国内全日制	50.0	文史法律	4.8	初中及以下	7.1
20~30岁	51.7	国内在职	22.4	理工农医	8.8	高中	17.2
30~40岁	32.9	国外全日制	21.7	财经会计	27.9	大学本科	43.4
40岁以上	7.7	国外在职	5.3	企业管理	51.0	硕士	29.4
—		其他	0.7	其他	7.5	博士	2.9

2. 胜任能力与继承绩效的信度检验及因子分析

我们首先采用"Correct Item to Total Correlation"和"Cronbach's Alpha"两个指标来检验测量量表的信度水平。检验的标准是,当"Cronbach's Alpha"系数大于0.7时,为可接受的信度水平;当"Correct Item to Total Correlation"小于0.3时,该条款应该被剔除。信度检验的结果显示,"获得国外市场法律、法规、标准等制度知识"和"与合作伙伴联合采购先进设备"两个测量项目信度水平较低,应该剔除,其他各胜任能力项目的Cronbach's Alpha"系数均大于0.8以及"Correct Item to Total Correlation"值均大于0.3,表明剩余的32个项目具有良好的信度。随后,我们对剩余的32个项目与各继承绩效测量指标之间进行了相关性检验,检验各项目与绩效之间的关系。结果显示,胜任能力的32个项目均与各绩效有良好的相关关系。

为了对胜任能力的各要素进行简化,我们利用SPSS16.0统计软件对家族企业加本人胜任能力的32个项目进行了探索性因子分析(EFA),采用方差最大旋转法,我们尝试强迫提出7~8个因子进行因子分析,发现8个因子更加符合我们的理论预期,绝大多数测量项目的因子载荷比较合理。

最后,我们对 32 个项目进行因子分析,提取 8 个因子,方差贡献率为 70.045%,7 个因子的特征值大于 1。32 个项目的 KMO 和巴特利球形检验结果显示,KMO 值为 0.853,巴特利球形检验的显著水平为 0.000,比较适合进行因子分析。

表 4-7 是胜任能力 32 个项目的信度检验及因子载荷情况,并且对 8 个因子分别进行了命名和解释。从表 4-7 可以看出,"企业能够与供应商维持稳固的合作关系"、"本人在企业内受到员工支持和拥护"、"本人经常参加企业家协会的相关活动"、"本人在行业内具有较强的影响力"、"本人具有很强的沟通协调能力"在因子 1 上有较高的载荷,这 5 个测量项目反映了企业接班人构建社会关系网络(人脉)和人际交往(人情)的能力,因此可以将因子 1 命名为社会网络能力;"政府能够为企业提供有价值的信息"、"本人会积极参加政府举办的各类企业座谈会"、"政府现有政策和法规对企业发展有很大影响"、"对政府赋予的企业荣誉(如评奖)非常重视"在因子 2 上有较高的载荷,这 4 个测量项目反映了企业加强与政府联系和争取政府支持的能力,因此可以将因子 2 命名为政府关系能力;"本人总能洞察其他人看不到的市场机会"、"企业在开发新产品方面总能领先于对手"、"企业具有很强的获取行业技术信息的能力"、"企业在市场竞争中应采取积极主动的策略"在因子 3 上有较高的载荷,这 4 个测量项目反映了企业接班人在洞察市场机会、搜集市场信息和抢占市场先机方面的能力,我们将因子 3 命名为发现机会能力;"企业投资倾向于实施高风险高回报的项目"、"资源、环境对于企业发展具有很强的约束力"、"国家银根紧缩对企业发展的影响很大"、"企业总能在高风险的项目中获益"在因子 4 上有较高的载荷,这 4 个测量项目反映了企业接班人对于市场风险的处理态度和对风险的承担能力,我们将因子 4 命名为承担风险能力;"企业与高校及科研院所合作和联系紧密"、"企业与合作伙伴联合开发新产品或改进工艺"、"企业对高端人才具有很强的吸引力"、"企业通常会避免与竞争对手发生正面冲突"在因子 5 上有较高的载荷,这 4 个测量指标反映了企业利用和配置社会资源的能力,我们将因子 5 命名为资源整合能力;"本人处理问题果断和解决问题能力较强"、"高新技术领域应该是企业以后要涉足的领域"、"企业文化是企业未来发展的核心竞争力"在因子 6 上有较高的载荷,这 3 个测量指标反映了企业接班人把握、决策和处理问题的能力以及对企业未来的战略预期,因此可以将因子 6 命名为战略决策能力;"应积极学习其他企业的营销管理技术和方法"、"企业应该

注重新产品、新服务的开发"、"加大研发投入对企业是至关重要的"、"终身学习是企业家必备的能力"、"本人的行业知识经验应该更加丰富"在因子7上有较高的载荷,这反映了企业接班人对企业技术创新的意识以及对自己在各方面学习的要求,因此可以将因子7命名为学习创新能力;"企业应该具有完善的规章制度和工作纪律"、"企业家应该具有丰富的经营管理经验"、"本人经常鼓励员工竞争、进取和大胆冒险"在因子8上有较高的载荷,这3个测量项目反映了企业接班人对于建立现代企业制度的诉求和对自己丰富经营管理经验的希望,我们可以将因子8命名为科学管理能力。

表 4-7 家族企业胜任能力测量项目的信度检验及旋转后的因子载荷

因子命名	测量项目	因子载荷	方差贡献率(%)	Cronbach's Alpha
社会网络能力	V011:企业能够与供应商维持稳固的合作关系	0.696	11.003	0.874
	V001:本人在企业内受到员工支持和拥护	0.741		
	V002:本人经常参加企业家协会的相关活动	0.651		
	V003:本人在行业内具有较强的影响力	0.753		
	V004:本人具有很强的沟通协调能力	0.787		
政府关系能力	V007:政府部门能够为企业提供有价值的信息	0.800	10.255	0.809
	V008:本人会积极参加政府举办的各类企业座谈会	0.746		
	V009:政府现有政策和法规对企业发展有很大影响	0.617		
	V010:对政府赋予的企业荣誉(如评奖)非常重视	0.662		
发现机会能力	V014:本人总能洞察其他人看不到的市场机会	0.728	10.410	0.901
	V015:企业在开发新产品方面总能领先于对手	0.821		
	V016:企业具有很强的获取行业技术信息的能力	0.668		
	V017:企业在市场竞争中应该采取积极主动的策略	0.768		
承担风险能力	V023:企业投资倾向于实施高风险高回报的项目	0.611	8.410	0.821
	V024:资源、环境对于企业发展具有很强的约束力	0.649		
	V025:国家银根紧缩对企业发展的影响很大	0.763		
	V018:企业总能在高风险的项目中获益	0.524		

续　表

因子命名	测量项目	因子载荷	方差贡献率（%）	Cronbach's Alpha
资源整合能力	V012：企业与高校及科研院所合作和联系紧密	0.686	8.342	0.879
	V013：企业与合作伙伴联合开发新产品或改进工艺	0.766		
	V019：企业对高端人才具有很强的吸引力	0.496		
	V020：企业通常会避免与竞争对手发生正面冲突	0.683		
战略决策能力	V021：本人处理问题果断和解决问题能力较强	0.711	5.863	0.885
	V026：高新技术领域应该是企业以后要涉足的领域	0.730		
	V029：企业文化是企业未来发展的核心竞争力	0.724		
学习创新能力	V030：应积极学习其他企业的营销管理技术和方法	0.787	12.781	0.892
	V027：企业应该注重新产品、新服务的开发	0.702		
	V028：加大研发投入对企业是至关重要的	0.763		
	V031：终身学习是企业家必备的能力	0.733		
	V005：本人的行业知识经验应该更加丰富	0.718		
科学管理能力	V032：企业应该具有完善的规章制度和工作纪律	0.594	5.190	0.835
	V006：企业家应该具有丰富的经营管理经验	0.732		
	V022：本人经常鼓励员工竞争、进取和大胆冒险	0.604		

　　根据家族企业创办者和继承人的年龄、学历对各因子进行方差检验发现，50岁以上年龄层的家族企业创办者在社会网络能力和政府关系能力上显著高于其他年龄层的评分；专业是企业管理、学历为硕士以上的企业接班人在学习创新能力和科学管理能力上显著高于其他专业和其他学历层的评分，这与Norman发现的教育投入与人才创新能力成正比的结论相一致[①]；其他因素在各因子上没有显著差异。在企业的产业领域、组织形式、经营模式和员工规模方面对各因子进行方差检验发现，医疗化工和节能环保领域的企业接班人在承担风险能力、战略决策能力和学习创新能力方面显著高于其他行业领域的企业接班人；股份公司的企业接班人在资源整合能力和科学管理能力方面显著高于其他组织形式的企业接班人；100人以上企业规模的企业接班人在社会网络能力、战略决策能力、资源整合能力、学习创

---

①　V. Norman. Entrepreneurial Attributes in Malta. *The Paper of Doctor of the Netherlands*，2001.

新能力方面显著高于 100 人以下企业规模的企业接班人,这与 Malinen 研究发现的规模越大的企业更有时间和资源对企业接班人进行培养的结论相一致。

对于家族企业继承绩效的 8 个项目,我们也使用 SPSS16.0 对其进行因子分析。根据我们的理论预期,我们采用最大方差旋转法强迫提取 2 个因子。结果显示,KMO 值为 0.784,巴特利球形检验的显著水平为 0.000,比较适合作因子分析。两个因子的方差贡献率为 71.191%,两个因子的特征根都大于 1。因子旋转后发现,人才结构、产品技术、品牌形象、市场份额、利润增长和企业规模在因子 1 上有较高的载荷;员工满意和家族满意两个测量项目在因子 2 上有较高的载荷。因此,我们将因子 1 和因子 2 分别命名为客观因素和主观因素,其信度系数分别为 0.832 和 0.891,说明两个因子是有效和可靠的。

3.胜任—绩效结构验证性因果关系模型

基于探索性因子分析的结果,我们使用 LISREL 8.8 统计软件对家族企业接班人胜任能力的 8 个因子进行验证性因子分析,结果得到 χ^2/df 为 1.11,P 值为 0.368,$RMSEA$ 为 0.001,NFI 为 1.00、CFI 为 0.99、GFI 为 0.98、$AGFI$ 为 0.99、$NNFI$ 为 1.00。这表明模型具有较好的稳定性和拟合度。根据因子分析得出的 8 个因子之间的相关性系数和理论分析,我们将 8 个因子分成两类,即管理素质和管理技能,这和王重鸣和陈民科将管理胜任力分为管理素质和管理技能两部分的结论相一致[①]。其中,管理素质包括社会网络能力、政府关系能力、发现机会能力和承担风险能力;管理技能包括资源整合能力、战略决策能力、学习创新能力和科学管理能力。我们进一步进行验证性因子分析,结果得到 χ^2/df 为 1.02,P 值为 0.705,$RMSEA$ 为 0.000、NFI 为 1.01、CFI 为 1.00、GFI 为 0.99、$AGFI$ 为 0.99、$NNFI$ 为 1.00,模型具有较好的拟合度。

我们对家族企业的继承绩效两维度模型进行验证性因子分析,结果得到 χ^2/df 为 0.79、P 值为 0.659、$RMSEA$ 为 0.000、NFI 为 1.00、CFI 为 0.98、GFI 为 0.99、$AGFI$ 为 0.98、$NNFI$ 为 1.01,模型具有较好的拟合度。为了进一步确定家族企业接班人胜任能力和继承绩效之间的因果关系,确定胜任能力两个维度对继承绩效的相对重要性,我们对家族企业继承绩效与接班人胜任能力两个维度之间存在的因果关系使用 LISREL 8.8 统计软

---

① 王重鸣、陈民科:《管理胜任力特征分析:结构方程模型检验》,《心理科学》2002 年第 5 期。

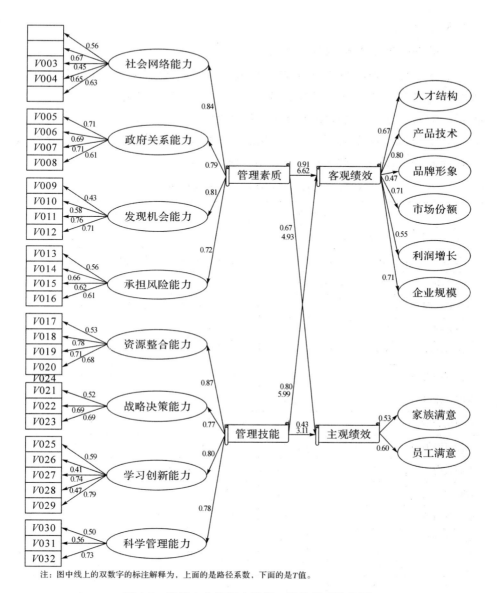

注：图中线上的双数字的标注解释为，上面的是路径系数，下面的是T值。

图 4-2　家族企业接班人胜任—绩效模型结构图

件建立胜任—绩效结构方程模型。通过比较确定最优拟合数据的因果关系，胜任能力的两个维度和继承绩效的两个维度四个路径系数均通过了 T 检验，并且逻辑关系合理，最终确立了可以接受的家族企业继承绩效与家族企业接班人胜任能力因果关系的模型图（见图 4-2）。通过图 4-2 可以看出，家族企业接班人的管理素质和管理技能都可以较好地预测家族企业的客观绩效和主观绩效。

4. 胜任—绩效的分层回归模型

对于家族企业接班人胜任能力与继承绩效之间的关系,本研究分两个步骤进行检验。我们将企业接班前的企业状况、企业规模和竞争优势 3 个控制变量数据进行处理,使其与胜任能力的 8 个因子保持相同的量纲。我们将 3 个控制变量作为第一层,将胜任能力的 8 个因子作为第二层,分别用客观绩效和主观绩效对它们进行分层回归(见表 4-8)。

表 4-8 家族企业胜任—绩效的分层回归模型

因变量 / 自变量	客观绩效				主观绩效			
	第一步		第二步		第一步		第二步	
	Beta 值	T 检验	Beta 值	T 检验	Beta 值	T 检验	Beta 值	T 检验
截距	3.954***	4.802	1.818**	2.275	2,390***	3.423	1.005**	1.984
企业状况	0.351***	5.633	0.119**	2.807	0.281***	4.433	0.201**	3.678
企业规模	0.111**	2.184	0.075	0.906	0.089	1.021	0.046	0.726
竞争优势	0.294***	4.509	0.104*	1.998	0.167**	3.219	0.098*	1.944
社会网络能力			0.209***	3.872			0.298***	5.076
政府关系能力			0.135**	2.430			1.132**	2.535
发现机会能力			0.095*	1.879			1.127**	2.299
承担风险能力			0.022	0.307			0.088*	1.840
资源整合能力			0.112*	2.076			0.191**	3.255
战略决策能力			0.129**	2.265			0.041	0.509
学习创新能力			0.317***	5.124			1.434**	2.768
科学管理能力			0.067	0.724			0.271***	4.931
F	19.454***		14.157***	13.230***	11.573***			
R^2	0.186		0.378	0.103	0.336			
ΔR^2	0.174***		0.295***	0.103***	0.268***			

注:(1)*** 表示通过 1% 的显著性检验;** 表示通过 5% 的显著性检验;* 表示通过 10% 的显著性检验;(2)样本量为 154。

从表 4-8 可以看出,3 个控制变量对客观绩效的回归,R^2 系数为 0.186,显著性系数为 0.000。当引入胜任能力因子之后,R^2 系数变为 0.378,提高了 0.192,显著性系数为 0.000。这表明,胜任能力各因子显著提升了对客观绩效的变异解释量。引入胜任能力因子后,3 个控制变量的回归系数均变小,表明 3 个控制变量同胜任能力在影响客观绩效时具有比较明显的交互作用。我们将 3 个控制变量与胜任能力各因子分别相乘,得到 24 个新的交叉变量,作为第 3 层并对客观绩效进行回归,结果显示,R^2 系数为 4.716,显著性系数为 0.000,显著提高了模型的解释量,证明了控制变量与胜任能力因子之间确实存在交互作用。从标准回归系数看,学习创新能力($Beta=0.317, P<0.001$)和社会网络能力($Beta=0.209, P<0.001$)对家族企业继承的客观绩效具有更突出的影响,因此在企业接班人的选择和培养过程中应更加注重对接班人学习创新能力和社会关系网络的培养和构建。科学管理能力($Beta=0.067, P>0.05$)和承担风险能力($Beta=0.022, P>0.05$)对客观绩效的回归系数不显著,这表明我国民营企业规模普遍偏小,现代管理制度还不够健全,对于风险的应对和处理能力较差。而对于中小企业而言,企业面临的主要任务是如何生存,只有在生存的基础上才能谋求企业的发展和现代管理制度的健全。

对于主观继承绩效,只有企业状况和竞争优势 2 个控制变量进入了第一步,其 R^2 系数为 0.103,显著性系数为 0.000,正向影响了主观绩效。引入胜任能力各因子之后,R^2 系数变为 0.336,提高了 0.133,显著性系数为 0.000,这表明,胜任能力因子显著提高了对主观继承绩效的变异解释量。引入胜任能力因子后,3 个控制变量的回归系数均变小,表明 3 个控制变量同胜任能力在影响主观绩效时具有比较明显的交互作用。我们将 3 个控制变量与胜任能力各因子分别相乘,得到 24 个新的交叉变量,作为第 3 层并对客观绩效进行回归,结果显示,R^2 系数为 4.156,显著性系数为 0.000,显著提高了模型的解释量,证明了控制变量与胜任能力因子之间确实存在交互作用。从标准回归系数看,社会网络能力($Beta=0.298, P<0.001$)、科学管理能力($Beta=0.271, P<0.001$)和资源整合能力($Beta=0.191, P<0.005$)对主观继承绩效的影响更为显著,而战略决策能力($Beta=0.041, P>0.05$)对主观绩效的作用不显著。

三、结论与启示

我国改革开放后率先建立起来的第一批家族企业目前正普遍面临着"权杖"交接的问题。然而,国内对家族企业的研究还停留在粗线条的分析上,尚未形成科学、系统的研究框架[①],尚无法为家族企业的传承提供必要理论指导。家族企业的继承是家族企业生存和发展中非常重要的环节[②],而对家族企业接班人选择和培养的传承计划是家族企业能否顺利成功继承的关键[③]。本研究在文献梳理、深度访谈和问卷调查等方法以及探索性和验证性因子分析、回归分析的基础上构建了家族企业接班人胜任—绩效模型。家族企业接班人的胜任能力主要是指能促使家族企业继承过程顺利进行并能够产生优质继承绩效的家族企业接班人所具有的知识、技术、能力以及其他个性特征。在本研究中,家族企业接班人胜任能力主要包括社会网络、政府关系、发现机会、承担风险、资源整合、战略决策、学习创新、科学管理8个维度。验证性因子分析显示,这8个因子较好地拟合了问卷的数据,并且这8个因子又可以分为管理素质和管理技能两个二级因子。家族企业的继承绩效主要从客观和主观两个维度衡量,其中,客观绩效主要指家族企业完成继承以后企业在经济效益和竞争力方面的变化;主观绩效主要是指家族成员(主要是家族企业创办者)和企业员工对交接过程满意程度。

回归分析的结果显示,社会网络能力、学习创新能力、政府关系能力、资源整合能力等因子对于家族企业的继承绩效具有更显著的正向相关关系,尤其颇具中国特色的社会关系和政府关系对于家族企业继承绩效的影响。因此,家族企业在家族企业接班人的选择和培养过程中要更加注重这些方面的因素。企业家的社会网络和政府关系都属于企业外部网络,主要指企业与供应商、代理商、客户、竞争者、大学、科研院所、金融机构、政府、行业协会、认证机构等的关系集合。[④] 关系、人情和面子是理解中国社会结构的关键性的社会文化概念,是中国成年人用以处理其日常生活的基本"储备知识"之一。陈立旭考察了浙江的私营企业发现,浙江民营企业基本上是在以亲缘为原则的家庭工业、家庭商业基础上发展起来的,特殊主义的社会关系

①　窦军生、贾生华:《个人意愿、家族承诺与家族企业传承计划的实施》,《中大管理研究》2007年第4期。

②　W. C. Hander. Methodological Issues and Considerations in Studying Family Business. *Family Business Review*,1989(2):257-276. K. C. Seymour. International Relationships in the Family Firm: The Effect on Leadership Succession. *Family Business Review*,1993(6):263-281.

③　E. Venter,C. Boshiff,G. Maas. The Influence of Successor-related Factors on the Succession Process in the Small and Medium-sized Family Business. *Family Business Review*,2005(18):283-303.

④　O. E. Williamson. *Markets and Hierarchies:Analysis and Antitrust Implications*. New York:The Free Press,1975. A. Larson. Network Dyads in Entrepreneurial Settings:A Study of the Governance of Exchange Relationships. Administrative Science Quarterly,1992,37(1):76-104.

网络和信任关系,是浙江私营企业重要的,甚至是至关重要的资源。[①] 在特殊主义的人际关系模式下,"圈内"和"圈外"的经济交易成本大不相同,即在"圈内",家族企业会保持内部成员的一致信仰和价值观,减少或者消除成员之间的不信任和可能的机会主义倾向。家族企业的成功在于企业有较好的先赋性社会网络以及善于构建获致性社会关系网络,社会关系网络越广,则获取外部资源的可能性就越大,从而企业成长所需要的资源就越多,企业绩效就越好。[②] 同时,不同于西方政府的"守夜人"、"小政府"的角色,我国政府属于"大政府",对市场经济存在"强干预"和"强影响",并且能够基于宏观政治经济环境变化作出积极的制度性反馈和制度供给,即 White 所认为的"政府的企业家精神"[③]。因此,政府资源(包括政策、税收、法规、制度等)是中国企业生存和发展需要了解和争取的一些稀缺资源,这要求家族企业接班人应该具备一定的"政治技能"[④]。本研究也验证了这样一个结论,即企业外部网络能力越强,动员稀缺资源的能力就越强,从而就越能获得其成长所需的社会资源。

本研究的不足之处在于,主要通过对越商的问卷调查法来构建家族企业接班人胜任—绩效模型,这可能与其他地区家族企业的传承结果有所差异,因为企业家毕竟是受主观个性影响较为显著的群体。另外,本问卷在设计过程中,有些是自编题目,主观性较强,一些在因子分析中的载荷不是很高,未来的研究中应对这些问题作进一步修订和补充。对在家族企业交接过程中,哪些因素影响了家族企业接班人的胜任能力,如何通过这些因素来提高家族企业接班人的胜任能力,从而提高家族企业继承绩效,需要根据区域、产业、企业性质、企业家个性等因素的差异加以分析,这是笔者下一步研究的重点。

---

① 陈立旭:《信任模式、关系网络与当代经济行为》,《浙江社会科学》2007 年第 4 期。

② 王庆喜、宝贡敏:《社会网络、资源获取与小企业成长》,《管理工程学报》2007 年第 4 期。

③ 莎林:《财富和福利的创造——企业家精神和中国农村的发展型政府》,《经济社会体制比较》2002 年第 1 期。

④ S. Lux. Entrepreneur Social Competence and Capital: The Social Network of Political Skilled Entrepreneurs. Academy of Management Best Conference Paper,2005.

第三节 中国制造业国际市场势力"虚化"现象及其成因

市场势力是单个或联合厂商对价格进行控制而不会导致大部分销售额迅速丧失的能力。[①] 在全球化及产业竞争由市场竞争范式向垄断范式过渡的背景下[②],学术界对产业市场势力的研究视野从国内逐渐拓展到国外,开始注重考察一国特定产业在国际市场上的控制能力。这种研究视野的拓展丰富了产业市场势力研究内容与方法,也有助于相关产业开展对自身国际市场势力的评价。在这一过程中,研究者运用相关测度模型对我国特定制造业的国际市场势力进行了实证研究,它们多数认为研究对象大都具有一定的国际市场势力。[③] 然而,与国际市场势力理论测度值形成鲜明对比的是,我国众多制造行业,尤其是劳动密集型产业出口数量的增长却伴随着产品出口单价的逐年递减,出现了令人深思的"量增价跌"现象。对此,需要我们迫切反思的是:(1)多数研究选用模型的假设条件是否严重脱离了产业发展的实际,因而得出了失真的结论。例如,多数研究在选用 HALL 模型测度时往往假设劳动力是唯一的投入要素,而资本是不可变的。由于这与实际状况不尽相符,导致研究结论的可靠性大打折扣。(2)由理论模型得到的国际市场势力是一种潜在的市场势力,而由实际观察到的国际市场势力往往与之相互疏离,这表明我国制造业国际市场势力在一定程度上出现了现象学[④]意义上的"虚化"现象。(3)为什么我国某些制造行业产品的出口单

[①] W. M. Landes,R. Posoner. Market Power in Anti-rust Cases. *Harvard Law Review*,1981:46-49.

[②] 冯丽、李海舰:《从竞争范式到垄断范式》,《中国工业经济》2003 年第 9 期。

[③] 汪贵浦、陈明亮:《邮电通信业市场势力测度及对行业发展影响的实证分析》,《中国工业经济》2007 年第 1 期。陈晓静:《中国出口企业市场势力研究》,浙江大学硕士学位论文 2004 年。张小蒂、朱勤:《论全球价值链中我国企业创新与市场势力构建的良性互动》,《中国工业经济》2007 年第 5 期。黄先海、陈晓华:《浙江企业国际市场势力的测度与分析——以纺织服装业为例》,《浙江社会科学》2007 年第 6 期。

[④] 现象学是 20 世纪以胡塞尔为代表流行于西方的一种哲学思潮,它是一种通过"直接的认识"描述现象的研究理论与方法,它所说的现象不是客观事物的表象,亦非客观存在的经验事实或感觉材料,而是一种不同于任何心理经验的纯粹意识内的"存有"。现象学认为,当出现客观表象与主观心理经验的严重疏离时,纯粹意识内的"存有"就被"虚化"了,也即既不能用客观表象描述某事物的"存有",也不能用主观心理经验表征"存有",导致描述和认识"存有"出现了重大困难。为此,要准确描述和认识事物,就必须使主观心理经验与客观表象尽可能地彼此接近,实现两者的相互转化。在此,本研究借用现象学的研究概念与方法,探讨我国制造业国际市场势力这一我们所希望认识的"存有"与潜在国际市场势力(依据经验材料所作的主观处理)及实际国际市场势力(客观事物的表象)三者之间的相互关联及影响关系。

价持续下跌？它们的国际市场势力究竟如何？是哪些因素决定了我国制造业国际市场势力的"虚化"，又有哪些措施真正有助于潜在国际市场势力向实际市场势力的转化？

基于上述问题，本研究运用经修正的 HALL 模型及协整检验模型，以我国纺织工业几大代表性子产业为例，实证检验与分析我国制造产业国际市场势力的"虚化"现象及其成因，并提出"实化"制造业国际市场势力的政策建议。

一、理论发展与研究假设

(一)产业国际市场势力的测度及其"虚化"现象

市场势力是企业将价格维持在成本之上的能力[1]，是联合厂商的产品价格加成能力。学界对市场势力的研究经历了由微观层面向产业中观层面演进的过程。伴随着研究视野的扩展与经济全球化，对特定产业市场势力的研究逐渐跳出一国范围，全球框架下的产业国际市场势力研究应运而生。

在此过程中，选取合适的市场势力测度模型是重要的研究内容与方法。综合来看，此类测度模型主要有三个特点：(1)直接与间接度量"价格—边际成本"差额的方法并存。在实际的研究过程中，要确定某一企业的边际成本尽管是十分困难的，但直接测度法对市场势力的度量很有意义。[2] (2)重视产出量对模型的影响。例如，无论是广泛应用的 HALL 模型，还是 Goldbeg 和 Ketter 的剩余需求弹性模型，都引入了产出量变量，从而在国际市场势力与产出量之间建立了一定的因果关联机制。(3)大部分模型都有非常严格的假设。例如，在运用 HALL 模型时，研究者大都假定劳动是唯一投入要素及行业内的企业是团结一致的。显然，这些假设是十分苛刻的，在实际经济运行中似乎难以实现。

然而，理论测度值在多大程度上与实际值相吻合？黄先海等利用浙江省纺织工业的历史数据，验证了在区域层面产业与企业市场势力之间的不一致现象。那么，如果从国家层面的行业视角考察，是否存在着制造业国际市场势力测度值严重偏离实际水平，从而找不到一个合适的评价值来准确

---

[1]　A. P. Lerner. The Concept of Monopoly and the Measurement of Monopoly Power. *Review of Economics Studies*, 1934.

[2]　J. B. Baker, T. E. Bresnahan. Estimating the Residual Demand Curve Facing a Single Firm. *International Journal of Industrial Organization*, 1988.

表征我国制造业的国际市场势力的现象呢?

首先,假定条件的苛刻决定了测度值不可能等同于现实市场势力,甚至两者之间会有相当大的差距。由于模型不可能穷尽现实经济中的所有变量,纵使一步步放宽模型假定条件,所测得的市场势力与实际市场势力的差距也难以消除。其次,经验回归得到的国际市场势力体现的是特定产业时间序列向度的发展趋势值,代表的是潜在市场势力,在某种程度上它既可能高估也可能低估产业的实际国际市场势力。因此,如果潜在国际市场势力与实际观测值是相互疏离的,那么则难以描述和表征特定产业的国际市场势力,而只能部分地表征产业国际市场势力。我们既不能用潜在测度值指代特定产业的国际市场势力,因为它是对潜在状态的描述,也不能完全用与潜在值严重疏离的实际观测值表征和衡量特定产业的国际市场势力,更重要的是产业的实际发展过程本身也孕育着向潜在测度值转化的条件和因素,所以不能静态地将实际观测值视为特定产业的国际市场势力。在此意义上,特定产业的国际市场势力似乎是不存在的,它的存在形态已经被"虚化"了。就此,本研究提出如下假设:

假设 1:纵使不断放宽模型假定条件,我国制造业国际市场势力总以潜在的和实际的两种状态存在,出现了现象学意义上的"虚化"现象。

(二)产业国际市场势力的来源及其贡献度

为什么会出现上述"虚化"现象,通过哪些措施可以将潜在国际市场势力"实化"为真正能为产业带来好处的市场控制力呢?除理论模型本身的内生特点外,产业国际市场势力的各种来源及其相对贡献度,也许是解释此种"虚化"状态的合理变量。

1. 产业国际市场势力与要素结构

"要素创造"对培育产业竞争力进而市场势力具有不可替代的重要作用。[①] 所谓要素结构,是指一国或地区各种要素对产业成长的相对贡献度。例如,我国是一个劳动力资源丰富的国家,低劳动成本创造了我国产业的低端竞争优势,因而总的来看,在现阶段,我国的要素结构是一种以劳动力相对贡献为主的低端结构。然而,这种要素结构直接决定了我国有关产业在国际竞争和全球价值链中往往只能得到微薄的利润。不过,很可能与此相

[①] E. Porter. *Competitive Strategy: Techniques for Analyzing Industries and Competition*. New York: New York Press, 1980.

伴生的是,这种低劳动成本的要素结构在一定程度上为我国特定制造业构筑了相当的国际市场势力。因为,市场势力的重要来源是产业进入壁垒,而进入壁垒是潜在进入者进入后必须承担而在位者无须承担的成本,这种成本在一定程度上阻碍了潜在进入者的进入,使在位者具有一定的市场势力而不受到威胁。[①] 因此,劳动力资源丰富的国家,可以凭借低劳动成本构筑较高的国际市场进入壁垒,从而有效地阻止潜在进入者对国际市场势力的分割,成功地构筑自身一定的低端国际市场势力。因此,我们提出第二个假设:

假设 2:劳动力成本与我国制造业的实际国际市场势力之间存在强反向因果关系。

2. 产业国际市场势力与市场渠道控制力

市场势力可以通过多种方式获取,市场渠道控制能力的培育和建设便是其一。渠道控制力是构建市场势力的核心,对于我国企业在全球价值链中改变被低端锁定的现状至关重要。[②] 在此方面,我国有关企业取得了一定的成效。例如,格力集团自 1995 年开始在海外建立营销渠道,至今,已开设了 500 多家专卖店,自主品牌进入了英、法、美等 60 多个国家和地区。2006 年,其海外市场销售收入达 39.84 亿元,同比增长了 76.67%。然而,对于纺织业整体来说,市场渠道控制能力偏弱,而且发展很不均衡。据统计,2004 年和 2005 年,中国纺织服装出口采用加工形式的分别占 29.03%和 26.08%。在一般贸易中也有相当大部分是采用贴牌形式出口的。这种市场地位直接决定了更多的产业利益被发达国家的主导跨国公司所获取,而我国制造产业只能获取非常微小的加工利润,遑论对国际市场的控制力了。由此,我们提出第三个假设:

假设 3:市场渠道控制能力与我国制造业的实际国际市场势力之间存在弱正向因果关系。

3. 产业国际市场势力与技术创新

按照产业组织理论,产品的差异化程度是市场势力的重要影响因素。产品差异化使本企业与其他企业区别开来,提高了潜在进入者的进入成本,从而有利于形成和维持自己的市场势力。然而,成熟的差异化并不是任何

---

① 苏东水:《产业经济学》,高等教育出版社 2001 年版。

② 张小蒂、赵榄:《基于渠道控制的市场势力构建模式特征分析——以沃尔玛为例》,《中国工业经济》2009 年第 2 期。

企业都能获取的,它同企业的创新行为与绩效紧密相关。创新是差异化的源泉。适度的市场势力既是"创新竞争行为"的前提,也是这些竞争行为的结果①。因此,技术创新与国际市场势力之间存在一种良性互动的渠道和机制。一方面,创新使企业能提供更多的差异化产品,从而为产业的国际市场势力奠定基础;另一方面,市场势力能为产业技术创新提供内生的动力机制、盈利机制和再投入保障机制,进而进一步提高产品的差异化程度。然而,就参与全球技术创新而言,我国制造业在资金投入、技术资源等方面,难以支撑以世界先进技术为导向的技术创新②,也尚未构建起技术创新与国际市场势力的良性互动机制与格局,因而技术创新对产业国际市场势力的贡献不大。由此,我们提出第四个假设:

假设 4:技术创新能力与我国制造业的实际国际市场势力之间存在弱正向因果关系。

4. 产业国际市场势力与产业组织结构

依据产业组织理论,大企业通过内外部规模经济获取成本优势和较大的市场份额,从而有利于形成较大的市场势力。在理论模型方面,包括HALL 模型在内的产业市场势力测度模型都强调了企业的联合对于市场势力的重要性,因而在全球化竞争范围内,能否形成产业"领头羊"以参与国际市场竞争,对产业国际市场势力具有十分重要的意义。另外,实证研究也发现,产业组织结构尤其是市场集中度对产业国际市场势力具有显著影响。例如,杨晓玲对垄断势力与产业组织关系进行了研究,认为市场势力具有市场结构决定企业行为的特征,对稀缺资源的控制是一种特殊形式的市场势力。③ 徐康宁等通过构建回归方程,分析了我国钢铁业的集中度,发现我国钢铁业的集中度很低,因而削弱了我国钢铁业的市场势力。④ 这表明,不尽合理的产业组织结构,极可能降低相关资源的配置和利用效率,并带来严重的过度竞争。在此背景下,多数企业考虑的只是如何生存下去,遑论通过联合增强产业的国际市场势力了。由此,我们提出第五个假设:

假设 5:市场集中度与我国制造业的实际国际市场势力之间存在弱正向因果关系。

---

① J. M. Clark. Toward a Concept of Workable Competition. *American Economic Review*,1940.

② 陈晓华:《中国出口产业市场势力研究》,浙江大学硕士学位论文 2007 年。

③ 杨晓玲:《垄断势力、市场势力与当代产业组织关系》,《南开经济研究》2005 年第 4 期。

④ 徐康宁、韩剑:《中国钢铁产业集中度、布局与结构优化研究——兼评 2005 年钢铁产业发展政策》,《中国工业经济》2006 年第 2 期。

二、研究设计

(一)研究样本与数据的处理及来源

纺织工业是我国国民经济的支柱产业,也是我国参与国际竞争且绩效较好的行业之一。改革开放以来,尤其是加入世界贸易组织后,我国纺织工业产品出口迅猛增长。2006 年,我国纺织服装出口达 1470.85 亿美元,同比增长 25.14%,2008 年纺织服装贸易额占全球的 30% 左右,居世界首位。因此,无论从产业出口规模,还是从发展速度来看,纺织工业都是我国具有一定代表意义的全球竞争行业。同时,考虑到选用模型变量是特定产业的实物量,而非价值量,加之纺织工业各子产业的实物计量单位存在很大差异,所以,纺织工业国际市场势力的评价只有通过选取其子产业的分行业分析方法才能实现。因此,本研究选取我国纺织工业中具有代表性的棉纺织、麻纺织、丝纺织、服装、化纤等子产业作为研究对象。相关数据作如下说明和处理:

(1)纺织工业子产业的年度总产出量、出口量、就业量、固定资产投资完成额以及国外市场出口单价均可以直接或通过换算获取。

(2)纺织工业的平均劳动工资水平与当期我国制造业的平均工资水平相差不大,因而本研究选取各年度我国制造业的平均工资替代纺织工业子产业的劳动工资。

(3)利用投入产出数据回归服装业全要素生产率,计算各期的技术进步率。[①] 市场渠道控制能力与市场集中度分别由产业加工贸易额占贸易总额的比例及 CR_4 指数指代。在计算 CR_4 指数时,同时考虑了企业在国内市场的销售额与当年出口额。

样本数据主要来源于 1996 年至 2008 年各年度的《中国纺织工业年鉴》、《中国纺织工业发展报告》、《中国统计年鉴》、《中国对外贸易年鉴》、《中国商务年鉴》以及中国纺织工业协会统计中心的各类出版物。另外,需要说明的是,2000 年以后《中国纺织工业年鉴》由《中国纺织工业发展报告》替代。样本数据的描述性统计如表 4-9 所示。

---

① 通过对子产业样本期内投入产出数据的 DEA 检验,得出 Malmquist 指数,发现技术进步指数在 95% 的显著水平上可以解释全要素生产率 91% 的变动率。因此,本研究假定全要素生产率是由技术进步形成的。

表 4-9 各主要变量的描述性统计

变 量	棉纺织		麻纺织		丝纺织		服 装		化 纤	
	均值	标准差	均值	标准差	均值	标准差	均值	标准差	均值	标准差
出口量（X）：万米/万件	322634	73816	17868	4312	17190	5101	987564	41003	235684	16002
产出量（Y）：亿米/亿件	117.1	12.32	1.2458	0.2531	53.53	23.78	175.24	15.97	25.6	2.65
固定资产投资（K）：亿元	98.5	3.45	69.7	2.58	87.8	3.65	106.2	6.98	65.6	6.25
就业量（N）：万人	322.5	66.32	15.56	6.18	70.23	30.25	220.36	38.25	54.3	21.2
平均工资（W）：元	10654	3662	10654	3662	10654	3662	10654	3662	10654	3662
出口单价（P）：美元/件或美元/米、美元/吨	0.426	0.151	0.291	0.087	0.701	0.262	4.327	0.258	762	35.5

（二）理论模型

1. 扩展后的 HALL 模型

在一系列假设的基础上，HALL 推导出市场势力的测度模型[①]，其表达式如下：

$$\Delta Y/Y = \mu[(WN\Delta N)/(PYN)] + \theta + \varepsilon_t \qquad (4.1)$$

其中，μ 是"价格／边际成本"，表示市场势力。Y 表示总产出，N 表示总就业人数，W 表示工资率，P 表示该产品的价格，θ 是常数，表示技术进步。$\triangle N$ 表示该行业从业人员的数量变化量，$\triangle Y$ 表示该行业总产出的数量变化。ε_t 为随机变量。

利用相关数据，HALL 模型虽然对特定产业国际市场势力的测度提供了较实用的理论框架，但存在两个局限：一是忽视了特定产业出口量及其变化与国际市场势力之间的关系，而产品的出口量往往通过影响贸易条件、技术进步率等影响产品的价格控制能力；二是模型假定劳动是唯一的投入要素，资本则保持不变。然而在现实经济中，劳动与资本都是重要的投入要

---

① E. H. Robert. The Relation Between Price and Marginal Cost in U. S. Industry. *Journal of Political Economy*, 1988.

素,而且资本投入显然不是固定不变的,因此有必要对此加以修正。

研究发现,出口量与技术进步之间存在线性关系[1],即

$$\theta_t = \theta + \alpha(\Delta X / X) + \varepsilon_{1t} \tag{4.2}$$

其中,X 为出口总数量,则 $\Delta X / X$ 表示出口数量的变化率,α 为 $\Delta X / X$ 的系数。

其次,在模型中引入资本变量。结合式(4.1)推导出经修正的 HALL 模型:

$$\Delta Y / Y = \theta + \alpha(\Delta X / X) + \mu[(WN\Delta N) / (PYN) + (K\Delta K) / (PYK)] + \varepsilon_t \tag{4.3}$$

对式(4.3)进行转化得到产业国际市场势力测度模型:

$$\Delta y = \theta + \alpha\Delta x + \mu\beta_1\Delta n + \mu\beta_2\Delta k + \varepsilon_t \tag{4.4}$$

其中,Δy 表示 $\Delta Y / Y$,Δx 表示 $\Delta X / X$,Δn 表示 $\Delta N / N$,Δk 表示 $\Delta K / K$,分别代表产出量、出口量、就业量及固定资产投资的变化率。β_1 表示 WN / PY,代表劳动工资与用出口价格表示的总产出之间的比例。β_2 表示 K / PY,代表固定资产投资额与用出口价格表示的总产出之间的比例。

2. 实际国际市场势力贡献因子分析模型

依据上述理论分析,假定产业国际市场势力与贡献因子之间存在如下对数模型关系:

$$\ln U = A + B_1\ln W + B_2\ln J + B_3\ln T + B_4\ln H + \varepsilon_t \tag{4.5}$$

其中,U 代表实际国际市场势力[2],W、J、T 与 H 分别代表平均工资水平、加工贸易所占比例、全要素生产率以及市场集中度指标。ε_t 代表随机干扰项。

本研究运用此模型,对我国纺织工业代表性子产业的实际国际市场势力与贡献因子之间的关系进行 Grange 因果关系和协整检验,以考察各贡献因子的相对影响程度。

三、实证结果

(一)我国纺织工业国际市场势力的实证测度及其"虚化"现象

在有关假定条件下,国际市场势力测度值体现的是特定产业在某时段

---

[1]　李小平:《国际贸易与技术进步的长短期因果关系检验——基于 VECM 的实证分析》,《中南财经政法大学学报》2007 年第 1 期。

[2]　实际市场势力难以直接度量,然而,在一个较长的历史时期内,产品出口单价能较好地反映特定产业价格控制能力。因此,我们选取出口单价指代产业的实际国际市场势力。

内市场势力的平均水平，是时间序列向度的趋势模拟值，因而难以代表特定产业国际市场势力的实际水平。同时，在理论研究和政策实践中，存在将两种国际市场势力相混淆的现象，从而难以准确描述和认识产业国际市场势力并可能带来一些政策失误。鉴于此，本研究首先将国际市场势力模型测度值称为潜在国际市场势力，而把可直接观测的国际市场势力实际状况称为实际国际市场势力。

采用上述扩展后的 HALL 模型，利用相关数据及 SPSS 统计分析软件，得到我国纺织工业各主要子产业潜在国际市场势力的回归结果，如表 4-10 所示。由表 4-10 可见，各子产业的回归模型都通过了 F 检验，且调整后的确定系数均较高，表明回归方程的解释力较好。回归结果显示，除棉纺织业之外，其余子产业的 μ 值都大于 1.2。依据 HALL 模型划分标准[1]，表明我国这五类子产业的潜在国际市场势力均较大，其中以丝纺织为最大。另外，棉纺织业的潜在国际市场势力尽管小于 1.2，但与 1.2 相距很近，因此，该产业的潜在国际市场势力也较大。

回归结果进一步显示，并非纯粹地扩大出口数量就能提高产品的总产出，更不用说以此提升附加值了。例如，服装业出口量变动率对总产出量的影响系数为 -0.16924，这表明服装出口量的增加也许是以国内销量更大份额的降低为代价的，这种重视国外市场而忽视国内市场的市场战略是很值得反思的，因为如此不但丢掉了巨大的国内市场份额，而且可能由于服装业实际国际市场不足而使其难以获得出口利益，这无疑不利于该产业的长远发展。

表 4-10 我国纺织工业各主要子产业潜在国际市场势力回归结果

	棉纺织	麻纺织	丝纺织	服 装	化 纤
θ	0.00134 (3.6548)	0.00231 (4.8720)	0.00434 (5.6727)	0.012545 (2.7619)	0.002871 (3.7183)
α	0.04327 (8.6739)	-0.15478 (-4.3982)	1.87574 (3.2910)	-0.16924 (-4.1874)	0.46829 (3.7483)
μ	1.18991 (3.8903)	1.37829 (6.4598)	1.87493 (4.5783)	1.76354 (3.5609)	1.63541 (5.3872)

---

① HALL 模型将 μ 划分为几类：当 $\mu<1.2$ 时，表明该产业的市场势力较小；当 $1.2<\mu<2$ 时，表明该产业的市场势力较大；当 $\mu>2$ 时，表明该产业的市场势力非常大。尽管我们放宽了模型有关假定，但由于 HALL 划分的标准值区间较大且其具有很强的经验性，所以这里仍采用这一划分标准。

续 表

	棉纺织	麻纺织	丝纺织	服 装	化 纤
R^2	0.9372	0.9340	0.9134	0.9438	0.9034
调整后 R^2	0.9103	0.9245	0.9023	0.9309	0.8987
F 检验	78.76	58.92	67.61	61.08	89.36
DW 检验	2.4532	1.6735	1.8920	1.9802	2.0934

注:括号中表示的是 T 检验值,包括 F 检验值在内,都在 0.05 的显著水平上。

然而,上述回归结果是在相关假定条件下得出的,因而必然与纺织工业的实际国际市场势力具有一定差距,这可称为潜在的与实际的国际市场势力之间的相互疏离。为了明确疏离的程度及其成因,有必要对我国纺织工业国际市场势力的实际水平作一分析。为此,可以从产业或企业对市场渠道的控制力、产品出口单价以及贸易利得等三个方面考察。

在对国际市场渠道的控制方面,我国纺织工业企业还处于初级发展阶段,大多数企业都只能通过跨国贸易公司或国内众多贸易中间商取得国外市场的进入权,缺乏相应的市场渠道,市场渠道控制能力更弱。这种局面,直接导致我国纺织工业企业难以形成自身的价格支配能力,从而不得不处于被动的市场适应地位,获取微薄的产业分配利益。

在产品出口单价方面,我国纺织工业产品的出口量尽管取得了快速增长,但出口单价在不断降低,以至出现"量增价跌"现象。如表 4-11 所示,1996—2007 年,我国棉布、麻布、丝绸以及服装等四种纺织业出口产品的出口单价基本呈单边下降趋势,即使有些年份有所上升,也是一种微调。丝绸价格下降幅度最大,这与前面所述丝绸业较大的潜在国际市场势力有着十分明显的差距。此外,尽管服装产品出口单价在整个时间段是上升的,但上涨的幅度非常小,这也与上述回归模型的测度值相疏离。

表 4-11 我国纺织工业主要子产业出口产品单价(单位:美元/米或美元/件)

产业\年份	1996	1997	1998	1999	2000	2001	2002	2003	2004	2005	2006	2007
麻布	0.455	0.505	0.510	0.339	0.468	0.468	0.478	0.473	0.476	0.472	0.469	0.471
棉布	0.301	0.296	0.288	0.271	0.284	0.279	0.273	0.282	0.313	0.307	0.302	0.303
丝绸	0.908	0.929	0.944	0.836	0.844	0.835	0.687	0.630	0.670	0.651	0.649	0.654
服装	3.724	3.861	3.878	4.602	4.878	4.976	4.847	4.745	4.687	4.841	4.765	4.728

注:按各年消费者价格指数(以 1980 年为基期)平减后的美元出口价格。数据来源:黄先海、陈晓华(2007)及依据相关年份中国对外贸易年鉴与中国统计年鉴计算而得。

从上述分析结果也可以看出,我国纺织工业出口产品在国际贸易中的利得与其市场份额很不对称,发达国家攫取了大部分的价值增值份额。据统计,在美国销售的"中国制造"的衬衫,我国产业仅能获得其中 3%～4% 的价值,其他价值,包括设计、营销等全部属于美国。

由上可见,我国纺织工业出口产品实际的与潜在的国际市场势力之间存在着很明显的差距,此种差距直接反映出无论是我国纺织工业整体的,还是子产业的国际市场势力都严重缺失,潜在国际市场势力尚未有效地转化为实际国际市场势力。因此,在此意义上,无论潜在的还是实际的国际市场势力,都难以在完整的意义上独自代表我国特定产业的国际市场势力。这是由于,一方面,对潜在国际市场势力而言,它仅仅是一种未来状态值,我们不能说它就是我国纺织工业的国际市场势力;另一方面,实际国际市场势力似乎也无法完全表征我国纺织工业的国际市场势力,因为它本身孕育着向潜在国际市场势力演进的可能与条件。所以,我国制造业国际市场势力出现了现象学意义上的"虚化"现象。由此,本节的假设 1 得到证实。

(二)国际市场势力贡献因子的测度与分析

以服装业为样本,利用产业投入产出数据回归样本期内各年度的技术进步率(T)。另外,反映市场集中度的 CR 指数,由样本数据计算而得。相关变量的描述性统计如表 4-12 所示。

表 4-12 相关变量的描述性统计

变 量	均 值	标准差	最大值	最小值
出口单价(U)(美元/件)	4.234	0.529	4.976	3.724
技术进步率(T)	34%	0.038	38%	26%
加工贸易所占比例(J)	38%	4.895	43%	32%
平均工资(W)(元)	10654	3662	15478	5642
市场集中度(CR)	36.35%	2.341	40.68%	33.47%

对所有相关变量取对数,同时用"G"表示变量差分。在此基础上,利用 Eviews5.0 统计分析软件,对时间序列变量的稳健性进行 ADF 单位根检验。此外,根据 Johansen 协整检验法检验相关变量之间的协整关系,并对它们进行 Granger 因果关系检验,以考察各贡献因子对服装业出口单价的影响关系。

（1）ADF 检验：在 5% 显著性水平下，GT、GJ、GW、GH 的水平序列不能拒绝存在单位根的原假设，是非平稳序列，但水平序列经过一阶差分后都是一阶单整序列，符合检验要求。

（2）根据 Johansen 协整检验推导出相应协整方程，如表 4-13 所示。

表 4-13　实际国际市场势力贡献因子协整方程

	贡献因子的变量差分			
	技术进步率（T）	加工贸易占比（J）	平均工资（W）	市场集中度（CR）
GU	$GU=3.65+$ $1.12456GT$	$GU=4.133-$ $1.85672GJ$	$GU=5.543-$ $1.46378GW$	$GU=2.652+$ $1.25762GH$

（3）Granger 因果关系检验：根据赤池信息准则确定各变量的滞后阶数为 1，对四因素变量与 GU 之间的 Granger 因果关系检验结果表明，在 5% 显著性水平下，可以认为 GJ、GH、GW 单向引起 GU 的变化，GT 与 GU 之间具有双向因果关系。

检验结果可能包含以下几个经济含义：其一，劳动成本贡献因子方程表明，我国服装业劳动力成本越低，越有利于我国服装业构筑基于成本进入壁垒的国际市场势力；劳动力成本每上升 1%，实际国际市场势力将下降 1.46378%。这表明，我国特定产业尤其是传统的劳动密集型产业的国际市场势力，在很大程度上还依赖于低级要素结构，而相应的专业人力资源等高等级要素尚未在市场势力的构建过程中发挥应有的作用。由此，假设 2 得到证明。其二，加工贸易比例也与实际国际市场势力呈负向因果关系，这反过来说明，市场渠道控制力对于国际市场势力的形成具有正向因果关系。同时，加工贸易比例弹性系数的绝对值较大（1.85672），也就是说此种贸易方式对服装业国际市场势力的削弱作用较大，表明我国服装业的市场渠道能力建设还较滞后，远未发挥其对国际市场势力构建的核心作用（张小蒂等，2009）。由此，假设 3 也得以证明。其三，GT 与 GU 之间的双向因果关系表明，技术进步与实际国际市场势力之间存在双向互动因果关系。由此，也印证了假设 4。协整方程表明，我国服装业的技术进步因素能推动产品出口单价的提高，然而就目前而言，这种作用尚不明显，其弹性系数只有 1.12456，是所有四个弹性系数中最小的一个。其四，市场集中度协整方程显示，市场集中度确实有利于形成国际市场势力（1.25762），其作用尚不明显，由此可见，产业组织结构还不是服装业实际国际市场势力最主要的来源，不合理的市场结构反而会降低国际市场势力。由此，假设 5 得以证明。

四、结论与建议

上述分析表明,我国制造业的国际市场势力存在"虚化"状态,产业潜在的和实际的国际市场势力之间存在严重的相互疏离现象。一般的测算和考察结果表明,我国制造业的潜在国际市场势力较强,而实际国际市场势力较弱,前者未能有效地转化为后者。从现实和长远角度来看,两者都不能在完整意义上独自表征我国制造业国际市场势力的存在状态。换言之,既不能将潜在的测度值视为我国制造业的国际市场势力,也不能简单地将实际观察到的市场势力水平视为我国制造业的国际市场势力。由此,我国制造业国际市场势力出现了现象学意义上的"虚化"现象。研究还发现,此种"虚化"固然与模型的相关假定条件有关,但现阶段我国制造业的素质性和结构性缺陷是更为根本的成因。例如,产品同质化及产业集中度偏低的共同作用,产业的恶性竞争导致产业内部分地丧失了协调一致行使国际市场势力的动机与能力。认识了我国制造业国际市场势力的"虚化"现象,更为重要的是要将潜在国际市场势力实化为实际国际市场势力。为此,本研究提出如下建议:

第一,促进战略创新,推进成本领先型战略向差异化与成本领先相结合的精准组合战略转变。如前所述,劳动力低成本是我国制造业低端国际市场势力的重要贡献因子。然而,随着我国劳动力成本优势的逐渐弱化,这种市场势力的来源基础必然是独力难支的,因此必须积极寻求包括成本领先在内的更为丰富与可持续的制造业国际市场势力增进战略,从而构筑我国制造业可持续的高端国际市场势力。差异化是市场势力的重要来源,产品的质量、功能等专有属性是市场势力的重要基础,因此在很大程度上可以弥补成本型国际市场势力增进战略的不足。但是,差异化往往需要企业付出额外的成本,从而不利于产业市场势力的行使,因此,需要实施差异化与成本领先的精准组合战略。例如,为向国际市场提供的个性化定制产品推行差异化战略时,企业可以通过规模定制、委托制造、服务流程外包、战略联盟、专利相互授权等途径充分利用外部资源,以实现大笔成本费用的分摊。以宁波雅戈尔为例,多年来,其在注重多样化、个性化产品的设计和生产的同时,积极发展分工协作网络,以规模经济降低差异化成本,提升了自身的市场控制能力。

第二,促进市场创新,培育和提升自主型的市场渠道及品牌控制能力。首先,必须明确产品生产要切实以市场需求为导向,有效防止由于产能过剩、产品库存而影响企业的价格控制能力,做到从生产环节就紧密跟踪市场需求。其次,要鼓励有实力的企业采取建立国际企业联盟、自建海外营销渠道、并购海外知名贸易商或品牌等方式,迅速实现产业向高端价值链拓展。例如,2005 年,江苏的光明集团收购"罗克"、"威尔"等八个美国流行服装品牌的使用权,由此迅速提高了其对美国服装市场的影响力和控制力。

第三,促进产业组织创新,培育和发展大企业和大集团,进一步优化行业集中度。如前所述,大企业和大集团、领头企业是行使国际市场势力的现实主体,核心企业的缺乏是我国制造业国际市场势力缺失的重要原因。因此,有必要通过并购、重组、集群化发展与整合,建立核心企业、外围企业紧密分工与协作的产业组织体系,协调企业一致行使国际市场势力。例如,浙江诸暨大唐镇凭借成熟的原料市场、千家万户的袜子织造、定型包装车间等完善的分工协作体系,以及集群化发展与创新优势,使大唐袜业在经济危机形势下逆势飞扬,据统计,2009 年上半年完成自营出口 26496 万美元,同比增长 10.3%。

第四,促进技术创新,不断提高工业企业的技术创新能力和具有中国文化特色与风格的产品设计能力。技术创新是产品差异化的源泉,差异化形成国际市场势力,带来公司利润的增长,从而为进一步的创新奠定物质基础。因此,技术研发和设计能力的提升,对增强产业国际市场势力具有根本性的作用。为此,企业应整合行业创新资源,通过自主研发、集成创新或引进消化吸收再创新等途径提升自主创新能力,紧密结合我国独特的文化元素提升我国工业设计能力,实施产品差异化战略。例如,各子产业可以依据市场需求,共建产业关键核心技术与共性技术的创新平台,集聚创新人才,提高产业技术的原始创新能力。

第五,促进自主知识产权制度与政府政策创新,完善公共服务体系,为企业创造公平、有序的竞争环境。政府要制定针对性较强的产业国际市场势力提升战略、规划、法律与法规,规范市场秩序,完善符合企业需要的金融、知识产权、税收、反不正当竞争等法律政策体系,努力营造一个有序、统一和适度竞争的市场格局。此外,要通过建设各类行业协会,在为企业提供政策咨询、信息和技术、融资担保等各类服务的同时,促进企业的集体自律与彼此有效协调,共同行使和提高自身的国际市场势力。

本研究利用相关数据和理论模型,实证了我国制造业国际市场势力的存在状态,并得出了一些有价值的结论,这些结论为进一步推动产业国际市场势力的培育和成长提供了有益的理论框架和依据。当然,我们的研究也存在一些不足,例如在理论模型中没有引入政策因素,同时在计算全要素生产率时,没有量化制度创新对市场势力变化的作用。这些都是今后重要的研究方向和内容。

第四节 基于自主创新的中国纺织工业国际市场势力提升

根据产业组织理论可知,市场势力主要产生于不完全竞争的市场结构,如哈佛学派的 Scherer 将 Bain 的"结构—绩效"(Structure-Performance)发展为"结构—行为—绩效"(Structure-Conduct-Performance)三段式范式,至今仍是分析市场势力的理论基础。对于市场势力的研究,主要从市场结构、厂商行为以及市场绩效本身三个角度来分析。鉴于前两种方法的不完备性,目前多数经济学者主要从市场绩效本身来研究市场势力。

对于市场势力的测度,国内外学者给予了较多关注。在学术界的讨论中,已经形成以利润率、贝恩指数、勒纳指数、市场集中度以及托宾 q 为主的微观测度方法和以国际市场占有率、贸易竞争力指数和显性比较优势指数为主的宏观测度方法。其中,使用勒纳指数是学术界衡量市场势力较为通用的方法,用公式表示为:$L=1-MC/P$(式中:L 代表勒纳指数;MC 代表边际成本;P 代表价格)。该公式的经济含义是:当 $P=MC$ 时,市场能最大限度地满足消费者需求,剩余价值最大,因为这时没有企业能通过控制价格来获得超额利润,属于完全竞争市场,市场势力也为零;当 $P>MC$ 时,企业获得超额利润。在 MC/P 最低时,市场势力最大。但以上研究仍存在一定不足之处:(1)在微观测度中,企业的边际成本难以获得,难有统一的量化指标,造成了不同学派对市场势力的实证研究存在很大分歧;(2)在宏观测度中,虽然可以获得一定量化指标,但是其多为增量上的测度,难以对某一产业进行质量上的测度,而导致结果与现实的偏差;(3)缺乏对市场势力多维度、多角度、多行业的中观测度体系;(4)多数研究围绕国内市场势力展开,很少有涉及国际市场势力的分析。为此,在增量测度的基础上,本节拟从"产业→企业"这一中微观视角出发,对我国纺织工业自主创新能力与国际市场势力的关联强度进行测度和分析,其微观机理是:在不完全竞争的国际市场上,纺织企业的理性选择是在 $MR=MC$ 条件下进行生产,可以通过自主创新获得绝对的加成额 P^m-MC,即自主创新形成的市场势力使 $P^m>MC$,自主创新能力越强,我国纺织工业的国际市场势力越强,P^m-MC 的值就越大(如图 4-3 所示)。

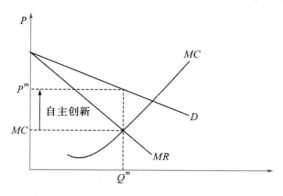

图 4-3　自主创新驱动下市场势力提升的微观机制

一、增量测度

(一)国际市场占有率(IMS)

国际市场占有率指一个国家/地区某一种产品的出口总额占世界同类产品出口总额的比重,这项指标主要用来衡量这个国家/地区的某产品对外贸易的整体竞争力。其表达公式为 $IMS = X_e/W_e$,其中,IMS 表示一个国家/地区某产品的国际市场占有率;X_e 为一个国家/地区某产品的对外出口总额;W_e 为该类产品的世界出口总额。

从表 4-14 中可以看出,1980—2010 年,我国纺织品服装的对外贸易额占世界市场总份额的比重持续增长,由 1980 年的 4.62%、居世界的第九位,到 1995 年跃升为世界的第一位、占比为 12.34%,再到 2010 年的占比35.32%。2008—2009 年,受金融危机的冲击,我国纺织品服装的出口额出现了小幅下滑,但是其国际市场占有率仍上升了 1.6 个百分点。这表明,我国世界纺织品服装出口第一大国的地位日趋凸显。

表 4-14　我国纺织品服装的国际市场占有率

年　份	全球(亿美元)	中国(亿美元)	国际市场占有率(%)	在全球的位次
1980	955.0	44.1	4.62	9
1985	1032.0	52.9	5.13	6
1990	2189.0	138.5	6.33	4

续　表

年　份	全球(亿美元)	中国(亿美元)	国际市场占有率(%)	在全球的位次
1995	3077.0	379.7	12.34	1
2000	3564.0	520.8	14.61	1
2001	3406.7	534.4	15.69	1
2002	3530.0	617.9	17.50	1
2003	3833.0	788.7	20.58	1
2004	4528.3	951.3	21.01	1
2005	4768.0	1150.3	24.13	1
2006	5300.0	1470.9	27.75	1
2007	5861.9	1756.2	29.96	1
2008	6120.9	1896.2	30.98	1
2009	5266.8	1713.3	32.53	1
2010	5846.2	2065.4	35.32	1

资料来源:世界经济年鉴及 2010/2011 中国纺织工业发展报告。

(二)贸易竞争力指数(TC)

贸易竞争力指数(Trade Competitive Power Index),即 TC 指数,是测度一个国家/地区的某一种产业国际贸易竞争力的指标,由某一国家/地区的进出口贸易差额占其进出口的贸易总额的比重来表示,它的优点是可以计算出贸易总额的相对值,剔除了汇率变动、通货膨胀等宏观经济指标波动的影响,即产品进出口数量的绝对量无论是多少,其变化范围只在 −1 和 1之间,使不同时期、不同国家之间具有可比性。其公式为 $TC=(V_e-V_i)/(V_e+V_i)$,其中,TC 是衡量一个国家/地区某一产业国际贸易竞争力的指数;V_e 是某产品的出口值;V_i 是某产品的进口值。总体而言,$TC\geqslant0.8$,则表示这种产品具有很强的竞争力;$0.5\leqslant TC<0.8$,则代表产品具有较强的竞争力;若 $0\leqslant TC<0.5$,则代表产品具有强竞争力;若 $TC=0$,则代表产品具有一般竞争力;若 $−0.5\leqslant TC<0$,则代表产品具有低竞争力;若 $−0.8\leqslant TC<−0.5$,则代表产品具有较低竞争力;$TC\leqslant−0.8$,则代表产品具有很低竞争力。

表 4-15　世界主要国家/地区纺织品的贸易竞争力指数

年　份	中国内地	中国香港	韩　国	日　本	墨西哥	美　国	德　国
1980	0.44	−0.25	0.69	0.51	−0.18	0.16	−0.04
1990	0.14	−0.11	0.51	0.18	−0.39	−0.14	0.08
1995	0.12	−0.10	0.51	0.09	−0.16	−0.17	0.07
1998	0.07	−0.02	0.67	0.16	−0.26	−0.19	0.04
1999	0.08	−0.01	0.59	0.18	−0.31	−0.20	0.09
2000	0.11	−0.01	0.62	0.17	−0.41	−0.18	0.08
2001	0.14	/	0.56	0.18	−0.48	−0.19	/
2002	0.22	/	0.53	0.14	−0.48	−0.23	/
2005	0.16	/	0.51	0.18	−0.44	−0.14	/
2006	0.49	/	0.41	0.17	−0.40	−0.16	/
2007	0.54	/	0.38	0.11	−0.31	−0.18	/
2008	0.60	/	0.40	0.09	−0.22	−0.26	/
2009	0.59	/	0.33	0.03	−0.27	−0.24	/
2010	0.64	/	0.27	0.05	/	/	/

资料来源：由 WTO International Trade Statistics 和 2010/2011 中国纺织工业发展报告相关资料计算而成。

　　表 4-15 比较了我国和其他一些国家/地区的纺织品 TC 指数，可以发现，受国际环境的影响，我国纺织品的贸易竞争力曾出现几次波动，但总体呈增强趋势。我国内地纺织品的 TC 指数从 1980 年的 0.44 降到 1998 年的最低点 0.07，后又波动式回升。尤其是从 2005—2006 年，TC 指数上升了 3 倍，并从 2007 年开始一直保持在 0.5 以上，呈逐渐上升之势。这是由于全球纺织品服装贸易配额制度在 2005 年正式取消，这样就迅速拓展了内地纺织品的国际市场空间。其中韩国纺织品贸易指数较强，这是因为后起发展中国家借助低成本优势崛起，导致其 TC 指数呈逐渐下降趋势。

（三）显性比较优势指数（RCA）

　　显性比较优势指数（Related Comparative Advantage），即 RCA 指数，也为相对出口绩效指数（Relative Export Performance），即 REP 指数，这是 Balassa 在 1965 年提出的，这项指标是一项经济学价值较高的测度国际竞争力的指标。它主要指某一国家/地区某产品的出口额占所有产品出口总额的比重与世界该产品的出口占世界所有产品出口总额之比。其计算公式为 $RCA=(X_e/X)(W_e/W)$，其中，RCA 代表一个国家/地区某产品的显性比较优势；X_e 表示为一个国家/地区的某产品的出口额；X 代表一个国家/地区所有产品的出口总额；W_e 代表某产品的世界出口总额；W 为世界所有产品的出口总额。一般认为，$RCA<0.8$ 代表竞争力较弱；$0.8 \leqslant RCA < 1.25$ 代表竞争力一般；$1.25 \leqslant RCA < 2.5$ 代表竞争力较强；$RCA \geqslant 2.5$ 代表竞争力很强。

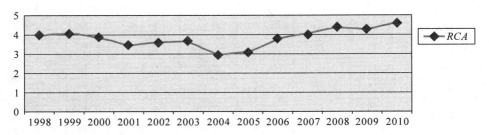

图 4-4　1998—2010 年中国纺织品服装的显性比较优势指数

资料来源：由 WTO International Trade Statistics、《2010/2011 中国纺织工业发展报告》以及中国纺织经济信息网数据中心 http://data.ctei.gov.cn 相关资料计算而成。

$RCA > 3.0$ 表明我国纺织品服装在世界上具有很强的竞争力。由图 4-4 可见，RCA 指数在 2000—2005 年下降较快，这主要表现为两个方面：一是国内化纤、棉花、劳动成本、水电、能源等要素价格不断上升；二是纺织中间产品如化纤原料、纺织面料等对进口的依存度加大，再加上开工不足、产能过剩、产品积压、销售不畅，纺织品服装行业的盈利结构呈现"二八"现象，即 20% 的少数纺织企业集中了 80% 的利润，企业两极分化日益严重，很多纺织企业出现不同程度的亏损。自全球纺织品服装贸易配额制度在 2005 年正式取消之后，我国纺织品服装的对外出口获得迅速增长，引发 RCA 指数上升。

通过对 MS、TC、RCA 三项指标的比较，可以发现，我国已从具有一定产业基础的世界"纺织小国"变成世界"纺织大国"，尤其是在 2005 年以后，我国纺织品服装的出口呈"井喷"之势。但需要注意的是，以上三项指标更多的是从"量"上比较了我国纺织工业的国际市场势力，而涉及"质"的品牌、营销、研发、附加值等却无法测量。随着生产成本、劳动力成本、销售成本、管理成本和能源成本的持续上升以及人民币汇率升值和国际市场竞争日益激烈，我国纺织企业难以通过产品提价来转嫁要素成本持续上升的压力，使企业的盈利能力水平进入"微利时代"。唯有加强自主创新，提升产品附加值，才能推动我国纺织工业由量变到质变、由"纺织大国"转变为"纺织强国"。

二、理论分析

(一)市场势力来源:产品差异、进入壁垒与规模经济

产业组织理论给我们的启示是,市场势力的主要来源之一是产品差异化,即企业对于产品价格的控制能力取决于产品的差异化程度。除寡头垄断市场(单一性产品)和完全竞争市场(同质性产品),市场中的产品差异化是普遍存在的。在产品的供给过程中,企业同样可以借助产品差异化的手段构建异于其他同类产品的特殊性,以此吸引消费者的偏好和提高消费者的忠诚度。不仅如此,产品差异还会影响企业的竞争性行为:当价格竞争非常激烈时,企业就会尽量远离竞争对手,提高产品的差异化程度;当价格竞争温和时,企业就会专注于需求相对集中的产品,此时产品差异化程度较低。

进入壁垒是产业内在位者的一种成本优势,可以将产品价格提高到完全竞争水平之上,以阻碍潜在的进入者[1]。它可以分为结构性、策略性和制度性等三种壁垒:结构性壁垒是指潜在进入者想进入某一行业或产业时所遭遇的经济障碍以及克服这些障碍所引发的成本上升,包括生产成本、技术成本、市场容量、品牌成本、交易费用和消费者偏好等;策略性壁垒是在位企业准备采取行动或扬言对潜在进入者采取报复行动,以此来阻止潜在进入者的进入[2];制度性壁垒是政府所出台的技术法规、税收许可证制度、认证制度等一系列的政策法规对潜在进入者产生的障碍。陈志广和王盛研究发现,进入壁垒产生的根本原因是市场交易费用的存在,规模经济会提升交易费用,引起进入壁垒问题[3]。

随着产量的不断增加,平均成本逐渐下降,而总收益和利润不断提升,这就形成了规模经济效应。它可以分为外部规模经济和内部规模经济两种。外部规模经济取决于产业规模的大小,而内部规模经济依赖于企业内部生产规模的大小。规模经济类型不同,对市场势力的影响也不一样:外部

---

[1]　J. S. Bain. The Profit Rate as a Measure of Monopoly Power. *Quarterly Journal of Economics*,1941(2):271-293.

[2]　庞明川:《技术追随、策略互动与市场势力:发展中国家的对外直接投资》,《财贸经济》2009 年第 12 期。

[3]　陈志广、王盛:《进入壁垒、规模经济与交易费用——兼谈反垄断的启示》,《人文杂志》2005 年第 2 期。

规模经济可以扩大行业产品的市场占有率,以此获取更大的利润,尤其是在国际市场上,可以获得更强的市场势力;内部规模经济可以使优势企业不仅具有成本优势,而且可以扩大市场份额,并由此对产品价格具有更大的决定权。产品成本的降低是规模经济效应的主要特点,若市场价格不变,该产品的获利能力就会增大,这就会增强整个产业或某一企业的市场势力。

(二)自主创新路径:垄断竞争、风险收益与政企合作

自主创新需要动力和压力,这与自主创新的收益及其产权归属问题密切相关①。斯蒂格利茨研究发现,在竞争条件下不能解决创新动力不足的问题,因为知识和技术都具有公共产品的非排他性和非竞争性,其他人分享创新成果的边际成本为零②。因此,企业自主创新需要竞争机制提供外在推力,但是竞争机制又不可能完全成为创新的动力源,于是,自主创新所需要的环境是不完全竞争市场。而保障创新者的创新收益是自主创新的主要动力,即保障厂商对技术创新垄断的收益权。当某些企业要复制和使用其创新成果时,就应该给创新者一定收益,这就要求制度安排建立不完全的竞争市场,即在知识产权保护制度下运行市场。同时,突出垄断不等于弱化竞争,需要在研发上鼓励潜在的竞争者参与市场竞争,从而不断打破技术垄断,使技术创新进入更高水平。

自主创新主要包括新思想的产生、新技术的转化和新技术的应用三个阶段。信息不对称的程度可以通过自主创新的每个阶段与市场之间的联系程度反映出来,即在创新接近市场的程度上,信息较为对称则风险较小,反之,信息闭塞则风险较大。例如,在自主创新的最后一个阶段,企业可以直接采用前两个阶段研发的新技术,也可以引进和购买新技术,同样也可以对技术进行改造,这个阶段的创新风险就会相对较小③。同样,由于自主创新产生的不确定性、长期性风险,会出现许多风险厌恶者。为此,市场要进行相应的制度安排,构建自主创新的激励机制。奈特曾指出,一部分投资者创建企业的目的是为了在正常经营中获得收益,而更多的人会期望通过出售

---

① 范红忠:《有效需求规模假说、研发投入与国家自主创新能力》,《经济研究》2007 年第 3 期。

② [美]约瑟夫·E.斯蒂格利茨:《社会主义向何处去》,周立群、韩亮、余文波译,吉林人民出版社1998 年版。

③ 陈继勇、雷欣、黄开琢:《知识溢出、自主创新能力与外商直接投资》,《管理世界》2010 年第 7 期。

企业而获利,再利用得到的资本重新进行新的风险投资①。投资者可能会经常进入或退出市场,以降低自己的决策失误率,获得稳定、可预测的利润。在自主创新过程中,并不是要让每一个企业在自主创新的每个阶段都成为投入主体,而是要求在每个阶段都会有企业成为主体。为了保证和激励自主创新前两个阶段的创新投入,需要对每个阶段的创新价值作出科学评价,引入风险投资,在这三个阶段形成投资链,鼓励企业创新性投资的长期行为,构建高风险、高收益机制。

创新成果所具有的公共产品的特性使自主创新主要依靠市场配置是无法实现的。波特研究发现,在竞争基础转化为技术和知识积累的阶段,就应该充分发挥国家的作用和优势②。政府和市场结合的边界主要取决于自主创新的各个阶段与市场的距离,即离市场越近,市场机制所发挥的作用就应该越大;离市场越远,政府要发挥的作用就应该越大。这表明,在新思想产生和新技术转化阶段,可能需要政府更多的投入和支持,尤其是政府投资或政府补贴。企业的主要作用应该是通过自主创新重新组合生产要素。因此,政府对创新过程应该是介入而不是替代,更不是代替企业主体地位,目的应该是保障创新收益的合理分配,如严格实施知识产权保护等。

(三)自主创新提升国际市场能力:由 OEM 到 ODM 再到 OBM

通过自主创新提升国际市场势力的路径是推动产业/企业在全球价值链中由 OEM(贴牌生产)到 ODM(设计制造商)再到 OBM(自有品牌)持续调整和攀升,这包括掌握产业链关键环节、创新工艺流程、生产高附加值产品等,以具备进入具有较高壁垒市场的能力。其主要表现在两方面:一是通过自主创新累积逐渐在全球价值链中与其他竞争企业形成"技术势差",具有一定垄断势力,以此提升产品差异化程度,提高市场进入壁垒,形成特有的内生比较优势;二是借助良好的社会资本(风险投资)、产业文化(政策环境),与全球价值链中的主导企业缔结成具有根植性的战略联盟,获得其品牌使用权,以此提升在全球价值链中的市场地位,构建新的销售渠道和企业品牌。

以下以自主创新能力和国际市场势力为两个维度,根据全球价值链不

---

　　① 〔美〕富兰克·H. 奈特:《风险、不确定性和利润》,王宇、王文玉译,中国人民大学出版社 2005 年版。

　　② 〔美〕迈克尔·波特:《竞争论》,刘宁、高登第、李明轩译,中信出版社 2003 年版。

同环节具有不同的附加价值来构建企业在全球价值链上的升级路径(见图 4-5)。其中,象限 I 代表较低水平的自主创新能力和国际市场势力,而象限 III 代表较高的自主创新能力和较高的市场势力,这也是通过自主创新获取市场势力的全球价值链高端环节。方式 A 是通过自主创新在全球价值链中培育一定的垄断力量,提升产品差异化程度,逐渐扩大企业的市场份额,形成企业自有品牌,融入全球价值链的高端价值链,慢慢地转化为企业的知名度和美誉度;也可以通过兼并、收购的方式,扩大在全球价值链中的市场地位,以获得全球价值链中主导企业的核心资源。例如,Gereffi 指出,东南亚的新兴经济体(韩国、新加坡、中国台湾、中国香港)的纺织企业起初通过代工生产美国和欧洲购买商的核心产品,并与欧美品牌专营商、零售采购商建立合作网络,而提升了在全球价值链中的市场地位,随后创建全球采购网络,成为欧美品牌专营商、零售采购商与亚洲地区服装加工厂的中介商,慢慢占据全球价值链的高端环节①。方式 B 是通过自主创新提高技术能力,以拓展国际市场势力。纺织企业通过与全球价值链的中主导企业在生产加工等环节建立合作关系,充分利用全球价值链网络中的知识溢出、技术嫁接、信息传播,不断引进、消化、吸收全球价值链网络中的新技术,从而实现产业/企业从单纯的工艺升级向产品升级和功能升级跃迁。方式 C 是自主创新的同时提升产业/企业产品差异程度和技术能力,以获取市场势

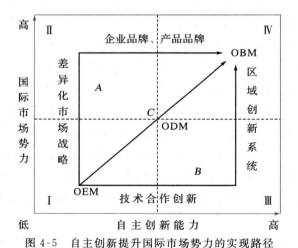

图 4-5 自主创新提升国际市场势力的实现路径

---

① G. Gereffi. International Trade and Industrial Upgrading in the Apparel Commodity Chain. *Journal of International Economics*,1999(1):37-70.

力。需要指出的是,以自主创新提升国际市场势力是个持续的积累过程,在每种方式的升级过程中,都可能伴随着另外一条路径。在全球价值链中,方式 A、方式 B、方式 C 要求根据各子产业、企业、产品等本身的属性、条件、目标采取不同的策略,但是也可以实施组合化战略。

三、研究设计

以自主创新提升我国纺织工业国际市场势力的机制,是在全球价值链各个环节通过技术研发、链接方式、制度安排等创新活动实现价值增值。基于这种认识和上述理论分析,以下试图从"中观"纺织产业与"微观"企业层面建立直接的关联,构建针对本研究的计量模型。

(一)研究样本

为了全面考察纺织工业的自主创新能力与国际市场势力之间的关系,针对绍兴中国轻纺城市场经营户、纺织企业,我们分别设计了两套问卷,包括服装、服饰、家纺、纺织面料、染整、织造、纺织原料等七种企业类型,涉及纺织品自销、零售、批发、批发兼零售四种经营类型。根据纺织业产业的细分行业、显著特点、生产规模,笔者所参加的课题组分别于 2009 年 3 月、5 月和 2010 年 11 月对绍兴市所辖的六个区、县(市)投放了数量不等的调查问卷,回收有效问卷 17497 份(商户问卷 12715 份、企业问卷 4782 份)。此次问卷具有以下特点:(1)参考国内外相关行业问卷调查的基本原则和经验,突出当地纺织企业的现状与特点,调查不涉及商业机密、个人收入、资产总额等敏感性的调查项目,因此被调查者填报虚假信息的激励较小;(2)问卷测量题目的设计坚持主观判断与客观选择相结合的原则,这使调查问卷既能掌握被调查者对主观问题的直接认识,又能反映调查对象的现实情况;(3)本次问卷调查所涉及的产业、部门、区域广泛且数量规模庞大,可以反映绍兴纺织产业的整体情况。

(二)指标选取

(1)国际市场势力(GJSC)。根据上述对市场势力来源的分析,我们总结提炼出了 12 项三级指标用于测量国际市场势力的 3 项二级指标。国际市场势力的二级指标分别为要素势力(YS)、网络势力(WL)和结构势力(JG),其中,要素势力分为初级要素势力和高级要素势力,这是在国际市场形成进入壁垒的主要影响因子,其所提取的三级指标分别有企业产值规模

（X_1）、企业工资水平（X_2）、企业利润水平（X_3）、企业高级人才所占比重（X_4）4 项指标；网络势力分为本地网络势力和全球网络势力，这是在国际市场形成规模经济的主要影响因子，其所提取的三级指标有企业间学习能力（X_5）、企业间合作水平（X_6）、企业与国外企业合作的紧密程度（X_7）以及获取国外客户、市场和交易习惯的商务能力（X_8）4 项指标；结构势力包括产业结构势力和产品结构势力，这是产品差异化程度的主要影响因子，其所提取的三级指标有企业出口结构（X_9）、企业经营模式（X_{10}）、高档产品所占比重（X_{11}）、新产品产值率（X_{12}）4 项指标。

（2）自主创新能力（ZZCX）。基于以自主创新提升国际市场势力的路径分析，我们将全球价值链的自主创新能力构成要素分解为制造技术创新能力（V_1）、营销手段创新能力（V_2）、管理方式创新能力（V_3）、产品集成创新能力（V_4）、制度环境创新能力（V_5）5 个二级指标。其中，制造技术创新能力是将研发活动的成果投入生产以实现经济效益的能力，具体指标有：生产设备的先进性程度（X_1）、新技术的研发能力（X_2）、产品的技术水平（X_3）、与国外企业的技术交流程度（X_4）、技术人员所占比重（X_5）、研发投入在企业利润中比重（X_6）6 个三级指标；营销手段创新能力的具体指标有：国际市场适应能力（X_7）、国际市场预测能力（X_8）、自主品牌培育程度（X_9）、与国外采购商合作的密切程度（X_{10}）、贸易方式的先进性程度（X_{11}）5 个三级指标；管理方式创新能力的具体指标有：信息（采购商、客户）管理效率（X_{12}）、人财物的使用效率（X_{13}）、新技术的保密程度（X_{14}）、生产运作效率（X_{15}）4 个三级指标；产品集成创新能力是企业延伸产业链和升级价值链的直接体现，对企业谋求在全球价值链中的地位意义重大，具体指标有：产品工艺流程复杂程度（X_{16}）、产品市场（营销、售后等）服务能力（X_{17}）、产品链横向升级能力（X_{18}）、产品链纵向升级能力（X_{19}）4 个三级指标；制度环境创新能力是指政府对创新的政策支持、政府运作效率等有利于创新的制度安排，具体指标有：地方政府的运作效率（X_{20}）、地方政府对企业创新的支持力度（X_{21}）、企业对技术创新政策满意度（X_{22}）、知识产权保护力度（X_{23}）4 个三级指标。

（三）相关性分析及因子分析

为了检验各因子之间的 Pearson 相关系数，本研究使用 SPSS16.0 统计软件分别对国际市场势力和自主创新能力的三级指标进行显著性检验（由于篇幅所限，本研究未列出 Pearson 相关系数列表），结果显示，国际市场势力各因子之间大都呈显著或极显著的相关性;自主创新能力各因子之间也大都呈显著或极显著的相关性。这意味着多个变量之间具有共同的变化趋势,解释了变量之间存在多重共线性问题。

我们进一步进行降维处理,运用 SPSS16.0 统计软件进行主成分分析,旋转方法采用最大旋转法。根据研究的理论预期,对国际市场势力进行因子分析,所提取的因子数分别为要素势力 1 个、网络势力 1 个、结构势力 1 个;KMO 和 Bartlett 的检测结果可知,KMO 值为 0.786,Bartlett 球体检验的 x^2 统计值的显著性概率为 0.000,比较适合做因子分析;累积方差解释量为 76.176%,可以反映 12 个观测变量的大部分方差(见表 4-16)。对自主创新能力进行因子分析所提取的因子数分别为制造技术创新能力 1 个、营销手段创新能力 1 个、管理方式创新能力 1 个、产品集成创新能力 1 个、制度环境创新能力 1 个;KMO 和 Bartlett 的检测结果可知,KMO 值为 0.709,Bartlett 球体检验的 x^2 统计值的显著性概率为 0.000,比较适合做因子分析;累积方差解释量为 81.089%,可以反映 23 个观测变量的大部分方差(见表 4-17)。

表 4-16 国际市场势力指标因子旋转后的因子载荷及各因子对方差的解释

变 量	因子(载荷)	方差解释量(%)
要素势力(YS)	$X_1(0.587)$;$X_2(0.773)$;$X_3(0.878)$;$X_4(0.901)$	24.952
网络势力(WL)	$X_5(0.647)$;$X_6(0.913)$;$X_7(0.892)$;$X_8(0.799)$	26.146
结构势力(JG)	$X_9(0.747)$;$X_{10}(0.756)$;$X_{11}(0.852)$;$X_{12}(0.886)$	25.078

表 4-17 自主创新能力指标因子旋转后的因子载荷及各因子对方差的解释

变 量	因子(载荷)	方差解释量(%)
制造技术创新能力(V_1)	$X_1(0.501)$;$X_2(0.617)$;$X_3(0.770)$;$X_4(0.721)$;$X_5(0.800)$;$X_6(0.824)$	23.192
营销手段创新能力(V_2)	$X_7(0.697)$;$X_8(0.699)$;$X_9(0.766)$;$X_{10}(0.779)$;$X_{11}(0.887)$	19.129
管理方式创新能力(V_3)	$X_{12}(0.843)$;$X_{13}(0.722)$;$X_{14}(0.891)$;$X_{15}(0.809)$	16.108
产品集成创新能力(V_4)	$X_{16}(0.757)$;$X_{17}(0.586)$;$X_{18}(0.553)$;$X_{19}(0.721)$	10.268
制度环境创新能力(V_5)	$X_{20}(0.767)$;$X_{21}(0.891)$;$X_{22}(0.562)$;$X_{23}(0.607)$	12.392

四、结果分析

本研究利用 Stepwise 逐步回归方法，以消除多重共线性问题，并建立我国纺织工业国际市场势力的评价模型以检验上述研究。拟构建的回归模型为：

$$GJSC_i = intercept + \sum(\beta_j * V_j) + \varepsilon$$

式中：$GJSC_i$ 为国际市场势力各子能力的评价指标；$intercept$ 为模型截距；β_j 为相关解释变量 j 的回归系数；V_j 为解释变量；ε 为随机扰动项。

本研究分别以国际市场势力的要素势力（YS）、网络势力（WL）和结构势力（JG）作为因变量，以自主创新能力的制造技术创新能力（V_1）、营销手段创新能力（V_2）、管理方式创新能力（V_3）、产品集成创新能力（V_4）、制度环境创新能力（V_5）作为自变量进行模型拟合，以构建我国纺织工业国际市场势力的测度模型。多元线性回归分析结果，见表 4-18。

表 4-18　中国纺织工业国际市场势力的回归模型

	要素势力（YS）		网络势力（WL）		结构势力（JG）	
	b	t	b	t	b	t
制造技术创新能力（V_1）	0.384	6.642**	0.114	3.600**	0.200	4.902**
营销手段创新能力（V_2）	0.105	2.878*	0.248	4.697**	0.189	3.456*
管理方式创新能力（V_3）	0.075	2.224*	0.173	4.253**	0.113	3.370*
产品集成创新能力（V_4）			0.101	3.349**	0.074	3.224**
制度环境创新能力（V_5）	0.149	4.505**	0.036	3.047*		
$Constant$	3.014	50.995**	1.960	22.545**	3.023	18.205**
$Dubin\text{-}Watson$	1.722	1.818	1.769			
R^2	0.203	0.278	0.184			
F	14.517**	19.554**	11.357**			

注：* 表示 $P < 0.05$；** 表示 $P < 0.01$；$N \geqslant 2913$。

在我国纺织工业国际市场势力的回归模型中，回归模型的 F 值分别为 14.517、19.554、11.357，其显著性概率都为 0.000，这反映了回归模型的可靠性。回归模型中解释变量回归系数的 T 检验都是显著或极显著的，表明各个自变量对因变量的影响达到了显著或极显著水平，并且其 DW 值分别为 1.722、1.818、1.769，表明回归模型的误差项具有较好的独立性。

在回归模型中,我国纺织工业的要素势力与制造技术创新能力($Beta=$0.384,$P<$0.01)、制度环境创新能力($Beta=$0.149,$P<$0.01)、营销手段创新能力($Beta=$0.105,$P<$0.05)以及管理方式创新能力($Beta=$0.075,$P<$0.05)有显著或极显著的正相关关系;我国纺织工业的网络势力与营销手段创新能力($Beta=$0.248,$P<$0.01)、管理方式创新能力($Beta=$0.173,$P<$0.01)、制造技术创新能力($Beta=$0.114,$P<$0.01)、产品集成创新能力($Beta=$0.101,$P<$0.05)以及制度环境创新能力($Beta=$0.036,$P<$0.05)都有显著或极显著的正相关关系;我国纺织工业的结构势力与制造技术创新能力($Beta=$0.200,$P<$0.01)、营销手段创新能力($Beta=$0.189,$P<$0.05)、管理方式创新能力($Beta=$0.113,$P<$0.05)以及产品集成创新能力($Beta=$0.074,$P<$0.01)存在显著或极显著的正向相关关系。这表明,我国纺织工业国际市场势力与自主创新能力有显著的正相关性,符合前文中提出的理论判断和研究假设。

通过分析回归结果,我们可以得出以下结论:其一,提高制造技术水平、优化制度创新环境、加强营销投入和品牌建设以及创新管理方式对于提升我国纺织工业参与全球价值链竞争的地位和水平有显著的正效应。这也是消除我国纺织工业进入国际市场的壁垒限制,改变我国纺织工业依赖劳动力成本和价格竞争的主要方式和手段。其二,自主创新能力的各个因子都显著影响我国纺织工业的网络势力的提升,尤其是营销手段创新能力和管理方式创新能力。这表明,自主创新能力的提升,尤其是国际市场营销水平和现代化管理方式的不断提升,是我国纺织工业规模优势在区域市场乃至全球市场逐渐显现的重要措施,这也是我国纺织工业逐渐向全球价值链两端攀升的主要突破方向;不仅如此,这也表明,具有协调、领导能力的大企业、大集团对纺织行业至关重要,因为它们是自主品牌、现代管理制度、规模经济的主要承载者。其三,先进的制造技术和营销手段、现代化的企业管理制度是优化我国纺织工业出口结构、提升产品附加值的重要影响因子。这一研究结论也符合绍兴县在 2006 年提出的围绕绍兴中国轻纺城市场打造"国际性纺织制造中心、国际性纺织贸易中心、国际性纺织创意中心"的战略思想。

需要指出的是:(1)自主创新能力的制造技术创新能力与其他子因子相比,前者对我国纺织工业国际市场势力的影响更为明显,尤其是要素势力和结构势力。这可能有两种解释:一是纺织工业作为我国的传统产业,其制造技术创新是营销手段创新、管理方式创新、产品集成创新的基础,也是全球价值链中主导企业寻找合作伙伴和建设制造基地的基本门槛,即生产商的制造技术必须达到主导企业的技术标准；二是可能与绍兴纺织工业的产业背景、人文环境有关，即绍兴的纺织企业更愿意将比较多的精力投入到技术设备更新中，而不愿意投入到营销、品牌等方面的建设，这也是绍兴长期落入"一流设备、二流产品、三流价格"的尴尬境地的原因。（2）产品集成创新能力、制度环境创新能力与自主创新能力的其他子能力相比，对我国纺织工业国际市场势力影响明显较弱。一方面，产品集成创新能力涉及产业链延伸和价值链升级，是一项复杂的系统整合工程。而目前我国纺织工业还是以中小企业为主（问卷调查也是以中小企业为主），缺乏国际知名的大企业、大集团、大品牌，中小企业很难有能力注重这方面的投入。另一方面，与网络势力和结构势力相比，制度环境创新能力对要素势力的影响较为明显，这主要源于绍兴悠久的纺织产业文化和柔性化的政府服务。绍兴自古就有"日出华舍万丈绸"的美誉。在改革开放以后，地方政府积极创造宽松的政策环境，大批乡镇企业迅速崛起，首创并发扬"吃尽千辛万苦、想尽千方百计、走遍千山万水、说尽千言万语"的"四千"精神，逐渐将轻纺产品推向全国市场和国外市场，并逐步形成了亚洲最大的专业市场，从而推动绍兴纺织工业进入了专业化、规模化、产业化和集群化的大发展时期。

五、结论与启示

通过 MS、TC、RCA 三项指标对我国纺织工业国际市场势力的测度发现，我国作为世界"纺织大国"的地位已无可厚非。但是，我国纺织工业与发达国家相比差距明显，在由"纺织大国"变为"纺织强国"的过程中，关键要加强自主创新。于是，本研究利用对浙江省绍兴市纺织工业的近两万家纺织企业的调查问卷，构建了基于自主创新的我国纺织工业国际市场势力评价模型。研究发现，制造技术创新能力、管理方式创新能力、营销手段创新能力、产品集成创新能力及制度环境创新能力与我国纺织工业国际市场势力的各子势力（要素势力、网络势力、结构势力）都存在显著或极显著的正相关关系。同时，经验分析还发现，我国纺织工业自主创新能力较低、自主品牌缺乏和品牌运作能力低、竞争手段单一、高级人才缺乏、企业国际化水平低、大企业和大集团少等亟需认真对待和解决的问题。为此，本研究提出以下几点政策启示：

（1）有选择地提升纺织工业自主创新能力。研究表明，纺织工业各个子产业的国际市场势力所依赖自主创新能力的子因子存在差异。因此，纺织工业各个子产业及企业需要根据自主创新模式，选择适合自己的国际市场势力提升模式及策略。对于技术驱动的子产业而言,纺织企业要积极向上游生产环节延伸,在原料的开发应用尤其是先进适用技术开发和加工技术方面有所作为,提高自身的设计、开发能力,生产具有功能性、差异化的产品,在此基础上不断向中高端市场进军;对于市场驱动的子产业来说,更为重要的是向价值链下游的品牌和营销环节延伸,开拓国际市场渠道,通过在重要的出口市场设立营销中心或利用国际营销网络等途径稳固老市场、开拓新市场,打造自主品牌,通过品牌建设和生产环节转移等向全球价值链的高端延伸。

(2)有重点地建立以大企业或集团为核心的产业组织体系。建立以大企业或集团为核心的产业组织体系,培育大企业、大集团,优化产业组织结构。通过政府税收、金融、集群政策引导与市场机制,兼并重组落后产能和困难企业,积极培育大企业、大集团,使它们专注于技术研发、品牌建设,而把中小企业组织起来专门从事产品或某一环节的生产,实现产业分工。积极鼓励纺织企业制定全球化战略,依据产品、技术的全球标准来组织生产和品牌运作,主动融入全球价值链,在自主创新的不断提升中实现由贴牌生产到设计制造再到自有品牌的转变。

(3)有区别地培养各类产业适用人才。纺织工业各个子产业和产业不同环节需要不同的适用型人才。问卷调查结果显示,分别有 25.2% 和 47.4% 的纺织企业严重缺少高级研发人才和熟练技术工人。对于生产环节,可以通过发展职业技能教育及异地转移等方式培养熟练技术工人,提升产业加工制造环节的技术含量。对于产业研发与设计人才,要制订周密详细的人才引进与培养规划,有计划地促进行业创新型人才成长。另外,要根据实际需要,培养各类管理型人才尤其是品牌建设和运作人才,为企业向全球价值链高端攀升奠定人才基础。

第五章

专业市场重构与转型升级

第一节　多业态联动视角的浙江专业市场转型升级

浙江作为"市场大省",是我国专业市场的发祥地,市场数量多、规模大、综合能力强、辐射范围广。至 2012 年年末,全省有商品交易市场 4297 家,其中年成交额超亿元的市场 745 家,十亿至百亿元的市场 199 家,超百亿元的市场 31 家;2012 年全省有形市场成交额 1.58 万亿元,较上年增长 9%。随着市场功能、交易主体、交易规模、交易手段等的创新与提升,浙江的专业市场已由单纯的商品供应者向综合服务提供商转变,市场功能进一步向商品展销、信息集散、价格形成、旅游服务、产品创新、技术交流、标准制订、规则输出等复合型方向拓展,交易方式向洽谈订单、电子商务、物流配送等现代方式转变,为经济强省建设作出了积极贡献。近年来,国际经济环境复杂多变,电子商务、现代物流、会展经济、直销连锁等新兴业态和经营方式风起云涌,国内同质化竞争不断加剧,对专业市场的可持续发展提出了严峻挑战。为此,必须理清浙江专业市场的发展态势,大力推动专业市场与电子商务、现代物流、会展经济等有机互动,实现多业态联动融合发展,为干好"一三五"、实现"四翻番"、打造浙江经济"升级版"注入新活力。

一、我国专业市场的四大发展趋势

（一）市场规模化扩张

21 世纪以来,我国许多地方的专业市场努力在规模扩张上下工夫,市场经营面积、摊位总数、年成交额等指标均迅速上升。2000—2011年期间，全国年成交额亿元及以上专业市场数由3087个增加至5075个，摊位总数由211.51万个增加至333.48万个，营业总面积由0.83亿平方米扩大至2.62亿平方米，年成交总额由1.57万亿元上升至8.20万亿元，分别增长了64.40％、57.67％、215.66％、422.30％。尽管平均每个市场的摊位数由685个下降至657个，但平均每个市场营业面积由2.68万平方米扩大至5.17万平方米、年成交额由5.08亿元提高至16.16亿元，分别增长了93.16％、218.32％。许多专业市场在物理空间显著扩大的同时，产品种类日益丰富，销售网络不断延伸，集聚辐射能力快速提升。

（二）市场品牌化提升

近年来，我国许多地方的专业市场日益重视品牌建设，纷纷主动培育和提升市场整体品牌形象及市场内企业、产品的品牌知名度，大力引进国内外知名品牌企业、产品及配套服务机构。如广东佛山顺德区乐从国际家具博览中心集聚了1000多家世界著名家具品牌，国内90％以上的一线家居品牌均已进驻；全球最大的皮革专业市场——海宁中国皮革城自2000年起大力实施品牌化发展战略，目前市场内品牌商品的比例达到85％以上，成为一座以品牌店、专卖店为主的现代化、商场化的大型皮革专业市场；中国家居流通业第一品牌红星美凯龙积极实施"品牌市场全国连锁化经营、全球化名牌捆绑品牌经营"策略，努力实现场内商家品牌与市场整体品牌的同步提升。

（三）市场国际化拓展

21世纪以来，国内许多大型专业市场开始由"买全国、卖全国"向"买全球、卖全球"转变。如绍兴中国轻纺城、嵊州中国领带城、广东西樵轻纺城等专业市场的商品外销比例均超过了内销，市场经营从国内贸易为主转向国际贸易为主；一些专业化的市场经营管理公司还直接"走出去"到世界各地投资创办专业市场，其中较为知名的有南非的中华门商业中心、阿联酋迪拜的中国"龙城"市场、俄罗斯的中国皮革城、泰国的中国商品城、越南的中国商贸城等。又如，义乌小商品市场的商品已出口到世界200多个国家和地区，在10多个国家和地区设立了境外分市场或配送中心，并日益成为国际商品、服务进入国内市场的内陆港，占地10万平方米的进口商品馆已引进80多个国家和地区的4.5万余种特色商品，韩国、巴基斯坦、印度等境外商品再出口约占义乌市场出口总额的 5%。

(四)市场连锁化经营

近年来,我国一些市场经营者将连锁超市、卖场的经营管理模式与专业市场相结合,推进专业市场连锁化、标准化发展,尤其是经营电子消费品、家居用品、服装、鞋类、童装、玩具等对品牌识别要求较高品类的专业市场,其连锁化的趋势更为明显,涌现出了现代联合集团、颐高集团、海宁中国皮革城、奥特莱斯中国、红星美凯龙、居然之家、第六空间等专业市场连锁化经营的典范。以现代联合集团为例,自 1998 年开始实施跨行业、跨区域、跨国界的专业市场连锁化发展战略,2008 年组建全国首家连锁专业市场管理公司"现代联合市场管理(集团)有限公司",实行总部特许授权的经营管理模式,以"标准化"建设为核心,实现品牌、标准、规划、管理、结算等"八个统一",打造实体与电子商务相结合的双平台连锁专业市场体系。作为我国专业市场发祥地和市场大省的浙江,近年来对外投资兴办专业市场的步伐不断加快,据不完全统计,目前全国有浙商创办的专业市场 2000 多家,许多地方都建有形式各异的"温州商贸城"、"义乌商贸城"等,温州泰顺商人更是在全国各地投资兴建了 300 多个家居建材专业市场,培育了"恒大"、"亿丰"、"港龙"等连锁专业市场品牌。

二、浙江专业市场多业态联动融合发展的路径选择

(一)做强电子商务,打造新型专业市场

大力推进有形市场与电子商务相融发展,打造网上市场与实体市场相结合、具有"1+1>2"效应的新型专业市场。(1)新型专业市场的交易方式和市场形态:交易过程电子化、网络化,市场形态虚拟化、多元化,传统的现场交易演变为非接触式远程交易,现货交易演变为仓单交易、远期交易等,现金交易演变为电子结算、信用保证交易等。(2)新型专业市场的展示功能:依托电子商务网络,实现虚拟化展示,并能超越时空的限制,具有无限扩张力,产品信息的扩展性和透明度更高。(3)新型专业市场的供应链技术创新:拥有智能化、自动化的产品供应链技术,借助电脑强大的运算能力和互联网络的信息瞬间传递功能,可以自动匹配买卖双方,撮合交易,并能将数以万计的供求信息进行分类、整合,集小订单为大规模订单,变小规模供应为大规模供应,获得尽可能大的规模效应。

(二)发展现代物流,强化专业市场的基础支撑

必须高度重视现代物流业的发展。以商贸带物流,以物流促商贸,构建集约化、专业化、信息化、网络化的现代物流体系,强化浙江专业市场的供应链物流集散能力,提升物流服务水平。大力推动浙江专业市场的物流体系由传统的联托运模式向现代物流配送中心模式转变,利用可追溯技术、射频识别技术、产品电子代码技术等,为专业市场提供系统化、自动化、一体化、网络化的仓储物流配送服务;完善为市场提供配套服务的现代化物流园区、货运场站、仓储设施等,对传统的原材料、半成品、成品等的运输、仓储、装卸、搬运、包装、配送、信息处理等物流环节加以整合,构建统一的现代物流信息和管理系统。依托浙江专业市场的商品资源优势、采购配套优势、市场品牌效应等,构建遍及全国乃至全球的商品采购物流配送服务网络,通过品牌扶持、管理输出、贸易对接、信息共享、协助采购等各种形式,在全国乃至全球大力拓展加盟专业市场,建立庞大的采购商加盟体系,打造浙江专业市场连锁"航母"。

(三)做大会展经济,打造展贸型专业市场

大力推动专业市场与现代会展业的密切融合,拓展展会功能、提升展品档次,促进常态市场与动态展会的有机联动,实现市场由交易型向展贸型转变。从而一方面,可以使展会借力市场内商家的固定客户;另一方面,展会又能为市场带来更多新客户,实现资源整合、利益互动、优势互补。坚持国际化、信息化、市场化、专业化办展理念,充分利用义乌中国小商品城、绍兴中国轻纺城、海宁中国皮革城等几大专业市场在全国、全球已有的知名度和影响力,借助各种媒介资源,加强对外宣传推介和营销推广,吸引全球的生产企业、采购商、经销商前来参展。重点支持一批与专业市场有着紧密联系的国家级、省级品牌展会做大做强,提升其在国内外的知名度、美誉度和影响力,如中国义乌国际小商品博览会、中国柯桥国际纺织品面辅料博览会、中国(余姚)国际塑料博览会、海宁中国皮革博览会、永康中国五金博览会等等。

(四)加强品牌建设,提升专业市场能级

基于品牌认知达成的交易,能够大幅降低专业市场内交易双方的甄别成本,减少为保证交易成功而采取各种措施所产生的额外费用开支,并促成

交易尽快完成,提高交易效率。专业市场的知名度越高,对品牌企业和商品的吸引力就越强;专业市场内的品牌企业和商品越多,市场本身的知名度就越高,这是一个良性循环过程。浙江专业市场要想继续做大做强,就必须改变主要依赖数量型扩张的粗放式发展模式,转为追求质量的提高,通过实施品牌战略抢占竞争的制高点。必须将品牌建设提升到战略高度,使品牌所带来的高附加值和引致的客户需求真正成为浙江专业市场可持续发展的重要驱动力。由于企业自主品牌的培育和创建需要长时间、大规模的人力、财力、物力投入,对于浙江的广大中小企业和市场经营户而言,困难较大。鉴于此,可通过集体创牌,打造广大经营户和中小企业能够共享的市场品牌、行业品牌、区域品牌,尤其要着力打响"浙江市场"、"浙商市场"、"义乌小商品市场"、"绍兴中国轻纺城"、"海宁中国皮革城"、"余姚中国塑料城"、"永康中国科技五金城"等品牌。

三、促进浙江专业市场转型升级的政策建议

(一)进一步增强对专业市场可持续发展的信心

在欧美国家,大规模品牌生产集团和商贸集团已脱离专业市场创建各自的营销网络,专业市场逐步衰退乃至消亡,一些学者据此提出了"专业市场消亡论"。我国与欧美国家不同,占全国企业总数 99％的是 4000 多万家中小企业,它们依托专业市场这一低成本公共平台销售产品,而大量国内外中小零售商包括一些跨国公司也需要通过充分竞争的专业市场采购商品;加之我国地域广阔、区域差异明显,生产组织方式多样,以及消费层次结构、习惯多元化,决定了专业市场作为一种符合我国社会主义初级阶段国情并适应国际市场需要的商品流通形式将长期存在,并获得持续繁荣发展的机会。因此,我们必须坚定信心,制订促进专业市场转型升级的专项规划,并配套出台相应的政策意见,有计划、有重点地推进浙江专业市场的信息化、网络化、现代化改造,重点扶持一批网上交易平台的发展,并大力推进为市场提供配套服务的现代化物流园区、货运场站、仓储设施等的建设。

(二)进一步加强对专业市场合理布局的引导

目前,浙江已培育了一批规模大、辐射强、功能全的大型市场。但一些地方不同程度地存在盲目办市场、盲目扩大市场规模的现象,导致有场无市、大场小市的空壳、半空壳市场,浪费了财力、物力尤其是宝贵的土地资

源。而且，一些市场通过降低税费和产品质量要求的办法吸引经营者入场，引起市场之间恶性竞争、采用不公平手段争夺客源等问题。与此同时，从全省市场空间分布看，呈现出较为明显的区域差异化发展态势。2012年，全省亿元以上市场个数居前四位的是杭州、宁波、台州、温州，亿元以上市场成交额居前四位的是杭州、宁波、绍兴、金华，而衢州、舟山、丽水无论是亿元以上市场个数还是市场成交额均居全省末三位。因此，必须从全局出发，在认真研究全国乃至全球市场发展趋势的基础上，对浙江各地大型市场的规划布局加强引导和协调。各地新建、改建、扩建大型专业市场，都应经过专家论证和相关省级职能部门联合会审，确保市场合理布局、错位发展，避免重复建设、恶性竞争。

（三）进一步强化专业市场与产业集群的联动发展

发达的专业市场和产业集群是浙江经济的两大特色和优势。在浙江，专业市场与产业集群往往相伴而生，存在着千丝万缕的联系，例如，义乌中国小商品城市场与当地的饰品、拉链、玩具等二十多个优势产业集群，绍兴中国轻纺城市场与当地的纺织产业集群，永康中国科技五金城市场与当地的五金产业集群，等等。尽管浙江的工业企业规模普遍较小，但具有专业市场与产业集群有机互动、围绕专业市场集聚式发展的特点和优势，能够获得充分的外部规模经济和范围经济效应，具备较强的产业链竞争力。因此，今后应进一步推动浙江专业市场与关联产业集群形成更为紧密的协同发展机制，充分发挥市场的需求集聚效应，带动浙江关联产业集群规模化成长和产业链延伸，深层次地对接和嵌入国际价值链条；借助产业集群的供给积聚效应所带来的多品种、低价格的商品优势，为浙江专业市场转型升级提供坚实的产业支撑，促进市场交易规模不断扩大、交易效率日益提高。不仅要推进省内的专业市场与产业集群联动，还应大力促进浙江专业市场与国内外相关产业集群联动，推进浙江产业集群与国内外相关专业市场联动。

（四）进一步优化专业市场发展的环境与政策

通过并购、重组、参股等多种方式，提高政府对专业市场这一准公共资源的统筹和掌控力，更好地发挥其作为准公共产品的正外部效应。进一步加大政策和资金扶持力度，着力提升全省亿元以上市场的设施档次、配套服务水平，尤其是要尽快对全省数十个亿元以上露天式市场进行改造提升。大力引导和鼓励专业市场的各项创新活动，如商位承租权质押融资服务、供应链担保融资等,支持和鼓励浙江大型市场与浙江稠州商业银行、金华银行、台州银行、浙商银行等本土银行机构开展合作,盘活市场、摊位资产,增强发展后劲。浙江本土的许多金融机构更了解市场,也更愿意为市场经营户和中小企业提供服务,长期以来为浙江市场发展做出了重要贡献,如浙江稠州商业银行,其从创建之初起,就按照"市场建在哪里,银行就开在哪里"的思路布局机构网点,专注于做业内的"市场银行",形成了独特的"稠行模式"。应进一步提升市场经营户和管理者的综合素质,可在全省各市场开展经营户综合素质提升培训工程,进行现代营销、电子商务、专业外语、国际经贸等专业技能培训;组织市场管理者、行业组织负责人等前往国内外知名高校,学习现代管理理论、服务理念、资本运作经验等,提升市场的管理服务水平;采取各种措施,大力推进浙江专业市场的国际化,尤其是全面提高大型专业市场所在地的涉外服务水平,完善国际结算、翻译、会计、咨询等中介服务。

第二节 实体市场与网上市场的演化博弈分析

改革开放以来,专业市场的诞生和发展对中国经济发挥了重要的推动作用。以"三现"(现场、现货、现金)为主要特征的实体市场交易方式通过对某一类或几类具有较强相关性的产品的集中交易,减少了市场的信息搜索成本,同时为广大中小企业提供了高效、低成本、低风险的销售渠道,获得了极大的成功。进入 21 世纪以来,电子商务给实体市场的发展带来了极大的影响,并引发了专业市场中交易方式的演化博弈过程。随着网下实体市场与网上无形市场交叉相融的趋势日益明显及一些新情况的涌现,早期从宏观层面对电子商务与专业市场的比较研究,以及从微观角度提出的专业市场中电子商务应用的模式,都已经无法解释目前实体市场与网上市场的最新情况,也难以对专业市场的未来发展方向做出合理判断。

鉴于此,本节从单个市场主体的交易方式选择入手,通过对交易成本的分析,探讨实体市场与网上市场演化博弈变迁的机制和阶段,进而通过构建市场主体选择的演化博弈模型,分析专业市场交易制度演化的条件和路径。然后,以全球最大的小商品批发市场——"义乌中国小商品城"为例,实证研究专业市场交易方式演化的一般规律,从而为正确认识和处理实体市场与网上市场的关系、制订更符合专业市场发展的措施提供理论依据和参考。

一、专业市场交易方式演化变迁的机制和阶段

市场主体的选择决定了专业市场中的核心交易方式,而影响其选择的决定性因素是交易成本。专业市场中的市场主体主要是经营户和采购商,他们采用网上市场交易方式可以避免商品搜索、交通差旅、实体市场租金、谈判和复杂交易流程等一系列(外生)成本并突破信息和时空的限制[①]。这些使得网上市场能够对实体市场产生巨大冲击,也为专业市场提供了一个成本更低、效率更高的交易平台。但同时,网上市场作为一种新型的交易方式,它在发展的初期不可避免地面临体系不成熟和经济社会环境等种种制约,因而会产生一系列内生交易成本,包括网络交易安全风险、法律规则不健全风险、交易体系和流程不成熟、交易中的机会主义倾向以及传统交易习惯的惯性束缚等,这些都成为市场主体改变交易方式的主要障碍。因此,市场交易方式变迁的路径最终依赖于内、外生交易成本的变化及在此基础上市场主体对交易方式的最后选择。

依据产业生命周期理论[②][③]及市场交易成本的变化,可以将专业市场交易方式的演化大致分为三个阶段:第一阶段,实体市场与网上市场相互隔离;第二阶段,实体市场与网上市场相互结合;第三阶段,实体市场与网上市场融合发展,成为新型专业市场。

(一)相互隔离阶段

在这一阶段,实体市场处于成熟期,网上市场处于新生期。市场中的经营户和采购商都面临较高的外生和内生交易成本。网上市场依靠信息技术优势,大大节省了采购商在搜索、交通、信息、谈判和交流中的成本,提高了交易的效率和效益。同时,也节省了经营户在市场租金、人力资源、实体资源、谈判交流等方面的成本。因此,市场中的经营户和采购商都有转向网上市场以节省外生交易成本的动力。但是,由于网上市场的发展刚刚起步,此时改变交易方式会给经营户和采购商带来包括网络安全威胁、法律规则不健全、交易中的机会主义倾向,以及传统交易习惯的惯性束缚等巨大的内生

---

① 齐美杰:《浅析网上无形市场与传统专业市场的替代性与互补性》,《经济研究导刊》2010年第23期。

② S. Klepper, E. Graddy. The Evolution of New Industries and the Determinants of Market Structure. *RAND Journal of Economics*, 1990, 21(1): 27-44.

③ S. Klepper. Industry Life Cycle. *Industry and Corporate Change*, 1996(1): 1-37.

交易成本;而且,由于交易规模和频率的大幅提升会使得这种内生交易成本大为增加,并在一定程度上超过外生交易成本的降低。因此,该阶段市场大多数经营户对网上市场呈现疑虑态度,使得实体市场与网上市场互相排斥。但是,采购商对于交易方式的选择拥有更大的灵活性和多样性,其所承担的内生交易成本比市场经营户小,一部分采购商出于节省外生交易成本的考虑,产生了对网上交易的需求。传统专业市场交易方式的平衡状态逐步被打破,最终导致变革的发生。变革的关键点在于,对网上市场需求的缺口催生了一批新型的网上卖家,这部分网上卖家依托实体市场而存在,却游离于实体市场之外。他们作为传统市场主体的异类,改变着传统的市场交易格局,并成为诱使整个市场交易方式发生变迁的关键因素。

(二)相互结合阶段

在这一时期,网上市场快速发展,实体市场则进入了一个发展相对缓慢的瓶颈期。经营户和采购商继续坚持实体市场交易方式面临外生交易成本的上升,而采取网上市场交易的内生交易成本则开始显著下降。产生这种变化的原因主要有:一是网上市场由初生阶段进入快速发展阶段后,在技术上实现了较大突破,不仅降低了网络安全、技术漏洞等风险,而且大幅提高了运行效率和水平,增加了收益。二是市场内部的演化机制发挥了重要作用。网上市场带来的技术和成本效益优势通过变异机制吸引了一部分市场主体采用网上市场交易方式,当这部分市场主体所获得的收益大于其原先的收益时,不仅增加了他们采用网上市场交易方式的频率,而且会诱发适应性学习机制,带动其他市场主体采用该种交易方式。当更多的市场主体由于市场选择机制也频繁地采用网上市场交易方式时,其内部的习惯、流程、规则逐渐成熟起来,内生交易成本由此降低,收益提高,从而又会吸引更多的市场主体进入,形成一个市场交易方式演化的稳步递进过程。三是网上市场发展的外部条件大大改善。政府和企业对新技术的重视使得电子商务的发展得到更多的资金、技术、人才和政策支持,从而推动网上市场在技术、服务等方面取得更大突破。因此,在采购商对交易方式的选择发生变迁后,经营户的选择也开始变化,专业市场交易制度的变迁进入到实体市场与网上市场相互结合的阶段。此时,专业市场中的市场主体由原先的两个增加为四个,即采购商、实体市场经营户、采用电子商务的实体经营户和实体市场外的网上卖家。除受部分产品特殊性和技术、环境等因素的影响外,采购商普遍倾向于网上市场交易方式。而采用电子商务的实体经营户在与实体市场经营户及实体市场外网上卖家的相互竞争中引导着专业市场交易方式的演化方向。

交易成本的变化使得市场中采用网上交易方式的实体经营户比传统的实体经营户获得了更大的优势。而在进一步的发展中，实体市场外的网上卖家也逐渐处于劣势。这主要表现在三个方面：一是缺乏货源支撑。实体市场外的网上卖家的货源往往来自实体市场而不是企业，这导致其在与实体市场经营户开展网上市场竞争时，极易失去对产业链上游的控制，从而无法得到最新的产品、最稳定的货源和最低的成本。二是缺乏物流支撑。实体市场外的网上卖家布局较为分散，无法获得聚集效应，在与物流服务企业的谈判中缺乏话语权，难以享受到较低的物流配送价格，这使其无法应对网上市场大发展对高效物流配送服务的要求。三是无法提供实体展示和多样化需求。网上卖家的虚拟化特点，使其既无法满足交易中特色产品的实体展示需求，也难以实现采购商多样化的实体需求。上述情况预示着，专业市场面临着一次大规模的分化、整合、转型和升级过程，网上市场和实体市场的相互结合是这一阶段的主流，以二者结合为主要特征的新型专业市场开始形成。

（三）融合发展阶段

在此阶段，对市场中的经营户和采购商而言，继续采用单纯实体市场交易方式的外生交易成本日益高昂，而随着网上市场变得安全可靠、各种规则和法律逐步健全、传统交易习惯和流程被彻底打破，网上交易流程完善、高效的优势日益显现，采用网上市场交易方式的内生交易成本降到了很低的水平。经营户和采购商都将大部分交易放到网上市场进行，实体市场功能随之发生变革，其原先的交易主体功能转化为产业支撑、物流配送和多样化需求展示平台等交易辅助功能。实体市场外的网上卖家一部分走上与实体市场相结合的道路，另一部分则在市场竞争中被淘汰。此时，网上市场承担交易的主体功能，实体市场则承担辅助交易功能，二者相互融合、相互依存、共同发展。这意味着专业市场交易方式的演化进入融合发展阶段，新型专业市场最终形成。新型专业市场充分发挥了两种市场功能互补的优势，实现了"1+1＞2"效应，不仅大大降低了交易成本，提高了市场效率，而且大大扩展了市场交易的范围，对区域经济发展发挥着更大的带动作用。

二、专业市场交易方式变迁的演化博弈模型

以上从理论和经验角度分析了专业市场交易方式变迁的动因、机制和路径。然而,市场交易方式的变迁是市场主体在一个较长的时间内反复博弈选择的动态过程,因此需要引入演化博弈模型,更加具体地分析市场主体的选择过程、交易方式变迁的路径以及阶段性变迁所需的条件。从市场参与主体的角度看,采购商、经营户在市场变迁中可采取的策略包括网上市场和实体市场两种交易方式。鉴于此,以下将重点分析两类市场主体在四个博弈策略下的动态演化过程,以期得出专业市场交易方式演化的方向和条件。

(一)模型构建前提与假设

由于信息不对称和市场主体有限理性,博弈选择是一个动态演化的过程,是多次重复博弈后的稳定选择[①]。以下将分析新型专业市场交易方式与实体市场交易方式的演化选择及条件。我们做出如下假设:

(1)经营户采取实体市场交易方式所获得的收益为 R_1,采取网上市场交易方式所获得的收益为 R_2。采取新型专业市场交易方式不会产生额外的收益,其收益为 $R_1 + R_2$。R_1、R_2 均为实数。

(2)经营户采取实体市场交易方式所产生的成本为 C_1,主要为外生交易成本;采取网上市场交易方式所产生的成本为 C_2,主要为内生交易成本。C_1、C_2 均是大于 0 的实数。

(3)采购商采取实体市场交易方式所获得的收益为 G_1,采取网上市场交易方式所获得的收益为 G_2。G_1、G_2 均为实数。

(4)采购商采取实体市场交易方式所产生的成本为 T_1,主要为外生交易成本;采取网上市场交易方式所产生的成本为 T_2,主要为内生交易成本。T_1、T_2 均是大于 0 的实数。

(5)时刻采用新型专业市场交易方式的经营户比例为 p,采用实体市场交易方式的经营户比例为 $1-p$;时刻采用网上市场交易方式的采购商比例为 q,采用实体市场交易方式的采购商比例为 $1-q$。p、q 均属于 $[0,1]$ 的实数。

_____

① 马慧、杨德礼、陈大鹏:《供需双方渠道选择行为的演化博弈模型》,《科技与管理》2011 年第 5 期。

（二）新型专业市场交易方式与实体市场交易方式的博弈演化选择

依据上述假设和条件，可以得出经营户和采购商交易方式的演化博弈模型的收益矩阵（如图 5-1 所示）。

经营户

		新型专业市场交易方式（p）	实体市场交易方式（$1-p$）
	网上市场交易方式（q）	$(G_2-T_2,\ R_2-C_1-C_2)$	$(0,\ C_1)$
采购商	实体市场交易方式（$1-q$）	$(G_1-T_1,\ R_1-C_1-C_1)$	$(G_1-T_1,\ R_1-C_1)$

图 5-1　新型专业市场交易方式与实体市场交易方式博弈的收益矩阵

依据演化博弈理论和图 5-1 的博弈矩阵，可以得到经营户采取实体市场交易方式的期望收益为：

$$U_1 = -qC_1 + (1-q)(R_1-C_1) \tag{5.1}$$

采用实体市场与电子商务相结合的新型专业市场交易方式的期望收益为：

$$U_2 = q(R_2-C_1-C_2) + (1-q)(R_1-C_1-C_2) \tag{5.2}$$

经营户采取两种交易方式的平均期望收益为：

$$U_0 = pU_2 + (1-p)U_1 = pq(R_1-C_1) + (1-q-pq)R_2 - (1-pq)C_2 \tag{5.3}$$

按照生物进化复制动态的思想，采用的策略收益较低的博弈方会改变自己的策略，转向（模仿）收益较高的策略，因此群体中采用不同策略成员的比例会发生变化，特定策略比例的变化速度与其比重和其得益超过平均得益的幅度成正比[1]。因此，选择采用新型专业市场交易方式的经营户比例 p 的变化速度可用复制动态方程表示为：

$$\frac{\mathrm{d}p}{\mathrm{d}t} = p(U_2-U_0) = p(1-p)[q(R_2-R_1+C_1)-C_2] \tag{5.4}$$

令 $\dfrac{\mathrm{d}p}{\mathrm{d}t} = F(p)$，则当 $q_0 = \dfrac{C_2}{R_2-R_1+C_1}$ 时，$F(p)=0$，此时所有的策略都处于稳定状态。当 $q_0 \neq \dfrac{C_2}{R_2-R_1+C_1}$ 时，存在两个动态复制稳定状态 $p=0$ 和 $q=0$，当且仅当 $F'(p) = (1-2p)[q(R_2-R_1+C_1)-C_2] < 0$ 时，该

---

[1]　谢识予：《有限理性条件下的进化博弈理论》，《上海财经大学学报》2001 年第 5 期。

方程才能满足进化稳定策略[①]。

（1）当 $R_2 - R_1 + C_1 < 0$ 时，恒有 $q(R_2 - R_1 + C_1) - C_2 < 0$，此时 $p = 0$ 为进化稳定策略。

（2）当 $R_2 - R_1 + C_1 > 0$ 且 $q < q_0$ 时，$p = 0$ 为进化稳定策略。

（2）当 $R_2 - R_1 + C_1 > 0$ 且 $q > q_0$ 时，$p = 1$ 为进化稳定策略。

综上可得经营户在三种情况下的交易方式动态选择趋势及稳定性（如图 5-2 所示）。

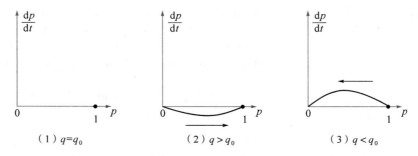

图 5-2 经营户群体交易方式选择策略复制动态相位图

同理可得采购商采用实体市场交易方式的期望收益为：

$$V_1 = p(G_1 - T_1) + (1 - p)(G_1 - T_1) \tag{5.5}$$

采购商采用网上市场交易方式的期望收益为：

$$V_2 = p(G_2 - T_2) \tag{5.6}$$

采购商采取上述两种交易方式的平均期望收益为：

$$V_0 = qV_2 + (1 - q)V_1 \tag{5.7}$$

采用网上市场交易方式的采购商比例的变化速度可用复制动态方程表示为：

$$\frac{dq}{dt} = q(V_2 - T_0) = q(1 - q)[p(G_2 - T_2) + T_1 - G_1] \tag{5.8}$$

令 $\frac{dq}{dt}$，则当 $p_0 = \dfrac{G_1 - T_1}{G_2 - T_2}$ 时，$f(q) = 0$，此时所有的策略都处于稳定状态。当 $p_0 \neq \dfrac{G_1 - T_1}{G_2 - T_2}$ 时，存在两个动态复制稳定状态 $q = 0$ 和 $q = 1$，当且仅当 $f(q) = (1 - 2q)[p(G_2 - T_2) + T_1 - G_1] < 0$ 时，该方程才能满足进化稳

---

① 生态学家史密斯和普莱斯（1973）提出了进化博弈理论的基本均衡概念——进化稳定策略，它是指种群的大部分成员所采取的某种策略，这种策略的好处为其他策略所不及。

定策略。

(1) 当 $\dfrac{G_1 - T_1}{G_2 - T_2} < 0$ 时,满足 $f'(q) < 0$,此时 $q = 1$ 是进化稳定策略。

(2) 当 $0 < \dfrac{G_1 - T_1}{G_2 - T_2} < 1$ 且 $p < p_0$ 和 $\dfrac{G_1 - T_1}{G_2 - T_2} > 1$ 时,此时 $q = 0$ 为进化稳定策略。

(3) 当 $0 < \dfrac{G_1 - T_1}{G_2 - T_2} < 1$ 且 $p > p > 0$ 时,满足 $f'(q) < 0$,此时 $q = 1$ 是进化稳定策略。

综上可得采购商在三种情况下的交易方式动态选择趋势及稳定性(如图 5-3 所示)。

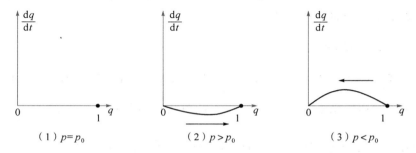

图 5-3　采购商群体交易方式选择策略复制动态相位图

根据图 5-2 和图 5-3 的群体复制相位图可以得出经营户和采购商两群体交易方式进化博弈的轨迹示意图(如图 5-4 所示)。

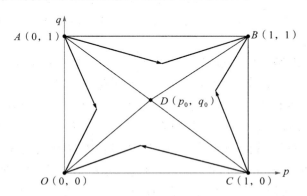

图 5-4　经营户和采购商两群体交易方式进化博弈轨迹示意图

图 5-4 中有五个局部平衡点,其中 $O(0,0)$ 和 $B(1,1)$ 是两个稳定均衡点,$A(0,1)$ 和 $C(1,0)$ 是演化系统的两个不稳定均衡点,$D(1,0)$ 是鞍点。两

种市场交易方式演化博弈的过程受到博弈发生时博弈双方初始状态和鞍点 $D(p_0,q_0)$ 相对位置的影响。当初始状态处于 $AOCD$ 区域内时，演化系统收敛于 $O(0,0)$ 点，经营户和采购商都趋于采用传统的实体市场交易方式。当初始状态变化到 $ABCD$ 区域内时，演化系统收敛于 $B(1,1)$ 点，即经营户采用新型专业市场交易方式，而采购商采用网上市场交易方式。由此可见，专业市场内部交易方式的演化趋势随着初始状态相对于鞍点 $D(\frac{G_1-T_1}{G_2-T_2},$ $\frac{C_2}{R_2-R_1+C_1})$ 的不同位置而向不同的均衡点收敛，市场主体也将沿着不同的路径达到进化稳定状态，而且只要群体达到稳定均衡，那么稳定策略是唯一的。因此，通过对专业市场初始状态和鞍点 D 位置的分析就可以得出交易方式演化博弈的路径和条件。

（三）演化博弈路径

在网上市场出现之前，专业市场以实体市场方式存在。因此，专业市场交易方式的初始状态处于 $O(0,0)$ 点，此时是稳定均衡点。当 $p_0=\frac{G_1-T_1}{G_2-T_2}$ >0 且 $q_0=\frac{C_2}{R_2-R_1+C_1}>0$ 时，采用网上市场交易方式变得有利可图，市场均衡状态被打破，市场交易方式发生博弈变迁。但此时由于初始状态处于 $AOCD$ 区域，所以博弈演化的均衡点最终会趋向于 $O(0,0)$ 点，市场主体会在采用传统的实体市场交易方式上趋于稳定。此时处于市场交易方式变迁的第一阶段，实体市场与网上市场相互排斥，且实体市场交易方式在演化博弈中处于上风。

随着专业市场的进一步发展，网上市场交易所带来的收益 R_2 和 G_2 不断上升，而成本 C_2 和 T_2 则不断下降，从而改变了市场交易方式变迁的初始状态和鞍点 D 的位置。G_2-T_2 的逐渐增大和 C_2 的逐渐缩小使得鞍点 D 的位置不断向 $O(0,0)$ 点趋近，$AOCD$ 的区域面积不断缩小，从而降低了初始状态处于 $AOCD$ 区域的概率。这一阶段，市场的初始状态是不确定的。当初始状态处在 $AOCD$ 区域时，市场主体的选择会在传统实体市场交易方式上达到稳定状态；当初始状态处于 $ABCD$ 区域时，市场主体的选择会在新型专业市场交易方式上达到稳定状态。此时，市场交易方式变迁进入相互结合的阶段，且随着 $ABCD$ 区域面积的不断扩大，网上市场在演化博弈中逐渐处于上风。

当 $\dfrac{G_1 - T_1}{G_2 - T_2}$ 和 $\dfrac{C_2}{R_2 - R_1 + C_1}$ 同时趋近于 0 时,即鞍点 D 逼近于 $O(0,0)$ 点时,群体的进化博弈只存在一个稳定均衡点 B,此时市场主体会在采用新型专业市场交易方式上达到稳定均衡状态。而市场交易方式变迁将进入融合发展阶段,此时传统单一的实体市场交易方式将被融合了实体市场和网上市场的新型专业市场交易方式所取代。

根据上述演化博弈路径的分析可以得出:(1)专业市场交易方式变迁的路径是一个阶段性的演化过程,在初始阶段,网上市场交易方式引入后,经营户和采购商两类市场主体的选择仍然趋向于实体市场交易方式。但随着网上市场的不断发展,会不断地改变市场博弈的初始状态和鞍点的位置,从而推动专业市场交易方式由网上网下两个市场相互排斥向相互结合直至融合的新型专业市场方向演化。(2)专业市场交易方式演化过程中最重要的因素在于网上市场应用的推进,增加网上市场交易方式的收益、降低网上市场交易方式的成本,都可以大大加快专业市场交易方式演化变迁的速度。(3)专业市场演化变迁的最终方向是新型专业市场,它以网上市场承担交易的主体功能,以实体市场承担交易的辅助功能,从而充分发挥网上市场在交易过程中的高效、快捷、低成本优势,同时发挥实体市场在交易中的稳定性、实体展示、专业化物流配送服务等优势,从而使市场主体在交易中获取尽可能大的收益。

三、实证分析:义乌中国小商品城的嬗变

义乌中国小商品城作为全球最大的小商品市场,是我国发展最成功、最成熟的专业市场之一。至 2012 年年底,义乌中国小商品城市场经营总面积达 470 万平方米,商位 7 万余个,销售商品达 16 个大类、4202 个种类、200 万种单品,市场从业人员 20 余万,日均客流量超过 21 万人次,年成交额达 580 亿元,连续 22 年居全国同类市场榜首[①]。成熟的实体市场体系以其充裕的资金、丰富的货源和便捷的物流,为网上市场的发展创造了优越的环境。然而,发达的实体市场交易方式也给采用网上市场交易方式带来了巨大的内生交易成本,从而大大阻碍了义乌中国小商品城网上市场的发展步伐。纵观义乌中国小商品城市场的发展历程,呈现出明显的实体市场与网上市场两种交易方式从相互排斥到相互结合,再到相互融合的态势。

---

① 义乌市统计局、国家统计局义乌调查队:《今日义乌(2013)》2013 年 3 月。

(一)相互排斥阶段

20世纪90年代中期,电子商务刚兴起就被引入义乌实体市场,政府提出了建设"数字义乌"的信息化发展战略,并于2000年建立了我国最早的电子商务网站之一"中华商埠"。然而,这一时期,实体市场处于快速发展阶段,与实体市场紧密相配套的交通、物流、金融、餐饮、住宿等服务体系日益完善,外生交易成本不断降低;而网上市场交易方式由于刚刚起步,存在诸多不完善之处,尤其是网络安全风险存疑、规则法律不健全、交易体系和流程不成熟等问题,使得网上市场的内生交易成本过高,因而难以得到经营户和采购商的青睐,他们的博弈结果是选择早已习惯的实体市场交易方式这一策略。这一时期,在义乌中国小商品城市场外出现了一批小型的网上卖家,但许多经营户和市场管理者对网上市场的发展前景还缺乏充分认识。直到2007年,义乌中国小商品城网站建立,才使义乌实体市场真正开启了网上交易的大门。这一年,中国的电子商务交易总额已达到2.489万亿元,全国最大的网上交易市场淘宝网的年交易额达到433.1亿元,而义乌中国小商品城实体市场的成交额为348.4亿元。综上所述,由于巨大内生交易成本的束缚,这一时期义乌实体市场与网上市场发展处于交易方式演化的相互排斥阶段。

(二)相互结合阶段

2007年以后,国内电子商务进入了一个新的发展时期,它逐渐摆脱早期的各种弊端,网络安全、网上支付系统、网络信用评价系统、物流配送体系等配套服务不断完善,使网上市场的内生交易成本大幅降低。正是在这一背景下,义乌实体市场外的网络卖家大量涌现,尤其是江东街道的青岩刘村,从一个村民不到1500人的小村庄,成长为容纳8000多人、2000余家淘宝网店的"中国淘宝第一村"[①]。2008年全球金融危机的爆发,使义乌实体市场的对外销售渠道受到较大影响,促使市场经营户寻找新的销售渠道。蓬勃发展的义乌淘宝卖家为经营户带来了鲜活的示范效应,政府也开始着力寻找实体市场发展的新方向。随着电子商务应用的普及、成熟的第三方网上交易平台的进入,以及各项电子商务扶持政策的出台和实施,网上市场的内生交易成本进一步降低,越来越多的实体市场经营户和采购商选择网

---

① 蒋蕴、徐晓恩:《义乌,市场展翅再腾飞》,《浙江日报》2011年2月23日第4版。

上交易方式开展业务,共同推动了义乌实体市场与网上市场的互动发展。由此,先前相互排斥的状态逐步结束,进入了实体市场与网上市场相互结合的新阶段。

（三）相互融合阶段

自 2012 年起,义乌实体市场与网上市场的互动进入一个全新时期,开始由前一阶段的简单结合向融合方向发展。2012 年,义乌中国小商品城集团与阿里巴巴集团签署战略合作协议,利用阿里巴巴的先进技术和管理经验,在市场拓展、商品采购、物流配送、产业园区、人才培训等领域提升自身水平,对推进义乌实体市场与网上市场的有机融合具有里程碑式的重要意义。2013 年 6 月,义乌市启动"30 万网商培育计划",开始对传统市场主体进行全面的电子商务培训,使义乌实体市场以最快的速度融入到电子商务发展的潮流之中。此阶段,义乌为网上市场发展配套的快递、摄影、仓储外包、创意、推广等服务机构大量涌现并逐步形成规模,从而进一步降低了网上交易方式的内生成本,吸引传统工商企业纷纷涉足电子商务,真爱家居、针品汇、浪莎袜业等传统企业的网络年销售额均突破亿元大关。目前,义乌全市有淘宝卖家 6 万余家,天猫店铺 2700 多家,跨境电子商务卖家 12 万余家,诚信通会员（内贸 B2B）3.5 万余家,中国供应商会员（外贸 B2B）3100 多家,混批网站 200 多家;2012 年,全市电子商务总交易额超过 520 亿元,国内快递日均出货量 45 万票,业务量位居全国城市第 6 位,e 邮宝的业务量位居全国城市第 4 位[①]。全市 88.1% 的网商在市场内拥有商位,混批网商50% 的商品采购来自义乌市场,零售网商 70% 的商品采购来自义乌市场[②]。此外,义乌本土电子商务平台蓬勃发展,现有各类混批网站 200 多家,其中,义乌中国小商品城市场的官方网站"义乌购"依托实体市场,服务实体市场,以诚信为根本,将 7 万网上商铺与实体商铺一一对应绑定,致力于为采购商和经营户提供可控、可信、可溯源的交易保障[③]。可见,义乌中国小商品城市场已进入网上与网下两种交易方式相互融合的新阶段。

四、结论与建议

本研究以演化博弈的理论和模型为研究框架,对实体市场与网上市场

---

① 金淑娴:《电子商务为义乌市场添动力》,《义乌商报》2013 年 9 月 4 日第 2 版。
② 义乌市商务局:《义乌市电子商务发展情况汇报》2013 年 1 月。
③ 金淑娴:《义乌市场 7 万个实体商铺实现集体上网》,《义乌商报》2013 年 6 月 8 日第 1 版。

两种交易方式的演化变迁进行了探讨,并以义乌中国小商品城市场为例进行了实证分析。结果表明,实体市场与网上市场在经历相互排斥→相互结合→相互融合三个发展阶段后,传统专业市场正向网上与网下相融合的新型专业市场演进。网上市场的内生交易成本是影响专业市场交易方式演化变迁的关键因素,经营户和采购商的自主选择是专业市场交易方式演化变迁的核心机制,而适当的引导和鼓励会对专业市场交易制度变迁产生积极影响。鉴于此,笔者提出如下三点推动传统专业市场加快向新型专业市场演进的政策建议:

(1)构建适合自身特点和需求并与实体市场紧密相连的网上交易平台。实体市场中的经营户和采购商在发展过程中形成了独特的交易习惯,因此需要一个更具适应性的网上交易平台,以满足专业化批发交易的特点和需求,并能与实体商位相联系,获取更大的综合效益。然而,目前发展较为成熟的专业化网上交易平台,如阿里巴巴(主要是旗下的淘宝和天猫)、京东商城、苏宁易购、拍拍、易迅网等等,大都以零售或小额混批为主,与专业市场传统的大规模集中交易模式存在较大差异,尤其是交易习惯、支付手段、配送体系等亟待磨合。因此,对于我国传统专业市场而言,最为迫切的任务是构建一个适合自身交易特点和个性化需求的网上交易平台,该平台既要能保证承担专业市场特有的专业批发交易的功能要求,又要能够与实体市场的发展紧密相连,形成一个互动的发展体系,使实体市场的货源支持、信用保障等优势得到充分发挥,从而既有利于降低实体市场的外生交易成本,又有利于降低网上市场的内生交易成本,使网上与网下交易相融合的新型专业市场进一步成熟。

(2)大力推进实体市场硬件设施和服务功能的改造提升。由于新型专业市场中网上市场承担主体交易功能,实体市场则承担辅助交易功能;因此,对于我国传统专业市场而言,要尽快对现有的实体市场进行改造提升,以加快交易方式演化的速度和效率。新型专业市场交易制度中,实体市场承担的辅助交易功能主要表现在产业支撑、物流配送体系和特色产品展示三个方面。因此,首先,要进一步发挥实体市场的"需求集聚"功能,强化对产业链的控制力,并通过需求引导促进关联产业层次和水平的提升,走高端化发展道路,因此为新型专业市场的发展提供产业支撑。其次,要加快对传统实体市场物流配送体系进行信息化改造提升的步伐,积极引入和发展第三方物流、第四方物流等,打造大型物流中心,构建统一、智能、高效的一体化物流配送体系,为新型专业市场的发展提供坚实的物流服务支持。再次,要进一步完善和提高实体市场的展示功能,利用物联网、3D 打印技术等信息化最新成果进行改造,使其与网上市场交易流程相互融合,进一步降低网上市场的内生交易成本,为网上与网下交易相融合的新型专业市场发展注入强劲活力。

(3)全面构建与新型专业市场相匹配的管理服务体系。新的交易方式会带来新的市场系统、规则和习惯,因此要求构建与其相匹配的管理服务体系,以保障其高效运行。对于我国传统专业市场而言,要想打造成新型专业市场,首先,要构建网上、网下交易有机相融合的统一管理运行体系,以避免交易流程脱节或发生冲突,并进行统一的市场推介、品牌宣传、商位招租、日常管理等,获取规模经济效应和专业化效应,创造公平、公正、公开的经营和竞争环境。其次,要大力提高政府的公共管理和服务水平,尤其是应对网络突发事件和形势变化的快速反应能力,并加快完善与网上交易相适应的法律法规和政策措施、制订更有吸引力的高端人才引进计划等,从而适应新型专业市场瞬息万变的新情况,满足新型专业市场的多元化、个性化、随机性服务需求。再次,要全面提升专业市场所在地的交通、金融、餐饮、住宿、广告、信息、财会等配套社会服务业的层次和水平,保障实体市场与网上市场的顺畅运行,在进一步降低网上与网下交易相融合的新型专业市场的外生和内生交易成本的同时,提高其整体收益水平,实现健康、稳定、可持续发展。

第三节　电子商务平台介入专业市场的定价模型

专业市场和电子商务平台,是由一方或多方提供一种现实或虚拟空间,按照一定的规则,使交易双方以更低的交易成本进行磋商和交易的产业组织形式。近年来,由于电子商务的优势逐渐显现,专业市场正处于运用电子商务实现自身转型和提升的过程之中。我国的专业市场大都以批发为主兼营零售,由于电子商务初期投入成本过高,专业市场内集聚的中小企业不可能单独建立大型电子商务网站,所以最合适的选择是加入第三方 B2B 电子商务平台。据我们在义乌小商品市场的调查显示,阿里巴巴和义乌·中国小商品城等第三方电子商务平台在义乌小商品市场内占有 95％以上的份额。因此,研究第三方电子商务平台介入专业市场的定价模型很有现实意义。

网络效应是评价网络价值的有效方法,它借用了经济学中的外部性概念,将网络价值的评价从有形网络扩展到虚拟网络。在早期的研究中,Katz和 Shapiro 讨论了正网络效应下产品的策略问题,并指出,网络效应必然会影响企业的决策,尤其是那些产品互相兼容的企业[①];Bhargava 等分析了采购商在电子商务平台的聚集效应,但没有分析电子商务对于供应商的集聚效应或负网络效应[②];Riggins 等指出怎样吸引供应商到电子数据交换技术(Eletronic Data Interchange,以下简称 EDI)网络取决于运行的网络效应,但他只考虑了一个采购商和多个供应商的问题[③];Wang 和 Seidmann(1995)研究发现,更多供应商加入电子商务平台会对其他供应商产生负效应,并指出采购商可以在购买过程中通过给已经实施 EDI 的供应商一个溢价以补偿其损失[④]。由上可见,现有的研究成果大多只考虑供应商或采购商单方面的网络效应,而未能具体研究供应商和采购商之间的相互效应,而我们认为,基于网络外部性理论,电子商务平台的研究不仅包括平台的提供者,也包括通过平台集聚的买卖双方之间的关系。Byungjoonyoo 等提出双边网络外部性,即供应商数量越多,供应商网络对于采购商的价值就越大;采购商数量越多,采购商网络对于供应商的价值就越大[⑤],在方法上为我们深入研究电子商务平台介入专业市场的定价行为提供了重要的理论基础。

我们将电子商务的双边网络外部性纳入到对专业市场的分析框架中,以分析电子商务平台对专业市场实现利润最大化的定价模型及其影响因素。Byungjoonyoo 模型中,只给出了供应商之间的负网络外部性,而没有考虑采购商之间的网络外部性,而且其模型也是单期模型。事实上,专业市场内供应商在电子商务平台的集聚,使采购商不限于和特定的供应商交易,这加剧了供应商之间不仅在价格上,还有在质量、交货时间、定制化等方面的竞争,出现了供应商之间的负网络外部性;而采购商在电子商务平台的集

---

① M. Katz, C. Shapiro. Network Externalities, Competition, and Compatibility. *American Economic Review*,1985,75(3):424-440.

② H. K. Bhargava, V. Choudhary, R. Krishnan. Pricing and Product Design: Intermediary Strategies in an Electronic Market. *International Journal of Electronic Commerce*,2000,5(1):37-56.

③ F. J. Riggins, C. H. Kriebe, T. Mukhopadhyay. The Growth of Interorganizational Systems in the Presence of Network Externalities. *Management Science*,1994,40(8):984-998.

④ E. Wang, A. Seidmann. Electronic Data Interchange: Competitive and Strategic Implementation Policies. *Management Science*,1995,41(3):401-418.

⑤ Y. Byungjoonyoo, C. Vidyanand, M. Tridas. A Model of Neutral B2B Intermediaries. *Journal of Management Information Systems*,2002,19(3):43-68.

聚,增加了采购商之间信息资源的共享性,即采购商信息在电子商务平台的交流使采购商之间出现正网络外部性。于是,在此基础上,不仅要考虑供应商之间的负网络外部性,而且还要考虑采购商之间的正网络外部性。根据电子商务平台的成长规律①及专业市场内电子商务发展的现状分析,我们认为,电子商务在专业市场内的发展分为两个阶段:第一个阶段为初级阶段,即信息服务阶段;第二个阶段为成熟阶段,即专业市场与电子商务相互融合的阶段,电子商务平台进入稳定盈利的阶段。以下将分两个阶段讨论电子商务平台在专业市场的定价模型,并详细分析其定价的影响因素。

一、模型的建立与分析

第三方 B2B 电子商务平台(以下简称平台)独立于专业市场内的供应商和采购商,也是电子商务市场的拥有者或者创造者。平台参与专业市场的目的是自己利润的最大化,供应商和采购商在专业市场交易中运用电子商务平台也是自身利润的最大化。

（一）模型假设

平台为供应商和采购商提供交易平台和信息服务,例如技术支持和相关行业的咨询服务。我们假设这些信息服务给供应商和采购商提供的价值为 v_s 和 v_b,与供应商和采购商的数量无关,其中 s 表示供应商,b 表示采购商。供应商网络给供应商带来的网络外部性记为 $e_{ss}(n_s)$;采购商网络给供应商带来的网络外部性记为 $e_{bs}(n_b)$;供应商给采购商带来的网络外部性记为 $e_{sb}(n_s)$;采购商网络给采购商带来的网络外部性记为 $e_{bb}(n_b)$,其中 n_s 和 n_b 分别表示专业市场内供应商和采购商参与电子商务平台的网络规模(参与电子商务平台的供应商和采购商占专业市场内供应商和采购商总量的比例)。式中的 r_{ss} 为供应商网络给供应商带来的外部性强度系数,是负网络外部性;r_{bs} 为采购商网络给供应商带来的外部性强度系数,为正网络外部性;r_{sb},r_{bb} 分别为供应商网络和采购商网络给采购商带来的外部性强度系数,都是正网络外部性,因此有:

$$e_{ss}(n_s) = r_{ss} \cdot n_s, e_{bs}(n_s) = r_{bs} \cdot n_s \tag{5.9}$$

$$e_{sb}(n_s) = r_{sb} \cdot n_s, e_{bb}(n_b) = r_{bb} \cdot n_b \tag{5.10}$$

---

① Z. Liu. *The Economic Analysis of the Growth of Network Products*. Germany：Peter Lang Publishing Inc,1998.

　　我们假设供应商和采购商目前主要应用传统专业市场（现货、现场、现金交易）的销售渠道，但也正在考虑如何更多地运用电子商务市场，但是这种经营方式的转变对于交易双方都有一定难度且呈现出复杂情况：如果供应商和采购商正在用计算机技术改进他们的销售流程，将更加容易转向电子商务市场；专业市场需求集聚效应越大，将越增加其向电子商务市场转移的机会成本；一个行业的产品如果没有建立专业化的标准，也将增加转移的难度。供应商和采购商从专业市场的分销网络转向电子商务市场，必定要支付一定的转移成本，包括采购和安装连接电子商务市场的设备，以及调整传统商务流程的成本等。我们分别用 $s_s \cdot x_s$ 和 $s_b \cdot x_b$ 来表示供应商和采购商的转移成本，s_s 和 s_b 分别表示供应商和采购商实现上述转移的难度。(x_s, x_b) 在 $(0, 1)$ 上均匀分布，0 表示没有转移成本，1 表示最高的转移成本，与供应商和采购商的使用意愿直接相关，即不同的供应商和采购商有不同的转移成本。假设平台在专业市场构建时分为两个阶段：第一个阶段为初级阶段，即信息服务阶段，此时主要是吸引专业市场内的供应商和采购商加入电子商务平台。平台发展的第二个阶段是成熟阶段，此时平台已经达到关键数量点，准备盈利，这时专业市场建立电子商务平台的主要目的是促使利润最大化。

　　供应商和采购商使用平台需要支付的费用是 p_s 和 p_b，他们从专业市场转向电子商务平台所增加的利润用 u_s 和 u_b 来表示，则有：

$$u_s = v_s + r_{bs} n_b - r_{ss} n_s - s_s x_s - p_s \tag{5.11}$$

$$u_b = v_b + r_{sb} n_s + r_{bb} n_b - s_b x_b - p_b \tag{5.12}$$

（二）初级阶段模型

　　供应商和采购商加入平台的充要条件是：$u_s \geqslant 0$，$u_b \geqslant 0$。因此，平台的定价应该满足：

$$p_s \leqslant v_s + r_{bs} n_b - r_{ss} n_s - s_s x_s \tag{5.13}$$

$$p_b \leqslant v_b + r_{sb} n_s + r_{bb} n_b - s_b x_b \tag{5.14}$$

　　由于平台初建期，供应商和采购商的数量极少，网络的外部性不明显；因此，为了吸引供应商和采购商加入电子商务平台，以达到关键数量点，许多专业市场电子商务平台在初建期只向供应商和采购商收取极低的费用，甚至不收费，提供无偿服务。当 p_s 和 p_b 为零时，由 $u_s \geqslant 0$，$u_b \geqslant 0$ 可得：

$$v_s + r_{bs} n_b - r_{ss} n_s - s_s x_s \geqslant 0 \tag{5.15}$$

$$v_b + r_{sb} n_s + r_{bb} n_b - s_b x_b \geqslant 0 \tag{5.16}$$

由于 n_s 和 n_b 非常小，r_{ss}、r_{bs}、r_{sb} 和 r_{bb} 可以忽略不计，则有：

$$v_s - s_s x_s \geqslant 0 \tag{5.17}$$

$$v_b - s_b x_b \geqslant 0 \tag{5.18}$$

由（5.17）和（5.18）可知，供应商和采购商加入平台的决策，取决于信息服务的收益与转移成本的比较。初期，供应商和采购商从专业市场转向电子商务市场难度很大的时候，电子商务很难介入专业市场。因此，在初期，平台一般会放弃盈利，以网络规模为主要目标，通过低价或免费的方式提供足够多的信息服务或者附加服务：如最新的行业咨询和新闻，不论网络效应的水平如何，行业相关的新信息对于供应商和采购商都是非常有价值的；如给供应商或者采购商提供一定的补贴，以资金换用户，吸引供应商和采购商的加入。

平台在专业市场发展的初级阶段，供应商和采购商所依据的不仅是当前的网络规模，还有对未来网络规模的预期，因此平台提供商一般要缩短达到关键数量点的时间。现实中，很多平台提供商，尤其是接受风险投资的电子商务交易平台提供商，更需要如此。虽然平台这一阶段可以以免费甚至补贴为主，但必须注意两个问题：一是平台方承诺的时间不能太长，否则投资无法支持；二是当达到稳定的网络规模以后，平台方必须成功转向向供应商和（或）采购商收取使用费用的收费模式，否则平台没有利润，难以继续运营。以平台优先召集供应商为例，专业市场内潜在的采购商转化为平台的采购商，其转移成本为 $s_b x_b$，假设采购商在使用平台之前对平台的价值无法确定，将 v_b 置零，初始的采购商网络规模 n_b 为零，因此采购商做出决策的临界条件为：$p_b = r_{sb} n_s - s_b x_b$，即平台提供商的收益随供应商的网络规模的增大而增加，但是此时若供应商的网络规模很小，采购商网络给供应商带来的外部性也不明显，即使免去供应商的费用，也很难长期保证供应商网络不退出平台。因此，平台提供商必须通过一些其他的措施，例如与供应商签订合同，补偿供应商的转移成本或提供交易费用优惠条件；与供应商建立战略联盟，分享采购商带来的利益，共同承担初级阶段风险等。

（三）成熟阶段模型

平台在专业市场发展到一定规模，正的网络外部性使供应商和采购商都可以获得相当的收益，平台也获得了一定的收益空间。在实践中，供应商和采购商也都希望平台能够长期稳定运行，认同收费的合理性。此时，供应商和采购商的数量已经达到了关键数量点，正的网络外部性远远大于负的网络外部性,因此平台可以向供应商和采购商收取一定的费用,例如会员费和交易费等等,这里用 p_s 和 p_b 来表示。令 x'_s 和 x'_b 为处于从专业市场向平台转移临界点的供应商和采购商,即 x'_s 和 x'_b 满足:

$$u_s = v_s + r_{bs}n_b - r_{ss}n_s - s_sx'_s - p_s = 0 \tag{5.19}$$

$$u_b = v_b + r_{sb}n_s + r_{bb}n_b - s_bx'_b - p_b = 0 \tag{5.20}$$

当 $x_s < x'_s, x_b < x'_b$,则供应商和采购商将从传统的专业市场分销网络转向电子商务网络。因此有:

$$n_s = x'_s \tag{5.21}$$

$$n_b = x'_b \tag{5.22}$$

专业市场电子商务平台的利润最大化为:

$$\max\pi = p_sn_s + p_bn_b \tag{5.23}$$

$$\text{s. t. } 0 \leqslant n_s \leqslant 1 \tag{5.24}$$

$$0 \leqslant n_b \leqslant 1 \tag{5.25}$$

由(5.19)、(5.20)和(5.21)得:

$$p_s = v_s + r_{bs}n_b - r_{ss}n_s - s_sn_s \tag{5.26}$$

$$p_b = v_b + r_{sb}n_s + r_{bb}n_b - s_bn_b \tag{5.27}$$

由(5.22)、(5.23)和(5.24)得:

$$n_s^* = \frac{2v_s(s_b - r_{bb}) + v_b(r_{bs} + r_{sb})}{4(r_{ss} + s_s)(s_b - r_{bb}) - (r_{bs} + r_{sb})^2} \tag{5.28}$$

$$n_b^* = \frac{2v_b(r_{ss} + s_s) + v_s(r_{bs} + r_{sb})}{4(r_{ss} + s_s)(s_b - r_{bb}) - (r_{bs} + r_{sb})^2} \tag{5.29}$$

$$p_s^* = \frac{v_s[2(r_{ss} + s_s)(s_b - r_{bb}) - r_{sb}(r_{bs} + r_{sb})] + v_b(r_{ss} + s_s)(r_{bs} - r_{sb})}{4(r_{ss} + s_s)(s_b - r_{bb}) - (r_{bs} + r_{sb})^2} \tag{5.30}$$

$$p_b^* = \frac{v_b[2(r_{ss} + s_s)(s_b - r_{bb}) - r_{bs}(r_{bs} + r_{sb})] + v_s(s_b - r_{bb})(r_{sb} - r_{bs})}{4(r_{ss} + s_s)(s_b - r_{bb}) - (r_{bs} + r_{sb})^2} \tag{5.31}$$

$n_s^*(n_b^*)$ 是电子商务平台利润最大化条件下,专业市场内供应商(采购商)的最优参与数量,$p_s^*(p_b^*)$ 是电子商务平台的最优定价。

二、电子商务平台介入专业市场的定价模型及其影响因素

随着电子商务在专业市场的发展,专业市场电子商务将逐渐从第一个阶段向第二个阶段转变,因此,研究电子商务在专业市场发展成熟阶段的最优定价模型很有意义。根据本研究第二部分假定的模型,专业市场电子商务

平台的定价主要受以下几个因素的影响：(1) 信息服务水平，即参数 v_s 和 v_b；(2) 网络外部性，即参数 r_{ss}，r_{bs}，r_{sb} 和 r_{bb}；(3) 从专业市场向电子商务市场的转移成本，即参数 s_s 和 s_b。下面就上述三类因素逐一加以讨论。

(一) 信息服务水平对平台的最优定价的影响

平台介入专业市场的最优定价随信息服务水平 (v_s, v_b) 的变化而变化。直觉上，当信息服务水平更高的时候，平台在专业市场的最优定价应该更高，但实际上，在某些情况下，最优定价会随信息服务水平的增加而下降。

在 (5.30) 和 (5.31) 式中，分别对 v_s 和 v_b 求偏导，得：

$$\frac{\partial p_s^*}{\partial v_s} = \frac{2(r_{ss}+s_s)(s_b-r_{bb})-r_{sb}(r_{bs}+r_{sb})}{4(r_{ss}+s_s)(s_b-r_{bb})-(r_{bs}+r_{sb})^2} \tag{5.32}$$

$$\frac{\partial p_b^*}{\partial v_b} = \frac{2(r_{ss}+s_s)(s_b-r_{bb})-r_{bs}(r_{bs}+r_{sb})}{4(r_{ss}+s_s)(s_b-r_{bb})-(r_{bs}+r_{sb})^2} \tag{5.33}$$

$$\frac{\partial p_s^*}{\partial v_b} = \frac{(r_{ss}+s_s)(r_{bs}-r_{sb})}{4(r_{ss}+s_s)(s_b-r_{bb})-(r_{bs}+r_{sb})^2} \tag{5.34}$$

$$\frac{\partial p_b^*}{\partial v_s} = \frac{(s_b-r_{bb})(r_{sb}-r_{bs})}{4(r_{ss}+s_s)(s_b-r_{bb})-(r_{bs}+r_{sb})^2} \tag{5.35}$$

由于最优定价水平是在 n_s 和 n_b 内求得的，因此 n_s^* 和 n_b^* 满足：

$$0 < n_s^* < 1 \tag{5.36}$$
$$0 < n_b^* < 1 \tag{5.37}$$

当 $r_{bs} > r_{sb}$ 时，$\frac{\partial p_s^*}{\partial v_s} > 0$，$\frac{\partial p_b^*}{\partial v_b} < 0$，$\frac{\partial p_s^*}{\partial v_b} > 0$，$\frac{\partial p_b^*}{\partial v_s} < 0$；当 $r_{bs} < r_{sb}$ 时，$\frac{\partial p_s^*}{\partial v_s} < 0$，$\frac{\partial p_b^*}{\partial v_b} > 0$，$\frac{\partial p_s^*}{\partial v_b} < 0$，$\frac{\partial p_b^*}{\partial v_s} > 0$。表明在 $r_{bs} > r_{sb}$ 情况下，对供应商的定价随网络平台对供应商和采购商信息服务价值的增加而提高，而对采购商的定价随网络平台对供应商和采购商信息服务价值的增加而降低；在 $r_{bs} < r_{sb}$ 情况下，平台的定价与 $r_{bs} > r_{sb}$ 的情况下相反。v_b 增加对 p_s^* 有两种相反的效应：一方面，使得 n_b 增加，平台对供应商的价值就越大，导致 p_s^* 提高；另一方面，使 p_s^* 降低增加 n_s，以平衡供应商和采购商的数量，使利润最大化。在 $r_{bs} > r_{sb}$ 时，在专业市场内，采购商的参与比供应商的加入更重要。当更多的信息服务提供给供应商时，由于更多的供应商集聚在平台，而产生间接效应使平台的价值对于采购商来说更高，因此第一种效应显著，p_s^* 提高将使平台利润增加。同理可以解释 v_s 对 p_b^* 的影响。

（二）网络外部性对平台最优定价的影响

1. 正的网络外部性对平台最优定价的影响

在（5.30）和（5.31）式中，分别对 r_{bs}、r_{sb} 和 r_{tb} 求偏导。令 $r_{bs} = r_{sb}$，则可以证明，$\dfrac{\partial p_s^*}{\partial r_{bs}} > 0$，$\dfrac{\partial p_b^*}{\partial r_{sb}} > 0$，$\dfrac{\partial p_s^*}{\partial r_{sb}} < 0$，$\dfrac{\partial p_b^*}{\partial r_{bs}} < 0$。$\dfrac{\partial p_s^*}{\partial r_{bs}} > 0$，$\dfrac{\partial p_b^*}{\partial r_{sb}} > 0$，表明，当采购商网络对供应商的外部性强度与供应商网络对采购商的外部性强度相同时，平台向供应商（采购商）收取的费用随着采购商网络（供应商网络）给供应商（采购商）所带来的外部性强度的增加而提高。这种现象在专业市场电子商务平台中是显而易见的，正的网络外部性强度越大，网络对供应商（采购商）的吸引力越大，因此才可对他们收取更高的费用。$\dfrac{\partial p_s^*}{\partial r_{sb}} < 0$，$\dfrac{\partial p_b^*}{\partial r_{bs}} < 0$ 的经济含义是：供应商网络（采购商网络）对采购商（供应商）带来的外部性越强，对供应商（采购商）的最优定价就越低。r_{sb} 增加对 p_s^* 有两种相反的效应：一方面，r_{sb} 增加有利于吸引采购商的加入，采购商数量越多，电子商务平台对供应商的价值就越大，p_s^* 的值就会越高；另一方面，由于 r_{sb} 的增加提高了 n_s 的重要性，由于 $r_{sb}n_s$ 是平台利润函数的一部分，平台可能会降低 p_s^* 以吸引更多的供应商加入。在 $r_{bs} > r_{sb}$ 时，第二种效应显著，并且当 r_{sb} 增加时，p_s^* 将提高。同理可分析 p_{bs} 对于 p_b^* 的影响。

当 $r_{bs} > r_{sb}$ 时，$\dfrac{\partial p_b^*}{\partial r_{tb}} < 0$，$\dfrac{\partial p_s^*}{\partial r_{tb}} > 0$；当 $r_{bs} < r_{sb}$ 时，$\dfrac{\partial p_b^*}{\partial r_{tb}} > 0$，$\dfrac{\partial p_s^*}{\partial r_{tb}} < 0$。这说明，在 $r_{bs} > r_{sb}$ 的情况下，平台对采购商的最优定价会随着采购商网络给采购商带来的正网络外部性强度的增强而降低，而对供应商的最优定价则随采购商网络给采购商带来的正网络外部性强度的增强而提高；在 $r_{bs} < r_{sb}$ 情况下，平台的定价则与 $r_{bs} > r_{sb}$ 的情况下相反。

2. 负的网络外部性对平台最优定价的影响

在（5.30）和（5.31）式中，对 r_{ss} 求偏导。当 $r_{bs} > r_{sb}$ 时，$\dfrac{\partial p_s^*}{\partial r_{ss}} < 0$，$\dfrac{\partial p_b^*}{\partial r_{ss}} > 0$；当 $r_{bs} < r_{sb}$ 时，$\dfrac{\partial p_s^*}{\partial r_{ss}} > 0$，$\dfrac{\partial p_b^*}{\partial r_{ss}} < 0$。这说明，在 $r_{bs} > r_{sb}$ 情况下，平台对供应商的定价随供应商网络给供应商带来的负网络外部性的增强而降低，而对采购商的定价随供应商网络给供应商带来的负网络外部性的增强而提高；在 $r_{bs} < r_{sb}$ 情况下，平台的定价与 $r_{bs} > r_{sb}$ 的情况下相反。

r_{ss} 的增加对 p_s^* 有两种相反的效应：一方面，供应商网络给供应商带来的负网络外部性越强，则吸引专业市场内供应商加入平台的难度越大，因此应降低对供应商的定价；另一方面，r_{ss} 的增强将导致供应商加入平台的积极性降低，因为供应商加入平台的数量越多，供应商网络给供应商带来的负网络外部性就越明显，因此 p_s^* 反而会提高以减少加入平台的供应商数量。在 $r_{bs} > r_{sb}$ 的情况下，第二种效应显著，因此，p_s^* 会随 r_{ss} 的增加而提高。同理可分析 $r_{bs} < r_{sb}$ 的情况。

（三）转移成本对平台最优定价的影响

在（5.30）和（5.31）式中，分别对 s_s 和 s_b 求偏导。当 $r_{bs} > r_{sb}$ 时，$\dfrac{\partial p_s^*}{\partial s_s} < 0$，$\dfrac{\partial p_b^*}{\partial s_b} > 0$，$\dfrac{\partial p_s^*}{\partial s_b} < 0$，$\dfrac{\partial p_b^*}{\partial s_s} > 0$；当 $r_{bs} < r_{sb}$ 时，$\dfrac{\partial p_s^*}{\partial s_s} > 0$，$\dfrac{\partial p_b^*}{\partial s_b} < 0$，$\dfrac{\partial p_s^*}{\partial s_b} > 0$，$\dfrac{\partial p_b^*}{\partial s_s} < 0$。这表明，在 $r_{bs} > r_{sb}$ 情况下，平台对供应商的最优定价随供应商或采购商转移难度的增加而降低，而对采购商的最优定价随供应商或采购商转移难度的增加而提高；在 $r_{bs} < r_{sb}$ 情况下，平台的定价与 $r_{bs} > r_{sb}$ 的情况相反。

s_s 的增加对 p_s^* 有两种相反的效应：一方面，供应商的转移难度增加时，平台会以降价的方式来吸引供应商的加入；另一方面，供应商转移难度增加通过降低供应商的最优参与数量（n_s^*）以降低供应商网络对采购商的网络效应。所以，当 $r_{bs} < r_{sb}$ 时，第二种效应显著，平台会提高对供应商的定价，降低对采购商的定价，以吸引更多采购商来弥补供应商减少所带来的网络外部性的损失，使利润最大化。

三、结论

电子商务平台介入专业市场可以进一步减少供应商与采购商接触的中间环节和重复流程，以提高效率和降低成本。特别是在转移成本较低的行业范围内，实施电子商务更经济、更高效，而且将专业市场内的中小企业集聚到电子商务平台中，将为联盟中的成员带来新的采购、计划和决策优势。

本研究基于双边网络效应，通过必要的数学推导，着重讨论了电子商务平台介入专业市场的定价模型。电子商务平台在专业市场的发展分为两个阶段：第一个阶段是初级阶段即信息发布阶段，在本阶段，平台为了降低投入的资金和缩短吸引供应商和采购商达到关键数量点的时间,一般会充分发挥电子商务平台的信息优势,甚至与供应商(采购商)签订相应合同或组成战略联盟,来吸引供应商和采购商的加入;第二个阶段是成熟阶段亦即电子商务与专业市场相互融合的阶段,融合的程度取决于信息服务的水平、网络外部性和转移成本三种主要因素,它们对平台最优定价的影响主要取决于供应商网络对采购商的外部性与采购商网络对供应商的外部性之间双边网络效应的比较。平台可以通过改变服务的种类和质量,调整网络外部性的强度;控制平台中供应商之间的竞争状况,以改变平台的网络规模,使利润最大化。

本研究建立的定价模型可以为电子商务平台介入专业市场的定价决策提供有益的指导。以后的研究可以在以下几个方面对专业市场与电子商务的互动关系作出推进:(1)信息服务成本是一种复合性的成本,有必要对不同类型的行业加以具体分析;(2)专业市场作为一种共享式交易平台具有网络效应[1],对此应与电子商务平台的网络效应进行对比分析;(3)供应商和采购商从专业市场分销渠道转移到电子商务平台的成本与每个专业市场的性质有关,有必要对完全依赖专业市场的供应商和采购商、专业市场和电子商务双渠道的供应商和采购商及完全的电子商务的供应商和采购商之间进一步开展博弈分析。

第四节 中国专业市场的战略地位与模式重构

专业市场是我国改革开放以来最早孕育出市场力量的地方,极大地促进了我国的市场化、工业化、城市化、国际化等进程,对我国的国民经济流程进行了重新塑造,是一次综合性的制度创新[2]。新时期、新阶段、新形势下,尤其是随着电子商务、会展经济等新兴经济形态以及直销、连锁等现代营销方式的迅猛发展,产品供应链不断缩短、流通渠道日益多样化,专业市场的可持续发展面临诸多挑战。如何重构专业市场运行模式、功能体系、形态结构等,提升其上下游产业和渠道整合力,实现转型升级、"二次创业",更好地服务于国民经济社会发展,是一项亟需研究的课题。

---

① 陆立军、王祖强、杨志文:《义乌模式》,人民出版社 2008 年版。
② 陆立军、王祖强:《专业市场:地方型市场的演进》,上海人民出版社 2009 年版。

一、专业市场是具有重要战略地位的产业组织创新

改革开放以来,我国专业市场的发展打破了传统计划经济体制的束缚,其所产生的规模经济效应极大地降低了社会流通成本,带动了社会就业和群众的自主创业活动,促进了城乡区域之间的有效联动,提升和扩展了我国在国际贸易中的影响力与话语权。可以说,专业市场是我国改革开放过程中一项具有重要战略地位的产业组织创新。其主要功能不再仅仅是交易而已,也不只是一个平台,而是具有极强上下游关联和带动效应的商贸流通产业组织。

(一)专业市场开启了我国市场化改革的道路

新中国建立至改革开放前的传统商品流通体制是 20 世纪 50 年代在社会主义改造和工业化过程中逐步建立起来的。1949—1956 年,随着统一的宏观计划管理系统的建立、财政经济管理工作的统一,计划机制开始具体调节生产和流通环节,国民经济的主体和主要运行环节被纳入了计划轨道[①]。20 世纪 50—70 年代末,我国的商品流通基本上是在单一封闭的系统内运行的,流通渠道中的控制权完全是非市场化配置的,所有的物资和消费品都由国家按照统一的计划实行收购、调拨和销售;商品严格按照一、二、三级批发流通体系实行单渠道的流通;以国营和合作商业为代表的公有制商业成为商品流通领域的唯一主体,商品的市场价格也受到计划的严密控制。

20 世纪 70 年代末 80 年代初,随着全国第一个农村专业市场——温州永嘉桥头纽扣市场的诞生,专业市场开始逐步冲破计划经济下传统流通体制的束缚,原有的国有商业系统的封闭运行体制和价格形成机制一步步瓦解,市场元素渐渐融入商品交易过程中,从而开启并极大地推动了我国市场化改革的进程。我国专业市场自其诞生之初,便以一种开放型、低成本、大规模的共享式交易平台和销售网络形式而存在,专业化交易产生的规模经济效应极大地节约了中小企业和经销商的交易成本,形成了具有强大竞争力的批发价格,从而吸引和集聚了规模庞大的经销商、采购商、贸易商队伍,市场竞争趋于充分,市场理念得以宣扬,市场规则得以执行,市场规律得以发挥,中国的市场化进程也因此而大步迈进。

---

① 赵凌云:《1949—1956 年间中国经济体制中市场因素消亡过程的历史考察与启示》,《中国经济史研究》1994 年第 2 期。

（二）专业市场极大地带动了就业创业、富民强国

伴随着改革开放而诞生的专业市场对我国经济社会发展发挥了全方位的积极影响，曾有人将其概括为"建一个市场、带一片产业、兴一座城镇、活一地经济、富一方百姓"。专业市场的发展为市场所在地及周边地区带来了大量的人流、商流、物流、信息流、资金流等，带动了交通、金融、餐饮、住宿、通讯、广告、咨询、租赁、保险、商务办公等服务业的发展，创造了大量的生产和消费需求，是我国经济发展实现由消费、出口、投资三者协调拉动的重要动力。

至 2011 年年底，我国专业市场总数达 3 万多家，年成交总额 6 万多亿元，贡献税收 3000 多亿元，对扩大就业、保障社会稳定发挥了十分重要的基础性作用。以义乌小商品市场为例，直接从业人员 20 多万，同时联系着全国 20 多万家中小企业，带动 1000 多万产业工人就业；为全国各地 350 多万农村剩余劳动力提供来料加工业务，年支付加工费 65 亿元，有效解决了农村留守妇女和有劳动能力老人的生产、生活问题，促进了社会整体的和谐稳定，以及区域、城乡的联动发展。在浙江、江苏、广东、山东等省（区、市），专业市场吸纳了约 30％的社会就业，创造了约 20％的第三产业增加值，贡献了约 10％的地区生产总值。它所提供的销售平台和网络极大地促进了我国中小企业的发展，培育了无数创业主体；普通百姓在参与市场交易的过程中，商业意识和经商技能得到提高，带动了全社会创业；专业市场所带来的大部分商业利润为广大经营户所获得，成为富民的重要渠道。

（三）专业市场显著提升了我国的国际影响力

专业市场的规模经济效应、范围经济效应和集聚辐射效应，促进了产销的专业化分工和专业市场与遍布全球的产业集群之间的联动，极大地降低了广大中小企业以信息搜索为主的交易费用，其突出表现就是从专业市场采购的商品价格甚至低于直接从厂家采购的价格，从而使我国广大中小企业在开展国际贸易中获得累积循环的内生比较优势。由于专业市场集聚了大量同类但档次、规格、款式、品牌、产地等不同的商品，成为渠道最直接、产品最集中、种类最丰富、价格最公道的国际采购平台，为经营户及关联企业开展国际贸易、开拓国际市场搭建了一座桥梁，使更多的我国商品便捷地进入国际主流市场和跨国公司内部的分销网络，相应产业链从国内延伸至区域性乃至全球性分销体系之中。近年来，越来越多的国际采购商在国内的

大型专业市场建立采购基地,如联合国难民署在义乌中国小商品城市场设立了采购信息中心,沃尔玛、家乐福、麦德隆、欧尚等 20 多家跨国零售集团常年在此采购商品。

目前,我国许多专业市场的发展已具有世界意义,如全球最大的小商品市场——义乌中国小商品城(常驻外商 1.3 万人)、全球最大的纺织品市场——绍兴中国轻纺城(常驻外商 5000 多人)、全球最大的服装服饰交易市场——江苏常熟服装城(常驻外商 1000 多人)、全球最大的家具批发市场——广东佛山顺德乐从国际家具市场群(常驻外商 500 多人)等,它们为全球的生产企业、采购商、贸易商等提供了一个低成本的贸易网络和服务平台,以及连通全球的金融、通讯、物流、配送等服务,构建起一个开放的国际性共享型商务、政务交流平台。与此同时,一批大型专业市场还形成了 20 多个具有中国特色的市场指数,如"中国·义乌小商品指数"、"中国·柯桥纺织指数"、余姚"中国·塑料价格指数"、深圳华强北"中国·电子市场价格指数"、吴江"中国·盛泽丝绸化纤指数"等,这些指数已成为全球相关商品贸易的风向标和晴雨表,显著提升了我国在相关产品国际贸易领域的影响力、话语权和美誉度。

二、我国专业市场模式重构的路线图

目前,我国的专业市场已进入分化、整合、转型提升阶段,一批全国知名的大中型专业市场以创新功能、提升品质、培育品牌、推进国际化等为手段,努力实现粗放型扩张向集约型发展的转变。与此同时,一些小型专业市场的发展则面临诸多问题,如:规模偏小,档次较低,经营者素质总体不高;建筑破旧,配套设施不全,尤其是物流基础薄弱,辐射范围日趋缩小;创办者、管理者经营理念落后,品牌意识不强,难以适应现代商业模式、交易手段、服务内容创新的要求,面对新商业模式的挑战缺乏危机感。因此,笔者预计,未来十年我国专业市场的发展将经历一次重要的"洗牌"过程:一些交易模式和手段落后、改造升级缓慢的市场在分化、整合过程中将有可能日渐衰落甚至消亡,或者被其他市场兼并、吸纳,全国专业市场总数将可能逐步减少;而主动借助电子商务、现代物流、博览展会等提升自身功能和服务水平的专业市场,将有可能在规模、品牌、集聚辐射能力和范围等多个层面实现升级,逐步从区域性市场拓展为全国性乃至全球性市场。

（一）专业市场模式重构的总体设想

在新时期、新阶段、新形势下，专业市场的改造提升、转型升级必须顺应现代经济发展的新趋势：一是"投资型经济"向"消费型经济"转变，专业市场的定位和经营必须以及时满足消费者的个性化需求为重要目标，努力缩短供应链，打造短流程终端；二是"工业型经济"向"城市型经济"转变，专业市场的形态和功能需要与楼宇总部、研发设计、创意产业、文化产业、购物旅游等为代表的现代城市经济相对接，实现从工业原材料和产成品等的流通渠道向城市经济综合体的转变；三是"专业化分工"向"主题化分工"转变，在一部分专业市场继续推进所经营商品种类细分、差别化错位竞争的同时，一些大中型专业市场将更加注重按主题功能进行分类，发展网贸型、展贸型、创新型、物流型等主题市场；四是"集群式竞争"向"链群式竞合"转变，专业市场不能只注重自身的外延式扩张和品质提升，还必须更加关注上下游供应链、价值链的协同关系，提高对各环节资源要素和各类市场主体的整合、调动、支配能力，实现"群式"的平面竞争向"链式"的垂直竞合转变。

可见，当前推进专业市场模式重构、实现转型提升，已不是过去那种由"露天市场"到"草帽市场"再到"室内市场"，经营规模阶段性成倍扩张的阶梯式跃进过程，而是一个常态、连续推进的过程，必须与时俱进、不断革新；已不仅仅是自身硬件、软件的改造提升，更重要的是与现代商业模式的创新相结合，通过专业化运营、企业化运作、标准化管理、连锁化经营，突破量的粗放型扩张，实现质的根本性飞跃。要通过重构专业市场的商流、物流、信息流、资金流等，促进市场形态多元化，重点方向是从平面式市场向立体式市场尤其是楼宇式、超大型购物中心式转变；推进交易流程电子化、自动化、智能化，重点方向是从现场、现货、现金的"三现"交易向洽谈签约电子化、支付方式电子化、物流配送电子化等转变；实现服务功能复合化，重点方向是市场功能从商品交易、货物集散为主向商品展销、信息集散、价格形成、产品创新、技术交流、标准制订、规则输出、行业自律等复合型转变。

总之，对于我国区位优势明显、定位清晰合理、发展基础坚实、配套服务完善、资本实力雄厚的大型专业市场而言，当前是全力推进市场"二次创业"、再次腾飞的关键时期，其模式重构的路径可以按如下方式推进：依托现代物流配送体系和全球产业集群支撑，实施品牌化和国际化两大战略，推动与电子商务、博览会展等新型交易方式和平台有机结合、相融发展，重构市场功能体系、交易模式、形态结构，打造现代新型商贸流通网络。（参见图 5-5。）

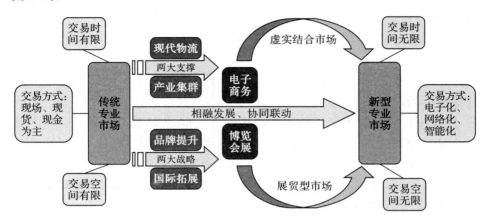

图 5-5　我国专业市场模式重构路线图

（二）专业市场模式重构的战略重点

1. 推进专业市场与电子商务融合发展

随着信息技术的发展和因特网的普及，尤其是电子商务的出现，专业市场面临更加开放的信息流和商流。电子商务作为一种新兴的交易方式，其虚拟化、网络化的特点可以消除对场地的依赖，省却大量的场地投资，并能突破时间的限制；其信息传递可以瞬间实现，借助现代搜索引擎技术，能够使参与交易各方在极短的时间内寻找到所需信息，且可智能化分类显示，提供个性化精准服务，其信息发布、宣传成本也远远低于传统广告方式；借助电子化签约、结算等，可以极大地扩大交易规模，避免现金交易的安全问题。因此，我国专业市场模式重构的一条有效途径是实现与电子商务的融合发展，打造虚实结合的新型专业市场。

需要明确的是，推进专业市场与电子商务融合发展的出发点不应是"买卖商品"或"增加交易额"，也不是由于电子商务对有形市场形成了挑战和威胁，而是相关市场主体对此提出了强烈需求，为了更好地满足供应商、采购商、经销商等不断升级的商务服务需求。因此，我国专业市场与电子商务的融合发展应致力于为相关市场主体搭建一个更开放、更便捷、更公平、更高效、更低廉的交易平台，并提供更全面、更细致、更深层的服务，从而增强自身的渠道生命力和竞争力。由于专业市场大都以批发业务为主，单次交易涉及的商品数量和金额较大,往往要经历"洽谈下单—支付定金—企业生产—组货配送—货款结算"这样五个环节。因此,在专业市场模式重构过程中,必须构建一套完善的动态信用评价体系,对买卖双方线上、线下的交易信用情况进行跟踪记录,以突破传统有形市场信息不对称导致的低成本信用冒险行为。

值得注意的是,在推进我国专业市场与电子商务融合发展、打造虚实结合新型市场的过程中,既要大力开展专业市场的信息化、网络化、现代化改造,扶持一批与专业市场紧密相关的集信息发布、价格指导、网上交易、资源统一配置和其他支撑辅助功能于一体的电子商务平台的发展,更要注重培育和凝练自身的核心竞争力。回顾电子商务的发展历程,其初期主要是满足信息流需求,之后是借助第三方支付平台解决资金流难题,当前则面临商品流急速扩张所带来的仓储物流瓶颈问题,而下一步的竞争焦点,将集中于以公共服务和售后服务为代表的服务流上。高效的信息流、资金流、商品流往往通过市场化运作在企业层面就能实现,属于硬竞争力或表层竞争力;而服务流尤其是公共服务,则需要政府职能改革的全方位配套才能实现,属于软竞争力或深层竞争力。因此,大型专业市场在模式重构过程中应努力引入和建立统一完善的电子政务系统,将工商、税务、质监、科技、商务、海关、商检等部门的相关职能纳入其中,实现电子政务与电子商务的全方位、全流程无缝对接,为市场的功能形态升级和国际化拓展提供服务流保障。

2. 推进专业市场与现代物流协同发展

物流是现代经济有效运行的重要基础和支撑,现代物流的发展使得专业市场能够实现系统化、自动化、一体化、网络化的物流配送服务,大大缩短流通时间,减少库存量和流通费用,成为专业市场转型升级的重要驱动力。我国传统专业市场在发展过程中一般都建立了自己的物流系统,拥有众多托运机构,在发展现代物流上具有先天优势。然而,传统专业市场所采取的物流模式是一种粗放型经营格局,各类托运企业、配送公司、仓储单位等层次低、规模小,各自为战,物流过程缺乏统一调配,物流成本较高,且竞争无序、物流服务水平较低。近年来,一些大中型专业市场在构建现代新型物流体系方面进行了不懈的探索,积极尝试物流配送中心模式、综合物流代理模式等,但总体而言还停留在对现有分散、低效率的小配送体系的整合上,缺乏全社会、系统性、一体化物流的理念。

在推进我国专业市场物流模式重构的过程中,不仅要关注与之相伴而生的联托运机构、配套物流设施,也不仅要培育更多社会化的第三方物流企业,还必须大力发展具备供应链管理、运输一体化和供应链再造功能的第四方物流。① 要大力推进专业市场与现代物流的协同发展,可由大型专业市场所在地政府组织各方力量,组建专业化的经营公司或运行平台,将涉及物流各个环节的运输企业、快递公司、技术服务企业、咨询管理企业及货运场站、仓储中心、物流中心、物流信息平台等进行资源整合、供应链再造,重新构建物流各环节各类主体的协同合作关系,打造一套最适合专业市场买卖双方需求,集成一体化、流程无缝化、物流标准化、管理信息化的供应链系统。(参见图 5-6。)

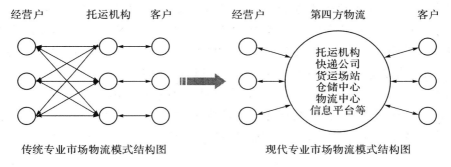

图 5-6　专业市场物流模式重构图

3. 推进专业市场与产业集群联动发展

专业市场作为一种专业化的交易组织形态,其主要的服务对象和参与主体是专业化的交易商,并以批发业务为主,兼营零售,这是专业市场区别于商场、超市、购物中心等零售业态商业模式的重要方面。也正因如此,相较于其他商业形态,专业市场与相关产业集群的联系更为紧密,市场里的许多商户采取的是"前店后厂"的经营模式。在推进我国专业市场模式重构的过程中,应充分重视和引导专业市场与关联产业集群形成更为紧密的联动发展机制,从而充分发挥市场的需求集聚效应和作为产业集群企业的原材料、产品交易中心、物流配送中心、信息集散中心、品牌展示中心的作用,带动关联产业集群规模化成长和产业链延伸,深层次地对接和嵌入国际价值链条;借助产业集群的供给积聚效应所带来的多品种、低价格的商品优势,为专业市场转型升级提供坚实的产业支撑,促进市场交易规模不断扩大、交

---

① 第四方物流概念最早是由美国安德森(Anderson)咨询公司(1998)提出,本质上它是一个供应链集成商,利用市场原有的系统基础设施、公共信息平台、管理服务能力来集成和整合整个供应链,为货代企业、第三方物流企业等提供综合性的供应链解决方案。

易效率日益提高。

应进一步强化专业市场的信息集散功能,在市场内建立制度化、智能化、自动化的信息收集、筛选、整理、发布平台,建立专门面向关联产业集群的信息发布和回馈渠道,从而使与市场紧密联动的企业能在第一时间充分掌握市场供求和价格信息,消除信息不对称所导致的市场劣势。充分利用市场集聚需求的作用,通过定期、不定期举办系列展销会、采购会、团购会等活动,促进供需双方的有效对接。充分挖掘、利用专业市场发展过程中所构建起来的商脉网络,将其丰富的客户资源、先进的基础设施与会展业发展相结合,在短时间内集聚大量的人气、商气,尤其是吸引、聚集众多国内甚至国际品牌厂家,从而为关联产业集群的企业提供更多商机和更好的品牌展示平台。鼓励和扶持国内外相关产业集群的企业在关联专业市场内设立展销点,积极参加市场举办的各类展销活动,以及品牌推广和商务推介活动,共同提高市场的影响力和辐射力。大力支持大型专业市场在国内外开设分市场或设立配送点,依托关联产业集群的强大供给能力和低价格商品优势,推进多层次配送体系建设,打造区域性、全国性乃至全球性市场营销网络。

第六章

新型城镇化与发展方式转变

第一节　产业集群与新型城镇化共同演化与实践路径

　　中国经济增长的动力已经由原先的工业化单引擎向工业化与城市化的双引擎转变[1]，而产业集群与城市化的互动发展也成为中国区域经济发展过程中一个十分显著的经济现象。尽管二者有效互动对于区域经济发展的重要性已达成共识，但是二者怎样互动、如何演化有待深入研究。早期，多数研究都关注到了产业集群与城市化两者其一在发展过程中对另一者的重要作用。这主要归因于各领域对产业、城市二者研究的侧重点不同，而产业集群与城市化形成的共同基础是 MAR 外部性理论[2]。其中，Krugman[3] 借鉴 MAR 外部性理论，确认了产业专属技能的劳动力市场、非贸易的特定投入品、信息溢出改进生产函数等所形成的特定产业地方化是专业化城市产生的根本原因。而 Mills 和 Hamilton 将 MAR 外部性理论运用到城市形成理论中，构建了米尔斯—汉密尔顿（Mills-Hamilton）城市形成模型，认为城市化的主要动力是产业的区位选择和集聚过程[4]。Duranton 和 Puga 则提出"技术池"观点，认为城市化形成的专业化（交易成本和劳动力成本更低）、

　　①　经济增长前沿课题组:《经济增长、结构调整的累积效应与资本形成——当前经济增长态势分析》,《经济研究》2003 年第 8 期。

　　②　P. M. Romer. Increasing Return and Long-run Growth. *Journal of Political Economy*,1986, 94(5):1002-1037.

　　③　P. Krugman. Increasing Returns and Economic Geography. *Journal of Political Economy*, 1991a,99(3):483-499.

　　④　E. S. Mills,B. W. Hamilton. *Urban Economics*. Harper Collins College Publishers,1994.

多样化(金融、科研、公共服务等)可以为企业提供更多的技术选择机会来改造生产流程[①]，进而影响企业的规模生产、技术匹配、资本外溢和区位选择。而 Henderson 用城市内部结构理论和 MAR 外部性理论解释了城市中的产业集聚现象，并从城市贸易的角度研究发现，城市的专业化、多样化更加有助于生产标准化产品并出口到其他地区(城市)[②]。

随后，一些学者开始在新经济地理学、区域经济学、新古典经济学等主流经济学的分析框架下，从多个角度对产业集群与城市化的互动关系进行了初步探索。Fujita 等对中心—外围模型进行了扩展，以此来解释产业扩散现象和城市形成及新城市产生的条件，并阐述了城市体系的形成过程[③]。Duranton 和 Puga 则提出"城市功能专业化"(Functional Urban Specialization)概念来描述区域分工形式，并构建了城市功能专业化指数，不仅可以测度城市的分工水平，还能反映企业组织形式和产业空间结构的双重变化[④]。而我国学者则主要是从中观和宏观两个层面对产业集群与城市化(城市群)的互动关系进行了相关的理论和实证研究。多数学者认为，产业集聚效应与城市化之间存在不断演进的自增强机制[⑤]，因而加速我国城市化进程，需要同时发挥城市集聚经济、产业集群和城市群的多重作用[⑥]。葛立成则从空间关联性的角度，重点分析了浙江省产业集聚的指向、类型和城市化的推进方式、扩张形式之间的关联性，并指出产业集聚既推动了城市化阶段的更替，也影响了城市化的地域模式[⑦]。而徐维祥和唐根年

① G. Duranton, D. Puga. Nursery Cities: Urban Diversity, Process Innovation, and the Life Cycle of Products. *The American Economic Review*, 2001, 91(5): 1454-1477. M. Berliant, H. Konishi. The Endogenous Formation of a City: Population Agglomeration and Marketplaces in a Location-specific Production Economy. *Regional Science and Urban Economics*, 2000, 30(3): 289-324.

② J. V. Henderson. The Size and Types of Cities. *American Economic Review*, 1974, 64(4): 640-656. J. V. Henderson. Externalities and Industrial Development. *Journal of Urban Economics*, 1997, 42(3): 449-470. 李金滟、宋德勇：《专业化、多样化与城市集聚经济——基于中国地级单位面板数据的实证研究》，《管理世界》2008 年第 2 期。

③ M. Fujita, P. Krugman, A. Venables. *The Spatial Economy: Cities, Regions and International Trade*. The MIT Press, 1999.

④ G. Duranton, D. Puga. From Sectoral to Functional Urban Specialization. *Journal of Urban Economics*, 2005, 57(2): 343-370.

⑤ 李清娟：《产业发展与城市化》，复旦大学出版社 2003 年版。乔彬、李国平：《城市群形成的产业机理》，《经济管理·新管理》2006 年第 22 期。

⑥ 苏雪串：《城市化进程中的要素集聚、产业集群和城市群发展》，《中央财经大学学报》2004 年第 1 期。

⑦ 葛立成：《产业集聚与城市化的地域模式——以浙江省为例》，《中国工业经济》2004 年第 1 期。

总结提出了以专业市场为对接平台、外商直接投资和基于开发区建设的产业集群与城市化互动的三种模式[①]。陆根尧、陈雁云和秦川等则通过选取典型的产业集群和城市(城市群),对产业集群与城市化的互动关系进行了实证研究,结果显示加强二者间的互动关系对区域经济发展有显著的正效应[②]。综上所述,国外研究大多停留在理论建模方面,实证研究并不多见,而国内还以定性的经验分析为主,非常缺乏二者互动关系的结构分析。更重要的是,现有文献对产业集群与城市化互动机理的初步研究,大都是基于主流经济学的研究范式,往往忽视了二者互动形成和发展的动态的、历史的演化过程[③],又未进行不同时期、不同环境和不同发展条件下二者复杂关系的比较分析,具有一定的实践局限性。

自 20 世纪 80 年代以来,演化经济学的迅速发展对主流经济学的研究范式提出了严峻挑战[④],主流经济学中的"静态"、"均衡"、"最优化"、"同质性"等理论因远离现实而受到越来越多的质疑[⑤],经济学分析呈现出从"均衡范式"向"演化范式"不断发展的趋势[⑥]。此外,演化经济学更加强调个体与个体、系统与系统以及个体与系统等不同主体、不同层级之间的相互影响

[①]　徐维祥、唐根年:《产业集群与城镇化互动发展模式研究》,《商业经济与管理》2005 年第 7 期。陈雁云、秦川:《产业集聚与经济增长互动:解析 14 个城市群》,《改革》2012 年第 10 期。

[②]　陆根尧、符翔云、朱省娥:《基于典型相关分析的产业集群与城市化互动发展研究:以浙江省为例》,《中国软科学》2011 年第 12 期。

[③]　与波特学派提出的"产业集群"概念相比,克鲁格曼引领的新经济地理学派更愿意使用"产业集聚"的概念。从字面上理解,好像产业集群是产业发展的一种静态结果,而产业集聚则更关注产业发展的动态过程。但实际上,新经济地理学派虽然已经注意到了产业动态演化的重要性,但是研究方法还是以比较静态分析为主,并没有更多地解释产业之间的动态关联性和历史演化过程。

[④]　R. R. Nelson, S. Winter. *An Evolutionary Theory of Economic Change*. Cambridge, MA and London: The Belknap Press, 1982.

[⑤]　主流经济的范式危机源于其机械论和简单论的方法基础,以静态比较方法为主,忽视了有限理性(Bounded Rationality)、多样性(Variety)、行为连续性(Behavioral Continuity)、路径依赖(Limited Path Dependence)等组织行为对经济绩效的影响,离现实越来越远。尤其是随着耗散结构理论、量子力学理论、混沌理论、综合进化论、演化博弈论等自然科学理论的兴起和发展,更加突显了隐含在主流经济学中的范式危机,如耗散结构理论否定了主流经济学理论中隐含的经济过程可逆和线性系统的假设,认为均衡是可变的(非稳定性),并且经济系统可以自行产生自主性和相干性等自组织现象;混沌理论发现了机械决定论的弊端,认为经济系统的不确定性因素可能会被放大甚至可以影响整个经济发展方向,是不可以忽略的;综合进化论的"生物学隐喻"为演化经济学的发展提供了更多可以使用的语言和理论灵感,如个体群方法(A Population Approach);演化博弈论强调参与人的有限理性行为等。

[⑥]　R. R. Nelson, S. G. Winter. Evolution Theorizing in Economics. *The Journal of Economic Perspectives*, 2002, 16(2):23-46. 贾根良:《理解演化经济学》,《中国社会科学》2004 年第 2 期。

机制,从而形成了众多的演化模型与分析工具[1]。集群和城市本身就是两个复杂性适应系统,涉及微观(生产商或服务商)、中观(产业或区域)、宏观(环境)等多个领域,并且各个领域之间交叉、互动,二者之间的演化是动态的、阶段的,这些都迫切要求理论研究范式及视角从"静态均衡"转向"动态演化"而走向真实[2]。基于上述理论和实践背景,本研究构建了产业集群与城市化共同演化的理论框架和模型,并结合绍兴县纺织产业集群与柯桥新城互动的历史演进过程深入揭示产业集群与城市化动态演化的机制与过程,提炼产业集群与城市化动态演化的阶段性特征及阶段间转化条件,从而为学术界关于产业集群与城市化的互动研究提供理论补充。

一、理论分析:产业集群与城市化共同演化的结构与过程

集群与城市分属于两个具有不同的行为特征和网络结构,又相互影响、相互适应的动态复杂性系统。在二者互动的过程中,任一要素的结构性变化,任一环境的适应性调整,都会改变其他要素、系统、环境的演化路径与功能,而这一动态变化又会通过正负反馈机制形成"因果累积效应"来影响整个系统的演化方向,从而形成一种多层次、多阶段、互动型、共演型的逻辑结构和演化过程。

(一)共同演化的结构与内容

根据各类主体互动的对象和范围,我们将产业集群与城市化互动的结构分为微观、中观和宏观三个层次,包括异质性个体(个人、企业组织等)之间互动的微观主体、微观个体与其外部环境构成的中观主体以及集群与城市两大系统生发的宏观主体。由此,产业集群与城市化之间就形成了一个包括微观、中观、宏观多层级互动的共同演化结构,其主要包括生产要素、产

① R. Nelson. The Co-evolution of Technology, Industrial Structure, and Supporting Institution. *Industrial and Corporate Change*, 1994, 3(1):47-63. M. Luigi, W. Marc. Evolutionary Economics Alternative Methodologies for Modeling Evolutionary Dynamics: Introduction. *Journal of Evolutionary Economics*, 1997, 7(4):331-338. 黄凯南:《演化博弈与演化经济学》,《经济研究》2009 年第 2 期。

② R. A. Boschma, J. G. Lambooy. Evolutionary Economics and Economic Geography. *Journal of Evolutionary Economics*, 1999, 9(4):411-429. R. A. Boschma, K. Frenken. Why Is Economic Geography Not an Evolutionary Science? Towards an Evolutionary Economic Geography. *Journal of Economic Geography*, 2006, 6(3):273-302.

业结构、空间布局及制度环境等四个方面的耦合内容[①]，见图 6-1。

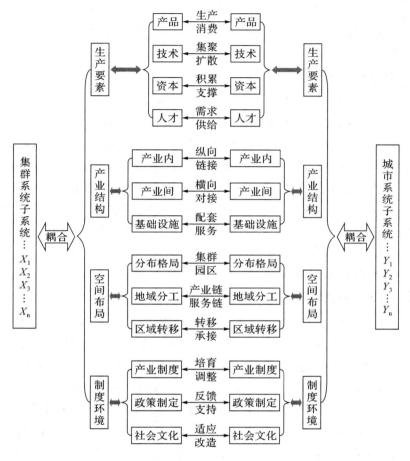

图 6-1　产业集群与城市化共同演化的结构与内容

1. 生产要素的耦合

主要包括产品、技术、资本、人才四个方面的耦合。产品上的耦合表现为集群微观个体（生产商）生产能力与城市微观个体（服务商）服务能力之间的良性互动与对接。技术上的耦合比较多地表现为城市子系统的技术研发优势向集群子系统的扩散和渗透过程。资本上的耦合不仅表现为集群发展为城市化推进积累资本，还表现为城市化对于集群优化升级提供的资本支

[①]　耦合是物理学的一个基本概念，主要是指两个或两个以上系统之间的良性互动、相互依赖、互相适应、相互促进的动态关联关系，这一概念同样适用于分析产业集群与城市化之间的互动关系。

撑（如城市系统严密的金融体系和发达的资本市场）。人才上的耦合主要表现为集群人才需求效应与城市人才供给效应的耦合（如人才交流信息平台）。两大系统在生产要素中频繁互动而产生"累积因果效应"，最终推动了区域经济的发展。

2. 产业结构的耦合

主要包括产业内的纵向承接、产业外的横向对接和基础设施的配套服务。纵向承接的耦合是指集群与城市两个系统在产业链基础上上、下游产业承接的耦合关系，如城市系统技术环节与集群系统生产环节的耦合可以推动整个产业链的优化与升级。横向对接的耦合主要表现为集群制造业与城市生产性服务业之间的相互作用、相互依赖、共同发展的互动关系[1]，如生产性服务业通过提供专业化服务，有利于制造业降低成本，提高效率[2]，而制造业的发展、分工深化可以创造出更多的生产性服务需求。基础设施的配套耦合更多地表现为城市系统基础设施的公共物品属性（非排他性和非竞争性），降低了集群企业的交易成本和生产成本。

3. 空间布局的耦合

一是分布格局的耦合。在产业集群形成初期，主要依赖于人才、技术、资源等要素，所以集群产生于大量相关企业在要素相对密集的特定区域的集聚，而这些要素的集中，往往是城市化推进的结果。二是地域分工的耦合。不同的资源禀赋和区域优势形成了产业的地域式分化，也推动了城市系统生活区和生产区的分离，最终导致集群系统注重产业链的延伸、再造和升级，而城市系统则侧重服务链的扩充和价值链的增值。三是区域转移的耦合。劳动密集型的产业集群（如纺织、服装、制鞋、玩具、小商品等）最终都会从劳动力成本偏高的大城市或东部沿海地区向中小城市或中西部地区转移，而资本密集型和技术密集型的产业环节往往会集聚在大城市或东部沿海地区。如此，集群系统与城市系统就会在相关产业的区域转移中形成彼此的耦合关系。

---

　　[1]　P. Guerrieri，V. Meliciani. Technology and International Competitiveness：The Interdependence Between Manufacturing and Producer Services. *Structural Change and Economic Dynamics*，2005，16（4）：489-502.

　　[2]　J. Markusen. Trade in Producer Services and in Other Specialized Intermediate Inputs. *American Economic Review*，1989，79（1）：85-95.

4. 制度环境的耦合

产业集群作为一种企业关联网络,其形成与发展都会根植于当地的制度环境之中,包括产业制度、政策环境、社会文化等。城市系统是制度环境的主要创造者和承载者,而良好的制度环境是产业集群发展的关键。城市系统具有开放性环境,可以为集群发展提供公平、公正的竞争制度和法律保障,保证了经济主体间的交往与合作,降低了企业的交易成本和合作成本。当产业集群根据制度环境的变化做出适应性调整时,这种调整又会推动城市系统制度环境的不断演化。另外,制度环境的耦合还会对高端要素(如高端人才、先进技术等)产生巨大的吸引力和凝聚力,从而推动整个系统的优化升级。

(二)共同演化的动力机制

产业集群与城市化的共同演化发生在社会经济系统的各个层面(如个体、企业、产业、国家、环境等),其动力机制来自于各个层级之间的相互嵌套和互为因果,具有自组织理论特征。而达尔文主义的"变异、选择和遗传"作为经济系统演化的一般分析结构[①],可以转化为"创新、选择和扩散",我们也以此作为产业集群与城市化共同演化的动力机制,且这三种机制之间存在互动的内生关系。

1. 创新机制

创新机制是多样性的生成机制,是社会经济演化的原动力。Nelson 和 Winter 将创新视为一种搜寻新技术的组织学习惯例,并将创新分为基于科学的体系(science-based regime)和累积技术体系(cumulative technology)两种。随后,许多学者也将创新主体从企业组织转变为更大的涉及各种要素互动的复杂系统,如 Freeman 和 Soete 认为创新系统是技术可能性和市场机会相互匹配以及各种要素和关系在生产、使用和扩散新知识过程中的互动体系[②]。在产业集群与城市化互动的初期,由于市场环境和创新过程的高度不确定性,集群系统与城市系统的各个主体只能根据自身实力作出非需求导向的创新,这种创新具有明显的试探性特征。随着集群系统和城市系统互动程度的加深,尤其是两个系统中领导型的企业或市场主体,为了

---

① G. M. Hodgson, T. Knudsen. In Search of General Evolutionary Principles: Why Darwinism Is Too Important to Be Left to the Biologists. *Journal of Bioeconomics*, 2008, 10(1): 51-69.

② C. Freeman, L. Soete. *The Economic of Industrial Innovation*. London: MIT Press, 1997.

能够在其他行动者完成模仿之前获取创新利润,它们会迅速行动进行创新技术与市场机会的匹配。这时两个系统的微观主体都会将创新视为重要的竞争战略,并推动产业集群与城市化的互动发展,而这种高频率的互动又会进一步促进创新在更大范围内得到组织和实施。在互动的后期,内嵌于各种技术、制度和社会文化结构中的大量抵制创新的惯性将发挥作用,包括各种稳定和保守的生产惯例、消费习惯、社会认知、市场制度、政治体制和文化传统等。在该阶段,创新行为被普遍的模仿行为所排斥,恶性竞争产生的"柠檬市场"降低了产业集群与城市化互动的能级,从而导致同质产品的过度生产和市场饱和。可见,创新机制的生发与互动阶段密切相关。

2. 选择机制

选择机制是多样性的减弱机制,它通过某种标准来选择适应性高的演化单元,淘汰适应性低的演化单元,是社会经济系统判断优劣的能力。选择机制包括市场选择机制、社会选择机制和政治选择机制三种,这也构成了产业集群与城市化互动过程中对产品、技术、人才、网络联结、组织架构、区位、制度等的选择机制。市场机制主要协调集群系统与城市系统中各主体间市场竞争的准则和规则,主要以盈利能力为选择标准[1],如集群生产体系与城市服务体系之间形成的竞争选择环境,对产品、技术、资本和服务进行的市场竞争性选择。社会选择机制是指协调集群与城市中各主体交往的习俗、惯例、意识形态和道德规范等社会文化制度,其选择标准主要是基于特定的道德价值判断而形成的观念性力量[2],如集群企业家往往依靠特定的城市居住、学习、生活,往往与城市系统中各种主体存在密切的交往和接触,从而影响了集群企业家的创新模式、管理理念和市场战略。政治选择机制是由政府主导而形成了各种正式或非正式的制度规范,这种机制在集群和城市的形成、发展、演变过程中作用非常显著,如产业发展规划、城市发展规划的制定、实施。而一旦考虑三种机制在各层级的互动,选择机制就是一种多层级嵌套的复杂系统。

---

① H. Hanusch, A. Pyka. Principles of Neo-Schumpeterian Economics. *Cambridge Journal of Economics*, 2007, 31(2): 275-289.

② J. Henrich. Cultural Group Selection, Co-evolutionary Processes and Large-scale Cooperation. *Journal of Economic Behavior & Organization*, 2004, 53(1): 3-35.

3. 扩散机制

扩散机制描述了创新如何在社会经济系统中被复制和采用的过程[①]。扩散过程是新知识、新技术通过特定的渠道在一段时间内被参与主体知道、接受和采用的过程,本质上是一种多层次的学习机制。扩散机制所具有的路径依赖和报酬递增特征,是集群系统和城市系统之间形成知识外溢效应、正反馈效应和网络效应的主要动力。例如,在产业集群与城市化的互动过程中,城市系统各主体所积累的"创新知识"可以根据外部环境的变化,实现与集群系统间的相互嵌套和多层级互动,将其转化为"企业家认知"并适时地扩散到产业集群中;而集群系统的各个主体(如集群企业家)会对这些"创新知识"进行有目的的整合或编码,并在集群系统交流中不断储存和再编码,最后会通过集群系统各主体与城市系统各主体的互动交流扩散到城市系统。如此,知识外溢效应和正反馈效应会导致整个系统中知识容量的增加和知识类型的转化,最终形成创新网络体系或区域创新体系。

(三)动态演化的过程及阶段

上述理论分析表明,产业集群与城市化互动的动力机制、参与主体、演化路径都与二者互动的模式及阶段密切相关。借鉴 Watts[②]、陆立军和郑小碧[③]的网络结构类型三分法,本研究将产业集群与城市化的互动阶段分为萌芽起步、耦合发展和创新整合三个阶段。另外,基于我国的基本国情[④],我们又将耦合阶段分为产业关联、协同互动和系统网络三个阶段,见图 6-2。由图 6-2 可知,集群系统与城市系统的互动存在较为明显的"波浪式"上升递演关系,这也符合产业集群与城市化互动的复杂适应性特征。例如,图 6-2 中的 A、B 两地虽然城市化程度相同,但可能由于产业类型、产业结构的

---

① 有些学者将扩散机制和选择机制等同或侧重于研究某一方面,如 Schumacher(1934)侧重于扩散机制、Nelson & Winter(1982)侧重于选择机制。而笔者比较赞同黄凯南(2009)的观点,即两者既有区别也有联系:一是被扩散的创新可能不是被选择出来的,而被选择的创新可能不会被扩散,如发达国家对核心技术的限制性输出;二是创新的扩散与选择也是相互作用、交织在一起的,如选择机制的变化会影响微观个体对创新的价值判断,进而影响创新的扩散等。

② D. Watts. Network, Dynamic and the Small-word Phenomenon. *American Journal of Sociology*,1999,105(2):493-527.

③ 陆立军、郑小碧:《基于共同演化的专业市场与产业集群互动机理研究:理论与实证》,《中国软科学》2011 年第 6 期。

④ 工业化与城市化协调发展研究课题组:《工业化与城市化关系的经济学分析》,《中国社会科学》2002 年第 2 期。李强、陈宇琳、刘精明:《中国城镇化"推进模式"研究》,《中国社会科学》2012 年第 7 期。

差异而导致产业集聚度不同。

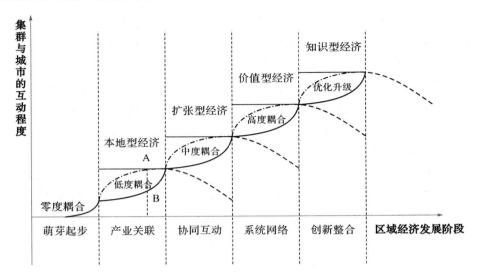

图 6-2　产业集群与城市化共同演化的过程及阶段

　　在产业集群与城市化互动的萌芽起步阶段,由于外部环境的高度不确定性以及相关微观主体才刚刚进入行业或城市,导致微观主体不敢贸然参与市场竞争和合作交流,而是选择有限的、固定的合作伙伴开展合作(如集群企业只能根据临近城市的消费需求进行定量的、配给性的生产加工)。在此阶段,两个系统之间基本处于自我维持阶段,产品的生产、销售基本上可以自给自足;系统之间的微观层级互动占有主导地位,而集群与城市两大系统的互动还远远没有形成,但是这种微观主体的互动促发了二者多局部、小范围的协同演化。由于创新的复杂性和高风险性,两个系统中的微观主体的创新行为也会相当谨慎,它们主要采取非需求导向的试探性创新,如改进产品或服务的质量、品种、款式等。在该阶段,政府选择机制将起到主导作用,政府的发展规划和政策扶持十分重要,而市场竞争程度虽然逐步增加,但未成为主要的选择机制。在利润的诱导下,集群企业开始出现分化、繁衍并进入更加细化的市场领域,而随着城市系统市场需求的释放,两个系统的合作交流开始显现。

　　随着集群与城市相互依存、相互影响关系的增强,二者的互动逐步进入耦合发展阶段。在耦合发展阶段的初期(产业关联阶段),两个系统微观主体的互动对象、互动范围开始扩大,原先依靠老关系合作的形态开始演变为在不同层级、不同范围、不同参与者之间的互动;互动层级也从微观向中观跃迁,本地产业关联程度加深,市场竞争程度增强,市场选择机制的作用开始显现,逐渐形成本地型经济系统。在耦合发展阶段的中期(协同互动阶段),两个系统的微观主体的互动行为逐渐演变成产业关联行为,对环境的影响越来越大,包括产业环境、制度环境、技术环境在内的环境变量与各类主体形成正反馈效应越来越明显;互动层级开始从中观向宏观跃迁,集群子系统与城市子系统的相互依赖、相互促进、协同互动的作用更加明显,集群和城市互动层级开始突破本地约束向外扩张;此时,技术创新与市场机会的匹配增强,在市场选择和政治选择的双向推动下,创新知识在两个系统间的交互频率越来越高。随着系统间互动频率的升高,产业集群与城市化的互动进入耦合发展阶段的后期(系统网络阶段)。在此阶段,两个系统的微观主体、产业结构对环境的适应性逐渐增强,并形成联系密切、交互频繁的网络结构;集群中的龙头企业开始凭借长期的技术创新和知识积累,在系统及周边地区形成一个由自己主导的协作网络,而很多以单个企业为主导的协作网络不断相互交织、相互融合,逐渐形成联结两个系统的区域创新网络体系;同时,龙头企业随着规模的扩张,开始注重提升产品或服务的附加值及实施品牌化运作,以此来逐渐提高在全球价值链上的地位;此外,市场选择机制开始发挥主导作用,而政治选择着重以改善产业集群与城市化的互动环境为己任,政策、制度环境逐渐优化。

当市场进入者大量涌入系统,市场竞争日益激烈,微观主体与产业、环境高频互动时,产业集群与城市化的互动进入创新整合阶段。在此阶段,由于产品、产业、技术的同质化竞争,产业集群与城市化的互动层级开始出现分化。与"规模效应"相比,产业集聚的"拥挤效应"开始在区域范围内发挥主导作用,唯有系统之间进行优化升级才能避免走向衰落[①]。优化升级的关键是能否实现产业集群与城市化互动层级的外延式跃迁,促进两个系统的各个主体在更为广阔的需求、交易、创新空间内互动合作,将二者的互动层级推向具有更高适应性的和更加复杂的国际化阶段。同时,内嵌于技术、制度、环境中抵制创新的惯性导致创新行为被模仿行为所排斥,此时需要加强政治选择机制将创新的外部收益转化为创新者的内部收益,防止两大系统的互动进入"创新停滞陷阱";此外,产业集群的低端制造业环节开始出现区域性转移,保留下来的高附加值、高科技含量的环节在城市空间内重新布

---

① 周圣强、朱卫平:《产业集聚一定能带来经济效率吗:规模效应和拥挤效应》,《产业经济研究》2013 年第 3 期。

局,并与城市系统内的高端服务业尤其是生产型制造业形成良性互动[1];知识性互动成为产业集群与城市化创新整合、优化升级的主导模式。

产业集群与城市化的共同演化是微观个体、中观产业、宏观环境相互影响、相互适应的互动过程,不同主体、不同层级在不同阶段都具有各自不同的角色、地位和功能,阶段的互动是一个互动层级的相互融合和跃迁升级的过程。在经济系统的演化过程中,如果互动层级因外部因素而导致无法实现阶段性的融合和跃迁,集群系统和城市系统的互动就会中断(如图 6-2 中向下倾斜的虚线),这也是我国长期存在工业化与城市化不协调的重要原因。而互动层次能否顺利融合和跃迁,取决于产业集群与城市化互动的创新机制、选择机制和扩散机制能否根据互动阶段的变化做出适应性的调整和改变。

二、产业集群与城市化共同演化的理论模型

本研究借用生物学中描述不同种群共生现象的 Logistic 模型,来分析产业集群与城市化的动态演化过程。为了使模型的结构更加清楚、分析更为方便,我们将集群系统与城市系统之间的互动关系简化为整个系统中生产商(集群微观个体)与服务商(城市微观个体)之间的关系[2],同时认为集群生产商与城市服务商之间并非只是生产与服务的关系(如城市存在大量消费者),而是两个系统微观主体的集中代表。

(一)模型假设

假设 1:$S(t)$、$D(t)$ 分别表示生产量和服务量,这里假定生产商和服务商的生产和服务水平都是时间 t 的函数。在此,时间 t 不仅包含一般时间的概念,还包括信息、技术、分工、专业化、交易成本等影响产出水平和服务水平的全部因素变化。模型中这些因素都简单地被认为是时间的函数,突出了路径依赖、时间不可逆等对系统演化的影响。

假设 2:在特定的时间阶段和空间地域内,各种要素(包括产品、技术、

---

① 陈建军、陈菁菁:《生产性服务业与制造业的协同定位研究——以浙江省 69 个城市和地区为例》,《中国工业经济》2011 年第 6 期。

② 目前,中国的产业集群是以制造产业集群为主,而城市的发展具有服务业集聚的显著特征。制造业的发展如果脱离了服务业的支持,会很快遇到发展瓶颈,在现实中存在的产业结构调整缓慢和升级相对困难的地区大都是脱离大城市或中心城市支撑的传统农村工业区或中小城市地区;然而,现代服务业尤其是生产性服务业也不能脱离制造业而孤立存在。因此,本研究将集群与城市互动的微观主体设为生产商和服务商具有较强的现实意义。

资本、人才、市场规模等）是一定的。因此，生产量和服务量的增长率都会随产出和服务水平的提高而下降并会趋于 0。另外，在自然状态下，生产商的生产量极限和服务商的服务量极限分别为 K_s 和 K_d。

假设 3：在整个系统中，设 α 分别表示为服务商对生产商作用的影响系数，β 为生产商对服务商作用的影响系数。

假设 4：r_s、r_d 分别为生产商和服务商的自然增长率或内禀性增长率，即生产商和服务商在进入系统之前的增长率。

（二）模型构建及共生关系

以整个系统中微观个体演变的 Logistic 模型为基础，可以构建生产商与服务商的共生关系模型表示为：

$$\frac{dS(t)}{dt} = r_s(t)S(t)\left[1 - \frac{S(t)}{K_s} + \alpha D(t)\right] \tag{6.1}$$

$$\frac{dD(t)}{dt} = r_d(t)D(t)\left[1 - \frac{D(t)}{K_d} + \beta S(t)\right] \tag{6.2}$$

（1）当 $\alpha = 0$、$\beta = 0$ 时，生产量和服务量的增长率是相互独立的，不存在共生关系。此时，生产商的产出水平和服务商的服务水平的增长都符合 Logistic 模型，并达到平衡状态，即 $S(t) = K_s$、$D(t) = K_d$。这表明，集群系统与城市系统的微观个体都是独立存在和发展的，二者之间并未发生互动关系，我们称之为独立型共生关系。

（2）当 $\alpha \neq 0$、$\beta = 0$ 或 $\alpha = 0$、$\beta \neq 0$ 时，生产商与服务商之间为偏利型互动关系，即集群系统与城市系统在互动过程中，表现为一方受益而另一方无利也无害的共生关系。具体而言，假定 $\alpha \neq 0$、$\beta = 0$，即生产商对服务商具有偏利效应，而服务商自身既无害也无利。根据模型（6.1）和模型（6.2），可以得到：

$$\frac{dS(t)}{dt} = r_s(t)S(t)\left[1 - \frac{S(t)}{K_s} + \alpha D(t)\right] \tag{6.3}$$

$$\frac{dD(t)}{dt} = r_d(t)D(t)\left[1 - \frac{D(t)}{K_d}\right] \tag{6.4}$$

根据模型（6.3）和模型（6.4），可以得到平衡点 E_1：$(S(t), D(t)) = (K_s(1 + \alpha K_d), K_d)$，即生产商的产出水平和服务商的服务水平分别为 $K_s(1 + \alpha K_d)$ 和 K_d。当 $S(t) > 0$、$D(t) > 0$ 时，根据微分方程稳定点判断方法，E_1 为系统的渐进稳定解，即生产商与服务商达到偏利共生关系的条件是：$K_s(1 + \alpha K_d) > 0, K_d > 0$。这也可解释产业集群规模扩大得益于城市化带来的技术、管理、人才、资本等方面的支持。同样，我们也可以得到 $\alpha=0$、$\beta\neq0$ 时，系统的平衡点 E_2：$(K_s,K_d(1+\beta K_s))$，稳定条件是：$K_s>0$，$K_d(1+\beta K_s)>0$。这说明，产业集群在企业、产业、技术等方面的优势也可以进一步推动交通、餐饮、娱乐、咨询等现代服务业及相关产业在城市的集聚和发展。

（3）当 $\alpha\neq0$、$\beta\neq0$ 时，生产商与服务商为互惠共生关系，即集群系统与城市系统在互动过程中表现为双方都受益的一种共生关系。通过模型（1）和模型（2），可以求得平衡点 E：$(S(t),D(t))=\left(\dfrac{K_s(1+\alpha K_d)}{1-\alpha\beta K_s K_d},\right.$ $\left.\dfrac{K_d(1+\beta K_s)}{1-\alpha\beta K_s K_d}\right)$。当 $S(t)>0$、$D(t)>0$，即 $\dfrac{K_s(1+\alpha K_d)}{1-\alpha\beta K_s K_d}>0$、$\dfrac{K_d(1+\beta K_s)}{1-\alpha\beta K_s K_d}>0$ 时，生产商与服务商达到互惠共生关系。此时，在共同演化的动力机制作用下，集群系统与城市系统的每一方都以另一方的存在和发展为基础，两者"合作租"的外溢效应开始显现，拓展了两者的资源利用空间。综上所述，产业集群与城市化共生关系的分类、平衡点及稳定条件见表 6-1。

表 6-1　系统微观主体共生关系的分类、平衡点及稳定条件

	平衡点 $E(S(t),D(t))$	稳定条件
独立型共生关系	$E(K_s,K_d)$	$\alpha=0,\beta=0$
偏利型共生关系	$E_1(K_s(1+\alpha K_d),K_d)$	$\alpha\neq0,\beta=0;K_s(1+\alpha K_d)>0,K_d>0$
	$E_2(K_s,K_d(1+\beta K_s))$	$\alpha=0,\beta\neq0;K_s>0,K_d(1+\beta K_s)>0$
互惠型共生关系	$E\left(\dfrac{K_s(1+\alpha K_d)}{1-\alpha\beta K_s K_d},\right.$ $\left.\dfrac{K_d(1+\beta K_s)}{1-\alpha\beta K_s K_d}\right)$	$\alpha\neq0,\beta\neq0;\dfrac{K_s(1+\alpha K_d)}{1-\alpha\beta K_s K_d}>0,$ $\dfrac{K_d(1+\beta K_s)}{1-\alpha\beta K_s K_d}>0$

（三）进一步的分析

我们进一步假设：b_s、b_d 分别为生产商的初始产量和服务商的初始服务量；λ、θ 分别是生产商和服务商的竞合系数，λ、θ 可以大于或小于零，大于零意味着二者以竞争为主，小于零即以合作（共生）为主[①]；服务商对生产商的

---

① 与前文只考虑生产商与服务商的合作（共生）相比，这里考虑竞争与合作两种关系更符合现实。生产商与服务商相互作用的大小取决于对方的规模，当对方的规模过大或过小时，对另一方可能都是不利的，如城市规模的扩大会推动产业集群的外迁与转移，而产业集群规模的扩大会挤占城市现代服务业的发展空间和规划布局。也就是说，工业化与城市化的协调发展才是推动二者实现良性、深入互动的基础。

影响作用为 $\lambda(D-b_d)$，生产商对服务商的影响作用为 $\theta(S-b_s)$；生产商和服务商的总容量极限都记为 K。于是，生产商与服务商的相互作用模型可以修正为：

$$\frac{dS(t)}{dt}=f(S,D)=r_s(t)S(t)\left[\frac{K-S-\lambda(D-b_d)^2}{K}\right] \quad (6.5)$$

$$\frac{dD(t)}{dt}=g(S,D)=r_d(t)D(t)\left[\frac{K-D-\theta(S-b_s)^2}{K}\right] \quad (6.6)$$

利用最优化一阶条件，在式（6.5）中分别对 S、D 求偏导，得到（$S=\dfrac{K}{2}$，$D=b_d$）是 $f(S,D)$ 的极大值。当 $\left[f''_{SD}\left(\dfrac{K}{2},b_2\right)\right]^2-f_{S^2}''\left(\dfrac{K}{2},b_2\right)f_{D^2}''\left(\dfrac{K}{2},b_2\right)$ >0 时，即当 $\lambda<0$ 时，函数 $f(S,D)$ 才会存在极大值；由 $f_{S^2}''\left(\dfrac{K}{2},b_d\right)=\dfrac{-2r_s}{K}$ <0 可知，其驻点的 Hesse 矩阵为负定矩阵，此时 $f(S,D)$ 的极大值为 $\dfrac{r_sK}{4}$。换言之，当 $\lambda<0$、$S=\dfrac{K}{2}$、$D=b_d$ 时，生产商的产量增长速度最快，此时增长速度为 $\dfrac{r_sK}{4}$；而当 $\lambda>0$ 时，生产商的产量增长速度会迅速下降，服务商的市场规模越大，生产商的产量增长速度就越小，甚至还会出现负增长。同理对于模型（6.6），也有同样的结果。这意味着产业集群与城市化存在合作（共生）关系时，整个系统的发展才会出现极大值。

然后，根据模型（6.5）和模型（6.6），可以知其零增长等斜线为：

$$S=-\lambda(D-b_d)+K \quad (6.7)$$
$$D=-\theta(S-b_s)+K \quad (6.8)$$

生产商与服务商的零增长等斜线相位图，如图 6-3 所示。在图 6-3（a）中，零增长曲线将第一象限分为四个相位空间，对于零增长曲线 $S=-\lambda(D-b_d)+K$ 与两轴所围区域外部，有 $\dfrac{dD(t)}{dt}<0$，其内部有 $\dfrac{dD(t)}{dt}>0$；同理，对零增长曲线 $D=-\theta(S-b_s)+K$ 与两轴所围区域外部，有 $\dfrac{dS(t)}{dt}<0$，其内部有 $\dfrac{dS(t)}{dt}>0$。据此，我们可以画出图 6-3（a）的轨迹图，在这种情况下，只有一个稳定点。同理，可知图 6-3（b）、图 6-3（c）都有一到两个稳定点；而当两个抛物线有四个交点时，有两个是稳定平衡点，其余两个是不稳定点，见

图 6-3(d)。当生产商与服务商合作(共生)状态时,生产商和服务商的规模都会不断扩张,直到达到最高增长速率 $\frac{r_s K}{4}$ 时,二者的增长速度才会从最大值开始下降,慢慢趋于零增长曲线,直至达到稳定平衡点;而当二者处于竞争状态时,两个系统都将会发生"排斥反应"而处于不稳定状态。因此,要想保持集群系统和城市系统稳定、健康地发展,即提升集群的产业规模和城市的市场容量,就需要二者具有良好的互动、共生关系。

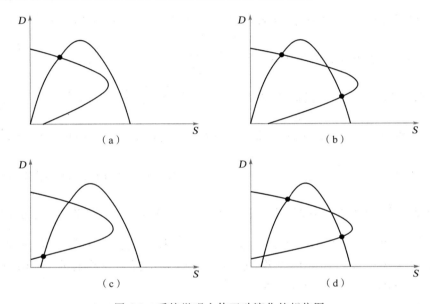

图 6-3 系统微观主体互动演化的相位图

由图 6-3 可以看出,与单纯的竞争模型或单纯的合作模型相比,竞合模型更有利于二者的稳定共生。在同等条件下,单纯的竞争模型或单纯的合作模型只有一个稳定平衡点,而竞合模型可以产生一到两个新的稳定平衡点。这意味着,如果产业集群与城市化互动适度的话(如图 6-3(d)所示),两个系统的稳定平衡点值很大,即此时产业集群与城市化互动提高了整个系统的竞争力,形成了更大的产业规模与市场规模。同时,这也证明,产业集群与城市化的互惠共生关系能够增加系统的稳定性,与实际情况也较为吻合。

三、绍兴县纺织产业集群与柯桥新城共同演化的过程及阶段

绍兴县位于浙江省中北部,是绍兴市所辖的一个县,地处长江三角洲南翼,西临杭州,东接宁波,区位优势明显,市域面积 1202.5 平方千米,下辖 4

个街道、15 个镇。2000 年,县政府从绍兴市区迁往柯桥街道①。经过 30 多年的发展,一个以柯桥为中心,纺织产业集群发展与城市化拓展相互影响、相互依存的多层级、多阶段的共同演化路径已经基本形成②。

(一)萌芽起步阶段(1979—1991):纺织文化传承与乡镇企业兴起

绍兴县自古就有"江南明珠"、"丝绸之府"、"日出华舍万丈绸"的历史说法,纺织文化是孕育绍兴县纺织产业集群和柯桥新城的核心要素③。绍兴县不仅累积了质朴的纺织文化,还在当地积累了丰富的纺织生产经验与技能,这种特殊的文化资源和人力资源是纺织产业集群和柯桥新城形成的原动力。20 世纪 70 年代,我国纺织工业引进新一代合成纤维,改变了原先纺织加工以天然纤维和再生纤维为主的结构,并且伴随着政府在 20 世纪 80 年代初取消了化学原料的计划体制限制(无需凭票购买),一些以"技术靠退休"、"设备靠换旧"、"供销靠亲友"为特征的社队企业(乡镇企业)迅速兴起,遍地开花④,被称为"化纤革命"。随后,为推动当地纺织产业的发展,政府还实施了一系列的优惠政策,开启了绍兴中国轻纺城市场的建设和发展。1987 年前后,纺织产业出现"增产不增收"的局面,为了解决市场交易问题,1988 年,县政府高瞻远瞩地筹集资金 650 万元,对柯桥自发形成的"布街"进行改造,建成柯桥轻纺交易市场,1992 年更名为"中国轻纺城"。由于一些企业受小农经济思想的束缚,极不愿意进入市场经营,政府于是采取了行

---

① 2013 年 10 月,国务院国函[2013]112 号文件批复浙江省人民政府请示,同意撤销绍兴县,设立绍兴市柯桥区,并于 2013 年 11 月 8 日正式挂牌柯桥区。由于历史传承关系,本书中一般仍使用"绍兴县"。

② 以柯桥为中心的纺织产业集群极大地推动了与纺织产业相关联的现代服务业集群的发展(专业市场、会展、现代物流、电子商务等),并带动了周边甚至外省的纺织产业集群迅速发展并扩大。反过来,绍兴县城市化的推进,吸引了大量的技术工人、研发人员的集聚,并推动了产业集群向规模化、专业化、国际化方向的演进。绍兴县连续多年位居全国经济百强县前 10 位,是"全国纺织产业基地县"及全国规模最大的纺织产业集群地,拥有杨汛桥经编、马鞍化纤、齐贤纺机、夏履非织造布、钱清纺织原料、兰亭和滨渚针织七大纺织名镇及一个全球最大的中国轻纺城市场,并荣获"全国纺织模范产业集群"称号。截至 2012 年年底,绍兴县纺织产业实现产值 1948.7 亿元,占全市工业总产值的 59.4%,同比增长 14.5%,增幅高出全县规上工业平均增速 2.5 个百分点;全县户籍人口 72.7 万,但是常住绍兴县的外来人口达 88.1 万,其中纺织行业从业人员就超过 21 万;城镇居民人均可支配收入 40805 元、农村居民人均纯收入 21813 元,均同比增长 11.7%,并第四次被评为"中国全面小康十大示范县"。

③ 池仁勇:《区域中小企业创新网络形成、结构属性与功能提升:浙江省实证考察》,《管理世界》2005 年第 10 期。

④ 从 1984 年开始,绍兴县改变了社队对企业的统管、统收、统支的做法,废止了企业人员"工作在厂、分配回队、评定折头、报酬对照"的管理模式,实行厂长承包责任制,从业人员直接在企业领取工资和奖金,社队企业改称乡镇企业,成为独立的核算单位。这极大地解放了生产力,提高了劳动者的生产积极性。

政命令与市场引导相结合的方式,最终才使轻纺市场得以稳定和发展,也为柯桥城镇化的推进集聚了人气和商气,被称为"市场革命"。轻纺市场的建立不仅促进了纺织产业链的形成,还增强了纺织企业的集聚程度和纺织商贸服务业在柯桥轻纺市场的相对集中,极大促进了绍兴县纺织产业和城镇化的发展,1991 年,纺织产业总产值是 1988 年的 2 倍。

在这一阶段,由于外部环境(政治环境、市场环境)的高度不确定性,分散型的纺织乡镇企业只选择在柯桥及周边进行销售,并与柯桥内有限的商户(或经营户)进行生产或销售的合作,出现了初始的微观层级互动。随着轻纺市场的建立,纺织企业与市场商户的微观互动更加紧密:一方面,零散型的纺织企业源源不断地向柯桥提供物美廉价的产品,有力促进了柯桥商贸业的发展;另一方面,柯桥轻纺市场推动了纺织企业的规模化生产和资本化累积。此时,纺织企业和商户主要作改进产品和服务的质量、品种、款式等非需求的试探性创新,产业发展的专用性知识扩散较慢,互动层级的再次跃迁也预示着该阶段的创新潜力很大。同时,这一时期,政治选择机制起了主导作用,经济体制的转变释放了市场需求并推动了纺织企业的迅速兴起,而对专业市场的规划和引导,则扩大了市场规模,重新调整了纺织产业在柯桥及周边地区的集聚及布局。纺织产业集群与城市化的共同演化框架开始萌芽和形成。

(二)耦合发展阶段(1992—2005):产业集群与专业市场良性互动

1992 年之后,市场环境由卖方市场开始转向买方市场,绍兴县单一的乡镇企业形式无法满足市场变化。在政府的引导下,1992—1997 年,绍兴县开始探索以股份合作制为主要内容的乡镇企业产权制度改革;到 1998 年,又掀起股份制的浪潮[1],被称为绍兴纺织产业的"体制革命"。在 1995 年前后,本地布料受到进口布料的强烈冲击,于是绍兴县连续五年累计投入 200 多亿元资金,发动了一场声势浩大的"无梭化革命",至 1998 年绍兴全县无梭化率达到 44.1%,使全县纺织产业整体接近欧美发达国家水平[2]。

---

① 1998 年至 1999 年底,绍兴县以明晰和重组产权为主线,按照"界定集体股、量化要素股、匹配现金股"的改革思路和"全面彻底、不留后患"的要求,以公司制和拍卖转让为主要形式,将 90%的乡镇企业通过出售、拍卖等形式,变为独资的私营企业,剩下 10%的企业实行股份制、公司制,形成以民营经济为主的混合型多元化所有制结构。

② "无梭化革命"极大地改善了轻纺城的商品结构,纺织布料形成了"重磅化、色织化、功能化"趋势,部分商品质量与国外进口布料相差无几,但价格要比国外进口布料便宜 1/3;同时,这也提高了纺织企业的技术水平,很多纺织企业具备了"三天出小样、五天成批量、七天进市场"的产品更新速度。

同时，政府作出"兴商建市"、"兴市建城"的战略性决策，大力建设绍兴中国轻纺城市场，以此推动柯桥城市商贸服务业的发展。自 1992 年以后，绍兴中国轻纺城市场一直位于全国百强市场第二位（第一位是义乌中国小商品市场）。1993 年，绍兴中国轻纺城改组为股份制企业，并于 1997 年股票上市融资，至 2005 年市场的年成交额已达 276.3 亿元，拥有经营户 1.2 万户，日客流量 10 万人次，147 家境外机构进驻柯桥。绍兴中国轻纺城以品种丰富、信息快捷、客流量大而闻名，有效推动了柯桥第三产业的发展，成为绍兴县的一张"金名片"①。纺织产业集群与绍兴中国轻纺城市场的良性互动成为该时期应对困境、转型提升的主要特征。绍兴中国轻纺城市场成为绍兴县纺织产业集群与国内外市场联系的"总窗口"。自 1998 年东南亚金融危机以后，绍兴县通过中国轻纺城市场积极拓展国际市场，掀起了"外贸革命"。1998—2003 年，绍兴县纺织品自营出口年均增长速度超过 50％，绍兴县纺织品出口率从 1998 年的不足 3％提高到 2005 年的 30％以上。

　　在这一阶段，绍兴县纺织产业集群与柯桥新城的互动对象、互动范围开始扩大，互动层级也从微观向中观跃迁，集群企业与市场经营户互动合作的频率、范围不断扩张，并带动了相关配套产业的发展。同时，政策变化、技术环境等环境变量对二者的影响越来越大，互动者与环境之间的相互作用、相互依存关系逐渐增强。集群企业和市场主体都开始注重技术创新，并迅速行动，寻找创新技术与市场机会的匹配性。此时，政府的规划引导与市场竞争发挥了同等甚至更为重要的互动选择功能。政府通过优化政策环境、健全市场体系、设置市场管理机制、实施市场"管办分离"、组建中国轻纺城股份集团等举措，为市场交易活动创造了稳定规范、公正透明的制度环境，有力推动了产业集群与专业市场的良性互动。同时，随着大企业的出现，产业集群与城市化的互动结构开始优化，以龙头企业为主导的社会合作网络相互交织、相互融合，而这种社会网络反过来又可以将技术知识转化为企业家认知，并迅速扩散到产业集群中，促进了市场上产品的品种、质量、技术的改善。此外，随着互动结构的优化、互动空间的扩大，纺织产业集群与城市化的互动网络开始向周边、省外甚至国外延伸、扩展。

---

　　①　中国轻纺城市场已成为全球最大的纺织品专业市场，全球近 1/4 的化纤面料在此成交，全国近 1/2 的纺织企业与之建立了产销关系，产品远销 180 多个国家和地区。截至 2012 年年底，中国轻纺城市场成交额达 973 亿元，同比增长 9.3％，其中面料成交额 557.1 亿元，同比增长 14.5％，面料市场新注册经营户（公司）4600 余家，市场经营户总数达 2.2 万余家，其中公司经营户达到 5200 多家，常驻国（境）外代表机构超过 1000 家，境外专业采购商 4000 余人。

（三）创新整合阶段（2006年至今）：产业转移与总部经济协调推进

为应对土地供应紧张、原材料价格持续上升、国际贸易摩擦频发、节能减排压力增大、劳动力短缺及成本提高等内外部环境的剧烈变化,绍兴县于2006年在全国率先提出并实践了"亩产论英雄"①的产业发展理念,对印染、化纤等污染严重的产业环节集中建立污水处理厂,并逐步淘汰落后产能,推动产业转移和升级。同时,绍兴县积极实施"611工程"②,在柯桥新城发展总部经济,集聚纺织产业的研发、营销、策划、品牌环节,推动城市现代服务业的发展。总部经济以"交易模式公司化、运行方式国际化、交易主体全球化、交易时间全天化"的全新理念,一端连接着生产,一端连接着销售,成为促进纺织产业集群与城市化发展的重要载体,有力地推动了柯桥新城的建设与繁荣。随后,在2008年8月,中共绍兴县委十二届五次全体（扩大）会议提出着力打造国际性纺织制造中心、国际性纺织贸易中心和国际性纺织创意中心的目标。2009年4月,绍兴县又出台《绍兴县加快纺织产业集群升级计划》,将纺织产业、轻纺城市场与柯桥新城的联动作为实现"三个中心"具体目标的主要途径,即坚持以市场、城市带动产业升级,在更大区域、更高层次上发挥绍兴县纺织产业、轻纺市场的集群优势和柯桥新城的集散能力。信息化、知识化、服务化、国际化成为绍兴县纺织产业集群与城市化共同演化的主要特征：一方面,自2007年发布"中国·柯桥纺织指数"以来,积极组织实施市场的信息化工程,实现有形市场与无形市场的有机互动,推进轻纺城市场由"三现"（现金、现货、现场）交易向电子交易、在线交易转变③；另一方面,"纺博会"自1999年创办以来,已连续举办17届,已成为国内规模最大、影响最广,专业化、国际化、信息化水平最高的纺织品盛会之一,积极发挥了沟通供求信息、展示品牌形象、引领行业潮流、推动创意创新

---

①　在相同的土地面积上,以产出、效益、税收为评价企业的标准,推动企业改进传统厂房模式,盘活存量土地,降低生产成本,激励企业走集约发展、科学发展的新路子。

②　"611工程"指用6年左右的时间,在柯桥新城建设100幢左右15层以上或45米以上用于商业、酒店、商务、办公等的高层企业总部和现代商务大厦,第三产业的增加值占地区生产总值的比重每年提高1个百分点。截至2012年年底,已累计建成投运总部、商务大楼80幢,在建45幢,待建5幢,极大地提高了城市空间的承载力。

③　从2011年开始,绍兴县斥资20亿元打造"网上轻纺城",通过整合信息流、资金流、物流、客户关系等价值链,建设一个集纺织资讯、贸易信息、产品及企业大全、在线交易、公共信息化服务于一身的网上市场,实现有形市场和网上市场的有效互动,加快纺织产业的转型升级和柯桥新城的提升发展。截至2012年年底,网上轻纺城注册会员达170万,开通网上商铺40多万家,网站日访问量达到200万次,在线交易额达16.7亿元。

等作用,带动了交通、金融、旅游、餐饮、住宿等服务业的发展,提升了柯桥城市的知名度和名誉度。

在这一阶段,由于产品、技术的同质化竞争,纺织产业集群与城市化的互动空间更趋向于跨区域、网络化、国际化,互动范围和互动层级开始出现扩充和分化,实现二者的优化升级是避免产业和城市衰落的关键。绍兴县纺织产业集群与城市化的互动需要向更高的互动层级外延式跃迁,从而使二者的微观主体在更广阔的需求空间和更高层级的创新空间内互动合作。这迫切需要二者的互动结构和互动网络走向以国际化、现代化、创新化为特征的优化升级之路,充分发挥城市化主导的空间集聚效应和扩散溢出效应[1]。此时,政治选择机制尤为重要,一方面,要推动产业低端环节转移、淘汰落后产能、加强知识产权保护[2],有效承接高附加值、高科技含量环节并将创新的外部收益转化为创新者的内部收益;另一方面,要积极发展电子商务、会展经济、现代物流、品牌经济等生产性服务业,实现纺织产业集群与生产性服务的良性互动。

四、结论与启示

本研究基于共同演化的分析框架,以绍兴县纺织产业集群与柯桥新城的互动为例,探讨了产业集群与城市化共同演化的机制、过程与阶段。研究发现:(1)产业集群与城市化之间是一种由微观、中观、宏观及其所处环境所构成的多层次互动演化关系。主流经济学的“均衡范式”难以全面而准确地分析二者互动的历史演化过程,而共同演化的分析范式则成为研究二者互动机理的理论创新。(2)产业集群与城市化的互动是一个多阶段的动态演化过程,由创新机制、选择机制和扩散机制共同作用,驱动二者从萌芽起步阶段向耦合发展阶段再向创新整合阶段不断地转换和跃迁。在不同的互动阶段,占主导的互动层级能否完成阶段性的融合和跃迁,决定了产业集群与城市化多层级的互动过程和结果。(3)在绍兴县纺织产业集群与柯桥新城互动过程中,二者在不同的互动阶段存在不同的共生关系和互动模式。当

---

① 师博、沈坤荣:《城市化、产业集聚与 EBM 能源效率》,《产业经济研究》2012 年第 6 期。

② 在 2008 年底,由浙江省“品牌指导站”、绍兴县花样登记管理保护办公室和轻纺城知识产权保护促进中心共同组建知识产权办公室,集指导、创建、保护三位一体。2011 年,该机构出台国内首个专业市场知识产权保护意见,从事知识产权保护与纺织品质量监督工作,逐步形成了“政府监管、行业自律、司法支持”的三级联动机制。它还开创了全国跨省实施纺织品市场版权保护与合作的先河,牵头联合全国纺织品龙头市场,在国内率先建立了跨区域版权保护“协作联合体”,有效遏制了“搭便车”行为的发生,推动了绍兴县纺织集群中创意产业和共享要素平台的发展。

前,绍兴县纺织产业集群与城市化的互动正处于创新整合、优化升级的关键阶段,在国际化、现代化和创新化的动态演化过程中实现更高的互动层级外延式跃迁,迫切需要推动产业区域转移与总部经济承接,积极发展电子商务、会展经济、现代物流、品牌经济等新型业态与纺织产业集群形成良性互动。这既取决于政治选择的有效干预,更取决于多层级互动系统对内生演化环境的适应性,以及二者互动层级与阶段转换的稳定性。

本研究深入分析了集群系统与城市系统在微观、中观、宏观及多层次之间的互动发展过程和内在机理,为产业集群、城市化以及二者的关系研究提供了一个共同演化的研究视角和分析框架,这也许是对以往相关研究的一个理论创新和拓展。同时,本章的研究结论对于产业集群演化和城市化推进具有一定的实践指导价值:(1)区域经济的发展要充分重视和利用产业集群与城市化之间的互动关系,格外重视二者之间互动的发展阶段,并根据互动的多层级性和多阶段性特征采取有选择的、差异化的"产城联动"策略,切忌盲目跟从领导型产业集群的发展行为和领导型城市的建设策略;(2)地方政府也要密切关注产业集群与城市化互动生发的条件和阶段性特征,有选择和有重点地推行产业集群培育战略和新型城市化推进战略,有效平衡市场选择机制和政治选择机制在产业集群与城市化不同互动阶段的干预时机和力度,注重塑造和优化二者互惠型共生关系的环境和条件。

当然,作为共同演化的探索性研究,这里构建的理论框架还有待在未来开展更为充分的案例及实证研究,以证实研究结论的普适性意义,尤其是针对产业集群和城市化不同发展模式的实证比较研究将有助于检验和完善本研究中所提出的理论观点。另外,本研究框架在某些方面还可以进一步拓展和深化,如对产业集群与城市化互动阶段跃迁的前因后果分析,二者共同演化中更为多样性的层级间关系类型的考察,以及集群网络结构的变化对城市系统演化的影响及网络性交叉嵌套等。这些相关研究将会进一步深化我们对产业集群与城市化动态演化过程和机制的认识,并有助于拓展我们对二者演化的研究视野。

第二节 城市化滞后于工业化对
经济社会发展的制约与消解

城市化作为现代经济社会现象和趋势,是乡村分散人口、劳动力和非农业经济活动不断进行空间上的聚集而逐渐转化为城市经济要素的过程。它表现为：一个国家或地区内的人口由农村向城市转移，农业人口转化为非农业人口；农村地区逐步演化为城市地域；城镇数目不断增加，中等城市不断壮大，城市基础设施和公共服务设施水平不断提高；城市文化和价值观念成为社会文化的主体，并在农村地区不断扩散和推广。世界各国的普遍规律是：城市化与工业化同步推进，甚至超过工业化速度。因为工业的发展促使人口由农业部门向非农业部门转移，这种人口流动的必然结果是城市化。这也从而使工业化与城市化呈现十分明显的正相关性。然而，我国的城市化明显滞后于工业化水平。我国总体上已进入工业化中期阶段，相当于世界中等收入国家的水平，但是我国的城市化水平还处在世界低收入国家的水平。2010 年，国家统计局宣布我国城镇化率 51.3%，同年的工业化指数为 46.8%。这说明，2010 年我国不但城镇人口超过了农村人口，且城镇化率也超过了工业化率，这是了不起的成就。但是，从全球的情况来看，中国的工业化率相对于城市化率而言，还是偏高了不少。用世界银行的数据，2010 年全球平均的城市化率为 50.9%，而工业化率不过 26.1%；中国的两率的比值是 1.09（即城市化率/工业化率＝51.3%/46.8%），全球的平均比值是 1.95（50.9%/26.1%）。中国的工业化率相对全球平均水平高出了近一倍，忽略统计口径的细节差异，从大的图像看，中国工业化推进的城市化率的提升，远远不及全球平均水平。与发达国家的区别就更为显著了。2010 年，美国的城市化率/工业化率为 4.1，即城市化率高达工业化率的4.1 倍。同年同一比值，法国为 4.11，英国为 4.09，德国为 2.64，日本为2.48，共同呈现出城市化率远远高于工业化率的特征。即便是"金砖五国"中的巴西、俄罗斯、南非和印度，城市化率除以工业化率的比值也分别达到3.22、1.97、1.38 和 1.15，都比中国的高。这个比值有意义，工业化活动引起人口分布的改变，在空间上总有相应的表现，城市化率大大高于工业化率，描绘的是随着工业产出占总产出比重的提高，会有高得多的比重的人口居于城市，这幅图像背后，有规律在起作用[①]。道格拉斯·诺斯 1988 年研究 1970 年美国的全部产出时发现，来自交易部门的贡献高达 46%～55%，比一个世纪前的美国状况——交易部门贡献了 26% 的总产出——整整提升了约 1 倍。就是说与"发展中的美国"相比，发达后的美国有更多的人力资源从直接生产部门转移到"交易部门"工作。后者通常聚集于城市，所以

---

① 周其仁：《工业化超前城市化滞后》，《经济研究信息》2012 年第 4 期。

城市化率比工业化率有更快的提升。于是,就出现一个问题:如果交易部门不是比工业生产部门更发达,美国还能拥有世界第一强大的工业生产能力吗?答案是否定的。没有更发达的交易部门,工业品无从在市场上实现转手,很快遭遇"产能过剩",那就再也谈不上继续发展了。可是,就整体而言,中国是上述经济规律的一个反例,谜底在于开放与全球化,改革开放使得国内企业"借城出海",借助了"世界城市体系"的帮助,实现了出口的跨越式增长,比如,首尔、东京、法兰克福、汉堡、洛杉矶、旧金山、芝加哥、纽约、伦敦等世界性城市提供着商务、物流、技术和融资等多方面的服务,在服务的来来往往之间,中国制造刺激了境外交易部门的繁荣,推动了相关经济体的城市化更上一层楼,这些声名远播的世界城市中心,为包括中国在内的全球制造提供服务,并在服务扩展中成长。于是,一方面,世界上没有免费的午餐,中国的制造业增加值大量被这些国外城市服务部门瓜分;另一方面,导致中国的城市发展滞后,产业结构落后,成为新型工业化的制约因素。这种现象浙江最为突出,绍兴又是浙江最典型的地区。如何消解城市化滞后于工业化的状况,为产业转型升级开辟新的空间,促进区域经济社会的现代化进程,是一个重要课题。

一、文献综述及研究视点

(一)分工与城市化

新兴古典经济学关于城市化与分工的经典理论,可以概括为以下几点:第一,城市的起源和发展是分工演进的结果,制度的变革可以降低内生交易费用,从而促进分工,分工的自发演进就可以推进城市化。所以制度能为分工的扩张创造空间。第二,随着分工的发展,市场会自发地形成最优的分层城市结构,城市合理的分层是对集中交易带来的效率和费用进行权衡的结果,这样平衡的结果,就会形成大中小不同规模城市的布局。第三,在分工和城市发展的过程中,城乡之间要素自由流动可以消除二元经济状态。杨小凯认为,城乡之间的自由迁居、自由择业、自由价格等都是二元经济状况消失的条件。

(二)工业化与城市化

钱纳里和赛尔奎因在研究各个国家的经济结构转变的趋势时,概括了工业化与城市化关系的一般变动模式:随着人均收入水平的上升,工业化的演进导致产业结构的转变,并带动城市化程度的提高。从产业结构转变对城市化进程的作用看,由于第二产业产值比重与就业结构比重基本同步[①],因而城市化率的变化不仅与产业产值比重相关,而且与就业结构变动也密切联系。随着人均收入水平的上升,工业化的演进导致产业结构的转变,带动了非农化的发展,非农化又带动了城市化,则工业化对城市化的变动趋势是明显的。

国家发改委产业经济与技术经济研究所付保宗认为,工业化与城镇化是一般互动关系[②]:(1)工业化是城镇化的基本动力之一。一般而言,工业化主要是通过就业转换效应、人口集聚效应和财富积累效应带动城镇化发展。(2)城镇化是工业化的重要促进力量。城镇化能够通过成本节约效应、市场扩展效应推动工业化向广度和深度发展。

(三)第三产业、投资与城市化

李京文和吉昱华认为,中国的城市化及工业化之间的比率与世界平均水平及发展水平相近的国家相比的确有一定的差距,但是产生这个差距的主要原因是第三产业发展滞后,第三产业发展滞后的根本原因并不在于国内的经济环境抑制了第三产业的发展,而在于我国经济中某些根本性的结构问题,其中的原因之一就是投资比例过高,造成了经济体系对服务业的需求不足。工业化初中期,工业化是城市化的主要推动力;工业化后期,第三产业成为城市化的主要推动力[③]。

陈力勇认为,第三产业与城市化具有互相促进的互动关系,但是第三产业要以第二产业尤其是工业为基础。如果工业发展不好,第三产业必定受拖累,无法独立支撑。城市化与工业化相互促进、协调发展的这种相关性,在工业化由初期向中期迈进的加速时期表现得尤为明显,也是世界上许多国家实现现代化的基本经验[④]。

(四)大城市战略与小城镇战略

彭真怀认为,优先发展小城镇可以上升为奥运后国家战略,是调整农村

---

① 钱纳里:《发展形式(1950—1970)》,经济科学出版社1980年版。

② 付保宗:《城镇化滞后于工业化成为制约当前经济发展的突出问题》,《中国经济导报》2010年6月3日。

③ 李京文、吉昱华:《中国城市化水平之国际比较》,《新华文摘》2004年第16期。

④ 陈力勇:《中国工业化与城市化协调发展问题研究》,《改革研究》2004年第4期。

利益格局、化解现阶段农村矛盾、稳定农村社会的有力手段。城乡二元结构既是中国经济社会的基本特征，也是研究城镇体系的出发点和突破点。只有把小城镇放在城乡二元结构的框架内，才能准确把握源流脉络，全面认识发展路径。基于这个判断，他认为，小城镇是农村剩余劳动力的蓄水池，是城乡统筹的关节点，是新农村建设的制高点，是全面协调发展的推进器，是制度创新的孵化器①。

孙自铎认为，我国城市化进程已经证明，小城镇对城市化推动力不强，他赞成"城镇要形成一个合理的体系才能发挥各自的职能和作用"的观点。但是，小城镇从严格意义上说并非功能完善的城市，它的发展与其说是要靠自身的积累，还不如坦率地承认要靠对大城市的"攀龙附凤"。在城市化进程中无视小城镇的作用是不客观的，但把它当作"大战略"，却是靠不住的②。

王小鲁研究发现，不同规模的城市具有不同程度的聚集效应和外部成本，其中规模在 100 万至 400 万人口的大城市，净规模收益最高，净规模收益达到城市生产总值的 17%～19%。超过这个规模区间，净规模收益逐渐递减，而规模小于 10 万人的城市，则无法发现净规模收益。

综上所述，从已有文献可以得出以下关于工业化与城市化关系的结论：(1)以杨小凯为代表的新兴古典经济学认为城市的产生和发展都是分工演进的结果，降低交易费用的制度变革有利于促进分工，进而促进城市的发展；(2)城市的产生和发展是自然演进的过程，而不是人为设计的结果；(3)城市发展与工业化、第三产业发展是互动的，其中，工业化是基础，第三产业的发展是建立在工业化发展基础之上的，不断推进的工业化是第三产业发展的最根本支撑，也是城市发展的根本动力；(4)第三产业与城市化的关系，在不同的工业化阶段是不同的，在工业化初期和中期，第三产业对城市化的推动作用不是第一位的，在工业化后期，第三产业对城市化的推动上升为第一位，但是，即使进入工业化后期，重视通过发展第三产业推动城市发展，也同样不可忽视工业的基础性作用，否则会出现产业空心化，使城市发展成为不可持续；(5)改革开放以来，我国城市化滞后的根本原因是投资比例过高，抑制了消费，使经济体系对服务业的需求不足，进而抑制了资源向城市集

---

① 彭真怀：《奥运后国家战略——优先发展小城镇是中国可持续增长的发动机》，《县域经济杂志》2008 年第 11 期。

② 孙自铎：《政府为什么偏爱小城镇》，《农村经济问题》2010 年第 6 期。

聚；(6)对于我国今后的城市化战略专家意见不同，一些专家认为，要优先发展小城镇，而一些专家则坚持中国大城市太少，难以产生和增加城市规模带来的净收益。

已有的研究成果为我们分析和解决城市化滞后问题，实现城市发展与工业发展、社会发展的协调和良性互动提供了启示：(1)政府在推动城市发展中的作用，主要是进行制度变革和制度创新，以降低内生交易费用；(2)为准确分析浙江城市化滞后于工业化原因提供了思路；(3)浙江已进入工业化中期向后期过渡阶段，通过大力发展第三产业促进城市化进程具有科学性和可行性；(4)根据浙江城市规模结构特点和经济发展中存在的问题，大城市应该是浙江城市化的重点。

二、理论支撑的进一步

(一)城市规模与经济效益

城市的经济效益是由人口的聚集和资本的集中带来的。恩格斯曾这样描述过伦敦："这种大规模的集中，250万人集聚在一个地方，使这250万人的力量增加了100倍。"规模效益形成的主要原因在于，大城市形成的以产业和人口高度集中为重要特征的密集型经济，为企业之间进行现代化的生产协作与联合提供了有利的环境空间，从而形成了城市的规模经济效益；大城市高度发达的金融市场大大节约了企业的筹资成本，大量企业聚集造就了信息资源共享与技术、人力资源的溢出效应，减少了企业的交易费用，从而使城市获得范围经济效益，进一步拓展了城市的发展空间。

(二)城市化模式与成本收益

城市的本质属性是提供丰富的正的外部经济，然而"生产"出这种正的外部经济是要付出代价的，这主要包括两个部分：一是伴随着正外部性的提高，会带来一系列负的外部性；二是空间集聚的组织成本。从正的外部性获取的集聚收益，是一条随着城市规模的扩大，按递减率上升的曲线，也即边际外部集聚带来的收益是递减的；大城市为主的区域城市化的外部集聚收益曲线位于小城镇为主的城市化模式外部经济曲线的上方；与正的外部经济相对应，随着城市规模的扩大，负的外部经济是递增的，而且大中城市为主的城市化模式给这个区域带来的负的外部经济曲线位于小城镇为主的城市化模式曲线的上方①。

(三)城市化、工业化及其比较水平的衡量

根据《城市管理学》及有关专家的研究成果,本研究涉及以下指标。

1. 城市化水平衡量指标

(1)城市化率(城市化指数)＝城镇人口/区域总人口;(2)第三产业比重;(3)城市规模结构:区域大中小城市比例。

一般市区和近郊区常住人口 100 万以上的城市为大城市,其中超过 200 万人的称为特大城市;常住人口 50 万～100 万的城市为中等城市;常住人口 50 万以下的城市为小城市。②

区域城市规模结构随着城市产业结构变化而变化,城市的最优规模,即净聚集效应最大也有不同。当制造业与服务业增加值之比为 1 时,城市的最佳就业人数规模在 127 万左右,相当于最优人口规模 250 万左右,而当上述比值为 0.6 时,最优人口规模约为 290 万～380 万。城市规模结构的优化意味着,随着区域经济的增长、产业结构的变化,城市的规模在升级,大中城市数量在增加,区域城市等级结构在逐级晋升。

2. 工业化水平衡量指标

(1)人均地区生产总值,劳动力结构;(2)第三产业增加值;(3)城市化水平。

通常用工业增加值/地区生产总值粗略计算工业化率:20％～40％处于工业化初期;40％～60％处于工业化中期;60％进入工业化后期。

城市化与工业化水平比较衡量指标:城市化率/工业化率。

三、浙江城市化滞后于工业化分析

(一)城市化滞后于工业化体现

1. 城市化率/工业化率相对较低

与全国其他省市相比,浙江城市化率/工业化率相对较低;与人均生产

---

①　金祥荣:《论城市化推动型的经济增长》,《浙江经济》1999 年第 2 期。

②　2014 年 11 月 20 日,国务院发布《关于调整城市规模划分标准的通知》,按照新标准,城区常住人口 500 万以上 1000 万以下的城市为特大城市。由于本研究所作时间早于 2014 年 11 月 20 日,城市规模划分大体上参照之前标准。

总值相同的发达国家和地区相比,城市化率较低。2010 年,浙江城市化率为 61%,工业化率为 50%,城市化率/工业化率＝1.22,高于全国 0.13 个点(全国 1.09),即相对于全国平均水平,浙江相对滞后。因为浙江 2010 年人均地区生产总值 7690.20 美元,相比全国人均国内生产总值 4477 美元,浙江高于全国平均数 71.7%。H. 钱纳里提出的按人均收入水平划分的工业化阶段(人均收入按 1970 年美元价格计算),人均 3360～5040 美元为发达经济阶段,按照钱纳里的标准折合成 2010 年美元值,进入发达经济阶段人均生产总值为 6000 美元;按照世界银行标准,达到人均 6000 美元相当于中上等收入国家和地区的平均水准。即无论是钱纳里的标准还是世界银行的标准,浙江都已进入发达经济阶段,居民收入处于上中等国家和地区的水平。该收入水平下发达国家和地区的城市化率普遍达到 70%,而浙江只有59%。与全国其他省(区、市)相比较(未包含西藏、海南等),浙江的城市化率/工业化率也相对较低(见表 6-2)。

表 6-2　2010 年全国各省(区、市)城市化/工业化比较

省 (区、市)	山西	内蒙古	辽宁	吉林	黑龙江	江苏	浙江	安徽	福建	江西	山东	河南	湖北
地区生产总值(亿元)	9200.8	11672	18457	8667	10368	41425	27722	12359	14737	9451	39169	23092	15967
工业增加值(亿元)	4446.3	5681.4	8684.7	3755	4003.5	21223.8	13876	5601	6242.3	4359	21806	11951	6136.5
工业化(%)	48.3	48.7	47.1	43.3	38.6	51.2	50.0	45.3	42.3	46.1	55.7	51.8	38.4
城市化(%)	46	53.4	60.4	53.3	55.5	55.6	61.0	42.1	51.4	43.2	48.3	37.7	46.0
城市化/工业化	0.95	1.1	1.28	1.23	1.44	1.09	1.22	0.93	1.22	0.94	0.87	0.73	1.2
省份	湖南	广东	广西	海南	四川	贵州	云南	西藏	陕西	甘肃	青海	宁夏	新疆
地区生产总值(亿元)	16037	46013	9569.8	2064.5	17185	4602	7224	507.5	10123.4	4120.7	1350.4	1689.6	5437.7
工业增加值(亿元)	6275	21374	3860.4	380.7	7326.4	4166.6	2606	39.7	4516.4	1602.8	613.6	552.9	2105
工业化(%)	39.1	46.5	40.3	18.4	42.6	90.5	36.1	7.8	44.6	39.0	45.4	32.7	38.7

续　表

省 (区、市)	山西	内蒙古	辽宁	吉林	黑龙江	江苏	浙江	安徽	福建	江西	山东	河南	湖北
城市化 (%)	43.2	63.4	39.2	59.1	38.3	29.7	34.0	23.8	43.5	32.7	41.9	46.0	39.9
城市化/ 工业化	1.1	1.36	0.97	3.21	0.9	0.33	0.94	3.05	0.98	0.84	0.93	1.4	1.03

说明：(1)表中数据来源于 2010 年的中国统计年鉴及各省 2010 年国民经济社会统计公报；(2)用工业增加值与地区生产总值之比可粗略测算工业化实现程度。

　　浙江城市化水平相对于工业化水平，相对于人均地区生产总值较低，突出体现在绍兴市：绍兴市 2010 年城市化率 58.0%，工业化率 50.8%，城市化率/工业化率＝1.14，低于浙江省平均水平的 1.22；但是，同年绍兴人均地区生产总值却高达 10605 美元，高出浙江省平均水平 37%，高出全国平均水平 137%。而且，与长三角其他城市相比较，绍兴中心城市区域面积小，经济总量小，人口集聚少（如表 6-3 所示）。2008 年，绍兴为长三角九个城市市区人口密度最高的城市。

表 6-3　绍兴与相关城市市区主要指标比较（2008 年）

	无锡	常州	南通	湖州	嘉兴	金华	温州	台州	绍兴
面积 （平方千米）	1403.5	1872.1	1706	1567	968	2044	1187	1536	362
地区生产 总值(亿元)	1551.1	1484.3	999.2	479.0	458.5	322.3	1014.6	714.9	382.5
人口(万人)	206.3	225.9	约200	108.5	82.6	92.4	143.8	152.8	64.9
人口密度 （人口/ 平方千米）	0.167	0.121	0.117	0.069	0.085	0.045	0.121	0.083	0.179

2. 第三产业占比较低

　　与城市化水平和工业化水平相联系的第三产业占比，浙江也比较低。按照世界银行标准，人均 6000 美元相当于上中等收入国家和地区的平均标准，中国台湾在 1988 年、韩国在 1991 年、日本在 1978 年达到，即浙江省人均地区生产总值达到 6000 美元时间阶段相当于 20 世纪 80 年代后期的中国台湾、20 世纪 90 年代初的韩国、20 世纪 70 年代后期的日本。在该阶段，第三产业逐渐成为主导，产业结构趋于高级化。韩国第三产业比重由 20 世纪 80 年代的 40% 左右，进入 1991 年后达到 50% 左右，并持续提高；我国台湾地区第三产业比重由 1980—1986 年的 47% 左右，进入 1988 年后达到

49%左右,并持续提高;日本第三产业比重由 1970—1973 年间的 48% 左右,进入 1978 年后达到 54%,并持续提高。浙江第三产业占比提高缓慢(如表 6-4 所示)。

表 6-4　浙江省和绍兴市 1995—2010 年产业结构比例　　　　单位:%

年　份	浙江省生产总值构成			绍兴市生产总值构成		
	第一产业	第二产业	第三产业	第一产业	第二产业	第三产业
1995	15.5	52.1	32.4	13.9	59.9	26.2
2000	10.3	53.3	36.4	10.5	58.8	30.7
2003	7.3	52.5	41.2	7.6	59.2	33.2
2005	6.6	53.4	39.9	6.6	61.0	32.4
2007	5.3	54.0	40.0	5.5	60.6	33.9
2008	5.1	53.9	41.0	5.2	59.8	35.0
2009	5.1	51.8	43.1	5.2	58.1	36.7
2010	4.9	51.6	43.5	5.3	56.9	37.8

浙江第三产业占比不仅增长缓慢,而且目前只与全国平均水平相当;绍兴还没有达到全省平均水平。2010 年,绍兴第三产业占比居全省第 8 位,低于全省平均水平 5.3 个百分点。

3.特大城市占比较低

2011 年中国特大城市 58 个,按区域分布如表 6-5 所示。

表 6-5　2011 年全国特大城市区域分布

东北地区 (9 个)	华北地区 (10 个)	西北地区 (4 个)	华东地区 (20 个)	华中地区 (16 个)	西南地区 (5 个)
黑龙江:哈尔滨、齐齐哈尔、大庆 吉林:长春、吉林 辽宁:沈阳、大连、鞍山、抚顺	北京、天津 河北:石家庄、唐山、邯郸、保定 山西:太原、大同 内蒙古:包头、呼和浩特	陕西:西安、宝鸡 甘肃:兰州 新疆:乌鲁木齐	上海 江苏:南京、苏州、徐州、无锡、常州 浙江:杭州、宁波、温州 江西:南昌、九江 福建:福州、厦门、泉州 山东:济南、青岛、淄博、烟台 安徽:合肥、淮南	河南:郑州、洛阳、商丘、南阳、新乡 湖北:武汉 湖南:长沙、衡阳 广东:广州、深圳、汕头、佛山、惠州 广西:南宁、柳州 海南:海口	重庆 四川:成都、绵阳 云南:昆明 贵州:贵阳

从表 6-5 可以看出,区域经济实力和区域特大城市呈现出很强的正相关关系,经济实力前三位的省广东、江苏、山东,特大城市数分别为 5、5、4。浙江只有 3 个,特大城市数量偏少,与浙江经济总量不相称。表 6-6 为浙江省城市及建制镇数量变动情况,反映出 21 世纪以来浙江城市数量尤其特大城市增长缓慢。

表 6-6 浙江省城市及建制镇数量变动情况

年 份	城市和建制镇数量	城市数量	特大城市	大城市	中小城市	建制镇
1978	174	7	0	3	4	167
1995	995	34	1	6	27	961
2000	1004	33	1	9	23	971
2006	786	32	3	10	19	754
2011	822	39	3	15	21	783

4. 城市首位度较低

所谓城市首位度,是指一国或地区最大城市的人口数,与第二大城市或前四位大城市之间人口数的比值。城市首位度可以反映一国或一地区的城市规模结构和人口集中程度。从理论上看,一个区域内两城市首位度为 2 或四城市首位度为 1 时,说明区域内城镇空间分布较均衡、资源的占有和分配较合理;当首位度超过 6 时,说明区域内城镇处于一种极度失衡的发展状态,两极分化现象明显。表 6-7 为浙江省省会城市及地市级城市首位度。

表 6-7 浙江省省会及地级市的城市首位度(2010 年年底)

城市排序	城 市	人口数(万)	省会(中心)城市首位度
省会城市(1)	杭州	820.2	(1)/(2):0.943
人口第一大城市(2)	温州	870.0	(2)/(1):1.061
人口第二大城市(3)	杭州	820.2	(3)/(4):1.146
人口第三大城市(4)	宁波	715.0	(1)/(2)+(3)+(4):0.341
人口第四大城市(5)	台州	575.0	(2)/(1)+(3)+(4):0.390

按照上述标准,省会杭州的城市首位度为 0.943,比人口第一大城市温州的人口还少;把人口第一大城市温州与杭州、宁波和台州等四城市的人口

总量进行比较,首位度指数仅为0.39。说明四大城市之间人口差异很小,基本上处于均等状态。继续对浙江省各县(市)的人口进行分析,可以看出,浙江省的县(市)之间,也存在着均等状态,比如绍兴(如表6-8所示)。

表6-8　绍兴市区及县(市)城市首位度(2010年年底)

城市排序	城　市	人口数(万)	省会(中心)城市首位度
市级中心城市(1)	市区	65.26	(1)/(2):0.609 (2)/(1):1.640
人口第一大城市(2)	诸暨市	107.20	(3)/(4):1.054
人口第二大城市(3)	上虞市	77.40	(1)/(2)+(3)+(4):0.250
人口第三大城市(4)	嵊州市	73.46	(2)/(1)+(3)+(4):0.490
人口第四大城市(5)	绍兴县	72.58	

经济学原理表明,当城市之间在资源和人力处于均衡水平时,劳动者就不必蜂拥至中心城市或省会城市,就地创业或从业的成本大大低于中心城市,劳动者会更多地选择就地就业。给定一个相同的资本供给量,当农村剩余劳动力更多地选择就地创业或从业,就会推动本地的工业化进程,进而带动本地的城市化进程,使得城乡差距缩小。浙江的实践证明了理论与实际的一致性,改革开放以来浙江城乡收入差距一直处于全国最小之列,2010年,浙江城镇居民人均可支配收入为27359元,农村居民人均纯收入为11303元,城乡居民收入之比为2.4∶1;同年绍兴城镇居民人均可支配收入为30164元,农村居民人均纯收入为13651元,城乡居民收入之比为2.2∶1;而2010年全国城镇居民人均可支配收入为19109元,农村居民人均纯收入为5919元,城乡居民收入之比为3.2∶1。可见,浙江城市均衡发展使得浙江城乡居民收入差距较小,但同时也带来许多副效应。

(二)浙江城市化滞后于工业化的原因分析

浙江经济以产业集群著称,在产业集群的经济组织形式中,众多企业在市场机制的作用下形成了紧密的分工联系,进而形成了完整的产业链,比如,绍兴的纺织产业集群和袜业产业集群非常典型,众多企业形成了生产分工网络[①],产业集群及其发达的分工存在的普遍性说明,产业内分工落后不是浙江城市化滞后于工业化的主要原因。根据前面的文献综述和浙江实

---

① 程学童、王祖强:《集群式民营企业成长模式分析》,中国经济出版社2005年版。

际,笔者认为,投资比例过高、改革开放以来实施的强县战略以及产业之间的分工融合较弱,是浙江城市化滞后于工业化的主要原因,下面重点分析这三个方面。

1. 固定资产投资率相对较高,投资效益相对较低

下面对浙江固定资产投资状况进行纵横向比较。表6-9为2000—2010年浙江固定资产投资情况表。

表6-9 浙江固定资产投资变动情况(2000—2010年)

年 份	投资额(亿元)	比上年增长(%)	地区生产总值(亿元)	地区生产总值比上年增长(%)	投资占地区生产总值比(%)
2000	2267	20.2	6141	11.0	36.9
2001	2777	22.5	6898	10.0	40.7
2002	3596	29.5	8004	12.0	44.9
2003	4994	38.9	9705	14.7	51.5
2004	6060	21.4	11649	14.5	52.0
2005	6696	10.5	13438	12.8	49.8
2006	7593	13.4	15743	13.9	48.2
2007	8420	11.1	18753	14.5	45.2
2008	9323	10.7	21463	10.1	43.4
2009	10742	13.0	22990	10.8	46.7
2010	12376	15.0	27722	11.9	44.6

说明:数据来源于2011年浙江省的统计年鉴或根据该统计年鉴中的数据计算得出。

从表6-9可以发现,与全国及国际水平相比较,浙江投资率比较高。2006年,浙江的投资率为48.2%,全国为42.5%。根据世界银行资料,2003年世界平均水平投资率为20.7%,低收入国家为24.8%,中等收入国家为24.6%,高收入国家为19.9%。菲律宾、印度尼西亚、泰国2005年的投资率分别为15.7%、23.4%和31.1%。显然,浙江目前投资率不仅大大高于世界平均水平,而且明显高于发展中国家的平均水平,也高于全国水平。

下面抽取部分年份(与2000—2010年其他年份没有根本区别),把浙江省消费率和投资效果与部分省(区、市)进行比较(见表6-10)。

表6-10　浙江与部分省(区、市)消费率和投资效果比较

年 份 省(区、市)	消费率(%)			投资效果系数		
	2004	2005	2006	2004	2005	2006
浙江	46.5	47.4	47.2	32.1	26.7	29.1
上海	47.5	48.3	49.0	44.7	30.8	30.8
江苏	41.5	41.2	41.6	37.5	40.4	33.2
山东	43.7	43.8	43.1	40.0	32.0	30.4
广东	53.9	51.6	49.0	50.5	50.2	48.1
安徽	56.7	56.2	55.1	/	/	/
福建	51.6	50.2	48.6	/	/	/
全国	/	/	/	34.1	27.1	23.1

说明:表中数据来源于相关年份的中国统计年鉴或根据统计年鉴中的数据计算得出。

2001年以来(其他年份略),浙江平均投资效果系数高于全国平均水平(见表6-10),低于临近的江苏、上海、山东等地区水平,和具有经济先发优势的广东相比,差距比较大。浙江投资占比较高,产生投资对消费的挤出,使得社会对服务的需求相对增长较慢,第三产业发展相对滞后,进而导致城市化水平相对较低。城市化水平较低、第三产业发展水平相对较低反过来又影响投资效率的提高,三者互为因果关系。

2. 长期实施的强县战略

财政省管县体制,是造就浙江多百强县和多千强镇的秘密武器。但百强县、千强镇在带动农民创业致富、缩小城乡收入差距方面发挥积极作用的同时,也成为地市级中心城市难以扩展、城市化水平难以提高的主要原因,最典型的就是绍兴市。绍兴市下辖五个县(市)2005年全部进入百强县行列,但绍兴市是全省只有一个区的两个城市之一,面临县(市)关系的协调困难等复杂的问题。绍兴县和绍兴市名称相同,市存在于县中、县围绕着市,难分伯仲、不分彼此,在其发展历史上,曾经反反复复、分分合合,时至今日仍难合为一体。绍兴市地处长江三角洲南部,浙江省中北部杭甬之间,下设绍兴县、诸暨市、上虞市、嵊州市、新昌县和越城区,面积8256平方公里,人口433万。其中市区面积仅有337平方公里(属于面积比较小的地级市),人口65万。长期以来,绍兴市虽然有水乡、侨乡、酒乡、书法之乡、名士之乡的美誉,是首批国家级历史文化名城,是首批中国旅游城市,绍兴县也曾多

次跻身全国经济十强县,但是绍兴市在很长一段时间内始终难以通过将离市区最近的县变为区进入大城市的行列,成为"浙江第四城市"的构想也还面临许多难题。

3.区域范围内产业之间分工融合发展较弱

"块状经济"是浙江经济的显著特征。"块状经济"既说明浙江产业发展层次不高,也说明产业之间融合不够,分工和贸易联系不强,县市呈现出"诸侯经济"特征。"诸侯经济"阻碍了小城市融为一体成为大城市。产业之间联系弱除了产业发展的阶段原因,还与经济区域和行政区域的分割相关。经济区域是客观存在的经济活动区域,是以中心城市为核心,以历史、文化渊源为基础,以广泛的内外经济联系为纽带的开放型经济地域,具有中心相对稳定、边界模糊、对外开放、对内联系紧密等特征。行政区域是国家实施政治控制和社会管理的特定地域单元,具有比较稳定的地理界限和刚性的法律约束。我国行政区域与经济区域的关系随经济体制的变迁而进行着缓慢的演进。计划经济时期,区域经济运行以"条条"管理为主,行政区域在区域经济发展中发挥着至关重要的作用。20世纪80年代至90年代初,一系列的分权化改革,加剧了以行政区域为主导的经济特征。20世纪90年代中后期以来,随着市场经济的不断发展,行政区域与经济区域关系为适应区域经济一体化发展的趋势和规律,向着协调发展的方向演变,但仍然没有根本性改变。因此,行政体制改革滞后于市场经济发展是浙江城市化滞后于工业化的一个深层原因。

四、城市化相对滞后对经济社会发展的约束——以绍兴为典型分析

由于城市的聚集效应,城市经济具有规模经济递增的特点。规模较大的城市可以提供良好的基础设施条件,较完善的生产、金融、信息、技术服务,集中、有规模的市场,并且会由于企业和人口的集中而在技术、知识、信息传递、人力资本贡献等方面形成溢出效应,因而会产生较高的经济效益。浙江因为城市化相对滞后,对经济发展产生了明显的制约,下面以典型城市绍兴为例进行分析。

(一)难以孕育出航母型企业,使产业转型升级缺乏发动机

浙江工业化进程中没有出现超大型企业、特大型企业,这与浙江没有出

现超大城市、特大城市形成晚直接相关[①]。历年中国民企500强评选，浙江入选数量始终居全国省（区、市）第一位，绍兴又始终居地级市第一位，但绍兴乃至浙江都孕育不出特大型企业。这是因为特大城市能为企业成长提供规模经济效益递增和边际成本递减的环境支撑，没有特大型企业，产业发展和转型升级就会缺乏发动机；只有特大型企业，才可能成长为大型跨国公司，在全球整合资源，提升整个价值链的竞争力。波特的价值链理论揭示：企业与企业的竞争，不只是某个环节的竞争，而是整个价值链的竞争，而整个价值链的综合竞争力决定了企业与产业的竞争力。跨国公司便是全球价值链的最佳实现载体。跨国公司在全球的价值链分工是利用不同国家和地区在资源与市场等方面的差异，将价值链的各活动环节设立在投入产出比率最高的国家和地区，实现全球范围的资源与市场整合，降低整个价值链的成本，提高整个价值链的竞争力。因此，跨国公司具有产业结构升级效应、贸易创造效应和经济增长效应。浙江企业普遍处于全球价值链低端，在全球分工中处于被支配地位[②]，其中以绍兴纺织产业最为典型。绍兴中国轻纺城是全球最大的纺织品集散中心，2011年成交额890亿元，全市集聚了上万家纺织企业，但没有一家超大型企业。产品长期以化纤布为主，一直不能根本摆脱"恨布不成衣"时代。

（二）中心城市经济首位度和产业首位度低，缺乏对高级要素的集聚力

经济首位度是指一个地区的最大城市（中心城市）与第二大城市经济规模、总量之比值，一般认为，城市的经济首位度小于2，表明结构正常、集中适当；城市的经济首位度大于2，则存在结构失衡、过度集中的趋势。以绍兴为例，选取2011年几个主要经济指标来说明（见表6-11）。

表6-11　2011年绍兴县市区主要经济指标及经济首位度

城　市	地区生产总值（亿元）	财政收入（亿元）	固定资产投资（亿元）	工业投资（亿元）	工业增加值（亿元）	进出口总额（万美元）	社会消费品零售总额（亿元）	实际利用外资（万美元）
市区(1)	537	98	307	108	211	728477	296	14385
绍兴县(5)	920	117	356	183	507	1331964	142	15015

①　推进浙江城市化和促进区域经济协调发展研究课题组：《推进浙江城市化和促进区域经济协调发展研究》，《统计研究》2001年第12期。

②　张辉：《全球价值链下地方产业转型和升级》，经济科学出版社2006年版。

续 表

城 市	地区生产总值（亿元）	财政收入（亿元）	固定资产投资（亿元）	工业投资（亿元）	工业增加值（亿元）	进出口总额（万美元）	社会消费品零售总额（亿元）	实际利用外资（万美元）
上虞市（3）	520	65	241	132	259	335012	154	15011
嵊州市（4）	320	32	117	71	152	165997	132	8672
诸暨市（2）	739	80	324	198	380	622945	196	24965
首位度	0.72	1.22	0.947	0.5	0.55	1.17	1.5	0.057

从表 6-11 可以看出，根据绍兴各项主要经济指标计算出的经济首位度，没有一项超过结构正常界限 2，而且离界限很远，说明绍兴中心城市经济集中度很低。

用规模以上工业新兴产业产值和规模以上工业经济效益评价考核得分代表产业首位度，计算得出，绍兴产业首位度同样很低（见表 6-12）。

表 6-12 2011 年绍兴各县（市）产业首位度

	市 区	绍兴县	上虞市	嵊州市	诸暨市	
规模以上新兴工业产业产值（亿元）	225.77	618.44	333.13	80.93	450.8	产业首位度为 0.5
规模以上工业企业经济效益得分（分）	300	284	309	257	330	效益首位度为 0.9

因为绍兴中心城市经济首位度和产业首位度都较低，使得中心城市对高级要素的集聚能力较弱，对县（市）经济社会发展的辐射力和带动力较弱，高层次人才进不来、留不住，从而导致更多的高端要素流向了杭州和宁波。杭州对诸暨市的经济辐射能力超过绍兴，宁波对上虞市的经济辐射能力也超过绍兴。近几年，绍兴县、诸暨市的一些大企业及其总部向杭州迁移，上虞市一些大企业及其总部也向宁波和杭州迁移（2008—2010 年诸暨市 25家企业迁到杭州），绍兴面临被"肢解"的危险。

（三）生产性服务业落后与经济对外依存度高互为因果循环

改革开放以来，绍兴经济对外依存度不断提高。近十多年来，对外贸易依存度一直保持比较稳定的高位状态，"十一五"以来，外贸依存度平均为66％（见表 6-13），外贸对绍兴经济增长贡献较大。2011 年，虽然与前几年相比，进出口增长率有较大的降低（2009 年除外），但在全球经济遭遇寒流、欧美市场需求不振、对外贸易摩擦升级以及各种技术贸易壁垒有增无减的情况下,绍兴外贸出口仍然保持平稳增长,增幅高于全省、全国的 3.3% 和 2.9%,进口总额和出口总额均居全省第三位。没有发达的交易部门,工业品无从在市场上实现转手,第三产业发展水平较低,服务业占地区生产总值比重居全省第八位,进出口却居全省第三位,原因在哪里? 当然是借助了世界发达城市的商务、物流、技术和融资等多方面的服务。长此以往,借助外力服务形成路径依赖,加之发达国家和地区企业服务水平较高,进口商总体信用较好,商品出口收款比较顺利,于是,低需求抑制区域内服务业发展,生产性服务业落后与经济对外依存度高互为因果循环,同时导致三个问题:区域经济风险加大;国内市场适应能力不强;利润外流。

表 6-13　"十一五"以来绍兴外贸依存度

年　份	2006	2007	2008	2009	2010	2011
进出口总额(亿美元)	139.49	192.94	238.27	204.90	270.00	335.00
自营出口额(亿美元)	105.03	138.12	174.95	157.61	210.89	259.86
进出口增长率(%)	28.2	38.3	23.5	−14.0	31.8	19.2
地区生产总值(亿元)	1682.04	1978.72	2230.20	2375.78	2782.74	3291.23
地区生产总值增长率(%)	13.2	14.3	9.0	9.3	11.0	10.5
外贸依存度(%)	62	73	73	58	65	65

(四)小城市的严重拥堵销蚀着居民的平和心态

绍兴因为行政分割,中心城市框架一直拉不开,21 世纪初谋划的百万人口大城市至今仍未变为现实,于是,市区 362 平方千米集聚了 65 万人,是长三角地级市中心人口密度最高的城市之一。由于绍兴"藏富于民",居民收入一直位于长三角城市前列。近年民用汽车迅猛增长,"十一五"以来,从 21.3 万辆增加到 52.6 万辆,增长率为 148%,相当于全市 50% 的家庭、市区 90% 的家庭拥有汽车。城市框架小、人口密度高、汽车数量多导致停车难、堵车严重。"十一五"期间,市人大代表、政协委员关于解决市区交通拥堵的提案和建议共有 123 个。小城市不断升级的拥堵现象,销蚀着小城市的生活方便等优势和居民的平和心态,成为一个关注度越来越高的社会问题。

五、结论与启示

(一)发挥市场机制在城市化提升中的基础性作用

分工演进会自发推进城市发展,而市场机制能自发促进分工。充分发挥市场的作用,是浙江改革开放以来取得辉煌成就的基本经验。城市化水平的提高必须是市场选择和市场推进的结果。产业、资金、劳动力及人口自然流动的方向,是一个很好的风向标,指示出资源优化配置的方向,说明要素流向的目的地城市具有较好的经济效益和发展潜力。浙江提升城市化水平仍然应坚持市场化方向,在市场导向的基础上,择优做出重点规划。政府的作用应当是帮助消除城市化发展的瓶颈,为市场机制发挥作用扫除障碍。包办和代替市场的作用,揠苗助长式地铺摊子、扩大城市规模,可能产生一批缺乏凝聚力、缺乏发展后劲的空壳城市,浪费了宝贵的投资资金和土地资源,反而会拖累城市化进程。因此,在城市化过程中,政府需要担负的职责主要是为城市的发展提供良好的基础设施配套建设,政府规划要与市场导向的城市发展方向相协调,为大城市发展留出足够的空间,同时顾及中小城市及小城镇的协调发展,特别要有利于形成空间结构和布局合理的城市群。

(二)推进工业结构的现代化和第三产业的发展

工业化是城市化的基础和动力,工业化的演进和结构优化是城市化水平提高的主要途径。产业活动是城市经济活动的实体,城市产业结构的转换和新兴产业的崛起必将给城市经济发展注入新的活力和生机。通过培育高新技术产业,促进城市工业向高、精、尖方向发展,并体现城市特色;通过大力推进传统产业转型升级,打造长三角先进制造业基地;通过产业结构的优化集聚高端要素,促进城市化水平的提高和城市质量的提高。同时,根据国民经济发展的要求,制定有利于第三产业发展的政策,强化中心市区的金融、贸易、信息、中介服务以及生活服务等功能,从转变观念、规范行为、适当扶持和增加投入等多个方面加以引导,努力发展各具特色的第三产业,逐步形成一个有地方特色、能够适应多层次需要的第三产业发展格局。调整第三产业内部结构,推动第三产业各行业协调发展。地级市应建设中央商务区。

（三）以"都市化战略"代替"强县战略"，完善以城市群为载体的城市化布局和形态

随着工业化的重心由农村工业化向城镇工业化转变，城市化战略也逐步由小城镇向大中型城市转移，长三角经济由以中心城市为主的增长向以中心城市和外围地区为主的全面增长转变。研究表明，城市的空间分布是具有结构性的，城市的空间是相互作用的，城市之间存在溢出效应，相邻城市之间的增长率是相互依存的，单个城市处在邻近城市组成的空间结构中。表现出很强活力的中小城市（镇）都具有以下特点：（1）环绕或毗邻一个超大城市或国际大都市（如上海、香港）；（2）城市分布密集，除了作为核心的超大城市外，在直径一两百公里范围内至少还有三四个超过一百万人口的大城市互相依托，加上周边若干较小规模的城市（镇），组合成一个以超大城市为核心、以大城市为主干、由不同规模的城市（镇）组成的城市群结构；（3）大城市之间、大城市与中小城市（镇）之间，有密集的交通网连接，运输条件便利。在没有超大城市作为发展中心的地域，由几个百万人口级别的大城市组成的城市群，可能也是一个较好的发展布局。因此，对大城市不足的地区而言，比较现实的城市化发展路径，就是一方面改善现有大城市的条件，增强其辐射力；另一方面重点改善分布在大城市辐射范围以内、发展较好的几个中小城市（镇）的基础设施条件和投资环境，改善城市间交通运输条件，帮助它们发展成为较大城市，从而逐步形成一个良性的城市群结构。浙江通过发展杭州都市圈，带动周边中小城市（镇）发展是可行路径；绍兴选择融入杭州都市经济圈、上海都市经济圈也是推进城市化水平的可行路径。

（四）推进制度变迁和体制机制创新

制度变迁和创新有利于降低经济主体的交易成本，促进要素集聚，提高就业和收入机会，降低居民创业成本和生活成本。体制机制创新一直是改革开放以来浙江经济社会快速发展的基本动力。当前，浙江推进城市化水平可以进行以下制度改革和创新：

第一，借鉴其他省（区、市）发展中心城市的经验，适当调整现行的省直接对县（市）的财政管理体制。通过此项改革，相应扩大区域中心城市的财政盘子，以集中必要财政资金从事城市建设，增强提供公共服务的能力和区域经济的调控能力。第二，进行必要的行政区划调整，创造条件和机遇，扩大一些城市（比如绍兴）市区的行政区划范围，拓展城市的生存和发展空间。

第三,创新发展环境,适应企业转型升级需要,比如进一步简化审批程序、规范审批流程,提高政府公共服务平台的效能等。第四,创新城市建设投融资体制,以推进城市基础设施的建设和公用事业的发展,创新城市规划体制改革,加强小城镇密集区的整体规划和实施机制改革。

第三节　新型城镇化与经济发展方式转变实证研究

加快经济发展方式转变的重要内容之一,就是改变拉动经济增长的总需求结构。在国民收入核算体系中,总需求可以分解为投资、消费和净出口三个部分,通常被称为拉动经济增长的"三驾马车"。近年来,三大需求对我国经济增长的拉动作用极不平衡,投资和净出口贡献率相对较高,消费贡献率有所下降,某些地区表现得非常突出,偏离了需求结构演变的一般趋势。因此,加快转变经济发展方式,必须推动经济增长从主要依靠投资、出口拉动向依靠消费、投资、出口协调拉动转变,关键是扩大消费在总需求中的比重。学者普遍认为,城市化是解决消费需求不足的必由之路,城市化与需求的关系受到许多学者的关注。范剑平、向书坚认为,改革开放以来,城市化水平的提高并没有使消费水平较高的城镇居民消费份额相应提高,城市化对提高居民消费率的贡献几乎为零[1];刘建国通过对我国同一收入层次的城乡居民的消费倾向比较,论证了"农民消费倾向"偏低的假说,认为要扩大内需必须加快我国的城市化进程[2];王飞对居民消费率与城镇化率进行线性回归,得出居民消费率与城镇化率负相关,并认为我国的城市化对居民消费率的影响违背常规[3];刘志飞、颜进把历年城镇居民消费占居民总消费比重的增加率和历年的城镇化水平增加率数据进行对比,发现两者的相关程度极差,认为城市化对居民消费率上升的贡献几乎为零,尤其是农村人口就地城镇化的小城镇化模式抑制了我国居民消费率的提高[4];谢晶晶、罗乐勤运用1985—2001年的数据,通过协整检验得出城市化率每增长1%,城市固定资产投资增长0.44%,城镇居民人均年消费支出增长2.01%,说明城市化水平对我国的城市固定资产投资和城镇居民消费支出有显著影响,特

---

[1]　范剑平、向书坚:《我国城乡人口二元社会结构对居民消费率的影响》,《管理世界》1999年第5期。

[2]　王飞、成春林:《城镇化对我国居民消费率的影响》,《甘肃农业》2003年第11期。

[3]　刘建国:《城乡居民消费倾向的比较与城市化战略》,《甘肃农业》2003年第11期。

[4]　刘志飞、颜进:《从居民消费角度看城市化道路的选择》,《城市问题》2004年第3期。

别是对消费需求的长期影响更为明显[1]；何海鹰、朱建平采用向量自回归模型，运用脉冲响应函数对 1978—2003 年我国城市化和全国平均消费水平进行了动态性研究，得出前两期的消费水平对当期城市化水平有正的影响，且影响在逐渐减小，全国平均消费水平受到滞后两期的城市化水平影响比较大，城市化水平的提高对全国消费水平的提高会产生长期的正的影响[2]；刘艺容对我国 1978—2005 年城市化率与消费率的变动关系的研究得出了在城市化加速期，我国的城市化率迅速上升，而消费率则呈平缓下降的结论[3]；陈昌兵运用世界 28 个国家和中国省（区、市）面板数据分析得出投资率和城市化率存在"倒 U"型关系，消费率和城市化率存在"U"型关系[4]。目前的研究对我国城市化与消费的关系发展做出了重要贡献，但尚存在两个问题：现有文献大都关注全国城市化水平与消费的关系，没有研究某一区域城市化与消费的关系；没有把城市化与消费结构的变化与发展方式转变相联系。以下试图以浙江城市化显著滞后于工业化的绍兴市为个案[5]，从优化需求结构的视角研究发展方式转变。

一、理论框架：城市化与有效需求理论扩展

（一）有效需求理论及其应用加剧传统发展方式终结

凯恩斯的有效需求理论注重需求总量研究，认为经济增长是有效需求驱动的过程，有效需求不足是现代市场经济必然存在的问题。在封闭经济中，有效需求由消费需求和投资需求组成，在开放经济中，有效需求由消费需求、投资需求和出口需求组成。现代经济条件下，充分就业的高水平均衡只是一个特例，大量存在的是低于充分就业的均衡，社会就业水平取决于社会总需求水平，难以实现充分就业在于有效需求不足。凯恩斯认为，有效需求不足的原因在于三大心理规律：边际消费倾向递减、资本边际效率递减和流动性偏好。其中，消费需求不足的主要原因在于边际消费倾向递减规律。边际消费是指在新增加的单位收入中用于消费的比重，即消费增量与收入增量之比（$\Delta C/\Delta Y$）。凯恩斯认为，随着社会收入水平的提高或人们富裕度

①　谢晶晶、罗乐勤：《城市化对投资和消费需求的拉动效应分析》，《改革与战略》2004 年第 5 期。
②　何海鹰、朱建平：《城市化与消费需求互相拉动的效应分析》，《南昌工程学院学报》2006 年第 1 期。
③　刘艺容：《加快城市化进程是拉动消费增长的持久动力》，《消费经济》2005 年第 4 期。
④　陈昌兵：《城市化与投资率和消费率间的关系研究》，《经济学动态》2010 年第 9 期。
⑤　杨宏翔：《城市化滞后于工业化及其消解——以浙江为例》，《浙江省委党校学报》2013 年第 2 期。

的提高,边际消费倾向呈现出递减的趋势,这样就导致消费需求不足,并造成社会有效需求不足,解决该问题就要设法刺激消费,提高边际消费倾向。如何刺激有效需求,凯恩斯开出的药方是实行扩张性宏观经济政策,尤其是扩张性的财政政策。2008年以来的金融危机引发了全球性经济衰退,中国再次根据凯恩斯的理论实现稳增长,即实施积极的财政政策和稳健的货币政策。虽然短期内达到了一定效果,经济保持了8%以上的增长率,但需求结构失衡更加显著,发展方式问题愈加严峻。投资、出口依赖和收入分配的资本偏向症状日趋严重,中国经济进入了一种投资增长过快导致产能过剩,产能过剩导致出口过大和外汇储备过多,外汇储备过多导致货币增发过快,又导致投资增长过快的怪圈[①]。当前全球经济进入大调整时期,加快经济发展方式转变成为时代主题。从国际环境看,欧美等发达国家扩大投资和储蓄,中国等新兴市场国家扩大消费,实现全球经济"再平衡"成为全球变革的新取向。从国内形势看,支撑中国经济三十多年快速增长的"人口红利"开始逐渐消退,劳动力从无限供给到相对短缺的"刘易斯转折点"即将出现[②]。同时,人民币升值压力持续积累,资源环境保护要求进一步提高,要素价格全面上涨,这些因素已深刻影响中国经济中长期发展大局,传统经济发展方式面临终结,构建消费主导新发展模式日趋迫切。但是,构建消费主导新发展方式,需要扩展凯恩斯的有效需求理论。

（二）有效需求理论扩展:城市化对消费需求的增长效应

1. 城市化对消费增长的创造效应

城市化对消费增长的创造效应是指城市化增加了城乡居民的就业机会、工作时间和劳动力要素价格,从而带来个人收入增加和消费能力提升。凯恩斯的消费函数理论认为,消费是收入的函数,消费的增长取决于收入的增长,消费需求的变动与收入水平呈正相关关系。目前我国数量庞大的农村居民增收乏力,是制约和影响我国内需增长的主要障碍。当前情况,依靠提高农村经济发展解决农民收入水平低的问题空间不大,而城市化作为现代经济社会现象和趋势,是乡村分散人口、劳动力和非农业经济活动不断进行空间上的聚集而逐渐转化为城市经济要素的过程。它表现为:一个国家或地区内的人口由农村向城市转移,农业人口转化为非农业人口;农村地区

① 林毅夫:《中国经济怪圈,根在收入分配》,《国际金融报》2008年3月21日。
② 蔡昉:《刘易斯转折点:中国经济发展新阶段》,社会科学文献出版社2008年版。

逐步演化为城市地域；城镇数目不断增加，中等城市不断壮大，城市基础设施和公共服务设施水平不断提高；城市文化和价值观念成为社会文化的主体，并在农村地区不断扩散和推广。农村人口向城市转移后，"新市民"经济来源渠道更多，可以从事第二、第三产业，其收入将大大超过其从事农业生产的收入，从而拉动市场消费需求的不断扩张。同时，城市化对消费增长的收入效应还表现在新增城市人口会给原有城乡居民提供更多的增加收入水平的机会上。首先，城市人口的增加将扩张消费市场，促进城镇第三产业的蓬勃发展，进而提高城镇居民的收入水平。其次，随着城市人口的不断增加，对农产品需求增加带来的消费市场扩张，使得农产品"卖难"的问题在根本上得到缓解，促进农村居民收入增加，从而推动农民整体消费水平的提升。

2. 城市化对消费增长的示范效应

杜森贝的"相对收入假定"理论包含两个方面的内容。其一，个人及其家庭的消费支出不仅受到自身收入的影响，也受到他人消费的影响。如果一个人收入增加了，但周围或同一阶层的人收入也同比例地增加了，则他的消费在收入中的比例并不会变化。反之，如果他的收入并没有增加，但他周围或同一阶层的人收入增加了，则他的消费在收入中的比例也会提高。这是因为，他周围的人对他的消费具有"示范效应"。因此，个人消费倾向不是取决于他的绝对收入水平，而是取决于他与周围人的相对收入水平。其二，消费支出不仅受目前收入的影响，还受过去收入和消费的影响。如果一个人当期收入超过以往高峰期收入，则他的消费与当前收入有关；如果当前收入低于高峰期收入，则人们在收入下降时为维持已经有的生活水平，会改变消费倾向，提高消费在收入中的比例。这就是所谓的消费"棘轮效应"。由于存在这种消费的"示范效应"和"棘轮效应"，农民由农村向城市转移后，由于受到城市生活方式引导，消费心理、消费观念、消费结构和消费方式将会发生相应的变化。进入城市的居民，购买各种消费品时，不仅会与同一收入阶层的城市居民比较，而且还会把城市消费当作消费潮流的风向标，并主动去模仿城市消费。所有这些都诱使新进城居民即使在收入不变的情况下也会提高消费，从而对消费产生巨大的放大效应。由此可见，城市化从不同层面改变消费心理，带来了消费增加的示范效应。

3. 城市化对消费增长的扩张效应和循环累积效应

一方面，农村人口流入城市后，生活必需品的自给率大大降低，对市场的依赖性增强,消费需求必然扩大。另一方面,农村人口进入城市后,家庭成员接受教育的环境变好,接受教育的机会增加,人均受教育的时间提高,尤其当前我国为农村转移人口和再就业者提供的大量免费教育和教育补贴,使其人力资本提升,打破了受教育水平低就业难→就业难收入低→收入低消费少的恶性循环,累积了收入增加的各种积极因素;同时,老龄化加剧,开辟了新的就业空间。各国的经验都表明,农村人口向城市的迁移会产生巨大的消费"累积效应"①。

二、城市化影响消费需求的实证分析:已有研究的宏观层面实证分析

(一)世界平均水平的考察及结论

为考察需求结构的变动趋势和规律,史晋川应用联合国统计数据库②,时间为 1970—2008 年,其中,分发展阶段考察的数据包括 71 个国家,剔除了年度数据不全、关键年份前后数据突变以及 2008 年人口不足 1000 万的国家。研究得出如下结论:(1)需求结构与经济发展阶段密切相关。总体上看,在低收入阶段,消费率、投资率和净出口率差异显著,消费率广泛分布于 20%～120%区间(重点在 60%～100%),投资率广泛分布于 0～50%区间(重点在 0～40%),净出口率广泛分布于 -40%～80%区间(重点在 -30%～20%区间)。随着经济发展,各国消费率、投资率和净出口率的差异缩小,趋于收敛。当人均国内生产总值突破 6000 美元后,消费率基本稳定在 75%～80%左右,投资率在 20%左右,净出口率为 0 左右。这表明,当经济发展达到一定阶段后,需求结构将形成一个消费内需主导的比较稳定的均衡状态。(2)同样一个国家,在人均国内生产总值突破 6000 美元后,其投资率、消费率和净出口率将趋于稳定,进入消费内需主导的发展阶段,进出口基本平衡。需求结构最终进入消费内需主导的比较稳定的均衡状态是各国共同的发展经验,也是一种必然的发展趋势,而不是个别现象。(3)在需求结构演变过程中,主要转折点至少有两个。一是传统经济增长阶段迈向现代经济增长启动阶段的转折点,这时关键要加强资本积累。二是高速起飞阶段迈向成熟阶段的转折点,这时关键在于扩大消费内需,增强消费对经济增长的拉动作用。能否准确把握转折点,并作出正确选择,直接关系到

---

① 周学:《经济大循环理论——破解中等收入陷阱和内需不足的对策》,《经济学动态》2010 年第 3 期。
② 史晋川、黄梁浩:《总需求结构调整与经济发展方式转变》,《经济理论与经济管理》2011 年第 1 期。

发展中国家或区域经济崛起的前景。根据国际需求结构演变的一般规律，第二个转折点大致在人均国内生产总值6000美元左右出现。（4）从区域分组考察看，总体上，东亚和东南亚国家和地区走了一条投资主导、出口导向型发展道路。在1997年东南亚金融危机之前，需求结构主要表现为高投资率，投资率水平保持在25%～35%的高位。中国是世界上投资率最高和消费率最低的大国，特别是2003年以来，投资率在40%以上，消费率在60%以下，净出口率大幅攀高。参照全球需求结构演变一般形式，中国需求结构十分独特。根据中国经济转型发展周期（1978—1984；1985—1992；1993—2001；2002—2008）初步研究表明，近年来中国经济效益提升减缓、产业升级缓慢和收入分配失衡等深层次矛盾都与需求结构有密切关联。

（二）以我国31年数据为样本的分析及结论

为了检验消费需求对人口城市化的依存关系，华中科技大学于淑波构建向量自回归模型（VAR），分析两者之间的动态关系[①]。向量自回归模型用模型中的所有当期变量对所有变量的若干期滞后变量进行回归，即每个变量都可以表示为自己与其他变量滞后值的线性组合形式，以联立方程的并列形式表现出来。然后通过模型以及模型的检验、冲击响应，进一步说明人口城市化对消费需求的影响。于淑波以全国1978—2008年的31年数据为样本，通过指标选取与数据处理、序列平稳性检验、构造向量自回归VAR模型、VAR模型的检验、脉冲响应图分析得出：（1）城市化水平的滞后项对居民消费水平影响有较大的正向影响，而消费水平对城市化水平影响程度较弱（影响均小于0.05）；（2）城市化水平带动了消费需求，并且是同向变动；（3）消费水平对城市化水平是Granger非因果性，但城市化水平对消费水平具有Granger因果性，这说明城市化水平滞后项的变动会对消费水平产生影响，消费水平的预测精度依赖于城市化水平的滞后项；反过来，消费水平滞后项的变动不会对城市化水平产生影响。

三、本研究的中观实证分析：以浙江绍兴为对象

（一）绍兴经济发展阶段及典型特征

（1）根据人均国民收入划分，经济发展阶段为上中等收入国家的中间

---

① 于淑波：《人口城市化对消费需求的影响》，《经济与管理》2010年第10期。

水平。

（2）经济主体为民营中小企业，创新能力不强。绍兴有 10 万多家企业，其中规模以上企业 3327 家，中小微企业占比 95% 以上，全市各类人才总量占总人口的 6.5%，不仅未达到发展中国家工业化中后期的一般水平（10%），而且结构低级化较显著，高级技工占技能人才总量的比重不到 5%，高学历人才占人才总量的 0.2%。

（3）传统产业占比高。以纺织业为主的传统产业占工业经济的半壁江山。2008 年，绍兴纺织业占工业生产总值 46%，2012 年为 38.6%。

（4）城市化滞后于工业化显著。2010 年，浙江城市化率为 59%，工业化率为 50%，城市化率/工业化率＝1.22，高于全国 0.13 个百分点（全国 1.09），即相对于全国平均水平，浙江相对滞后，因为浙江 2010 年人均地区生产总值 7690.20 美元，全国人均生产总值 4477 美元，浙江高于全国 71.7%。2010 年，绍兴城市化率为 58%，工业化率为 50.8%，城市化率/工业化率＝1.14，低于浙江省平均水平的 1.22，但是，同年绍兴人均地区生产总值却高达 10605 美元，高出浙江省平均水平 38%，高出全国平均水平 137%。

（5）第三产业占比相对低。按照世界银行标准，人均收入 6000 美元相当于上中等收入国家和地区的平均标准，该阶段，第三产业逐渐成为主导，产业结构趋于高级化。绍兴 2010 年人均收入为 6196 美元，第三产业占地区生产总值只有 38.7%，不仅占比低，而且增长缓慢，还没有达到全国平均水平。2010 年，绍兴经济总量居全省第四位，但服务业占地区生产总值比重居全省第八位，低于全省 5.3 个百分点，2012 年低于全省 4.2 个百分点。

（二）绍兴需求结构变动状况比较

1. 1978—2010 年我国三大需求结构

表 6-14 我国三大需求对国内生产总值增长的贡献率和拉动

年份	最终消费		资本形成		货物和服务净出口	
	贡献率（%）	拉动（百分点）	贡献率（%）	拉动（百分点）	贡献率（%）	拉动（百分点）
1978	39.4	4.6	66.0	7.7	−5.4	−0.6
1980	71.8	5.6	26.4	2.1	1.8	0.1
1985	85.5	11.5	80.9	10.9	−66.4	−8.9
1990	47.8	1.8	1.8	0.1	50.4	1.9

续 表

年份	最终消费		资本形成		货物和服务净出口	
	贡献率(%)	拉动(百分点)	贡献率(%)	拉动(百分点)	贡献率(%)	拉动(百分点)
1995	44.7	4.9	55.0	6.0	0.3	/
2000	65.1	5.5	22.4	1.9	12.5	1.0
2001	50.2	4.2	49.9	4.1	−0.1	−0.01
2002	43.9	4.0	48.5	4.4	7.6	0.7
2003	35.8	3.6	63.2	6.3	1.0	0.1
2004	39.5	3.9	54.5	5.5	6.0	0.7
2005	39.0	4.4	38.8	4.4	22.2	2.5
2006	40.3	5.1	43.6	5.6	16.1	2.0
2007	39.6	5.6	42.4	6.0	18.0	2.6
2008	44.2	4.2	47.0	4.5	8.8	0.95
2009	49.8	4.6	87.6	8.1	−37.4	−3.5
2010	43.1	4.5	52.9	5.5	4.0	0.4

数据来源:2011年的中国统计年鉴。

表6-14说明:(1)从改革开放到20世纪末,我国消费率、投资率和净出口率差异显著,消费分布在35%～86%的水平,投资分布在1.8%～88%的水平,净出口分布在−66%～50%之间。21世纪以来,随着经济发展,我国消费率、投资率和净出口率的差异总体在缩小,趋于收敛,但个别年份差异很大,比如,2009年,净出口−37.4%,投资87.6%,政府调节经济对总需求结构的影响十分突出;(2)从需求结构变动看,内需主导的需求结构状态还未形成,传统的发展方式还未发生根本性改变。

2. 浙江近年消费结构变化

表6-15 浙江2004—2010年按支出法计算的地区生产总值及三部分占比

年份	地区生产总值(亿元)	最终消费(亿元)	消费占比(%)	资本形成(亿元)	资本占比(%)	货物和服务净出口(亿元)	净出口占比(%)
2004	11648.70	5416.73	46.50	5748.87	49.35	483.10	4.15
2005	13417.68	6347.60	47.30	6448.72	48.06	621.36	6.12
2006	15718.47	7411.81	47.15	7297.05	46.42	1009.61	6.42

续 表

年份	地区生产总值（亿元）	最终消费（亿元）	消费占比（%）	资本形成（亿元）	资本占比（%）	货物和服务净出口（亿元）	净出口占比（%）
2007	18753.73	8517.36	45.40	8662.44	46.19	1573.93	8.38
2008	21462.69	9688.82	45.14	9326.26	43.45	2447.61	11.40
2009	22990.35	10675.95	46.44	10607.33	46.14	1707.07	7.43
2010	27722.31	12670.72	45.70	12950.47	46.71	2101.12	7.58

数据来源：2011年的浙江统计年鉴。

从表6-15可以看出：(1)2004—2010年浙江消费和投资比较均衡，消费平均占46.2%，投资平均占46.4%，消费占比变化波动不大，投资占比变化波动也不大。(2)浙江经济发展虽然走在全国前列，市场化程度也走在全国前列[①]，但消费主导的需求结构模式也还未形成。

3. 2010年需求结构地区比较

下面选择我国经济发展水平相对较高的部分地区，比较其需求结构。

表6-16 2010年需求结构地区比较

地 区	最终消费率（%）	资本形成率（%）	货物和服务净出口率（%）
北京	56.9	42.9	0.2
天津	38.4	75.1	−3.5
上海	54.9	43.2	1.9
江苏	41.6	51.1	7.3
浙江	46.0	46.7	7.3
山东	39.1	54.9	6.0
广东	48.9	38.5	12.6
重庆	48.1	57.7	4.2
福建	44.6	53.7	3.2

数据来源：2011年的中国统计年鉴。

---

① 2001年，由时任中国经济体制改革研究基金会秘书长、国民经济研究所所长樊纲博士直接指导，由国民经济研究所实施的我国各省（区、市）市场化进程比较研究的结果为：市场化程度最高的是广东，得8.33分；其次是浙江，得8.24分。2013年5月10日，浙江民营企业网以政府与市场的关系、非国有经济的发展、产品市场的发育程度等五个指标对我国各省（区、市）的市场化程度作了排序，其中广东、浙江、福建名列前三甲。

从表 6-16 可以看出:如果以消费占需求比从高到低重新排列,则上述地区顺序为:北京、上海、广东、重庆、浙江、江苏、福建、山东、天津。由此可见,城市化水平和市场化水平高的地区消费占总需求比重高。

4.绍兴消费结构变化

表 6-17 1990—2012 年绍兴需求结构变动

年份	地区生产总值(亿元)	社会消费品零售总额(亿元)	消费占比(%)	固定资产投资(亿元)	固定资产投资占比(%)
1990	82.38	31.40	38.1	17.21	20.9
1995	404.70	115.88	28.6	162.31	40.1
2000	716.85	215.36	30.0	247.18	34.5
2005	1449.80	382.80	26.4	676.13	46.6
2006	1682.04	443.34	26.4	765.75	45.5
2007	1978.70	520.21	26.3	843.37	42.6
2008	2230.20	626.55	28.1	915.75	41.1
2009	2375.80	771.90	32.5	1055.03	44.4
2010	2795.20	852.89	30.5	1245.56	44.6
2011	3332.00	1006.75	30.2	1426.26	42.8
2012	3620.10	1158.66	32.0	1722.56	47.6

数据来源:来自 2013 年的绍兴统计年鉴,或根据相关数据计算得出。

从表 6-17 可以看出:(1)绍兴社会消费品零售总额占地区生产总值比稳中有升,但还未形成消费主导型经济,投资仍占据主导地位,是导致产能过剩的主因。(2)2005 年以来,绍兴固定资产投资占地区生产总值比重维持在高位,造成了对消费的挤出。(3)扩内需、调结构任重道远。

(三)城市化滞后与粗放式发展方式

以下用简单的全市规模以上工业企业平均资本利润率和产值利润率衡量企业经济效益。剔除经济发展对环境的影响,就经济效益来看,经济效益高总体上说明发展方式比较理想,全要素质量对经济贡献度大,相反则说明发展是数量驱动的粗放式的。绍兴企业经济效益见表 6-18。

表 6-18 绍兴规模以上工业企业经济效益

年 份	资本总额 （亿元）	工业总产值 （亿元）	利润 （亿元）	资本利润率 （%）	产值利润率 （%）
1997	734.44	721.18	29.85	4.0	4.1
1998	774.75	787.99	32.60	4.2	4.0
1999	816.04	895.91	45.12	5.5	5.0
2000	905.73	1045.13	60.41	6.6	5.7
2001	1001.64	1201.92	75.38	7.5	6.2
2002	1265.21	1471.40	94.54	7.4	6.4
2003	1794.57	1895.39	117.20	6.5	6.1
2004	2371.41	2577.45	133.97	5.6	5.2
2005	2954.52	3215.07	161.49	5.4	5.0
2006	3429.92	3910.87	187.85	5.4	4.8
2007	4214.90	4869.00	250.78	5.9	5.1
2008	4918.68	5390.19	264.21	5.3	4.9
2009	5421.26	5518.90	298.48	6.4	5.9
2010	6328.56	6797.39	405.26	6.4	5.9
2011	6836.97	7932.68	480.76	7.0	6.0
2012	7450.37	8551.25	454.67	6.1	5.3

数据来源：2013 年的绍兴统计年鉴。

表 6-19 浙江规模以上工业企业经济效益

年 份	资本总额 （亿元）	工业总产值 （亿元）	利润 （亿元）	资本利润率 （%）	产值利润率 （%）
2007	30581.98	36073.93	1775.47	5.8	4.9
2008	35550.76	40852.10	1634.30	4.6	4.0
2009	39752.79	41035.29	2115.65	5.3	5.2
2010	47282.79	51394.20	3174.75	6.7	6.2
2011	50788.85	56406.06	3327.29	6.6	5.9
2012	55654.17	59124.16	3112.65	5.6	5.3

数据来源：2013 年的浙江统计年鉴。

从表 6-18 和表 6-19 可以看出：(1)1997—2010 年,绍兴资本利润率和产值利润率变化较大,说明绍兴经济受外部环境影响较大。(2)2010 年以来,绍兴规模以上工业企业产值利润率和资本利润率平均水平低于或与浙江省平均水平持平。

企业经济效益低与城市规模小、高层次人才数量少直接相关。全国第六次人口普查显示,浙江省平均每10万人大中专以上学历有8200人,而绍兴平均10万人中只有6200人。2012年,绍兴市委党校与绍兴市总工会联合课题组,对全市131家战略型新兴产业进行了问卷调查,调查结果显示:有21.43%的被调查企业没有一个硕士以上学历的员工,41.43%的企业其硕士占比在1%以下,30%的企业其硕士占比为3%～5%。从本科层次分析,有37.67%的企业其本科层次的员工占比不到5%;62.33%的企业其本科层次的员工在5%～15%之间。从专科层次分析,有48.69%的企业其专科层次员工占比为10%～20%,专科层次员工占比超过20%的企业不到被调查企业总数的10%。从高中、中专、技校层次分析,该层次员工占职工总数在20%以下的企业占被调查企业总数比例的56.23%。从初中及以下层次分析,其中有38.16%的企业员工为初中及以下学历占比为30%～60%。访谈中,企业负责人一致认为,人才引进难,留住更难,引进人才走的理由90%是城市小、人才少、相互碰撞少,创新思维受抑制。

四、结论及对策

(1)城市化滞后,"有效需求受抑制","有效消费供给不足",两种效应共同作用,导致绍兴居民消费率偏低,需求结构失衡,需求结构与其经济社会发展阶段不相适应。优化需求结构关键是推进新型城市化,扩大城市规模。

(2)从经济理论看,产业结构升级主要有两个方面的拉力。一是消费需求升级拉动。不同产品的需求收入弹性不同,随着居民收入水平的提高,需求弹性高的行业消费需求增长较快,从而带动产业结构升级。二是产业技术升级拉动。不同行业技术进步快慢不同,技术进步越快、劳动生产率越高的行业规模扩张越快,它们在经济中所占的比重和贡献度便不断提升,从而带动产业结构升级。由于产业技术升级难以通过政府调控实现,要由市场需求驱动,即最终还需要通过消费实现,因此,产业结构升级的主要因素只能是消费需求的调整。

(3)应加快推动经济发展从主要依靠投资、出口拉动向依靠消费、投资、出口协调拉动转变。如果总需求结构没有实现有效转型,则意味着收入分配差距拉大的趋势不能得到实质性转变,城乡居民人力资本投资不足的趋势也不能得到实质性转变,同时也这意味着高消耗低产出的粗放式增长格局难以转变,国际产业分工低端锁定格局难以转变。当前,中国正处于推进需求结构转型的关键阶段,绍兴属于经济发达地区,是浙江工业经济转型升级试点城市,应积极探索通过改善需求结构,推进发展方式转型的有效途径,为其他地区提供借鉴。

(4)用"都市化战略"代替"强县战略",下决心进行必要的行政区划调整,创造条件和机遇,扩大绍兴中心城市面积,拓展城市的生存和发展空间,为消费需求扩张、产业结构优化和经济发展方式转变开辟新的道路。

第四节 区域一体化进程中的人才集聚与地区经济差异

改革开放以来,长三角、珠三角、环渤海地区成为"中国奇迹"[①]的三大引擎,但是其推动效应还是通过三大区域内各个省(区、市)独立实现的。目前,通过区域之间的合作、互动构建经济"增长极",实施区域发展战略,不仅已在长三角、珠三角和环渤海地区兴起,而且中西部地区也纷纷加入区域一体化(Regional Integration,RI),并提出要打造中国经济发展的第四大"增长极"。国务院发布的首部"东北蓝皮书"《2006年:中国东北地区发展报告》中,提出实施振兴东北的发展战略,该地区成为具备产业基础和比较优势的第四大"增长极"。2009年,国务院连续批复11个区域经济发展规划,如《关中—天水经济区发展规划》《促进中部地区崛起规划》等,都通过摒弃行政壁垒和实现分工区域合作打造中国经济新的"增长极"。尤其是2010年5月获得国务院批准实施的《长江三角洲地区区域规划》,成为推动中国经济区域一体化的"垫脚石"[②]。

区域一体化已成为不可阻挡的时代潮流,它不仅带来了商品的低成本跨区域流动,而且使地区间的资本和劳动力流动、知识扩散、制造业的集聚与反集聚等比以往任何时候更加容易。同时,知识已经取代在工业经济时代扮演重要角色的资源、资本、劳动力等物质要素成为产业、企业发展的主要驱动力。目前,在东部沿海地区,人才作为知识和技术的载体,在区域一体化、制造业转型升级方面起着不可替代的作用。制造业的发展必然伴随

---

① 林毅夫、蔡昉、李周:《中国的奇迹:发展战略与经济改革》,上海人民出版社、上海三联书店1994年版。

② 张少军、刘志彪:《区域一体化是国内价值链的"垫脚石"还是"绊脚石"——以长三角为例的分析》,《财贸经济》2010年第11期。

着人才的集聚,尤其是产业升级,对高端人才有着强烈的集聚需求。人才集聚不仅是某一区域内人才在数量上的增长,更重要的是产生人才集聚效应[①],即相关人才按一定的内在联系集聚在一起,推动了生产要素的优化配置和社会生产力的提升,产生 $1+1>2$ 的正效应。

一、相关文献回顾

关于区域一体化的研究主要以新经济地理学为理论基础,典型的有 Amiti[②]、Midelfart-Knarvik 等[③]、Brulhalt[④] 等学者对欧盟一体化的研究结论,即欧盟一体化进程越高,各国的地区专业化程度越高,而制造业集中率却略微下降。Meyer[⑤]、Kim[⑥] 则通过对美国经济发展史的研究发现,从 19 世纪末 20 世纪初到 20 世纪中期,随着区域一体化的推进,美国制造业由东北部、大西洋沿海地区中部和五大湖中心的中西部地区迅速向东部和南部扩散,也得出了地区专业化水平提高和产业集中率下降的结论。这些现象都指向一个基本的经验结论[⑦],即区域一体化由低级向中级阶段推进时,产业集中率逐渐上升,而从中级向高级阶段挺进时,产业集中率则逐渐下降。这就是新经济地理学所谓的"倒 U"形曲线。主要原因是制造业产品在从生产到消费的过程中,由于运输成本降低、工人的名义工资和实际工资均高于非产业集聚区,非产业集聚区的人才受到产业集聚区高工资的诱惑,也向产业集聚区集聚、迁移,这一产业集聚力量就是"市场规模效应"(Home Market Effect)或"制造业后向联系"。

制造业基地的崛起实际上是产业集聚的一种表现形式。正是由于产业集聚区通过生产型企业的数量增长、规模扩张及其与相关支持性服务行业

①　朱杏珍:《人才集聚过程中羊群行为分析》,《数量经济技术经济研究》2002 年第 7 期。

②　M. Amiti. New Trade Theories and Industrial Location in the EU: A Survey of Evidence. *Oxford Review of Economic Policy*,1998,14(2):45-53.

③　K. H. Midelfart-Knarvik, H. G. Overman, S. J. Reding, A. Venables. *The Location of European Industry*. http: www. econ. lse. ac. uk/staff/ajv/fineuloc. pdf.

④　M. Brulhalt. Evolving Geographic Concentration of European Manufacturing Industries. *Weltwirtschaftliches Aechiv*,2001(137):215-243.

⑤　D. R. Meyer. Emergence of the American Manufacturing Belt: An Interpretation. *Journal of Historical Geography*,1983(9):145-174.

⑥　S. Kim. Economic Intergration and Convergence: U. S. Regions, 1840—1987. *Journal of Economic History*,1998,58(3):659-683.

⑦　M. Fujita, P. Krugman, A. Venables. *The Spatial Economy*. Cambridge, Massachusetts: The MIT Press,1999.

的互动发展,带来了本行业、上下游关联产业和第三产业的空间集聚,最终引发人才的集聚优势[①]。最早研究产业集聚现象的经济学家 Marshall 指出,地方性工业由于不断地为技能提供市场而得到很大的利益,同时,一个地区的产业如果具有较大规模,就可以保护工人免受经济不确定性和需求振动的影响,失业工人也就不需要再到其他地方就业,也不会丢失他们的技能。同样,Chatterjee 的研究发现,集聚经济是吸引人才涌入某一地区的强大力量,最初的集聚是吸引其他业务和家庭的主要因素,使仅在自然资源的某一方面有轻微优势的地区逐渐成为一个拥有多种商业和家庭的集聚区[②]。美国心理学家 Lawrence 则提出了人与环境关系的公式,即 $B = f(p, e)$(B 指个人绩效,p 指个人能力和条件,e 指所处的环境),认为人才创造的绩效,不仅与人才的素质和能力有关,还与其所在的环境有关,而且人才对环境也无能为力,能改变的就是到更加适宜的环境中,也就是说,能为人才提供合适环境的地区,就会吸引人才流入,形成人才集聚。[③]

然而,与其他发展中国家一样,随着经济总量的增长,中国区域经济发展的不平衡问题日益突出,地区差距日益成为经济学家关注的焦点。传统的新古典模型显示,区域经济发展具有收敛趋势;但是 20 世纪 80 年代兴起的新增长理论则暗示,由于技术变迁的内生性、经济系统的报酬递增和人力资本的外部性,区域经济发展不存在这种趋势。自 20 世纪 90 年代以来,很多研究者也利用跨国数据做了大量实证研究,但是结果存在差异。Gregory 等将区域经济增长的主要原因归为人力资本等要素的投入[④],而 Lant 等则得出了相反的研究结论[⑤]。林毅夫等分析 1978—1995 年中国地区差距变化趋势发现,地区差距日益表现为地区间利用市场和发展机会方面的差距[⑥]。Sylvie 实证研究发现,基础设施(如交通、电力、通讯等)发展水平的差

---

① P. Romer. Growth Based on Increasing Returns to Specialization. *American Economic*, 1987 (77):56-62. C. Diamond, C. Simon. Industrial Specialization and Increasing Returns to Labor. *Journal of Labor Economics*, 1990(8):75-201.

② S. Chatterjee. Agglomeration Economies: The Spark That Ignites a City?. *Journal of Political Economy*, 1991, 99(3):483-499.

③ K. S. Lawrence. *Human Resource Management: A Tool for Competitive Advantage*. USA: West Publishing Company, 1997.

④ M. Gregory, D. Romer, D. Weil. A Contribution to the Empirics of Economic Growth. *Quarterly Journal of Economics*, 1992, 107(2):407-437.

⑤ P. Lant. Where Has All the Education Gone ?. *World Bank Economic Review*, 2001, 15(3):367-391.

⑥ 林毅夫、蔡昉、李周:《中国经济转型时期的地区差距分析》,《经济研究》1998 年第 5 期。

异能显著地解释部分地区经济差异的原因[①]。另外，一些研究着重考察了 FDI 对地区经济发展的影响，其理论依据是 FDI 作为资本、知识和技术的载体会影响地区的资本积累和技术效率，进而影响地区的经济发展，如代谦和别朝霞研究发现，人力资本的积累程度是发展中国家技术进步和经济增长的关键[②]。还有一些文献从经济地理学视角研究了中国的地区差异，典型的如在市场化改革过程中，地理因素对区域经济增长的影响：沿海地区具有更高的资本回报率和工资率，吸引了更多的 FDI 和人才集聚，而后两者是沿海地区高速增长的主要原因，Sylvie 就持类似的观点。

　　就人力资本对经济产出差异的影响而言，大多数研究围绕新古典收敛假说，并基于 Barro 的增长回归框架探讨地区经济差异问题[③]。Mankin 等发现要素投入的差异，尤其是人力资本方面的差异，解释了 80% 以上的跨国收入差异[④]。但是这一结论也受到了一些学者的批评：Klenow 和 Rodriguez-Clare 指出，Mankin 使用的人力资本指标存在测量误差（measurement error），然后将小学入学率和教育质量因素纳入分析框架，发现要素积累在跨国收入差别中的作用显著减少，而生产率的贡献却大幅上升[⑤]；林毅夫和刘明兴的回归结果显示，人力资本对经济增长不存在促进作用[⑥]。但是，蔡昉和都阳的实证研究则发现，人力资本是地区经济差异的主要原因之一[⑦]；李海峥等则运用改进 Fraumeni 的终生收入法，计算 1985—2007 年中国人力资本水平，发现中国人力资本在总量、人均量方面增长速度较快，但与国内生产总值、发达国家相比，差距较大[⑧]。不过他们使用人力资本的代理指标有所不同。

---

　　① D. Sylvie. Infrastructure Development and Economic Growth：An Explanation for Regional Disparities in China ?. *Journal of Comparative Economics*，2001，29（1）：95-117.

　　② 代谦、别朝霞：《FDI、人力资本积累与经济增长》，《经济研究》2006 年第 4 期。

　　③ R. Barro. Economic Growth in a Cross Section of Countries. *Quarterly Journal of Economics*，1991，106（5）：407-444.

　　④ G. Mankin，D. Romer，D. Weil. A Contribution to the Empirics of Economic Growth. *Quarterly Journal of Economics*，1992，107（2）：407-437.

　　⑤ P. Klenow，A. Rodriguez-Clare. The Neoclassical Revival in Growth Economics：Has It Gone Too Far ?. *NBER Macroeconomics Annual*，1997（12）：73-103.

　　⑥ 林毅夫、刘明兴：《中国的经济增长收敛与收入分配》，《世界经济》2003 年第 8 期。

　　⑦ 蔡昉、都阳：《中国地区经济增长的趋同与差异——对西部开发战略的启示》，《经济研究》2000 年第 10 期。

　　⑧ 李海峥、梁玲、Barbara Fraumeni、刘智强、王小军：《中国人力资本测度与指数构建》，《经济研究》2010 年第 8 期。

以下我们将以人才集聚的经济效应为理论框架,采用 Stephen 等倡导的动态面板数据实证研究人才集聚对地区差异的影响[1],试图为这一争论提供新的证据。

二、人才集聚的经济效应分析

(一)产业集聚效应:关系网络、根植嵌入与竞合激励

产业集聚的益处可归结为对运输成本、人力资本和知识资本等流动成本的节约,这里可以衍生出两个观点:一是人力资本集聚将引致产业的空间集聚,以降低企业获取合适人才的搜寻成本;二是知识的空间集聚和快速流动,将带动产业的空间集聚,以降低企业获取正外部性的成本。牛顿的万有引力定律表明,宇宙间的任意两个物体之间都有引力存在,这同样可以解释产业集聚与人才集聚之间的关系。波特指出,地理集中性就好像一个磁场,会把人才和其他关键要素吸引进来[2]。人才集聚可以促进科技含量高的产业项目和产品项目的引进与开发,也能带来、培育一批创新创业的人才团队,进而推动产业集聚区的产品结构调整、新兴产业兴起和产业结构优化;同时,集聚一个产业,可以吸纳、承载一批人才为之服务,增加人才总量和优化人才结构,进一步推进人才在产业集聚区集聚。当产业集聚区构建或拥有了人才集聚的环境和条件,就会引发人才集聚。人才集聚使得产业集群区实现优先发展和经济跨越,环境和条件越发优越,人才规模逐渐扩大,如此下去就形成一种人才与产业互动、互相吸引的磁场网络。同时,理性的经济活动总是依赖于原有的关系网络,只有嵌入社会网络、人际关系网络之中的信息和经济关系,才能为当事人在现实经济社会中所接受。人才在产业集聚区的扎根和结网所形成的生态,使企业构筑了交流与合作的系统,增强了技术创新的能力和竞争力。产业集聚所形成的地方嵌入性会趋同人才的社会背景和价值观念,成为协调产业分工的"润滑剂",遏制了人才因信息不对称、契约不完全而可能采取的策略性行为,合作的交易成本大大节约,知识交流更加频繁,产生了基于专业化分工协作的递增收益。这意味着,人才通过在地理上的空间集中,促进了产业分工深化。随着人才集聚规模不断

---

① B. Stephen, A. Hoeffler, J. Temple. GMM Estimation of Empirical Growth Models. *CEPR Discussion Paper*, 2001.

② [美]迈克尔·波特:《竞争论》,高登第、李明轩译,中信出版社 2003 年版。

扩大、分工和交易水平不断提高,规模报酬递增,产业加速增长,收入水平提高。产业经济效益的持续提升、积累,将带来更多的资本参与改善当地的创新创业环境,推动更多的人才集聚。

不仅如此,集聚与竞争存在共生关系,产业集聚的内部竞争往往会给消费者带来物美价廉的商品,而人才作为一种特殊商品,在集聚过程中既会发生相互协作,也会产生相互竞争。同时,人才也是一种特殊资本,其具有趋利性特点。但是,高端人才不同于一般资本,其不仅在流动地区的选择上具有经济理性,而且在精神需求层面也具有价值理性,即实现自己价值的成就感和得到社会认同与尊重的归属感是人才的内在需求。产业集聚在引致人才集聚的同时,也会带来竞争,使人才始终有危机感,激发其不断学习、终身学习的欲望和增强创新能力的意识。由于产业集聚的特性,人才的竞争多为群体性竞争:一方面,对于失败的群体,他们会总结以往的经验教训,发现自身的缺陷,以隐形知识溢出方式努力提高自身的人力资本水平,试图在新的竞争中取胜;另一方面,对于胜利的群体,他们为了维持竞争优势,会不断激励自己继续努力,在新的竞争中保持优势。在产业发展面临知识经济和经济全球化背景下,适度的危机感会促使人才的知识更新加速,提高适应性和应变性,为构建现代产业集群提供智力保障。

(二)创新合作效应:群体学习、知识外溢与自增强机制

从区域经济发展过程来看,人才集聚与产业集聚同步发展。如果产业集聚速度始终高于周边经济区域,将对周边区域形成人才势差,会产生向该产业区集聚的人才流动现象。人才在产业集聚区的集聚,通过群体内部的整合机制,可以实现知识和技能的互补和替代,激发积极性和创造力,开发出新的技术和成果,使整个区域产业的创造力在规模上无限扩张,在动态上推动收益递增,加速增长。人才集聚可以让产业集聚区的资本、技术和管理才能拥有者结合,催化出可产业化的产品,为产业发展提供"人才蓄水池"。不同性质的人才功能各异,其发挥的作用也不尽相同,但是人才最终倾向于加强合作以提高整体效益。这样,企业就降低了对人才的搜寻成本,增加了挑选的余地,带来了产业生产效率的提升。同时,人才集聚还会产生群体效应,这既是源于工作任务的互补效应,也源于人力资本空间和产业集中引发的外部效应,人才集聚使进入产业集聚区的人才边际收益增加,刺激人才向特定区域集聚。

人才集聚一旦形成,就可以发挥其外部规模经济和外部范围经济的优

势,使产业环境弥漫着"创新空气"(the air of innovation),进一步促进产业集聚区的人才集聚,并经由自我实现的预期过程增强对外部人才的吸引力,从而使集聚规模不断扩张、优势持续积累,形成一种"路径依赖"和"累积因果"的自增强机制:一方面,人才的地理邻近,容易建立信誉基础和相互依存关系,有效弱化机会主义行为发生。地理集中形成的专业化分工使人才能够全身心地投入某一特定的专门领域,较快地完成经验、知识、技能的积累,群落成员之间的合作可以弥补彼此在知识、经验、技能等方面的缺陷或不足,共同完成任何单个个体难以胜任的创新任务。同时,集聚区内,专业信息由于人们之间的相互信任和相互依存关系而加快传递,信息获取成本大为节约。另一方面,人才之间可以通过相互交流来促进知识、信息、技术的流动,这对意会知识的传播至关重要[1]。当代高技术企业的创新已不是一种孤立行为,创新的每一步都需要得到外部知识源的支持,集聚区内知识的溢出效应,使得高新技术企业能够以低成本、高效率的方式获取所需的各种知识。在这一动态的回路中,人才愈聚集,集群的知识存量和创新能力愈强,愈吸引更多人才、企业为追求创新知识和竞争优势向现有区域集聚。

三、评价体系

人才集聚的经济效应是人才集聚过程从量变到质变的结果,可分为内部效应和外部效应两种效应:前者是人才集聚引发的区域内人才满意程度和人才质量提高、产品服务能力提升及由此形成的竞争力提升;后者是人才集聚引致的外部经济增长。以制造业为例,人才集聚的外部效应的主要表现形式是所在区域的人才规模持续增长、经济发展速度加快、人才结构不断优化、科技成果增多、制造业迅速发展,社会环境和生活环境也发生相应变化。通过梳理上述研究成果,总结出人才集聚效应的指标主要包括:(1)经济实力:包括地区生产总值、人均地区生产总值、第三产业占地区生产总值的比重、固定资产投资额、外商直接投资额、地方财政收入、地区失业率、区域恩格尔系数;(2)生活水平:主要包括人均住房面积、商品房平均价格水平、在岗职工人均工资额、个人可支配收入、地区人均年消费支出、每万人的病床数、每万人的医生数;(3)教育水平:包括人均教育经费额、大学生所占比重、高等院校数量;(4)基础设施:每万人的公交数量、每万人的绿地面积、

---

　　[1]　J. Sueekum. Agglomeration and Regional Costs of Living. *Journal of Regional Science*,2006,46(3):529-543.

地区人均道路面积；（5）创新投入：包括地区人均科技经费额、地区研发投入占地区生产总值的比重、科技活动人员所占比重；（6）研发能力：包括专利的申请数量、专利的授权数量、科技论文的发表数量；（7）创新产出：包括新产品产值占工业总产值的比重、新产品销售收入占工业总产值的比重；（8）成果转化：包括技术市场的成交额、国内技术的购买额、国外技术的引进额；（9）人才载体：包括企业数、科技企业数、人才中介数。

（一）原始数据的搜集与筛选

人才集聚总是在一定的区域空间内进行，长三角地区、珠三角地区、环渤海地区、胶东半岛、东北老工业基地等板块是中国主要制造业基地。本研究选取长三角地区作为人才集聚效应评价体系的样本。狭义长三角包括上海市、江苏八个市（南京、苏州、扬州、镇江、泰州、无锡、常州、南通）、浙江七个市（杭州、宁波、湖州、嘉兴、舟山、绍兴、台州）；广义长三角包括江苏、浙江、上海两省一市。长三角地区的经济影响力在全国举足轻重：地区生产总值占全国总量的 1/5，财政收入占全国的 1/4，出口占全国的 1/3，百强县数量占全国的 1/2，中国经济实力最强的 35 个城市长三角地区有 10 个。随着经济全球化和区域经济分工、合作趋势日益明显，长三角区域经济一体化进程进入"快车道"，即两省一市之间为了生产、消费、贸易等利益的获取，产生了市场一体化过程，包括从产品市场、生产要素（劳动力、资本、技术、信息等）市场、服务市场到经济政策及管理的统一，主要表现在：（1）两省一市的战略方针出现重大调整，区域整体战略初露端倪；（2）部门合作全面展开，区域内部政策与制度开始着手统一协调，一些商品与生产要素率先实现无障碍流动；（3）协调机制也在逐渐摸索与建立，从过去的"行政拍板"机制转变为"协商协议"制度。

在指标构建中，一个不可回避的问题是评价指标的鉴别力。本研究采用变差系数描述人才集聚效应评价指标的鉴别力，即：

$$V_i = \frac{S_i}{\overline{X}}，其中，\overline{X} = \frac{\sum_{i=1}^{n} X_i}{n}，即平均值；S_i = \sqrt{\frac{\sum_{i=1}^{n}(X_i - \overline{X})^2}{n-1}}，为标准差。$$

以两省一市 2006—2010 年的《长三角年鉴》的相关统计数据计算得出各指标的变差系数（见表 6-20）。变差系数越大，指标的鉴别力越强；反之，鉴别力越差。本研究取临界值 0.5，小于 0.5 的指标删除，因此删除了变差系数相对较少的"地区生产总值、人均地区生产总值、固定资产投资、外商直接投资、个人可支配收入和人才中介结构数"六个指标,最后筛选出 29 个指标。见表 6-20。

表 6-20 指标的变差系数

变量	指标名称	变差系数	变量	指标名称	变差系数
X_1	地区生产总值	0.055252	X_{19}	每万人公交车数	1.100122
X_2	人均地区生产总值	0.232203	X_{20}	每万人拥有绿地面积	0.900379
X_3	第三产业比重	0.812009	X_{21}	人均道路面积	0.814309
X_4	固定资产投资	0.324885	X_{22}	人均科技经费支出	1.111662
X_5	外商直接投资	0.143840	X_{23}	研发投入占地区生产总值比重	1.133197
X_6	地方财政收入	0.196830	X_{24}	科技活动人员比重	0.924539
X_7	失业率	0.983337	X_{25}	专利申请数	0.864143
X_8	恩格尔系数	0.896039	X_{26}	专利授权数	0.789261
X_9	人均住房面积	1.051456	X_{27}	科技论文数	0.520096
X_{10}	商品房平均价格	0.768081	X_{28}	新产品产值比重	1.497788
X_{11}	在岗职工人均工资	0.851672	X_{29}	新产品销售收入比重	0.795574
X_{12}	个人可支配收入	0.077396	X_{30}	技术市场成交额	0.877251
X_{13}	人均年消费支出	1.070747	X_{31}	国内技术购买额	0.901529
X_{14}	每万人拥有病床数	0.731639	X_{32}	国外技术引进额	1.054196
X_{15}	每万人拥有医生数	0.802109	X_{33}	企业数	0.688983
X_{16}	人均教育经费	0.784102	X_{34}	有科技活动的企业数	0.596565
X_{17}	每十万人在校大学生	0.653421	X_{35}	人才中介机构数	0.387366
X_{18}	高等学校数	1.003982			

(二)基于因子分析的评价体系构建

通过对筛选出的 29 个数据指标,用 SPSS16.0 统计软件进行因子分析,按照特征根大于 1 的原则经过方差极大旋转以后,被提取的四个主因子的特征值分别为 16.071、6.174、2.125 和 2.021;方差贡献率分别为 65.216%、18.124%、7.895% 和 5.558%,累积方差贡献率达到 96.793%。因此,这四个主因子能够解释评价指标的大部分信息,并且得到各因子的载荷矩阵(见表 6-21)。

表 6-21 旋转因子载荷表

指 标	主成分(因子)			
	1	2	3	4
第三产业比重(X_3)	0.696	*	*	*
地方财政收入(X_6)	0.988	*	*	*
失业率(X_7)	−0.794	*	*	*
恩格尔系数(X_8)	0.998	*	*	*
人均住房面积(X_9)	*	0.974	*	*
商品房平均价格(X_{10})	0.938	*	*	*
在岗职工人均工资(X_{11})	0.997	*	*	*
人均年消费支出(X_{13})	0.991	*	*	*
每万人拥有病床数(X_{14})	*	0.992	*	*
每万人拥有医生数(X_{15})	*	0.995	*	*
人均教育经费(X_{16})	*	*	0.996	*
每十万人在校大学生(X_{17})	*	*	0.899	*
高等学校数(X_{18})	*	*	0.995	*
每万人公交车数($_{19}$)	*	0.953	*	*
每万人拥有绿地面积(X_{20})	*	0.725	*	*
人均道路面积(X_{21})	*	0.946	*	*
人均科技经费支出(X_{22})	*	*	0.993	*
研发投入占地区生产总值比重(X_{23})	*	*	0.988	*
科技活动人员比重(X_{24})	*	*	0.769	*
专利申请数(X_{25})	*	*	*	0.685
专利授权数(X_{26})	*	*	*	0.719
科技论文数(X_{27})	*	*	*	0.966
新产品产值比重(X_{28})	*	*	*	0.994
新产品销售收入比重(X_{29})	*	*	*	0.848
技术市场成交额(X_{30})	*	*	*	0.903

续　表

指　标	主成分(因子)			
	1	2	3	4
国内技术购买额(X_{31})	*	0.987	*	*
国外技术引进额(X_{32})	*	0.763	*	*
企业数(X_{33})	0.990	*	*	*
有科技活动的企业数(X_{34})	0.993	*	*	*

由方差解释与因子载荷可以得出:因子 1 包括第三产业比重、地方财政收入、失业率、恩格尔系数、商品房平均价格、在岗职工人均工资、人均年消费支出、企业数、有科技活动的企业数九个指标,可命名为经济效应;因子 2 包括人均住房面积、每万人拥有病床数、每万人拥有医生数、每万人公交车数、每万人拥有绿地面积、人均道路面积、国内技术购买额、国外技术引进额,可命名为人才环境;因子 3 包括人均教育经费、每十万人在校大学生、高等学校数、人均科技经费支出、研发投入占地区生产总值比重、科技活动人员比重,可命名为人才成长;因子 4 包括专利申请数、专利授权数、科技论文数、新产品产值比重、新产品销售收入比重、技术市场成交额,可命名为创新效应。因此,我们可以得到人才集聚效应的评价体系(见表 6-22)。

表 6-22　人才集聚效应的评价体系

一级指标	二级指标	指标个数
经济效应	第三产业比重、地方财政收入、失业率、恩格尔系数、商品房平均价格、在岗职工人均工资、人均年消费支出、企业数、有科技活动的企业数	9
人才环境	人均住房面积、每万人拥有病床数、每万人拥有医生数、每万人拥有公交车数、每万人拥有绿地面积、人均道路面积、国内技术购买额、国外技术引进额	8
人才成长	人均教育经费、每十万人在校大学生、高等学校数、人均科技经费支出、研发投入占地区生产总值比重、科技活动人员比重	6
创新效应	专利申请数、专利授权数、科技论文数、新产品产值比重、新产品销售收入比重、技术市场成交额	6

四、实证分析

本研究将要从两个方面对人才集聚效应进行评价:一方面,以长三角地区 2006—2010 年的《长三角年鉴》的统计数据为基础,对其人才集聚的历史状况作出纵向评价;另一方面,以长三角、珠三角以及胶东半岛三大制造业基地的人才集聚效应进行横向评价。

（一）纵向比较分析

基于上述人才集聚效应的评价体系,采用 SPSS16.0 统计软件对"经济效应"9 个指标、"人才环境"8 个指标、"人才成长"6 个指标、"创新效应"6 个指标进行因子分析,其 KMO 分别是 0.860、0.756、0.799、0.839,表示非常适合做因子分析。经过方差极大旋转后,"经济效应"被提出的 2 个主因子的特征值分别是 6.997 和 1.843,它们的方差贡献率为 78.858% 和 19.372%,累积方差贡献率达到 98.230%;"人才环境"被提出的 2 个主因子的特征值分别为 6.015 和 1.429,它们的方差贡献率为 75.183% 和 17.869%,累积方差贡献率达 93.051%;"人才成长"被提出的 2 个主因子的特征值分别为 4.005 和 1.680,它们的方差贡献率为 73.420% 和 21.328%,累积方差贡献率为 94.747%;"创新效应"被提出的 2 个主因子的特征值分别为 4.702 和 1.058,它们的方差贡献率为 85.029% 和 12.300%,累积方差贡献率达 97.329%。因此,通过上述方法所提取的主因子能够解释评价指标的绝大部分信息。

同时,采用方差极大值旋转法进行因子分析,以删除较低载荷后得到载荷分析矩阵（由于篇幅所限,本研究未列出载荷矩阵）。然后,根据各个因子的方差贡献率以及在主要评价指标上的载荷系数,确定主成分和评价指标的权重值,可以构造人才集聚效应评价模型,如下:

$$E_j = \frac{\sum\limits_{i=1}^{2} w_i \sum\limits_{i=1}^{2} w_i F_{ij}}{\sum\limits_{i=1}^{2} w_i} = \frac{w_1 F_{1j} + w_2 F_{2j}}{w_1 + w_2}$$

其中,$E_j(j = 1,2,3,4,5)$ 为指标的综合得分;$w_i(i = 1,2)$ 为第 i 个因子的权重系数,根据上述方式各类指标均提取 2 个公因子;F_{ij} 为第 j 年在第 i 个因子上的得分。根据该评价模型,可以对长三角地区（两省一市）的人才集聚效应进行评价,由此得到 2005—2009 年长三角地区各因子的评价结果（见表 6-23）。

表 6-23 长三角地区人才集聚效应得分表

得分 年份	经济效应		人才环境		人才成长		创新效应	
	得分	排序	得分	排序	得分	排序	得分	排序
2005	−6.48701	5	−5.79832	5	−6.66533	5	−4.25374	5
2006	−1.59899	4	−2.84973	4	−3.95644	4	−1.73603	4
2007	2.00392	3	1.80722	3	2.93742	3	1.38472	3
2008	5.83746	2	5.11376	2	4.65398	2	3.43974	2
2009	6.90817	1	7.12920	1	5.34947	1	4.83635	1

由表 6-23 可知,2005—2009 年长三角地区的经济效应、人才环境、人才成长、创新效应四个因子得分都呈显著上升趋势,即长三角地区人才集聚效应在 2005—2009 年是逐年增强的。主要表现在:一方面,技术型人才集聚能力增强,人才流入大于流出。在推进一体化过程中,长三角地区各级政府部门高度重视人才引进、培养和使用,逐渐放宽人才引进政策,这也是长三角地区产业集群转型升级的需求。另一方面,人才观念趋于理性,用人机制逐渐完善。从以前重学历、重文凭向重能力、重诚信转变,尤其是对高端人才"不求所有,但求所用"的理念,使得企业逐渐由依靠资本、劳动力等生产要素转向依靠知识、技术、信息、高端人才等高级化生产要素。

(二)横向比较分析

根据指标的科学性和可比性、数据的可获得性,本研究选取长三角、珠三角和胶东半岛三大制造业基地的地级以上的市作为样本,其中,长三角主要包括上海、南京、苏州、无锡、扬州、南通、常州、镇江、杭州、宁波、绍兴、舟山、湖州、嘉兴等 14 个市,珠三角包括广州、深圳、东莞、珠海、佛山、中山、江门、惠州、肇庆等 9 个市,胶东半岛主要包括青岛、烟台和威海 3 个市。由于上海作为直辖市,深圳和珠海都是经济特区,其人才集聚的实际情况与其他城市差别显著,所以本研究没有把这三个城市列入分析样本,即共选取了 23 个城市的相关数据作为样本。将收集到的数据进行主成分分析,得到 KMO 值为 0.891,比较适合作因子分析,累积方差解释量为 82.075%,可以反映观测指标的大部分方差(见表 6-24)。

表 6-24　旋转后的因子载荷及各因子对方差的解释

指标	因子（载荷）	方差解释量（%）
经济效应	X_3(0.826)；X_6（0.811）；X_7（0.799）；X_8（0.891）；X_{10}（0.973）；X_{11}（0.907）；X_{13}（0.879）；X_{33}（0.714）；X_{34}（0.873）	36.912
人才环境	X_9(0.910)；X_{14}(0.869)；X_{15}(0.745)；X_{19}(0.586)；X_{20}（0.899）；X_{21}（0.699）；X_{31}（0.883）；X_{32}（0.762）	21.891
人才成长	X_{16}(0.898)；X_{17}(0.792)；X_{18}(0.821)；X_{22}(0.795)；X_{23}（0.670）；X_{24}（0.873）	13.386
创新效应	X_{25}(0.889)；X_{26}(0.572)；X_{27}(0.896)；X_{28}(0.767)；X_{29}（0.684）；X_{30}（0.854）	9.886

　　根据上述因子得分矩阵，并以因子解四个主成分的方差贡献率占 82.075% 的比重进行加权处理，得到三大基地的人才集聚效应评价模型：

$$F=0.7234F_1+0.2019F_2+0.1532F_3+0.1027F_4$$

　　根据模型，我们可以求得长三角地区、珠三角地区和胶东半岛地区三大制造业基地 23 个市的人才集聚效应的综合分数（见表 6-25）。然后，再将上述分数作聚类分析，采用组内距离最小法，将每个市的人才集聚效应进一步分类。聚类分析结果显示，23 个市的人才集聚效应可以将其依次定义为人才集聚效应很强、强、较强、一般、较弱、弱 6 种类型。从表 6-26 中可以看出，苏州、青岛为第 1 类，即人才集聚效应很强；广州、杭州属于第 2 类，即人才集聚效应强；无锡、南京、烟台、宁波为第 3 类，即人才集聚效应较强；南通、常州、佛山、东莞为第 4 类，即人才集聚效应一般；镇江、扬州、惠州、绍兴、威海、嘉兴为第 5 类，即人才集聚效应较弱；中山、江门、湖州、舟山、肇庆为第 6 类，即人才集聚效应弱。

表 6-25　各个市的人才集聚效应得分及排名

城市	F_1	F_2	F_3	F_4	F	排名	类别
苏州	2.13420	0.87463	2.09832	1.47214	2.19312	1	Ⅰ
青岛	2.45782	0.34902	1.09382	0.28493	2.04529	2	Ⅰ
广州	1.98734	1.94022	−1.60283	0.61102	1.64657	3	Ⅱ
杭州	1.38374	1.64839	0.43823	1.84455	1.59038	4	Ⅱ
无锡	1.18327	1.73283	0.23980	−0.43976	1.19741	5	Ⅲ
南京	1.39842	1.19320	−0.67532	−0.26564	1.12997	6	Ⅲ

续　表

城市	F_1	F_2	F_3	F_4	F	排名	类别
烟台	0.89384	1.03923	−0.12835	1.68248	1.00935	7	Ⅲ
宁波	0.53829	1.98342	−0.03847	2.02433	0.99380	8	Ⅲ
南通	0.43562	0.94341	−0.40853	0.03530	0.47832	9	Ⅳ
常州	0.27384	−0.34901	0.98740	0.29678	0.30938	10	Ⅳ
佛山	−0.23473	1.23482	1.09473	−0.92027	0.22431	11	Ⅳ
东莞	−0.32342	0.10032	1.40382	0.19757	0.20394	12	Ⅳ
镇江	−0.34322	0.89427	−0.30061	0.73569	−0.03823	13	Ⅴ
扬州	−0.03482	1.28493	−1.23984	−1.39401	−0.09887	14	Ⅴ
惠州	0.23423	−1.29832	−0.48732	0.39918	−0.12635	15	Ⅴ
绍兴	−0.43213	0.03982	0.22384	1.29358	−0.13742	16	Ⅴ
威海	−0.34232	−0.49601	0.74632	0.49565	−0.16083	17	Ⅴ
嘉兴	−0.49483	0.23948	0.30811	0.52866	−0.20930	18	Ⅴ
中山	−0.73982	0.39273	0.77839	0.85954	−0.24837	19	Ⅴ
江门	−0.13482	−0.96011	−0.58273	−1.36238	−0.43279	20	Ⅵ
湖州	−0.76532	−0.27321	1.49582	−1.48693	−0.53211	21	Ⅵ
舟山	−0.98635	0.99017	−1.29739	0.57527	−0.65329	22	Ⅵ
肇庆	−0.87362	0.87902	−1.79836	−1.56007	−0.89023	23	Ⅵ

　　区域间人才集聚效应的差异将对地区经济的发展产生深远的影响,分析各个地区人才集聚差异背后的原因,剖析人才集聚效应内在机理,对于地区制定合理的人才规划和提升人才集聚效应有重要意义。进一步对四个主成分进行对比分析,我们可以得到各市人才集聚子效应的得分及排名(见表 6-26)。

表 6-26　各个市的人才集聚子效应的得分及排名

经济效应			人才环境			人才成长			创新效应		
排序	城市	得分	排序	城市	得分	排序	城市	得分	排序	城市	得分
1	青岛	2.45782	1	宁波	1.98342	1	苏州	2.09832	1	宁波	2.02433
2	苏州	2.13420	2	广州	1.94022	2	湖州	1.49582	2	杭州	1.84455

续　表

经济效应			人才环境			人才成长			创新效应		
排序	城市	得分	排序	城市	得分	排序	城市	得分	排序	城市	得分
3	广州	1.98734	3	无锡	1.73283	3	东莞	1.40382	3	烟台	1.68248
4	杭州	1.38374	4	杭州	1.64839	4	佛山	1.09473	4	苏州	1.47214
5	南京	1.39842	5	扬州	1.28493	5	青岛	1.09382	5	绍兴	1.29358
6	无锡	1.18327	6	佛山	1.23482	6	常州	0.98740	6	中山	0.85954
7	烟台	0.89384	7	南京	1.19320	7	中山	0.77839	7	镇江	0.73569
8	宁波	0.53829	8	烟台	1.03923	8	威海	0.74632	8	广州	0.61102
9	南通	0.43562	9	舟山	0.99017	9	杭州	0.43823	9	舟山	0.57527
10	常州	0.27384	10	南通	0.94341	10	嘉兴	0.30033	10	嘉兴	0.52866
11	惠州	0.23423	11	镇江	0.89427	11	无锡	0.23980	11	威海	0.49565
12	扬州	−0.03482	12	肇庆	0.87902	12	绍兴	0.22384	12	惠州	0.39918
13	江门	−0.13482	13	苏州	0.87463	13	宁波	−0.03847	13	常州	0.29678
14	佛山	−0.23473	14	中山	0.39273	14	烟台	−0.12835	14	青岛	0.28493
15	东莞	−0.32342	15	青岛	0.34902	15	镇江	−0.30061	15	东莞	0.19757
16	威海	−0.34232	16	嘉兴	0.23948	16	南通	−0.40853	16	南通	0.03530
17	镇江	−0.34322	17	东莞	0.10032	17	惠州	−0.48732	17	南京	−0.26564
18	绍兴	−0.43213	18	绍兴	0.03982	18	江门	−0.58273	18	无锡	−0.43976
19	嘉兴	−0.49483	19	湖州	−0.27321	19	南京	−0.67532	19	佛山	−0.92027
20	中山	−0.73982	20	常州	−0.34901	20	扬州	−1.23984	20	江门	−1.36238
21	湖州	−0.76532	21	威海	−0.49601	21	舟山	−1.29739	21	扬州	−1.39401
22	舟山	−0.98635	22	江门	−0.96011	22	广州	−1.60283	22	湖州	−1.48693
23	肇庆	−0.87362	23	惠州	−1.29832	23	肇庆	−1.79836	23	肇庆	−1.56007

　　人才集聚最终的目的是要服务于产业集聚,其核心价值是促进区域经济发展。不能产生经济效应的人才集聚对于一个地区而言是没有价值的。区域一体化在全球范围内的推进,加速了国内区域经济一体化的进程,尤其是制造业集中的长三角、珠三角等地区。而人才的集聚必然会给这些地区的经济发展提供强大的动力,产生经济效应。人才集聚效应的有效发挥,需要区域内人才在数量上达到一定规模,人才之间产生分工、合作。经济效应

是人才效应中最为重要的子效应,在综合得分中的权重也最大,对综合得分的影响也最显著。从表 6-27 中可以看出,各市经济效应的排名与表 6-26 中的综合得分排名差距不大。苏州、青岛是我国制造业的领头羊,地方财政收入、在岗职工人均工资、有科技活动的企业数等均在 23 个市中处于领先地位,制造业规模巨大,地区经济发展水平高,因而得分最高。需要注意的是,虽然东莞、佛山、绍兴的地方财政收入和企业数较高,但是其经济效应排名落后。主要原因是这三个地方虽然制造业发达,但是制造业在岗职工人均工资、普通高校数量、科技人员数量等因子处于较低水平,其产业特点还是以劳动密集型产业为主。

人才集聚为人才间信息、知识的共享、流动以及区域内和区域间的专业化分工和合作提供了条件,同时也为人才创造了互相学习的人才环境,使人力资本积累加速,创新成果增多,推动了制造业的发展。从表 6-27 可知,经济效应排名第八位的宁波在人才环境方面显著,而苏州、青岛则在这方面不突出,原因是苏州和青岛虽然制造业发达,但是基础设施(每万人拥有的病床数、人均道路面积等)、技术引进等方面低于宁波;在人才成长方面,苏州、湖州、东莞、佛山等城市排名领先,广州、南京等市明显落后,主要原因是广州、南京等城市虽然制造业在数量上占有大比重,但是第三产业比重逐渐增大,而苏州、湖州、东莞、佛山都是典型的以制造业为主体的城市,人才集聚效应更容易显现;从创新效应看,宁波、杭州、烟台等市排名领先,而东莞、南京、佛山明显落后,原因是虽然东莞、南京、佛山制造业显著,人才众多,但是其专利申请数、专利授权数以及新产品产值等明显落后于前三个市,这也从侧面显示东莞、佛山的人才结构还是以劳动密集型人才为主,而南京可能由于城市古老、规模巨大,人才的能力没有得到有效发挥。

五、结论

本研究通过一个简单的理论分析框架,以我国最大的制造业基地长三角的统计数据构建了人才集聚效应的评价模型,并且实证研究了区域一体化背景下我国三大制造业基地 23 个市的人才集聚效应对区域经济差异的影响机制。从时间序列(纵向比较)来看,长三角地区人才集聚效应是显著增强的,这主要是由于区域一体化的加速,行政壁垒的阻力呈下降趋势,人才观念、人才政策趋向统一和合理;从横向比较看,长三角、珠三角和胶东半岛三大制造业基地各市的人才集聚效应存在显著差异,在 23 个城市中,仅10 个城市综合得分超过 0 分,且最高分和最低分差距显著,主要原因是苏州、青岛、广州、杭州等市制造基础雄厚，提供了更适合人才能力发挥的舞台，而湖州、舟山、肇庆等市经济发展水平较低、人才规模较小。同时，排名前列的城市人才集聚效应显著，并不是偶然现象，而是区位因素、产业因素、制度因素、历史因素等众多因素影响下的结果，如苏州、青岛、广州、杭州都是副省级城市，烟台是日本、韩国产业转移的首选地，无锡、南通和常州是"苏南模式"的起源地，都具有较高的城市级别、独特的区位优势，是我国的"制造业人才高地"，使得城市间的人才集聚效应差距加大。

需要指出的是，本节着重考察的是人才集聚效应在区域、城市之间的差异，进而研究人才集聚差异引起地区经济差异的原因。此外，区域一体化的程度以及地区经济差异本身对于人才集聚的直接或间接经济效应，如产业布局、产业结构、产业集聚、地区专业化等对于区域内、区域间人才集聚的影响非常显著，这些方面将是后续研究的方向。

第五节　绍兴开发区转型升级的目标及路径

20多年来，开发区作为政策区、外商投资集聚区和技术外溢区，在绍兴开放型经济发展中扮演了关键角色，是现代工业的集聚中心和区域经济增长的中坚力量，是承载企业、集聚产业、技术升级、出口、增加税收和创造就业的重要区域，对区域经济增长做出了重大贡献，是经济快速稳定增长和整体素质提升的核心引擎，已成为新兴产业的聚集区和集约化发展的新城区。但是，随着政策和制度环境的改变，及其发展阶段的变化体制制约越来越突出，转型升级具有紧迫性。

一、开发区转型升级的紧迫性

开发区转型升级至少包括相互联系的三个方面：开发区内产业结构的优化及产业转型升级；打破现有的体制机制约束，构建新的发展动力系统；适应新型城市化和大城市发展，完善和提升开发区的城市功能。

目前开发区的发展中，以下问题非常突出，使得转型升级具有紧迫性。

（1）"政策租"的消失，使得开发区的优势弱化，急需构建新的发展驱动力。开发区设立之初，政府给予的优惠政策已不复存在，原来在开发区实施的各项优惠政策逐步取消，除高新区外，开发区已经不再具备政策上的竞争优势。

（2）政企合一的管理模式弊端日益突出。管委会既是管理者，又是开发商。作为管理者，管委会是政府的派出机构，一方面，非常有限的人力承担着越来越大、越来越多、越来越复杂的社会管理职能，使得用于经济发展的精力非常有限。另一方面，管委会并非完整意义上的一级政府，在许多问题的处理上受到阻碍，加之权力下放不充分、不到位，事权与职权不对称，需要上下协调的部门和单位太多，开发区的效率优势丧失。同时，由于管委会又是开发商，本位意识和局部利益主导开发区规划难以避免，从而造成各开发区产业雷同，并且小而全，特色不显著，优势不突出。

（3）开发区（园区）数量多、规模小、金字招牌利用不充分，并且面临摘牌危险。目前，绍兴市共有 13 个省级以上开发区，数量可谓不少，但规模都很小，国家核准面积最大的为袍江开发区，只有 33.69 平方公里；整合后面积最大的为嵊州开发区，面积为 233.11 平方公里，但在全国仍属于小字辈。尤其是高新区，自 1992 年建立以来，经过 20 多年的发展，始终没有突破当初确定的 10.44 平方公里规划区域，成为全国高新区中开发面积最小的，目前，已没有承载进一步发展的区域空间。空间小成为高新区发展的首要约束，不仅难以形成有影响力的高新技术产业集群，难以对周边地区产生辐射带动，而且在全国 90 多个高新区排名位居倒数，根据国家考核规定，有摘牌的危险。绍兴市大部分开发区主导产业在五个以上，而且各开发区结构大同小异。主导产业多，使得有限的资源分散于众多的产业中，势必造成每个产业的发展动力都不足，导致整体缺乏竞争力。产业竞争力是城市竞争力的核心和基础，产业特色不明显，竞争力不强，影响城市的发展后劲。

二、开发区转型升级的目标是产城融合

1. 产城融合的实质

产城融合的实质是居住与就业的融合。核心包括两个方面：一是使产业结构符合城市发展定位；二是把产业园区打造成城市社区，通过城市功能的完善和提升促进产业区的可持续发展。

2. 产城融合的意义

产城融合是应对产业功能转型和城市综合功能提升的必然要求，体现了城市规划由功能主义导向回归人本主义导向，由注重功能分区、产业结构向关注融合发展、创新发展转型。

产城融合是经济发展到一定阶段的必然。工业化初期，制造业是产业

主体;进入工业化中期,制造业服务化将成为推动经济持续增长的重要驱动力,也将构成产城融合的基础。因此,随着经济发展阶段的推进,开发区应该由建设之初的制造业为主逐渐转向制造业和服务业并行发展。绍兴袍江和高新区已出现第二、三产业并行发展态势。从产业发展与空间的关系来看,产业结构高级化,使生产空间与生活空间的联系愈加紧密,现代服务业的发展更需要紧密结合生活空间。所以,产城融合有助于产业升级,有助于催生创新型产业的发展,是产业转型升级的需求。

3. 目前制约产城融合发展的突出问题

(1)城市化滞后于工业化成为制约绍兴产业和经济发展的根本因素。城市化滞后于工业化导致一系列经济发展的问题,比如:难以孕育出航母型企业,产业转型升级缺乏发动机;中心城市经济首位度和产业首位度低,缺乏对高层次要素的集聚力;生产性服务业落后与经济对外依存度高互为因果循环,加大了区域经济风险。同时,中心城市小导致发展方式转变困难。经济发展方式转变的重要内容之一,就是改变拉动经济增长的总需求结构,即从投资和出口拉动为主,转向消费拉动为主。21世纪以来,绍兴投资和净出口对地区生产总值增长的贡献率平均为55.3%,远高于全国48%的平均水平,并且没有出现下降的趋势,偏离了需求结构演变的一般趋势。绍兴之所以出现需求结构的失衡,关键是中心城市小,城市功能不够完善,难以满足居民不断提升的消费结构升级的需求,导致比较显著的需求抑制。虽然消费也受消费文化和消费理念的影响,但城市化是改变居民消费理念和消费文化的主要原因。城市化对消费的作用体现在三个方面:城市化对消费增长的创造效应;城市化对消费增长的示范效应;城市化对消费增长的扩张效应。由于城市化滞后、中心城市小,城市对消费的以上三方面效应发挥不够,使得经济结构优化困难,发展方式转变困难。

(2)企业扎堆,但未形成以开发区为载体的集群效应,使开发区长期可持续增长的基础不坚实。产业集群是最具竞争力的经济组织形式,其特征有三:一是数量众多的企业在空间上的集中;二是企业间存在着分工合作与专业化分工,既有横向结合也有纵向结合;三是企业、政府、大学、研究院所、中介机构在园区内共存,形成创新网络。但是,目前,来自不同国家、不同行业、不同规模的企业聚集在同一个开发区,仅仅是呈现出简单的"扎堆"特征,企业的集聚并不是真正意义上的产业集群,也没有传统意义上的产业集聚所带来的靠近产品或者要素市场的收益。这种性质的集聚有很大的脆弱性,企业对园区的依赖性不强,也没有形成以开发区为载体的产业集聚效应,以带动开发区经济的长期增长态势。

(3)印染产业的两难困境及对开发区人口集聚和其他产业发展的负效应。印染产业的去留一直是两难困境,没有明确的规划。从它是绍兴主要污染源来看,似乎应该驱逐或取消,但是,从市场需求看,从纺织业对其依赖性上看,又具有生存的必然性。从评价产业的基准来看,主导产业的选择主要看三个方面:一是产业的关联和带动效应大,带动效果显著;二是产业有较大的技术进步空间;三是产业的市场前景好,需求收入弹性较大。根据这三个条件,印染产业可以作为主导产业,目前污染严重,但不是没有治理污染的技术,而是治理的成本较高。污染的存在,不仅影响了园区居民的生活,而且对园区非污染企业引进人才和招工造成一定困难。所以,对印染产业的发展亟需明确的政策和规划。

4. 产城融合的原则

(1)产业基础原则。产城融合主要应服务于产业区的持续、健康发展。毕竟,产业是城市发展的基础,没有产业支撑的城市只能是"空城"。要按照区域比较优势原则,确定开发区优先发展的主导产业,走专业化、特色化、差异化的产业发展道路。

(2)大城市拉动原则。通过城市区划的调整,扩大中心城市的规模,通过大城市的建设和城市功能的完善,提升中心城市对高端要素的吸引力和集聚力,进而提升中心城市对产业园区的辐射力和带动力。

(3)创新发展原则。坚持把创新作为产城融合发展的重要支撑,从技术创新、体制创新、发展模式创新等多方面入手,构筑开发区新的创新发展体系,实现开发区从追求经济数量和政策资源向追求质量和效益转变。

(4)绿色发展原则。始终坚持"环保优化"的方针,同步推进生态建设和生产发展,坚持绿色招商、绿色制造、绿色发展。加大节能减排力度,大力发展循环经济,推动清洁生产,促进产业链向生态链转变,形成资源节约、环境友好的生产方式和生活方式。

三、促进产城融合的路径与对策

1. 开发区体制创新之路

近年,杭州陆续对八大重点开发区管理体制进行了不同的管理改革和创新,经过几年运行,效果显著。其核心内涵是"办事不出新园区,资金自求平衡"。比如,在管理权限上,赋予重点开发区所有的区、县(市)级经济审批和办事服务权限。区、县（市）有关部门通过机构延伸、委托办理、"见章盖章"、项目备案、人员派驻、综合执法等办法，把有关管理权限、审批职能下放给重点开发区。在财政体制上，按照"资金自求平衡"的要求，实行单独结算的财政管理体制和"自我筹资、自我建设、自我经营、自我还贷"的运作模式。新的管理体制产生了积极效应。第一，提升了政府效率。新管理体制实施以后，由于开发区和城市功能区具有国家级或准国家级开发区审批权限和管理权限，改善了办事机制和服务体系，缩减了审批程序，推动了项目落户和建设进度。第二，弥合了行政分割。在传统管理体制下，开发区、城市功能区与相关行政区、有关部门之间存在着区域交叉、行政分割、管理重叠等问题，"你中有我、我中有你"，谁都有发言权，但谁说了都不算。通过调整行政区划、实施委托管理、交叉任职等形式，理顺了各方权责利关系，推动了一体化发展。第三，创新筹资模式，在社会效益和经济效益间找到了最佳"平衡点"和最大"公约数"，实现了双重目标的"共赢"。第四，推动了区域快速发展。通过体制创新，杭州开发区和城市功能区保持了快速发展态势，成为全市经济发展的重要增长极和城市建设的新亮点，较好地发挥了窗口、示范、辐射和带动作用。个人认为杭州的开发区管理体制创新经验绍兴可以学习借鉴。

2. 开发区整合及企业科技创新之路

以三个国家级开发区为核心，按区域就近原则和产业融合原则进行整合。区域整合要充分利用好国家高新区的金字招牌，充分体现园区产业特色。高新技术产业园区目前有四方面的政策优势可以为创新提供强有力的支撑。第一，融资优势。国家对高新区发债予以重点支持，不受地方指标限值。第二，科技项目申报单列。科技部每年都有给国家高新区的专项科技计划项目，每个项目可获得 1000 万～3000 万的资助资金，这对园区高新技术企业的技术创新是极大的支持，要充分利用。第三，重大基础设施项目贴息。国家财政对国家高新区实施重大基础项目建设贴息，园区整合，基础设施建设投入高，应充分利用国家给予的优惠政策。第四，"新三板"扩容，下一步将在国家高新区推广，这对于区内科技型小企业解决发展中的资金约束具有重要意义。应尽力让更多的企业获得资助，促进创新成果的孵化和转化，促进产业转型升级。

3. 中心城市扩张及人力资本结构优化之路

受园区产业发展模式制约，绍兴开发区就业人口的学历水平仍然较低，主要体现在三个方面:一是人才总量相对偏少,目前 13 个开发区内从业人员约 60 多万,但高(中)职以上学历的不到 20 万,只占开发区从业人员的 1/3;二是技能型人才严重不足,科技人员只占从业人员的 2% 左右;三是不少中小企业人才"引不来、留不住"的问题很突出。因此,以产业为基础的产城融合必须优化开发区人力资本结构。优化人力资本结构的途径为:第一,培训,坚持长期、有计划的培训,适应机器换人后对技师的需求;第二,引进,把技术工人当做人才引进,享受有关人才待遇;第三,中心城市扩张,以城市功能提升吸引技术工人。

索　引

后　记

　　本书是绍兴市重点创新团队（绍兴传统产业转型升级研究创新团队）负责人及其成员完成的课题研究成果。主要课题为：团队带头人杨宏翔教授负责的浙江省软科学重点项目"传统产业转移与承接的协调机制研究——基于工业转型升级综合改革试点绍兴的分析"（项目编号：2012C25062）、浙江省哲学社会科学规划课题"浙江传统优势产业与战略型新兴产业融合发展研究——基于浙江绍兴纺织产业转型升级的调查"（项目编号：12YD11YBM）、浙江省社科联研究课题"浙江如何消解城市化滞后用工业化对经济社会发展的约束——结合绍兴典型个案分析"（项目编号：2012XSN073）；团队成员杨志文负责的浙江省哲学社会科学规划重点课题"专业市场模式重构与浙江经济转型升级"（项目编号：11YD02Z）；团队成员郑小碧负责的国家自然科学基金项目"基于专业化中间商理论的市场采购型国际贸易生发机制与影响因素"（项目编号：71303221）。几项课题研究，历时近三年，发放各类问卷4000多份，走访企业80多家，举行相关部门负责人、企业家座谈会及课题阶段性成果讨论会10多次，团队成员投入了大量艰辛的劳动，使得这些课题收获了丰硕的成果，其中12篇论文获浙江省党校系统理论研讨会一、二等奖，四项成果转化为决策参阅并得到绍兴市领导批示肯定。

　　本课题调研和研究得到了社会各界的大力支持和帮助。首先要感谢浙江省特级专家、浙江省委党校学术委员会副主席陆立军教授的辛勤指导，并为该书作序。陆教授是几个课题的总顾问，不仅协调几个课题负责人进行研究方案和调查问卷的设计，还带领杨志文、郑小碧就他们所负责的相关课题进行实地调研，在几个课题的阶段性成果交流中提出了许多具体的指导意见和建议，使得各项成果不断完善，形成了关于区域发展方式转变的系列成果。

　　感谢绍兴市委党校常务副校长陈建国同志的大力支持和帮助,陈校长不仅帮助协调调研、亲自带队调研、落实调查问卷的发放和回收,而且参加了每次研究讨论和阶段性成果的论证会,从实践和决策角度提出了许多宝贵意见和建议。

　　感谢柯桥区委党校(原绍兴县委党校)、上虞区委党校(原上虞市委党校)、诸暨市委党校、嵊州市委党校、新昌县委党校在调研过程中给予的大量帮助,使课题组在各地的调研能顺利进行,同时也要感谢以上各区、县(市)的科技局、经信局、发改局等单位的领导和有关同志给予的大力支持,感谢他们在百忙中解答我们的问题与困惑,并给我们提供了相关资料和信息。

　　还要感谢接受我们访谈的企业,以及在调研过程中给我们提供的案例素材和填写的调查问卷,并就企业管理、技术创新、传统产业转移和发展前景等提出真知灼见的企业家。

　　本书各章作者如下:第一章:第一节于斌斌、陆瑶;第二节杨宏翔、于斌斌;第三节杨宏翔、于斌斌;第四节于斌斌;第五节杨宏翔。第二章:第一节于斌斌;第二节于斌斌;第三节郑小碧、陆立军;第四节郑小碧、赵永刚;第五节陆立军、郑小碧。第三章:第一节张乐才;第二节张乐才;第三节张乐才;第四节张乐才、杨宏翔。第四章:第一节于斌斌;第二节于斌斌;第三节郑小碧;第四节郑小碧;第五节于斌斌。第五章:第一节杨志文;第二节杨志文;第三节于斌斌;第四节杨志文。第六章:第一节于斌斌;第二节杨宏翔;第三节杨宏翔;第四节杨宏翔、于斌斌;第五节杨宏翔。

　　本书是"绍兴传统产业转型升级研究创新团队"成员联合完成的,由于作者水平有限,书中难免有错漏之处,敬请广大读者批评指正。

杨宏翔　于斌斌
2014 年 9 月

图书在版编目（CIP）数据

创新驱动 转型发展：以浙江绍兴为对象的调查分析 / 杨宏翔等著. —杭州：浙江大学出版社，2015.4
ISBN 978-7-308-14333-2

Ⅰ.①创… Ⅱ.①杨… Ⅲ.①区域经济发展－转型经济－研究－绍兴市 Ⅳ.F127.533

中国版本图书馆 CIP 数据核字（2015）第 007496 号

创新驱动 转型发展
——以浙江绍兴为对象的调查分析

杨宏翔 于斌斌 等著

责任编辑	徐 婵	
封面设计	续设计	
出版发行	浙江大学出版社	
	（杭州市天目山路 148 号 邮政编码 310007）	
	（网址:http://www.zjupress.com）	
排 版	杭州中大图文设计有限公司	
印 刷	杭州日报报业集团盛元印务有限公司	
开 本	710mm×1000mm 1/16	
印 张	23.25	
字 数	393 千	
版 印 次	2015 年 4 月第 1 版 2015 年 4 月第 1 次印刷	
书 号	ISBN 978-7-308-14333-2	
定 价	68.00 元	